O LULISMO EM CRISE

ANDRÉ SINGER

O lulismo em crise
Um quebra-cabeça do período Dilma (2011-2016)

1ª reimpressão

Copyright © 2018 by André Singer
Todos os direitos reservados.

Grafia atualizada segundo o Acordo Ortográfico da Língua Portuguesa de 1990, que entrou em vigor no Brasil em 2009.

Capa
Raul Loureiro

Foto de capa
Diego Vara/ Agência RBS

Foto da p. 1
Juca Varella/ Agência Brasil

Preparação
Alexandre Boide

Índice onomástico
Luciano Marchiori

Revisão
Angela das Neves
Jane Pessoa

Dados Internacionais de Catalogação na Publicação (CIP)
(Câmara Brasileira do Livro, SP, Brasil)

Singer, André
 O lulismo em crise : Um quebra-cabeça do período Dilma (2011-2016) / André Singer. — 1ª ed. — São Paulo : Companhia das Letras, 2018.

 Bibliografia.
 ISBN: 978-85-359-3115-0

 1. Brasil – Política e governo – 2011-2016 2. Jornalismo político 3. Partido dos Trabalhadores 4. Política social 5. Presidentes – Brasil – Eleição 6. Rousseff, Dilma, 1947- 7. Silva, Luiz Inácio Lula da, 1945- I. Título.

18-14995 CDD-320.981

Índice para catálogo sistemático:
1. Brasil : Governo Dilma : Ciência política 320.981

[2019]
Todos os direitos desta edição reservados à
EDITORA SCHWARCZ S.A.
Rua Bandeira Paulista, 702, cj. 32
04532-002 — São Paulo — SP
Telefone: (11) 3707-3500
www.companhiadasletras.com.br
www.blogdacompanhia.com.br
facebook.com/companhiadasletras
instagram.com/companhiadasletras
twitter.com/cialetras

*Para Paulo (1932-2018), presença calma e inteligente,
e para Evelyne (1938-94), vidro fino que partiu.*

*A consciência da derrota e até do desespero
fazem parte da teoria e da sua esperança.*
Herbert Marcuse

Sumário

Introdução: Do sonho rooseveltiano ao pesadelo golpista 11

PARTE I: OS DRAMAS DO PRIMEIRO MANDATO

1. Cutucando onças com bases curtas 39
2. Erradicação da miséria, nova pobreza e nova classe trabalhadora 77
3. A encruzilhada de junho 99

INTERMEZZO HISTÓRICO

4. Três partidos brasileiros 131

PARTE II: AS TRAGÉDIAS DO IMPEACHMENT

5. Uma vitória de Pirro 161
6. Dilma por ela mesma 195
7. Lula, Lava Jato e Temer na batalha final 220

Conclusão: Dois passos adiante, zigue-zague e queda 287

Notas 299
Referências bibliográficas 369
Índice onomástico.................................... 383

Introdução
Do sonho rooseveltiano ao pesadelo golpista

O que aconteceu com a perspectiva rooseveltiana de acelerar o lulismo e criar "no curto espaço de alguns anos"[1] um país em que as maiorias pudessem levar "vida material reconhecidamente decente e similar"?[2] Onde foi parar o horizonte desenhado por Dilma Rousseff no discurso inaugural daquele bonito sábado, 1º de janeiro de 2011, de podermos ser "uma das nações mais desenvolvidas e menos desiguais do mundo — um país de classe média sólida e empreendedora"?[3] O que restou da previsão feita pelo economista Marcelo Neri, segundo a qual os brasileiros — "campeões mundiais de felicidade futura" — teriam, daquela vez, razão para ser otimistas, pois uma "nova classe média" seria dominante em 2014?[4]

Motivos de esperança existiam. Dilma sentou na cadeira presidencial tendo atrás de si um crescimento de 7,5% do PIB, uma taxa de desemprego de 5,3%[5] e uma participação do trabalho na renda 14% acima da que havia em 2004.[6] Uma massa de trabalhadores fazia uso de prerrogativas antes destinadas apenas à classe média, como viagens de avião, tratamento dentário e ingresso em universidades. O Brasil parecia incluir os pobres no desenvolvimento capitalista sem que uma só pedra tivesse riscado o céu límpido de Brasília. Lula resolvera a quadratura do círculo e achara o caminho para a integração sem confronto. Aclamado urbi et orbi, recebia aplausos da burguesia, nacional e estrangeira, e de centrais sindicais concorrentes. No início de 2009, Obama declarou que ele era "o político mais popular da Terra".[7] Em novembro, a revista britânica *The Economist* colocara na capa o Cristo Redentor como um foguete e a frase: "O Brasil decola". Em dezembro de 2010, o ex-presidente encerrava o mandato com 83% de aprovação, a maior da série iniciada pelo Datafolha na década de 1980.[8] A Copa do Mundo de Futebol de 2014 e as Olimpíadas de 2016, ambas no Brasil, projetavam-se como a consagração definitiva do lulismo.

Indicada por Lula para o cargo, a economista Dilma Vana Rousseff, ex-ministra-chefe da Casa Civil, não era política profissional e nunca disputara uma eleição. Mas na Câmara dos Deputados, o Partido dos Trabalhadores (PT) fizera uma bancada de 88 cadeiras, a maior da Casa, e era de longe a sigla mais apoiada pelo eleitorado. Junto com o Partido do Movimento Democrático Brasileiro (PMDB), prometia à primeira presidente mulher tranquilidade congressual para exercer o mandato. Embalada pelas condições favoráveis, a "mãe" do Plano de Aceleração do Crescimento (PAC) poderia aumentar o ritmo do reformismo fraco lulista e, quem sabe, em uma década rooseveltiana, promover um Brasil integrado, superando a fissura entre incluídos e excluídos que a nação independente herdara da Colônia havia quase dois séculos e reproduzia desde então. "A erradicação da miséria nos próximos anos é assim uma meta que assumo", afirmou na posse.[9]

Cinco anos, quatro meses e doze dias depois, numa quinta-feira, 12 de maio de 2016 — data em que a presidente deixou o Planalto, acusada de crime de responsabilidade —, o sonho se convertera em pesadelo. Em 2015, o PIB caíra 3,8%,[10] o desemprego chegara à casa dos 11%,[11] a renda estava em queda de 5%,[12] 2,7 milhões de brasileiros tinham voltado à miséria e quase 3,6 milhões à pobreza.[13] Dilma, com rejeição de 70%, criticada pela esquerda e por setores populares, odiada pela direita e pela classe média, desprezada pelos empresários, abandonada pela base parlamentar, fora afastada pelo Legislativo e se recolhera à residência presidencial, de onde sairia três meses depois, condenada a perder o cargo. Líderes petistas, supostamente envolvidos em desvios descobertos pela Operação Lava Jato, estavam presos. Lula, denunciado em diversos processos criminais, procurava organizar a própria defesa. O PT perdera quase dois terços do apoio que tinha até março de 2013.[14] O lulismo estava despedaçado.

O vice-presidente Michel Temer, do PMDB, amparado em expressiva maioria congressual, assumiu o governo à cabeça de um projeto que tendia não só a revogar a integração obtida pelo lulismo como a salgar a terra na qual ela havia crescido: a Constituição de 1988. O novo bloco no poder queria derrubar a participação obrigatória da Petrobras na exploração do pré-sal, congelar o gasto público por duas décadas, aprovar a terceirização de mão de obra para atividades-fim, fazer uma reforma trabalhista anti-CLT, aprovar uma emenda constitucional que limitasse os benefícios da Previdência Social e, se possível, alterar o regime político na direção do parlamentarismo. Temer nomeou um ministério disposto a diminuir o número de atendidos pelo Bolsa Família, reduzir as verbas destinadas à saúde e à educação, às universidades públicas e à agricultura familiar, a abrandar a fiscalização do trabalho escravo, a estancar a demarcação das terras indígenas e o reconhecimento das propriedades quilombolas. O desejo era o de revogar o que fora construído em matéria de democratização da sociedade, reinvenção da política e Estado de bem-estar desde os anos 1980.

Numa tarde de quarta-feira, 31 de agosto, vestida de vermelho, rodeada de ex-ministros, deputados, senadores e lideranças sociais, Dilma fez o último discurso desde o Palácio da Alvorada, onde aguardara, de maio em diante, o resultado do julgamento. Às 13h36, o Senado proclamara, por 61 a vinte, que ela era culpada de infringir o inciso VI do art. 85 da Constituição, atentando contra a lei orçamentária. "É o segundo golpe de Estado que enfrento na vida. O primeiro, o golpe militar, apoiado na truculência das armas, da repressão e da tortura, me atingiu quando era uma jovem militante. O segundo, o golpe parlamentar desfechado hoje por meio de uma farsa jurídica, me derruba do cargo para o qual fui eleita pelo povo."[15] Filmada por documentaristas, a ex-presidente falava para a história. Dilma por Jango. Lula por Getúlio. A toga de 2016 pelos tanques de 1964. O PT pelo PTB, o PSDB pela UDN, o PMDB pelo PSD. O advogado Michel Miguel Elias Temer Lulia pelo marechal Humberto de Alencar Castelo Branco. Se tudo desse certo para os golpistas, o PT seria afastado do jogo por pelo menos uma década, como o golpe de 1964 freou o crescimento do PTB, fruto do realinhamento da época. O partido popular só retornaria à liça, sob a capa do MDB, em 1974.

Mas golpe parlamentar não é golpe de Estado, que "na grande maioria dos casos" significa a tomada do poder pelas Forças Armadas.[16] O processo de impedimento, repleto de incontáveis peripécias, fora aprovado na Câmara, em 17 de abril, por maioria constitucional, depois de quatro meses de contraditório, público e livre, entre acusação e defesa. Numa sessão de nove horas e 47 minutos, televisionada na íntegra, 367 dos 513 deputados sufragaram a favor do impeachment, fazendo declarações de quinze segundos cada. O presidente da Casa, Eduardo Cunha (PMDB-RJ), pediu "que Deus tenha misericórdia dessa nação". O palhaço Tiririca (PR-SP) votou "pelo meu país". O gaúcho Sérgio Moraes (PTB-RS) mandou "feliz aniversário, Ana, minha neta". O ex-capitão Jair

Bolsonaro (psc-rj) reivindicou a "memória do coronel Carlos Alberto Brilhante Ustra", torturador durante a ditadura militar. Um trôpego show de variedades interrompia a experiência lulista dentro dos limites da lei, ainda que ferindo a alma da Constituição.

A bancada de 137 parlamentares contrária ao impedimento teve o direito de usar seus quinze segundos para defender o governo, a legitimidade do voto popular que reelegera Dilma em 2014, a honestidade pessoal da mandatária, lembrar Luís Carlos Prestes, Olga Benário e Carlos Marighella e, sobretudo, atacar como corrupto o homem que presidia a sessão com um permanente sorriso irônico nos lábios. Cunha seria afastado do cargo pelo Supremo Tribunal Federal (stf) dezoito dias depois do impeachment, cassado pela Câmara em setembro e condenado em março de 2017 a quinze anos de prisão por corrupção, lavagem de dinheiro e evasão de divisas.

No Senado, a sessão que culminou com o impeachment de Dilma durou sete dias. Durante três jornadas, presididas pelo ministro Ricardo Lewandowski, do stf, foram ouvidas testemunhas de acusação e defesa. A presidente defendeu-se em um discurso de 47 minutos, e durante uma maratona de treze horas respondeu a questionamentos de 47 senadores.[17] No último momento, em deferência especial, os senadores decidiram, por 42 a 36, *não* cassar os direitos políticos da ex-presidente. Oito senadores do pmdb, dentre os quais dois ex-ministros e o pai de um terceiro, votaram escandalosamente contra Dilma, mas apoiaram a preservação dos seus direitos, mostrando uma suave diferença em relação ao pmdb da Câmara. Temer, que comandou pessoalmente[18] a luta para impedir Dilma, teve que oferecer cargos no Banco do Nordeste, Furnas, Departamento Nacional de Infraestrutura de Transportes (dnit), Itaipu etc. para conseguir os 54 votos de que precisava.

Houve um golpe *por dentro* da Constituição. Um golpe pós-moderno, na expressão do cientista político Bernardo Ricupero, embora sustentado pelo velho atraso brasileiro.[19] O PMDB e o Partido da Social Democracia Brasileira (PSDB) se uniram para, sem comprovação de crime de responsabilidade da presidente, retirar o PT do Executivo, depois deste obter, em 2014, a quarta vitória consecutiva em eleições presidenciais. A falta de evidência de crime de responsabilidade, que a Constituição exige para decretar o impedimento, foi reconhecida pela *Folha de S.Paulo*, jornal sem simpatia pelo governo deposto: "Embora existam motivos para o impedimento, até porque a legislação estabelece farta gama de opções, nenhum deles é irrefutável. Não que faltem indícios de má conduta; falta, até agora, comprovação cabal. Pedaladas fiscais são razão questionável numa cultura orçamentária ainda permissiva".[20]

Ocorreu uma manobra constitucional para distorcer o espírito da lei. Em nome da Lei de Responsabilidade Fiscal (LRF), atribuiu-se à edição de decretos de créditos suplementares assinados pela presidente, e a atrasos no pagamento do Tesouro ao Banco do Brasil, que ela nunca assinou, o caráter de crime de responsabilidade. Foram pretextos, pois os decretos faziam parte da rotina administrativa até outubro de 2015, quando o Tribunal de Contas da União (TCU) considerou a prática reprovável. Os senadores que condenaram Dilma resolveram aplicar a decisão de forma retroativa, o que não faz sentido. Quanto aos atrasos junto ao Banco do Brasil, não dependiam dela, mas diretamente do Tesouro.[21]

Autores têm observado que o impeachment constitui novo tipo de instabilidade na América Latina, o qual teria substituído os antigos golpes militares. O cientista político argentino Aníbal Pérez-Linãn listou sete impedimentos latino-americanos de 1992 a 2015.[22] Segundo a cientista política Kathryn Hochstetler, os impedimentos pós-ciclo militar foram resultado tanto de protestos populares contra políticas neoliberais como de pressões das elites em relação a governos progressistas, caracterizando mecanismo semiparlamentarista de derrubada de governos.²³ O que não implica, necessariamente, a perda das liberdades democráticas, como nos anos 1960 e 1970. No caso brasileiro, a instabilidade criada com o golpe parlamentar colocou a democracia sob ameaça, mas não a dissolveu.

CAMBALACHE BRASILEIRO

Em 2002, quando Lula ganhou a eleição presidencial pela primeira vez, a Constituição estava garantida, e a democracia em pleno funcionamento. Como foi possível, para usar a expressão de Marx, que a sociedade tivesse "recuado a um momento anterior ao seu ponto de partida"?²⁴ Como explicar a contrarrevolução sem revolução? Quais conexões ocultas permitiriam formular hipóteses para explicar a catástrofe?²⁵ A luta de classes dá a chave do enigma? Acredito que sim, mas é mister assinalar que, ao contrário do previsto no *Manifesto comunista*, segundo o qual "a época da burguesia caracteriza-se por ter simplificado os antagonismos de classes",²⁶ o quadro atual é marcado por acentuada fragmentação e complexificação do conflito.²⁷ Em vez de lidar com a burguesia e o proletariado, é necessário dar conta de inúmeras divisões, cuja taxonomia não se encontra à disposição do analista. Burguesias transnacionais, industriais rentistas, protagonismo de profissionais do aparelho de justiça e de mídia, sindicatos de terceirizados, precariado com acesso à universidade, pobres empreendedores, camponeses agroecológicos, gestão social da miséria etc. No *cambalache* do século XXI, é preciso lançar mão do que estiver ao alcance para gerar interpretações. Daí que o uso funcionalista do termo "classe", oriundo de Max Weber, que a pensa a partir de acesso a bens e status (como quando se fala em classe média), surgirá num texto como este, que busca inspiração no Marx do *18 de Brumário*. Não existe — que eu conheça — uma teoria geral das classes que dê conta dos rápidos processos contemporâneos. Além de referências à classe média, a categoria "pobres", que diz respeito ao pouco acesso a bens de que dispõem, precisará ser mobilizada, pois é fundamental para a compreensão do despedaçamento do lulismo. Depois de um ciclo que Francisco de Oliveira definiu como "reinvenção da política", em que as classes ocuparam diretamente a cena — grosso modo a década que vai de 1978 a 1988 —, a pobreza voltou a se tornar categoria *política* no Brasil.[28] O lulismo, a partir de 2002, é uma direção que, embora forjada desde a fração organizada da classe trabalhadora, se dirige sobretudo aos "pobres". Ao fazê-lo, abriu mão do avanço representado pela orientação de classe — "o proletariado integrou-se na generalidade das massas trabalhadoras", diria Marcuse —,[29] mas tocou em um nervo da formação periférica. O lulismo é, portanto, profundamente contraditório e se presta a inúmeros gêneros de mistificação, por ser regressivo e progressivo *ao mesmo tempo*.

Tentei elucidar a natureza do lulismo em livros anteriores.[30] Retorno ao tema em face dos acontecimentos extraordinários de 2011 a 2016. Uma das características dos pobres no Brasil é a de não encontrar colocação no núcleo organizado da produção, como ensinou Caio Prado Jr. O autor mostra que, na Colônia, predominava o caráter "inorgânico" dos segmentos que não tinham lugar no motor capitalista, composto de senhores e escravos, ligado pela exportação ao que havia de avançado no plano mundial, portanto, às classes.[31] Sem papel definido, orbitavam o centro dinâmico, fazendo aqui e ali o serviço disponível, numa relação de *favor* que, como descobriu mais tarde Roberto Schwarz, deixava uma ampla latitude de arbítrio para a classe dominante.[32] Celso Furtado, por seu turno, indica que, após a Independência, "teve importância fundamental […] a existência da massa de mão de obra relativamente amorfa que se fora formando no país nos séculos anteriores",[33] e à qual se acrescentou, digo eu, a camada dos antigos escravos, convertidos em pobres, quando o modo de produção substituiu por imigrantes livres a mão de obra escravizada. Na mesma clave, o sociólogo José de Souza Martins afirmou que os "grupos que ficaram à margem dos processos dominantes, abandonados e descartados por falta de um projeto político do Estado, abrangente, integrativo e participativo", caracterizam a anomia brasileira.[34]

O traço avulso e intermitente da atividade dos pobres dificulta a sua autoidentificação como trabalhadores, embora de fato o sejam. Constituem classe *em si*, embora não *para si*. É comum, entretanto, no discurso popular, a referência aos "pobres", os quais têm noção de que seus interesses se opõem aos dos "ricos". No plano da política, a oposição entre ricos e pobres tende, simultaneamente, a refratar e obscurecer o conflito existente entre capitalistas e trabalhadores. A refração permite enxergar, ainda que de maneira enviesada, o confronto fundamental, sob a denominação "pobres" versus "ricos", porém elide o centro efetivo da discórdia: a posse dos meios de produção. É esse caráter duplo de refração e obscurecimento que torna particularmente difícil a análise de classe do lulismo e, por consequência, do turbulento e enroscado processo que o envolveu entre 2011 e 2016.

Para avançar na compreensão, é necessário retomar os conceitos de *massa* e *classe*, sendo massa a forma pela qual a classe *aparece* na política quando não se organiza como classe. Na escrita de Marx, "os camponeses parceleiros constituem uma gigantesca *massa*, cujos membros vivem na mesma situação, mas não estabelecem relações diversificadas entre si. [...] Milhões de famílias existindo sob as mesmas condições econômicas [...] formam uma classe. Mas na medida em que [...] a identidade dos seus interesses não gera [...] nenhuma organização política, eles não constituem classe nenhuma".[35] No caso brasileiro, a massa é composta de pobres, que é o nome recebido popularmente pelo subproletariado, a camada de trabalhadores que está aquém da condição proletária, segundo sugeri, seguindo Paul Singer, em *Os sentidos do lulismo*.[36]

A previsão do *Manifesto comunista* de que as massas seriam absorvidas pelas classes não se confirmou. Diversos autores viram, desde a periferia, que as massas se reproduziam *em paralelo* ao progresso das forças produtivas. Antonio Gramsci, pensando a situação italiana, encontra uma abordagem interessante. "Em que consiste a questão italiana, segundo esta formulação?", perguntava-se o dirigente comunista. "Consiste no fato de que o incremento demográfico contrasta com a relativa pobreza do país, ou seja, *na existência de uma superpopulação*."[37] De partida, Gramsci pensa tratar-se de "uma população parasitária, ou seja, uma população que vive sem intervir em absoluto na vida produtiva",[38] mas em seguida, refletindo em 1934-5, se pergunta se não será mais vantajoso para os industriais italianos especular "com o baixo preço da mão de obra e os privilégios governamentais do que com uma produção tecnicamente aperfeiçoada".[39]

Gramsci lançava perguntas que ressurgiriam na América do Sul: será que a superpopulação *aparentemente desligada do sistema* compunha, com as zonas produtivas, *outro sistema, invisível, mas não por isso menos amarrado*? A "conversão de enormes contingentes populacionais em 'exército de reserva', adequado à reprodução do capital, era pertinente e necessária do ponto de vista do modo de acumulação que se iniciava ou que se buscava reforçar", destacou Francisco de Oliveira durante o milagre econômico dos anos 1970.[40] Como notou Chico, a respeito de uma terceira trajetória periférica, a da Rússia, "a *incompletude do sistema é uma nova complexidade*, que só será plenamente entendida já bem avançado o século pelos latino-americanos da estirpe de Raúl Prebisch, Celso Furtado e Florestan Fernandes".[41] Segundo ele, haveria na "Rússia em transição do feudalismo para o capitalismo […] um sistema híbrido, *que nunca se completará*, e que combina a ferocidade do novo com o atraso do velho".[42] A periferia reinventava Marx para se autocompreender. Como observou Schwarz, nas situações periféricas "faria parte de uma inspiração marxista consequente um certo deslocamento da própria problemática clássica do marxismo, obrigando a pensar a experiência histórica com a própria cabeça".[43]

Oliveira sempre chama a atenção para o fato de que o sistema capitalista periférico "incompleto" do Brasil, que ele batizou de "ornitorrinco",[44] *funciona bem do ponto de vista da acumulação*. Em 2014, o PIB do Brasil era maior do que o da Índia, da Rússia e da Itália, *apesar* das décadas perdidas por aqui. Talvez se trate de uma variante específica da *modernização conservadora* conceituada por Barrington Moore.[45] Variante *específica*, pois, como assinala Oliveira, aqui não há "nenhum resíduo pré-capitalista".[46] Nunca existiram resquícios feudais, nem castas hindus, nem comunas camponesas russas, mas, segundo penso, *as fundações de uma sociedade mercantil-escravagista ligada ao capitalismo central* que dominou os trezentos anos de colonização. Um traço peculiar desta sociedade é o limbo, do qual os pobres podem sair (e no qual podem voltar a cair) individualmente, mas nunca como classe.[47] Em outras palavras, alguns pobres podem deixar de ser pobres, mas a *pobreza* não pode deixar de existir. Como consequência, as massas predominam. O que significa que Lula não poderia resolver a quadratura do círculo, e o lulismo se quebrou porque, acelerado por Dilma no bojo da ideologia rooseveltiana, acabou vítima de suas contradições, que são igualmente as contradições brasileiras. Embora um quarto da população ainda estivesse na pobreza em 2014, como mostro no capítulo 2, havia uma passagem do subproletariado para o proletariado, o que pressionava as condições de reprodução do capitalismo à brasileira.

Ao integrar a superpopulação excedente, o lulismo foi diminuindo a reserva de mão de obra. Um sintoma: escassez de trabalhadores domésticos entre 2011 e 2013. Ter empregados domésticos faz parte do estilo de vida da parcela "modernizada" desta sociedade. O Brasil era o país com o maior número de empregados domésticos do mundo: 7,2 milhões.[48] Além da escassez, a ampliação dos direitos da categoria, em abril de 2013 — com limitação de jornada de trabalho, pagamento de hora extra, adicional noturno, entre outros benefícios —, avançava lentamente a valorização dos trabalhadores domésticos que remanesciam. O filme *Que horas ela volta?*, lançado em 2015 (quando o quadro já regredia), retrata aquele momento. Mas o trabalho doméstico é apenas exemplo do processo maior e mais central que estava em curso. O lulismo não pretendia produzir confronto com as classes dominantes, mas ao diminuir a pobreza o fazia sem querer.

A superpopulação excedente, rebaixando o valor do trabalho, permite ao setor moderno funcionar. Existe a sensação intuitiva, mas falsa, de que o atraso segura, suga para baixo o setor moderno, quando é o oposto: "o específico da revolução produtiva sem revolução burguesa era o caráter 'produtivo' do atraso".[49] A realidade é contraintuitiva: o limbo funciona como a atmosfera da qual o moderno retira o ar que respira — ou melhor, a mão de obra que o alimenta. Com a mão de obra superabundante, a camada "moderna" brasileira tem dinamismo e tamanho suficientes para mexer com o mercado imobiliário de Manhattan ou contar com a segunda maior comunidade de usuários de Facebook do mundo, atrás só dos Estados Unidos.

A consequência política é que o setor moderno é grande o suficiente para impor vetos sobre a mudança do sistema, pois, se parte da sociedade está no atraso, parte significativa está no moderno. Por mais paradoxal que pareça, o que paralisa o avanço não é o atraso, é *o tamanho do setor modernizado*. Acredito que essa sugestão seja politicamente complementar à ideia de Oliveira, segundo a qual, no Brasil, "o superexcedente, resultado da elevação do nível da mais-valia absoluta e relativa, desempenhará, no sistema, *a função de sustentar uma superacumulação, necessária esta última para que a acumulação real possa realizar-se*".[50] O sucesso do ornitorrinco implica a existência de um partido de classe média influente. Se esse partido se alia ao que administra o atraso, o do interior, juntos bloqueiam os incrementos de integração que o partido popular promove.

No capítulo 4, busco estabelecer um elo entre esse sistema partidário e a dinâmica de classes, pensando que sem ele não será possível explicar o despedaçamento do lulismo. Parto da premissa de que o sistema partidário brasileiro só é compreensível se levarmos em conta a dialética entre modernização e atraso. Minha hipótese é que os três maiores partidos "reais",[51] desde 1945, quando o Brasil passa a ser uma democracia de massa, até 2016, de um certo ponto de vista *são os mesmos*, embora os nomes tenham mudado. Eles cruzam o setor moderno e o atrasado, resultando numa oposição bipolar entre um partido popular e um partido de classe média, todavia mediada por um partido do interior, em que prevalecem relações de clientela. Na maior parte do tempo, o partido popular e o partido de classe média, embora ajam em ambiente populista, *re(a)presentam a luta de classes realmente existente*. Por momentos, o embate entre capitalistas e trabalhadores, isto é, esquerda e direita, ganha centralidade, como ocorreu na década da "reinvenção da política" (1978-88), mas a forte presença do subproletariado tende a empurrar os atores para uma polarização entre ricos e pobres, a qual acabou se transfigurando, a partir de 2006, em lulismo e antilulismo.[52]

Tal funcionamento traz um problema para a democracia. A *dificuldade do partido de classe média vencer as eleições presidenciais*, uma vez ocorrido o *realinhamento eleitoral*, estimula o golpismo, estabelecendo uma dinâmica radicalizada, a expensas do desejo do partido popular. A agremiação do interior, dona de ampla mobilidade ideológica no espectro que vai do centro à direita, pois a sua base não é *representada*, mas *atendida*, navega de acordo com os ventos, podendo tanto *estabilizar* a democracia, como fez o PSD em 1961, como *desestabilizar* a democracia, como fez o PMDB em 2016 (e o PSD em 1964). Sem compreender o sistema partidário-eleitoral, torna-se impossível dispor as peças que permitiram passar da estabilidade à instabilidade no período 2011-6.

No Brasil, posições reformistas fracas como o lulismo têm conteúdo perigoso, uma vez que envolvem diminuir lentamente o limbo. Embora não ameacem o sistema capitalista, afetam o modo de reprodução do ornitorrinco. Se alguém, como Dilma, resolve apressar a passada, a situação fica ainda mais tensa, pois se criam condições objetivas para ativar as defesas polanyianas do trabalho e da sociedade — isto é, regulamentar e limitar o mercado de modo que ele não destrua os trabalhadores e os laços sociais.[53] De maneira muito contraditória, os acontecimentos de junho de 2013, em sua vertente de esquerda, apontavam na direção antimercantil.[54] Como reivindicava mais investimento social, a pressão desde a esquerda apontava na direção de conter o mercado. Daí terem ativado, no sentido oposto, energias destinadas a desfazer — via congelamento do gasto público, terceirização e reforma trabalhista — os avanços obtidos na década lulista.

TRÊS HIPÓTESES ESPECÍFICAS

Afora a hipótese teórica geral, enunciada acima, este livro procura verificar a procedência de três hipóteses específicas sobre o período Dilma. Lula percebeu, quando ganhou em 2002, uma janela de oportunidade para o reformismo fraco, graças ao boom das commodities, e aproveitou a brecha de maneira efetiva. Aumentou o valor real do salário mínimo, gerou milhões de empregos, criou o Bolsa Família (BF), o crédito consignado, a Farmácia Popular, a extensão do Benefício de Prestação Continuada (BPC), o Programa Universidade para Todos (Prouni), o Minha Casa Minha Vida (MCMV), promoveu a ampliação do Fundo de Financiamento Estudantil (Fies), a construção de cisternas no semiárido, o reconhecimento dos territórios dos quilombolas e o incentivo à agricultura familiar, entre outras coisas. Embora mais de 90% dos empregos criados fossem de baixa remuneração, a renda média do trabalho se elevou em cerca de um terço entre 2003 e 2014, também graças a acordos coletivos vantajosos aos trabalhadores.

A primeira hipótese é de que, impulsionada pelo capital político acumulado por Lula, Dilma levou a sério a ideia de acelerar o ritmo da empreitada, dando curso a uma política econômica desenvolvimentista e, *simultaneamente*, a uma ação republicana de combate a círculos de corrupção incrustados no Estado. Acredito que a concepção por trás da política econômica adotada é passível de síntese por meio de quatro pontos adaptados da descrição que Ricardo Bielschowsky faz da escola desenvolvimentista: 1. A reindustrialização integral seria o caminho de superação da pobreza; 2. Não há como alcançar uma reindustrialização no Brasil por meio das forças espontâneas do mercado; 3. É necessário que o Estado planeje o processo; 4. O planejamento deve coordenar a expansão desejada dos setores econômicos, os instrumentos de promoção dessa expansão e a sua execução.[55]

A concepção que orientou a "faxina ética" empreendida por Dilma poderia ser sintetizada em três ideias: 1. O Estado republicano se caracteriza por manter a esfera pública imune a influências privadas; 2. Essa imunização contém a corrupção na máquina estatal; 3. A corrupção é entendida não como decadência moral dos agentes públicos, mas especificamente como *furto* do patrimônio público.[56] Penso que, na visão de Dilma, apenas um Estado republicanizado seria capaz de reindustrializar o Brasil.

Por consequência, em lugar de apenas dar continuidade ao que Lula fizera, devolvendo-lhe o lugar em 2014, a presidente teria optado por uma *direção relativamente autônoma*, deslocando o lulismo para um pouco mais perto do reformismo forte, embora dentro dos limites da *transformação pelo alto* — a saber, sem mobilização da sociedade. Batizei as duas orientações como *ensaio desenvolvimentista* e *ensaio republicano*, para aludir a projetos que não chegaram a se completar. Mas as reações que produziram, impulsionando a construção de uma frente antidesenvolvimentista e uma frente antirrepublicana, e esta é a segunda hipótese, fazem parte da explicação do impeachment.

No capítulo 1, analiso o modo como, entre 2011 e 2013, Dilma lidou com a taxa de juros, as regras da caderneta de poupança, os spreads[57] dos bancos privados, o câmbio, a capitalização do Banco Nacional de Desenvolvimento Econômico e Social (BNDES) e o marco regulatório do setor elétrico.[58] Penso que o objetivo fosse conseguir investimentos privados no setor produtivo, de modo a alavancar o crescimento econômico com a reindustrialização do país. As decisões tomadas responderiam aos anseios expressos por uma coalizão produtivista composta pela classe trabalhadora organizada somada aos empresários industriais. No primeiro semestre de 2011, essa coalizão se queixava da "crescente reprimarização da pauta de exportação", da "substituição da produção doméstica por produtos e insumos industriais importados" e da "expressiva queda do conteúdo nacional na produção".[59] Em suma, apontavam para a desindustrialização. O governo decidiu desvalorizar o real, taxar o capital especulativo, reduzir os juros e pressionar os bancos privados, por meio dos bancos públicos, de modo que reduzissem as suas taxas, financiando a produção e o consumo internos. O conjunto de medidas explicaria a feroz campanha contra o "intervencionismo estatal" que desaba sobre Dilma a partir de 2012.

No capítulo 5, discuto as decisões que Dilma tomou em relação à presença no governo de ministros acusados de desvios, a apadrinhados que ocupavam cargos-chave no setor público e ao PMDB, representante maior do clientelismo. Embora a presidente tenha manifestado desconforto com a expressão "faxina ética", utilizada pela imprensa para descrever a sua política de combate à corrupção, o conjunto de ações que a Presidência comandou no biênio 2011-2 incidiu sobre áreas que manejavam expressivo volume de recursos, apontando para um padrão renovado de conduta pública. Práticas muito antigas começavam a ser coibidas, produzindo reações duras dos prejudicados. Em especial o PMDB, acompanhado de um crescente bloco fisiológico ao seu redor, confrontou a presidente em cada votação legislativa importante entre 2011 e 2014.

Apesar das resistências, até o primeiro semestre de 2013, o saldo dos ensaios foi positivo. Em janeiro, ao anunciar a redução do preço da energia elétrica, a presidente teve apoio da Federação das Indústrias do Estado de São Paulo (Fiesp). O presidente da entidade, Paulo Skaf, declarou em nota oficial: "Dilma tem mostrado sensibilidade, e suas ações concretas apontam a preocupação do governo com a competitividade do país".[60] Com a "faxina ética", a presidente tinha também caído no gosto das camadas modernizantes. Em artigo publicado na revista *piauí* em setembro de 2012, o sociólogo Celso Rocha de Barros comentava "que muitos eleitores de Serra na classe média têm se entusiasmado por Dilma".[61] Em outubro, Dilma veio a São Paulo apoiar a candidatura de Fernando Haddad a prefeito da capital que o PSDB, o partido da classe média, governava havia oito anos. "Não tem como dirigir o Brasil sem meter o bico em São Paulo", disse a presidente no palanque paulistano, cidade que mais tarde seria o epicentro do impeachment.[62] No dia 28 daquele mês, Haddad venceria José Serra por 54% a 46% do votos válidos.

Para coroar o êxito do primeiro biênio, em março de 2013 Dilma recebia 65% de bom e ótimo na pesquisa do Datafolha. Em junho, entretanto, a conjuntura sofre uma inesperada reviravolta, que analiso no capítulo 3. Como raio em céu azul, gigantescos protestos invertem a tendência. Diferentes agrupamentos, à esquerda e à direita, insatisfeitos com a situação, saem às ruas para derrubar "substancialmente o índice de credibilidade de instituições".[63] A aprovação ao governo desaba para 30%. A Fiesp começa a gestar a campanha contra os impostos, que depois se imbricou com a do impeachment, ambas simbolizadas pelo pato amarelo de doze metros de altura. À esquerda, surge um movimento jovem de oposição, que desaguará na ocupação das escolas secundárias em 2015-6.

As causas imediatas de junho continuam misteriosas. Ecos do julgamento do mensalão, que ocorrera no segundo semestre de 2012, aumento das passagens do transporte público, alguma pressão inflacionária — "a inflação de alimentos ultrapassou 10% naquele ano", lembra o economista Marcos Lisboa —[64] e muita crítica da mídia, sobretudo ao "intervencionismo", faziam parte do ambiente que precedeu a explosão. Isoladamente, nenhum deles explica o tamanho das manifestações. Os protestos se originaram em propostas de grupos da esquerda extrapetista que buscavam se conectar à nova classe trabalhadora, cujas características discuto no capítulo 2. A mobilização, relativamente limitada, pela revogação do preço das tarifas de ônibus, metrô e trem na capital paulista transbordou após uma repressão policial anormal em 13 de junho. Repentinamente, os protestos atingiram milhões de pessoas em centenas de municípios, pelas causas mais variadas.

Embora junho tenha se iniciado como oposição de esquerda ao lulismo, o centro e a direita levaram para a avenida o tema da corrupção, mobilizando multidões vestidas de verde e amarelo. Começou ali o levante da classe média, que, por sua vez, ligou-se à Operação Lava Jato, iniciada em março de 2014. A conexão requer pesquisa, mas vale mencionar um dado observado pelo jornalista Eugênio Bucci. De acordo com ele, "o combate à corrupção não encontrou eco no Palácio da Alvorada nem no Congresso Nacional, mas na Operação Lava Jato".[65] Apesar do ensaio republicano de Dilma, é a liderança do juiz federal Sergio Moro que retoma o fio amarelo estendido em junho, levando-o ao impeachment. A Lava Jato é objeto de longa seção no capítulo 7 deste livro. Nela, desenvolvo a análise de que a operação, cuja eficácia não pode ser compreendida sem a aliança que estabeleceu com a mídia, se caracteriza por efeitos objetivamente facciosos *e* republicanos. Ela catalisa a mobilização antilulista que começa em junho de 2013 e concluirá em 13 de março de 2016, data das maiores demonstrações pró-impeachment. Ao mesmo tempo, a Lava Jato revelou o centro do sistema corrupto de financiamento da política brasileira desde 1945, que Dilma tinha começado a desbaratar no seu ensaio republicano.

Junho representou, portanto, um corte no período de cinco anos e meio que Dilma governou o Brasil. Diante das dificuldades, a presidente se tornou errática, e esta é a terceira hipótese específica do livro. Vendo Dilma acuada, as onças cutucadas pelos ensaios partem para a ofensiva, e a mandatária, sem bases para se defender, atua em zigue-zague, ficando cada vez mais isolada. Na economia, apela para as desonerações da folha de pagamento, cujos resultados foram negativos. Na eleição de 2014, realiza uma campanha desenvolvimentista, que já perdera o apoio do setor industrial. Contraditoriamente, durante a disputa demite o ministro que coordenara o desenvolvimentismo, Guido Mantega. Reeleita, faz o contrário do que prometera e adota o receituário neoliberal, nomeando Joaquim Levy para a Fazenda. Perde o apoio da esquerda e da base lulista.

A degringolada de 2015 desfaz os avanços do primeiro mandato. O estatístico José Eustáquio Diniz Alves afirma que a quantidade de pessoas na situação de extrema pobreza subiu de 7,9% para 9,2% naquele ano.[66] Apesar de a crise requerer mais proteção aos de baixo, o valor do BF foi congelado,[67] e o número de beneficiários, que crescia continuamente desde 2004, estagnou.[68] O desemprego aumenta 38%, tirando quase 3 milhões de pessoas do mercado de trabalho[69] e, concomitantemente, o seguro-desemprego, o auxílio-doença e a pensão por morte sofrem cortes. O trabalho informal volta, com uma elevação de 4,6% na quantidade de trabalhadores por conta própria, depois do aumento do número de postos com carteira assinada de 40% para 51% da População Economicamente Ativa (PEA) entre 2002 e 2012.[70] A retração leva 3,7 milhões de pessoas para fora da classe C.[71] Parte da nova classe trabalhadora retorna à condição subproletária. Como se não bastasse, em 2016 Dilma chega a propor a criação de teto para os gastos públicos[72] e reforma da Previdência, com o estabelecimento da idade mínima para aposentadoria.[73]

Numa terceira decisão ziguezagueante, a presidente, mesmo muito enfraquecida pelas resoluções anteriores, resolve levar adiante o duelo com o PMDB, tendo contra ela Eduardo Cunha à frente de um volumoso bloco de insatisfeitos com o ensaio republicano. Caso eleito presidente da Câmara, em 1º de fevereiro de 2015, ele seria a porta de entrada do processo de impeachment, conforme previsto no art. 51 da Constituição. Tendo rompido com a esquerda na economia, Dilma não tinha base para brigar com a direita na política. Sabe-se pela biografia da presidente que foi uma heroína da resistência à ditadura militar. Presa e torturada, nada falou. Talvez isso tenha reforçado a conduta "quebro, mas não dobro", que caracterizou a sua recusa em compor com o pemedebismo. Lula se baseia no lema oposto: "dobro, mas não quebro". São duas orientações antitéticas, ambas necessárias à ação política, mas que impulsionam tendências distintas em cada conjuntura. A primeira privilegia a efetividade. A segunda finca pé nos princípios, na chama da fé, que age do "fundo dos tempos", nas palavras do filósofo Walter Benjamin.[74]

Nas decisões estratégicas do segundo mandato, Dilma se afastou de Lula, reconhecidamente um dos políticos mais sagazes em cena. No capítulo 6, discuto a difícil relação entre criador e criatura. Por que, depois da reviravolta de 2013-4, frente a um cenário futuro tão adverso, Dilma decidiu se recandidatar? Desde maio de 2012, quando se recuperou do câncer na laringe, Lula avisou que se dispunha a ser candidato, mas a presidente nunca lhe ofereceu a vaga. Ao contrário, irritada com o "volta, Lula", que envolvia empresários, políticos e sindicalistas, redobrou esforços para se reeleger. Quando cedeu ao ex-presidente, em outubro de 2015, era tarde demais.

O caráter errático da atuação de Dilma depois de junho abriu uma avenida para o antilulismo. Engrenagens que aguardavam a oportunidade desde 2003 puseram-se a funcionar. Uma ambiciosa coalizão de poder, capitaneada por Michel Temer e o senador José Serra (PSDB-SP), foi sendo costurada desde pelo menos agosto de 2015. Ressentido pela quarta derrota seguida em eleições presidenciais, o PSDB forneceu elementos para a construção do golpe parlamentar. Embora o protagonismo tenha sido do PMDB, que assumiria a Presidência, a formulação jurídica, o programa econômico, a ponte com o empresariado e a legitimação perante a classe média passaram pelo PSDB — para não falar da centena de votos que o tucanato galvanizava no Legislativo. A mobilização impulsionada pela Lava Jato, via meios de comunicação, recobriu a derrubada de apoio social.

As camadas populares não se mexeram para defender o lulismo — resultado lógico da despolitização e desmobilização a que foram submetidas. À medida que o hiato entre a Bélgica e a Índia se estreitava um pouco na velha Belíndia do professor Edmar Bacha, a classe média tradicional emitia sinais de crescente irritação. Mas o lulismo não cuidou de conscientizar os beneficiados de que, mais dia, menos dia, haveria reação às políticas que visavam reduzir a miséria e a pobreza.

Autorizado pela Câmara em 17 de abril de 2016, o processo contra Dilma precisava ser aceito pelo Senado, que o fez em 12 de maio, conforme se esperava. Naquela tarde, Michel Temer assumiria a Presidência da República, empurrando para trás o processo histórico. Em 31 de agosto, o Senado confirmaria o pesadelo, cassando definitivamente a presidente que chegara ao Planalto nas asas da ideologia rooseveltiana. O rooseveltianismo surgira no centro capitalista numa etapa de keynesianismo dominante. Aplicado à matéria brasileira em tempos de globalização e neoliberalismo, despedaçou o lulismo, levando a sociedade a não se sabe que praia distante dos anseios igualitários que o sonho condensava.

AVISOS E AGRADECIMENTOS

Este estudo não trata dos governos Dilma, mas do período em que ela governou, com vistas a oferecer uma explicação de por que começou com perspectivas alvissareiras de progresso e terminou em desastre regressivo, com o lulismo aos pedaços. O livro foi escrito ao longo de cinco anos, o que explica diferenças nítidas entre a primeira e a segunda parte. Redigidos com vagar e submetidos a debates públicos, os capítulos iniciais contêm um amadurecimento que falta aos da metade final. O conceito de ensaio desenvolvimentista, por exemplo, certo ou errado, foi se cristalizando desde 2011 e reaparece aqui com uma pletora de dados e argumentos. O leitor não encontrará um embasamento equivalente para sustentar a noção de ensaio republicano. A proximidade dos eventos e a rapidez com que tive que me apropriar deles na pesquisa desenvolvida em 2017 sobre o impeachment de 2016 determinaram o caráter incipiente da reflexão a respeito.

Também a "reconstituição do processo", usando as palavras de Brasilio Sallum Jr.,[75] autor de livro sobre o impeachment de Collor, é sumária, realizada apenas para fins argumentativos. Manufaturada por meio de pesquisa de imprensa, de documentos e das entrevistas que o curto tempo de investigação me permitiram fazer, ignora alguns fatos que compuseram a crise de 2015-6, que foi extensa e composta de múltiplas entradas.* Daí a imagem de um quebra-cabeça com lacunas a ser preenchido posteriormente e com o devido distanciamento. Convém ao leitor ter em mente que as afirmações emitidas na segunda parte, mesmo quando o tom é peremptório, tem por objetivo transmitir uma análise em construção, a ser avaliada com cautela. Optei por publicar o texto do jeito que está, pois era indispensável a uma visão de conjunto, ainda que parcial, do período que desejava examinar. O leitor saberá distinguir o que nela possa existir de valor e o que deve ser entregue à crítica roedora dos ratos.

Advirto que as referências a eventuais atos ilícitos foram sempre recolhidas de fontes públicas, na imprensa ou na bibliografia disponível, as quais são sempre citadas. Este livro não faz nenhuma acusação a quem quer que seja, limitando-se a interpretar as informações disponíveis. Quando eventualmente a fonte não aparecer é porque foi mencionada antes, e evitei repetir para não fatigar o leitor.

Convém advertir, também, para o caráter limitado no tempo do que se buscou fazer aqui. Por razões fáceis de entender, pois o objeto precisava ser circunscrito com nitidez, os fatos posteriores

---

* Quando este livro se encontrava em fase de revisão final, foi publicado Luiz Inácio Lula da Silva et al. *A verdade vencerá: O povo sabe por que me condenam*. Org. de Ivana Jinkings. São Paulo, Boitempo, 2018. O volume confirma algumas das passagens relatadas aqui, mas não houve tempo hábil de incluí-lo como referência nelas.

ao impeachment de Dilma Rousseff, o que inclui a prisão do ex-presidente Lula, ocorrida, aliás, quando este livro estava quase por ser impresso, não foram levados em consideração para formular a interpretação apresentada. O foco recaiu, apenas, sobre o período em que Dilma governou o Brasil (2011-6). Quando se fala em despedaçamento do lulismo, por exemplo, a referência é o sucedido até 2016, não havendo possibilidade de incorporar à análise os muitos acontecimentos que vieram depois.

Versões anteriores do capítulo 1, modificado para esta edição, foram publicadas em *Novos Estudos*, n. 102, julho de 2015, e A. Singer e I. Loureiro (Orgs.), *As contradições do lulismo: A que ponto chegamos?* (São Paulo: Boitempo, 2016). O capítulo 2, completamente reelaborado, apareceu em F. P. Abramo e F. F. Ebert (Orgs.), *Classes? Que Classes?* (São Paulo: Fundação Perseu Abramo/ Fundação Friedrich Ebert, 2014) e *Psicologia USP*, v. 26, n. 1, jan.-abr. 2015. O texto original do capítulo 3, modificado, viu a luz originalmente em *Novos Estudos*, n. 97, nov. 2013, e na *New Left Review*, v. 85, jan.-fev. 2014. O capítulo 4, inédito, segue de perto a Prova de Erudição apresentada ao concurso para professor titular do Departamento de Ciência Política da Universidade de São Paulo (USP) em 18 de outubro de 2016. Os capítulos 5, 6 e 7, inéditos, utilizam pequenas passagens de André Singer, "O lulismo nas cordas", *piauí*, n. 111, dez. 2015.

Ao longo desta meia década, contraí dívidas com muita gente que me ajudou em diversos aspectos: cobriram períodos de concentração, debateram textos, forneceram referências e concederam informações preciosas. Não mencionarei cada uma, pois a lista ficaria imensa. Agradeço aos que aceitaram dar entrevistas sob garantia de anonimato. Sem eles, o livro não teria sido escrito. Aos professores e professoras Evelina Dagnino, Lena Lavinas, Luiz Carlos Bresser-Pereira, Ricardo Terra e Tullo Vigevani, da banca de titularidade, pelas perguntas que me obrigaram a pensar. Ao CNPq pelo financiamento do projeto coletivo de pesquisa "Desigual e combinado: Capitalismo e modernização periférica no Brasil do século XXI".

Aos colegas universitários, em particular aos do Departamento de Ciência Política da USP, do Centro de Estudos dos Direitos da Cidadania (Cenedic) e do Grupo de Pesquisa Pensamento e Política no Brasil, concentro meu agradecimento na pessoa do professor Cicero Araujo. Aos companheiros do PT, na de Carlos Henrique Árabe. Aos profissionais da Companhia das Letras, na de Ricardo Teperman. Aos amigos, na do professor Roberto Schwarz, inspiração permanente. In memoriam, ao historiador e amigo Marco Aurélio Garcia, que me falou, no começo dos anos 2000, em "lulismo" e "projeto rooseveltiano". Aos familiares, na da minha mulher Silvia Elena Alegre, que ajudou na pesquisa e debateu diversos problemas de conteúdo. Ela, de certo modo, é coautora da obra. A Suzana Singer, que arrancou tempo de onde não tinha para ler a última versão inteira.

Os erros, deficiências, lacunas e defeitos, contudo, são de minha inteira responsabilidade.

São Paulo, outono de 2018

PARTE I

OS DRAMAS DO PRIMEIRO MANDATO

1. Cutucando onças com bases curtas

Por que fracassou a tentativa encetada por Dilma de garantir crescimento sustentável com reindustrialização, aumento do emprego e da renda? Hipótese: a presidente apostou em uma coalizão entre industriais e trabalhadores para sustentar uma virada desenvolvimentista. No meio do caminho, a coalizão se desfez, pois os industriais mudaram de posição, deixando afundar a arquitetura que deveria levar o país para fora da arrebentação gerada em 2011 pela recidiva da crise mundial. No lugar da coligação entre capital industrial e trabalho surgiu uma renovada frente única burguesa em torno de plataforma neoliberal, em particular o corte de gastos públicos e as reformas trabalhista e previdenciária.

O que desejo investigar neste capítulo são os componentes políticos do fracasso do ensaio desenvolvimentista, ligados ao problema das coalizões que dão suporte a esta ou aquela orientação econômica. Não entro na controvérsia dos economistas. Entretanto, para situar os termos do problema, precisarei descrever, com algum grau de detalhe, o que foi a "nova matriz econômica", conforme batizada por Guido Mantega.[1]

Antes de fazê-lo, cabe esclarecer por que uso o termo "desenvolvimentismo", palavra de conteúdos múltiplos e variáveis, para designar a experiência que desejo discutir. Será que faz sentido utilizar categorias das décadas de 1950 e 1960 para abordar problemas dos anos 2010? Em face da globalização e da terceira revolução industrial, o conceito, de meio século atrás, ainda é analiticamente fértil? A julgar pelo debate econômico, entretanto, o termo ainda guarda valor heurístico.[2] Expressões como "novo-desenvolvimentismo", "social-desenvolvimentismo" e "neodesenvolvimentismo" mobilizam os pesquisadores, que procuram mapear diferenças entre as correntes.[3] De acordo com autores "social-desenvolvimentistas", por exemplo, menos investimento público e mais subsídios ao investimento privado via desonerações, resultante de certa visão "novo-desenvolvimentista", teria contribuído para o fracasso do ensaio tentado por Dilma.[4] Os "novo-desenvolvimentistas", por sua vez, atribuem problemas ao descaso com a austeridade fiscal, o que poderia ser atribuído ao tipo de concepção "social-desenvolvimentista".[5]

O próprio Mantega havia declarado, em 2007, que o Brasil entrara em ciclo "social-desenvolvimentista".[6] Empregar a expressão "desenvolvimentismo" faz justiça, portanto, também à intenção dos criadores da nova matriz. Pareceu-me melhor, contudo, recorrer a uma definição mínima, de modo a elidir a vasta e relevante discussão teórica envolvida na disputa entre "novo-desenvolvimentismo", "social-desenvolvimentismo", "neodesenvolvimentismo" etc., que me levaria para longe do objetivo proposto — a saber, examinar fatores políticos que podem ter influenciado no fracasso da matriz pensada por Dilma e equipe. Para uma definição mínima de desenvolvimentismo, conforme adiantei na introdução, vejam-se os itens abaixo, elencados pelo economista Ricardo Bielschowsky:

Entendemos por desenvolvimentismo [...] a ideologia de transformação da sociedade brasileira definida pelo projeto econômico que se compõe dos seguintes pontos fundamentais:
a) a industrialização integral é a via de superação da pobreza e do subdesenvolvimento brasileiro;
b) não há meios de alcançar uma industrialização eficiente e racional no Brasil através das forças espontâneas do mercado; por isso, é necessário que o Estado a planeje;
c) o planejamento deve definir a expansão desejada dos setores econômicos e os instrumentos de promoção dessa expansão; e
d) o Estado deve ordenar também a execução da expansão, captando e orientando recursos financeiros, e promovendo investimentos diretos naqueles setores em que a iniciativa privada seja insuficiente".[7]

Quando se observa o conjunto das ações contidas na "nova matriz" (ver a próxima seção deste capítulo), percebe-se o seu viés desenvolvimentista, aceitos os parâmetros de Bielschowsky. A desobstrução de caminhos para a retomada industrial, os esforços pela industrialização integral, a crença no papel indispensável do planejamento estatal, a desconfiança das forças espontâneas do mercado, a decisão por parte do Estado dos setores que devem se expandir e o papel público em seu financiamento — todos os fatores estiveram presentes no "plano Dilma". Talvez o ponto dissonante seja o que diz respeito ao final do quarto item: a promoção de "investimentos diretos naqueles setores em que a iniciativa privada seja insuficiente". Conforme destaca o economista Pedro Cezar Dutra Fonseca, "o desenvolvimentismo é um tipo de intervencionismo", no qual "caberia ao Estado investir em infraestrutura"[8] e, quem sabe, esse tipo de investimento tenha faltado.[9]

Embora reconhecendo a polêmica que o uso da palavra desenvolvimentismo suscita, pareceu conveniente mantê-la para ressaltar a *marca de ativismo estatal* da nova matriz.[10] *A vantagem de utilizá-la está em denotar o viés antiliberal da experiência dilmista.* É aceitável que, no futuro, bem vista a "verdade efetiva da coisa", mais do que a "imaginação em torno dela", como diria Maquiavel,[11] se conclua que a nova matriz não foi rigorosamente desenvolvimentista. A presente interpretação fica, todavia, protegida pelo vocábulo "ensaio", que remete tanto ao caráter efêmero da experiência como ao seu contorno vago. Conforme recorda a economista Leda Paulani, "economia é política, por implicar escolhas",[12] e o importante é que Dilma fez escolhas antiliberais, o que lhe custou politicamente caro. Enfim, *desenvolvimentismo quer conotar aqui antiliberalismo.*

ATO I: A ORDEM É AVANÇAR

Após um primeiro semestre até certo ponto típico no início de cada mandato presidencial — restrição orçamentária,[13] ajustes ministeriais etc. —, no inverno de 2011 a segunda fase da crise financeira planetária interrompeu a rotina de Dilma. Entre 4 e 5 de agosto, mercados ao redor do globo reviveram a turbulência de 2008. Fuga em massa para títulos norte-americanos e alemães, rebaixamento da dívida pública dos Estados Unidos pela Standard & Poor's, pânico nas principais bolsas e mesas de operação financeira. Dessa vez, contudo, o epicentro saiu de Wall Street, indo parar no continente europeu. Sucederam-se ataques às moedas da Itália, da Espanha e até da França, "alvo dos especuladores financeiros em função de indicadores pouco sólidos para o mercado".[14]

As nações europeias credoras, lideradas pela Alemanha, desenharam e impuseram conduta recessiva aos devedores, em particular Grécia, Portugal, Espanha, Itália e Irlanda, provocando redução geral e prolongada das atividades na zona do euro. Como resultado, em 2017 a região ainda tinha produto menor que o de 2008.[15] A vaga contracionista acabou por contaminar o resto do mundo, e em 2012 a China também viu declinar as suas taxas de expansão. O crescimento mundial cai de 4,1% em média ao ano entre 2000-8 para 2,9%, em média, de 2009 a 2014.[16]

A exemplo do que havia feito em 2008, o Brasil procurou sustentar o ritmo local, apesar da retração generalizada. Cálculos mostravam que, para continuar o reformismo fraco vigente desde 2003, era preciso que o PIB crescesse cerca de 5% ao ano.[17] Foi aí que se abriu a oportunidade para a nova matriz, que vinha sendo preparada desde a substituição de Henrique Meirelles por Alexandre Tombini à frente do Banco Central (BC) em novembro de 2010.[18] Na conduta anticíclica então adotada por Dilma, destacaram-se as seguintes ações:[19]

1. **Redução dos juros**. Apresentada como mudança "estrutural" e "fundamental" por Mantega, "a colocação das taxas de juros em níveis normais para uma economia sólida e com baixo risco"[20] foi a maior briga da nova matriz. O BC minorou a taxa básica de juros de 12,5% para 7,25% ao ano entre agosto de 2011 e abril de 2013, tendo a Selic (Sistema Especial de Liquidação e de Custódia) alcançado o valor mais baixo desde a sua criação, em 1986.[21] Considerando a inflação de 6,59% acumulada em doze meses, o juro real chegou a menos de 1% ao ano no final do ciclo (abril de 2013).[22] De campeão mundial de juros, o Brasil passou a ter "níveis considerados baixos",[23] compatíveis com os praticados nos centros capitalistas. Para "normalizar" ainda mais o custo do crédito, o Executivo pressionou os bancos privados a baixarem os spreads. Como complemento, Dilma alterou as regras de remuneração da caderneta de poupança em maio de 2012, de modo a permitir que o BC seguisse na redução da Selic.

2. **Uso intensivo do BNDES**. O BNDES estabeleceu robusta linha de crédito subsidiado para o investimento das empresas por meio de repasses recebidos do Tesouro. O primeiro aporte, de 100 bilhões de reais, havia ocorrido em 2009, mas teve expansão significativa, chegando a 400 bilhões.[24] Foi, assim, potencializado o Programa de Sustentação do Investimento (PSI), dirigido a "produção, aquisição e exportação de bens de capital e inovação tecnológica".[25]

3. **Política industrial**. Em agosto de 2011, Dilma lança o Plano Brasil Maior, para "sustentar o crescimento econômico inclusivo num contexto econômico adverso".[26] Foram 287 medidas que abrangeram da redução do Imposto sobre Produtos Industrializados (IPI) a bens de investimento à ampliação do Microempreendedor Individual (MEI). A proposta era que o BNDES investisse quase 600 bilhões de reais na indústria até 2015.[27]

4. **Desonerações**. Em abril de 2012 é anunciada a desoneração da folha de pagamentos para quinze setores intensivos em mão de obra. No seu auge, em 2014, a desoneração atingiria 42 setores e pouparia cerca de R$ 25 bilhões anuais aos empresários.[28] A "carga fiscal elevada" era vista como uma das "grandes distorções na economia".[29] Cumpre mencionar, igualmente, a desoneração do PIS/Cofins sobre bens de investimento, o Reintegra (Regime Especial de Reintegração de Valores Tributários para as Empresas Exportadoras) e o estabelecimento de novo regime tributário para a cadeia automotiva.

5. **Plano para infraestrutura**. Em agosto de 2012 é lançado o Programa de Investimentos em Logística (PIL), pacote de concessões para estimular a inversão em rodovias e ferrovias. A primeira fase do PIL previa aplicação de 133 bilhões de reais.

6. **Reforma do setor elétrico**. Em setembro de 2012, é editada a medida provisória nº 579, com o objetivo de baratear em 20% o preço da eletricidade, reivindicação da indústria para reduzir os custos e ganhar competitividade em relação aos importados. A

MP alterava as regras do jogo com respeito às companhias concessionárias de energia. Contratos que venceriam em 2015 e 2017 foram antecipados para retirar das tarifas o "repasse dos investimentos já amortizados".[30] Um dos efeitos foi provocar a diminuição do valor de mercado das empresas envolvidas, o que causou perdas a investidores.[31] Exemplo: o Fundo Skagen, com base na Noruega, tinha no começo de 2012 uma participação que valia 1,3 bilhão de reais na Eletrobras; depois do pacote passou a valer 740 milhões de reais (embora a causa da queda não tenha sido apenas a MP 579). O Skagen reagiu ao recuo do preço das ações que possuía com a seguinte declaração bombástica ao *Financial Times*: "Vemos isso como uma forma de nacionalização de propriedade, então é mais ou menos o que vimos na Venezuela e Argentina".[32]

7. **Desvalorização do real**. Posta por Mantega como uma das "grandes distorções" da economia brasileira, o câmbio valorizado foi outro objeto de atenção da nova matriz, pois "agravava as dificuldades da indústria nacional".[33] A partir de fevereiro/março de 2012, o BC agiu para desvalorizar a moeda de aproximadamente 1,65 real por dólar, patamar no qual se encontrava ao final do segundo mandato de Lula, para 2,05 reais o dólar, alcançado em maio de 2012, numa desvalorização de 19,52%.

8. **Controle de capitais**. Com o objetivo de impedir que a entrada de dólares valorizasse o real, prejudicando a competitividade dos produtos brasileiros, foram tomadas providências de controle sobre os fluxos de capital estrangeiro, conforme a seguinte descrição: "Desde janeiro de 2011, o BCB [Banco Central do Brasil] e o Ministério da Fazenda recorreram não somente a alterações das alíquotas do IOF sobre os investimentos estrangeiros de portfólio, mas também impuseram esse mesmo tipo de controle de capital sobre as captações externas, inclusive sobre empréstimos intercompanhias. Adicionalmente, acionaram dois novos instrumentos regulatórios: (a) a regulação financeira pru-

dencial, ao impor recolhimento compulsório sobre as posições vendidas dos bancos no mercado de câmbio à vista; e (b) a regulação das operações com derivativos cambiais, ao impor IOF de 1% sobre as posições líquidas vendidas nesses derivativos acima de US$ 10 milhões".[34]

9. **Proteção ao produto nacional**. De modo a favorecer a produção interna, em setembro de 2011 elevou-se em trinta pontos percentuais o IPI sobre os veículos importados ou que tivessem menos de 65% de conteúdo local. Em fevereiro de 2012, a Petrobras fechou acordo para encomendar 26 navios-sondas a serem construídos no Brasil, com 55% a 65% de conteúdo nacional. Em junho de 2012, foi lançado o Programa de Compras Governamentais, beneficiando o setor de máquinas e equipamentos, veículos e medicamentos, com regras favorecidas para a produção nacional. Em setembro de 2012, foram aumentados os impostos de importação de cem produtos, entre eles pneus, móveis e vidros.[35]

É possível perceber nas medidas citadas o acento intervencionista. Alguma pesquisa futura deveria comparar o primeiro mandato de Dilma com o do general Ernesto Geisel (1974-8) — último período de nítido ativismo estatal no longo ciclo que vinha de 1930 e terminou em 1980 — para identificar eventuais semelhanças. Note-se que no consulado Geisel houve uma espécie de "rebelião empresarial", refletida na famosa "campanha contra a estatização".[36] Segundo o cientista político Sebastião Velasco e Cruz, o general estava voltado para a "mudança no padrão da industrialização brasileira", tendo "como principal instrumento financeiro o sistema do BNDE, cujos recursos foram significativamente ampliados".[37] Da mesma maneira, depois de uma fase harmoniosa, pelo menos no que tange à relação com os produtores de bens de capital, desencadeia-se na imprensa uma grita contra o estatismo, oposição que acaba por receber o apoio das federações estaduais de indústrias e da Confederação Nacional da Indústria (CNI).[38]

Coube a Rousseff, quadro com passagem pelo desenvolvimentismo brizolista, promover a retomada da intervenção sistemática do Estado depois de quase quarenta anos. O ex-ministro Luiz Carlos Bresser-Pereira, sensível à questão nacional, notou logo o que estava em jogo. A presidente "certamente pensa em liderar um projeto nacional com amplo apoio da sociedade" e tem disposição para enfrentar os nós górdios da situação nacional, a saber, "a armadilha da alta taxa de juros em relação aos padrões internacionais e da taxa de câmbio sobreapreciada", escreveu ele no calor da hora.[39]

Diante do domínio das teses liberais a partir dos anos 1980, com a interdição que se impôs à intervenção do Estado, o programa de Dilma foi audaz, não obstante reparos que possam ser feitos. Por exemplo, na visão de Bresser-Pereira, expoente do "novo-desenvolvimentismo", o real teria que ser *mais* desvalorizado, de modo a tornar a indústria brasileira de fato competitiva. Bresser falava, na época, em puxar o dólar para 2,75 reais, quando só chegou a dois reais na mididesvalorização promovida pela nova matriz.[40] Segundo o economista Ricardo Carneiro, no entanto, o realizado foi relevante. "Uma desvalorização real efetiva da ordem de 20% não é pouco significativa", afirmou.[41]

O economista Pedro Paulo Bastos, por sua vez, afinado com o "social-desenvolvimentismo", critica a falta de investimento público no ensaio dilmista. "Política anticíclica boa seria parecida com a de 2009: imagina se o governo perseguisse superávit primário elevado ou meramente aumentasse subsídios em 2009! A política anticíclica ali contou com forte aceleração do gasto público e particularmente do investimento, o que incentiva diretamente a demanda efetiva."[42] Quanto a isso, Carneiro nota que "o conjunto do investimento público amplia-se ligeiramente" entre Lula 2 e Dilma 1, indo "de 4,1% do PIB para 4,3% dividido proporcionalmente entre estatais e administração pública".[43] Isto é, talvez o investimento público não tenha sido suficiente para reorientar a produção num período adverso, mas, em sua visão, não teria havido inversão da política anterior.

Mesmo que eventualmente justas, as críticas não desmentem que, no contexto do pacto conservador lulista, a nova matriz implicava comprar brigas inéditas, uma vez que confrontava o poderoso setor financeiro para manter o crescimento e obter a reindustrialização.[44]

Convém lembrar que, já com a ascensão de Guido Mantega ao Ministério da Fazenda, em 2006, iniciara-se a construção de condições para maior ativismo estatal.[45] Em 2007, por meio do Plano de Aceleração do Crescimento (PAC), o Estado começa a despertar da letargia que remontava aos anos 1980. Depois, em 2008, os bancos públicos adquiriram papel de destaque na reorganização produtiva, usados como poderosas alavancas de indução da iniciativa privada. Em 2009 e 2010, a incorporação de incentivos fiscais seletivos ao arsenal de instrumentos disponíveis dá ao Estado acesso a recursos antes bloqueados. Por fim, a nomeação de Tombini, às vésperas de 2011, incorporava o BC aos preparativos para o salto de qualidade.

Se, desse ângulo, há continuidade entre Lula e Dilma, do ponto de vista político ocorre uma inflexão. Lula sempre operou nas margens, evitando o confronto. Quando a resistência surgia, ele a tangenciava. Dilma, ao contrário, entrava em combate. Ao reduzir os juros e forçar os spreads para baixo, rompeu a détente com o rentismo. Além de enfrentar o núcleo que organiza o capital, Dilma decidiu publicizar a queda de braço. Em fevereiro de 2012, o boletim do Ministério da Fazenda publicava que o spread no Brasil era "elevado na comparação com outras economias". Explicitava, então, que a expectativa era de que o spread caísse "devido ao ciclo de queda dos juros" iniciado em agosto do ano anterior.[46] Duas semanas mais tarde, Tombini aumentaria a intensidade da exposição. Em audiência na Comissão de Assuntos Econômicos do Senado declarou que a redução do spread era "prioridade do governo" e "determinação" da presidente da República.[47] A diminuição dos ganhos por parte dos bancos tornava-se *ordem* emanada do topo do poder Executivo. O recado de Tombini não poderia ser mais claro: o Estado se arrogava o direito de intervir no motor da atividade capitalista, a saber, o lucro.

Quinze dias depois, foi a vez de Mantega aquecer a temperatura. Diante da mesma comissão senatorial, o titular da Fazenda chama os spreads de "absurdos" e reitera que o poder Executivo os faria cair. "Os spreads subiram muito no ano passado com medidas restritivas. Estamos em um trabalho para que sejam reduzidos. Eles serão reduzidos."[48] Na quinzena seguinte, a própria presidente sai a campo. No lançamento do segundo pacote de proteção à indústria nacional, Dilma afirma ser difícil justificar tecnicamente o nível dos spreads no país e que deseja "spreads menores". Vai adiante: declara possuir os "instrumentos" para que as empresas tenham "acesso a um custo de capital menor"[49] e, ato contínuo, aciona o Banco do Brasil (BB) para que reduza os seus spreads, provocando rebuliço no mercado. "O Banco do Brasil fez uma redução agressiva nos juros e elevou os limites de várias linhas de crédito para empresas e consumidores com o objetivo de acirrar concorrência com Itaú, Bradesco e Santander e estimular a economia", informava a *Folha de S.Paulo*.[50] Em menos de uma semana, a Caixa Econômica Federal (CEF) adota procedimento similar.

Ameaçados de perder faixas do mercado, os bancos privados se mexem. O presidente da Federação Brasileira de Bancos (Febraban), Murilo Portugal, viaja a Brasília com uma lista de vinte reivindicações. O elenco de condições para reduzir os spreads, entregue ao então secretário-executivo da Fazenda, Nelson Barbosa, ia da diminuição dos impostos incidentes sobre as transações financeiras até a minoração do depósito compulsório fixado pelo BC, passando pela regulamentação do cadastro positivo, que daria vantagens aos bons pagadores.[51]

A resposta da Fazenda não poderia ter sido mais eloquente. Guido afirmou que "em vez de apresentar soluções, anunciando aumento de crédito, [a Febraban] veio fazer cobrança de novas medidas do governo. Se os bancos são tão lucrativos, e isto está nos dados, eles têm margem para reduzir a taxa de juros e aumentar o volume do crédito". Para que não houvesse dúvida, mostrou os números: "A taxa de captação [quanto as instituições pagam pelos recursos] é de, no máximo, 9,75% ao ano. Estão captando a 9,75% e emprestando a 30%, 40%, 50% ou 80% ao ano dependendo das linhas de crédito. Essa situação não se justifica".[52]

Compreende-se que, daí em diante, derrubar Mantega tenha se convertido em meta permanente no meio financeiro. Mas, no que diz respeito aos spreads, a Febraban teve que voltar atrás. Os jornais divulgam que Portugal telefonara a Barbosa para pedir desculpas, e a entidade deixa vazar que preparava a diminuição dos spreads. "O diagnóstico dos bancos é que, se não fizerem nada para reduzir as taxas, vão perder clientes para instituições públicas, sobretudo no atendimento a empresas", relatava a *Folha de S.Paulo*.[53] Foi nesse clima triunfante que Dilma fez a alocução relativa ao Primeiro de Maio na noite do sábado, 30 de abril de 2012, em cadeia de rádio e TV: "O setor financeiro [...] não tem como explicar esta lógica perversa aos brasileiros: a Selic baixa, a inflação permanece estável, mas os juros do cheque especial, das prestações ou do cartão de crédito não diminuem".[54] Do alto de 64% de aprovação,[55] afirmou, confiante: "Não vamos abrir mão de cobrar com firmeza de quem quer que seja que cumpra o seu dever".[56]

Os meses à frente trouxeram boas notícias para os ensaístas. Em maio, a presidente alterou as regras de remuneração da poupança, de modo a permitir que o BC continuasse a reduzir a Selic. Como se trata de instrumento tradicional da economia popular, mexer com a caderneta envolvia riscos. Dilma mostrou audácia ao diminuir o rendimento e não houve desgaste. Confiante, Guido ameaçava: "Os bancos públicos têm 44% do mercado interno. Isso se chama concorrência. Se eles [bancos privados] bobearem, a concorrência vai pegar os clientes".[57] Em setembro, dando um passo adiante, Mantega declarou que os juros cobrados pelos bancos nos cartões de crédito eram "escorchantes" e, igualmente, precisavam diminuir.[58] No final do mês, por fim, o BC anunciou que a taxa média de juros bancários nas operações com pessoas físicas tinha se tornado a menor "de toda a série histórica da instituição".[59] A batalha fora vencida pelas hostes do desenvolvimento.

O ambiente geral se encontrava igualmente favorável. O bom desempenho petista nos pleitos municipais fazia crer que a travessia dirigida por Dilma ia de vento em popa. O Planalto preparou-se, então, para encerrar 2012 com chave de ouro: atender à indústria reduzindo o preço da eletricidade e, ao mesmo tempo, fazer um gesto aos setores populares, ao baixar a conta de luz. Parecia o fecho adequado para um ano de vitória da coalizão industrial-trabalhista.

O ensaio desenvolvimentista chegava ao auge. O BNDES estava capitalizado e disponível para financiar a produção, assim como os bancos comerciais; havia controle sobre o fluxo de capitais; o real se encontrava menos valorizado; a desoneração da folha de pagamentos aliviava as empresas intensivas em mão de obra; fora determinada a obrigatoriedade de conteúdo local em setores estratégicos e nas encomendas da Petrobras; as compras governamentais e as tarifas alfandegárias se voltavam para a produção nacional; o programa de investimento em infraestrutura fora lançado; o aumento do limite de endividamento dos Estados, estabelecido.

Entusiasmada, Dilma foi outra vez à TV, em 23 de janeiro de 2013, para anunciar que acabava de "assinar o ato que coloca em vigor, a partir de amanhã, uma forte redução na conta de luz de todos os brasileiros". Se o Primeiro de Maio foi o rufar dos tambores, o 23 de janeiro foi *le jour de gloire*. "É a primeira vez que isso ocorre no Brasil [redução na conta de luz], mas não é a primeira vez que o nosso governo toma medidas para baixar o custo, ampliar o investimento, aumentar o emprego e garantir mais crescimento para o país e bem-estar para os brasileiros. Temos baixado juros, reduzido impostos, facilitado o crédito e aberto, como nunca, as portas da casa própria para os pobres e para a classe média. Ao mesmo tempo, estamos ampliando o investimento na infraestrutura, na educação e na saúde e nos aproximando do dia em que a miséria estará superada no nosso Brasil", falou a mandatária no *ponto alto* dos seus cinco anos e meio de governo.

O clímax prenunciava, contudo, um declínio rápido. No mesmo momento em que se colocava na coroa a joia do setor elétrico reformado, rompia-se a base fundamental do experimento. Em resposta à subida de preços em janeiro, o presidente do BC, em conversa com a jornalista Miriam Leitão, em 7 de fevereiro, deixa escapar que a inflação estava "mostrando uma resiliência forte" e que a situação não era "confortável".[60] Foi o suficiente para que os investidores passassem a apostar na alta dos juros, o que significava demolir a viga mestra da construção desenvolvimentista. Usar a política monetária para segurar a inflação — senha da direção neoliberal —, justamente quando a redução de custos ao tomador se completava, significava desmontar o que fora recém-concluído.

O assunto era tão grave que, numa atitude rara, o ministro da Fazenda interveio publicamente *contra* o presidente do BC. Em entrevista à Reuters, 24 horas depois de Tombini falar, Mantega garantiu que não havia motivo para alarme com a inflação: "A opinião dele [Tombini] pode ser diferente da minha".[61] Algumas semanas mais tarde, em viagem à África do Sul, Dilma em pessoa foi a campo reforçar a posição de Guido. Disse não concordar com "políticas de combate à inflação que olhem a questão da redução do crescimento econômico".[62] Mas, diante da reação no Brasil do mercado financeiro, o qual entendeu (corretamente) que a presidente queria manter baixa a Selic, Rousseff foi obrigada a se desmentir ainda no exterior. O vaivém africano revelava que correntes invisíveis tinham reordenado forças submersas, e que o ensaio começava a naufragar.[63]

ATO II: A RESISTÊNCIA SILENCIOSA

Apesar de Mantega continuar assegurando que a inflação estava em queda, o BC iniciou em abril o ciclo de alta de juros, que só voltariam a cair em outubro de 2016.[64] Com a elevação sistemática da Selic, restabeleceu-se a dualidade anterior ao ensaio desenvolvimentista, na qual a Fazenda buscava meios de fazer a economia deslanchar e o BC teimava em contrair a demanda, carreando recursos para os rentistas. A partir daí, a nova matriz, apesar de oferecer resistência surda à pressão em favor de um choque neoliberal, passa a ser sempre obrigada a retroceder, pois levara um tiro no pé. Os meses seguintes iriam pontilhando a volta atrás: aumento contínuo dos juros, cortes no investimento público e diminuição das restrições ao capital especulativo.[65]

O que motivou o BC? O repique inflacionário no começo de 2013? O IBGE medira um acumulado de 6,59% na alta de doze meses dos preços entre março de 2012 e março de 2013, contra uma inflação 5,84% em 2012.[66] Existe uma discussão entre economistas, que aqui se vai assinalar, mas sem se aprofundar, sobre o quanto a inflação verdadeira teria ficado escondida pela contenção dos preços administrados, os quais iriam explodir em 2015. De acordo com o economista Fabio Silveira, "entre 2011 e 2013, o atraso médio [com relação aos preços externos] foi 14,4% ao ano" no que se refere à gasolina, por exemplo.[67] Possivelmente a presidente decidira segurar os preços administrados para, assim, facilitar a queda dos juros. Há controvérsia também quanto ao papel no aumento de preços decorrente da seca que afetou o Brasil entre 2012 e 2014. Mas o fato é que, até o BC subir os juros, os desenvolvimentistas alimentavam a esperança de retomar o ritmo da economia. O crescimento de apenas 1,9% do PIB em 2012 (ver quadro 1), bem como o fato de os investimentos não aumentarem, apesar das medidas tomadas desde 2011, agoniava os dirigentes da nova matriz. A posteriori, Mantega faria uma autocrítica com relação à contração excessiva do primeiro semestre de 2011, que pode ter prejudicado o crescimento daí em diante. "Fizemos o aperto em 2011 supondo que a economia mundial já estava em recuperação", o que não se revelou acertado, pois a crise foi em W, com o último vértice de crescimento ocorrendo apenas em 2017, e não em V.[68]

O crescimento de 3% do PIB em 2013, talvez por conta dos investimentos realizados para a Copa do Mundo de 2014, ajudou a manter o nível de emprego e os ganhos salariais dos trabalhadores. Entretanto, com o contínuo aumento dos juros, as perspectivas de manter o ritmo em 2014 estavam praticamente anuladas. A nova matriz tinha perdido momentum, e a estridência dos ataques ao ativismo estatal por parte de bancos estrangeiros, de agências de risco, de instituições internacionais de controle econômico, de corporações multinacionais e de múltiplas vozes nos meios de comunicação de massa brasileiros criava o clima necessário para forçar um ajuste recessivo. Incontáveis artigos e editoriais, milhares de reportagens em veículos nacionais e estrangeiros, milhões de minutos de rádio e TV foram dedicados a repisar que era preciso cortar os gastos ineficientes e "descontrolados" do governo, cessar o intervencionismo e deixar o mercado funcionar para "reordenar o país".

QUADRO 1
CRESCIMENTO DO PIB 2007-14

2007	6,1%
2008	5,1%
2009	−0,1%
2010	7,5%
2011	4,0%
2012	1,9%
2013	3,0%
2014	0,5%

Fonte: IBGE via Fundação Seade. Disponível em: <http://www.seade.gov.br/produtos/pib-anual/> (tabela 26: Taxas médias geométricas de crescimento anual do Produto Interno Bruto Brasil — 2002-15). Acesso em: 13 fev. 2018.

Anotamos, para efeito de ilustração, alguns poucos exemplos da pressão crescente:

1. Em dezembro de 2012 a revista britânica *The Economist* pede a demissão de Mantega. Segundo a publicação, as sucessivas intervenções do governo no mercado deixavam os empresários receosos.[69]

2. A imprensa nacional reporta de maneira insistente que, desde o final de 2012, Lula sugeria a Dilma substituir Mantega por Meirelles no Ministério da Fazenda.

3. O *Financial Times* (*FT*), em março de 2013, publica artigo de página inteira segundo o qual o Brasil voltava ao intervencionismo do passado. Para o *FT*, Dilma buscava "se intrometer em vários setores, desde energia a telecomunicações, numa mistura de incentivos e punições, com ações que vão desde incentivos tributários a medidas para forçar os produtores a baixar os preços".[70]

4. Em abril, um jornalista brasileiro afirma que o BC flerta com produzir "algum desemprego" para conter a inflação.[71]

5. Em setembro de 2013, um *special report* da *Economist* volta à carga, defendendo a tese de que Dilma destruíra o que Lula fizera no período anterior. A capa trazia o Cristo-foguete de quatro anos antes, só que agora despencando sem controle, e a pergunta: "O Brasil estragou tudo?". A receita para voltar ao caminho certo, pelo que se pode deduzir da leitura da reportagem, estaria em diminuir gastos do Estado, reduzir o valor das aposentadorias, cortar impostos e reformar as leis trabalhistas.[72]

6. Em novembro de 2013, analista do banco inglês Barclays, um dos maiores do mundo, escreve em relatório da filial brasileira, depois reproduzido pelo *FT*, que "o governo tem dado sinais claros de intervencionismo".[73]

7. Em dezembro de 2013, o diretor do Grupo de Pesquisas Econômicas para a América Latina do banco Goldman Sachs, de Nova York, outro dos gigantes mundiais, declara que "a qualidade da política macroeconômica vem se deteriorando de forma clara, e o desempenho da economia [brasileira] continua a desapontar. Essa política [do governo Dilma Rousseff] tem um viés intervencionista, heterodoxo, e se tornou menos previsível".[74]

8. Em janeiro de 2014, Henrique Meirelles escreve que o abandono do tripé neoliberal — metas de inflação apertadas com juros altos, superávit primário elevado e câmbio flutuante — causara um desarranjo geral, a ser corrigido por medicação ortodoxa. "Foi o forte ajuste monetário e fiscal a partir de 2003 que estabilizou a economia e estabeleceu condições para a expansão econômica", argumentava para justificar a aplicação da mesma receita.[75] "O desemprego elevado proporcionou mão de obra à economia em expansão",[76] acrescentava, sugerindo que o efeito se repetiria.

9. Em junho de 2014, Luiz Carlos Mendonça de Barros, ex-ministro de Fernando Henrique Cardoso, dizia que, depois de "um

longo período de crescimento e mudanças estruturais importantes" — as quais, no entanto, "criaram desequilíbrios de oferta e demanda" —, era necessário frear o consumo e o gasto público, pois, do contrário, haveria escalada inflacionária.[77]

A mais eficiente pressão em favor do choque neoliberal veio, contudo, de onde menos se esperava. *O empresariado industrial, à medida que a política a seu favor ia sendo aplicada, mostrava-se paradoxalmente refratário ao programa governamental.* Como explicar o enigma?

Movimento pendular

Para dar conta das articulações de classe que caracterizariam o lulismo, formulei um esquema segundo o qual, ao longo dos mandatos de Lula, teriam atuado duas coalizões contrapostas, a "rentista" e a "produtivista". A rentista reuniria o capital financeiro e a classe média tradicional, enquanto a produtivista seria composta dos empresários industriais associados à fração organizada da classe trabalhadora. Pairando sobre ambas, com suporte no subproletariado, o governo lulista arbitraria os conflitos de acordo com a correlação de forças, ora dando ganho de causa a uma, ora à coalizão concorrente.[78]

O programa rentista consistiria em manter o Brasil alinhado ao receituário neoliberal, bem como dentro da órbita do capital internacional e da liderança geopolítica norte-americana. Para a coalizão produtivista, a meta primordial seria acelerar o ritmo de crescimento por meio de uma intervenção do Estado que levasse à reindustrialização, permitindo tornar mais veloz a distribuição de renda. Supunha-se que a união rentista encontrava canal privilegiado no PSDB, pela simpatia que o partido aufere no setor financeiro e na classe média tradicional. No campo produtivista, o PT permaneceu como partido da maior parte do movimento sindical e, na sua versão lulista, do subproletariado. Tornou-se amigável ao setor industrial a partir de 2002, movimento que resultou na presença do empresário têxtil José Alencar na chapa de Lula em 2002 e 2006. O PMDB, por sua vez, conseguiu fincar raízes no agronegócio, fração que oscilaria entre as duas coalizões principais.

No primeiro semestre de 2011, o pacto entre industriais e trabalhadores se expressou no citado documento comum assinado pela Fiesp, pela Central Única dos Trabalhadores (CUT), pela Força Sindical, pelo Sindicato dos Metalúrgicos do ABC e pelo Sindicato dos Metalúrgicos de São Paulo (ver introdução). Embora fosse notável a ausência da Confederação Nacional da Indústria (CNI) no pacto, vale observar que São Paulo continuava a ser o maior parque fabril brasileiro, mesmo no contexto da desconcentração industrial em curso desde os anos 2000.[79] Segundo o cientista político Alvaro Bianchi, os processos de desindustrialização e desnacionalização dos anos 1990 impactaram a Fiesp, mas a entidade foi capaz de "despertar do coma" e ocupar outra vez papel "importante na política nacional" a partir do segundo mandato de Fernando Henrique Cardoso (1999--2002).[80] A liderança empresarial do estado mais industrializado da federação, empurrada pelo temor da desindustrialização, decidira assumir plataforma conjunta com os sindicatos operários.

A CUT e a Força Sindical, mesmo observado o relativo crescimento de centrais menores, permaneciam como as principais estruturas representativas dos trabalhadores.[81] Os metalúrgicos do ABC (montadoras) e de São Paulo (autopeças) constituíam a base do eixo automotivo nacional, centro da indústria brasileira. A construção da plataforma comum durou meses e foi o resultado de dezenas de reuniões preparatórias.

Na tarde de 26 de maio de 2011, no Moinho Santo Antônio, antiga fábrica de farinha convertida em local de eventos, localizado na Mooca, tradicional bairro fabril paulistano do século XX, os presidentes das entidades entregaram o texto ao vice-presidente da República, Michel Temer, perante ministros de Estado, políticos e um público misto de empresários e trabalhadores. Com 32 páginas,[82] dividido em seis capítulos, o caderno abrangia desde o "ambiente macroeconômico" ao "cooperativismo e economia solidária", passando por "política industrial" e "comércio exterior".

Chama a atenção a quantidade de propostas, depois adotadas por Dilma, dentre as elencadas na ocasião: redução da taxa de juros "para nível internacional",[83] diminuição dos spreads bancários, facilitação do crédito para o investimento, aumento do IOF sobre a entrada de capital estrangeiro, desonerações tributárias, adoção do conteúdo nacional como "diretriz de política industrial",[84] "preferência para produtos nacionais nas compras governamentais".[85] O Plano Brasil Maior, lançado três meses após *Brasil do diálogo*, parece resposta literal ao documento dos produtivistas. O plano estatal se propunha a enfrentar os desafios de "combater os efeitos da 'guerra cambial'" e "enfrentar o acirramento da concorrência internacional nos mercados doméstico e externo".[86]

Mas à medida que o programa era implementado, os industriais, em lugar de darem apoio, foram progressivamente se afastando do governo, alinhando-se lenta e continuamente ao bloco rentista — como se cada gesto para efetivar o rol de medidas por eles mesmos proposto fizesse crescer o temor do "estatismo", criando desconfiança. No princípio, os reclamos empresariais eram à boca pequena. Repórteres bem informados davam conta do mal-estar sem citar nomes. Nos primeiros dias de 2013, o jornalista Mino Carta escrevia: "Durante o governo Lula o empresariado queixava-se dos juros escorchantes, com exceção dos banqueiros, está claro. De sua alegria cuidava o presidente do BC, Henrique Meirelles. Em compensação, o vice-presidente da República, o inesquecível e digníssimo José Alencar, defendia com ardor a demanda dos seus pares. *Agora o governo Dilma abaixa os juros, e todos se queixam, em perfeito uníssono*".[87]

No tradicional encontro anual da CNI, em dezembro de 2012, foi lançado documento com vistas a flexibilizar a CLT. Muito diferente do tom adotado pela Fiesp em 2011, as *101 propostas para modernização trabalhista* se voltavam contra os trabalhadores, cuja defesa da CLT era ponto de honra para os sindicatos.[88] Logo se desmancharia publicamente a costura de 2011. Em abril de 2013, a Fiesp divulga estudo mostrando vantagens de as indústrias brasileiras se instalarem no Paraguai. "Nós vemos um potencial enorme de integração de cadeias produtivas com o Paraguai, *com disponibilidade de mão de obra significativa para indústria de manufatura tradicional, que vem sofrendo e perdendo competitividade com relação ao exterior*", afirmou o diretor da entidade no seminário Oportunidades de Investimentos no Paraguai. Entre as vantagens, estaria a *mão de obra 36% mais barata no país vizinho, por não haver encargos trabalhistas*.[89] Em tom duro, um dos signatários do pacto de dois anos antes contestou: "Talvez esse seja o grande sonho da Fiesp: uma região onde a carga tributária seja a menor possível, aquela capaz de atender minimamente, de maneira paternalista, apenas aos que estão em situação de extrema pobreza e condenar vários países da região, começando pelo Paraguai, a ser verdadeiras maquiladoras para ampliar os lucros das grandes empresas".[90] O texto era firmado por Artur Henrique, o ex-presidente da CUT que estivera no Moinho Santo Antônio em nome da entidade. Em junho de 2013, Skaf, depois de participar em um dos atos daquele mês, escreveu que tinha assistido a um "grito por renovação".[91] As manifestações, embora tenham sido mais que isso, como veremos no próximo capítulo, converteram-se no pontapé inicial da campanha contra Dilma.

Em resposta à ofensiva patronal, as centrais sindicais tentaram colocar na praça as pautas especificamente trabalhistas.[92] A coalizão produtivista estava desfeita. Em outubro, a jornalista Claudia Safatle expôs a situação na primeira página do *Valor Eco-*

nômico. O Planalto concluíra que as políticas solicitadas pelos industriais, como a redução dos juros e a desoneração da folha de pagamentos, não teriam produzido o efeito esperado, gerando, ao contrário, *desconfiança* no meio empresarial. Premido pela situação, o Executivo passa a fazer concessões.[93] Mas não adianta: a oposição empresarial se torna contundente. No final de 2013, no encontro anual promovido pela CNI, logo depois de a presidente se retirar do recinto, um associado tomou a palavra para dizer de modo aberto: "Temos andado de lado em matéria de crescimento e produtividade". Em agosto de 2014, Steinbruch, presidente interino da Fiesp, o mesmo que dois anos antes saudara a entrada do Brasil na era dos juros civilizados, afirmava agora que "só um louco investe no Brasil".[94] Ele também havia migrado para a flexibilização da CLT.

Com a adesão dos industriais, do agronegócio, do comércio e dos serviços às propostas do setor financeiro, completou-se a unidade capitalista em torno do corte de gastos públicos, da queda no valor do trabalho e da diminuição da proteção aos trabalhadores. Em novembro de 2014, o presidente da CNI, Robson Andrade, fez a defesa do ajuste fiscal e, até mesmo, do aumento da taxa de juros,[95] o que, em tese, viria em prejuízo direto dos que investem na produção. Enquanto Dilma realizava, por cima, o ideário desenvolvimentista, a burguesia industrial lhe tirava o chão por baixo.

ATO III: ZIGUE-ZAGUE ATORDOANTE

O zigue-zague dos empresários apanhou Dilma de surpresa:

> Eu [...] nunca percebi a história, a não ser *a posteriori*, das classes mais enriquecidas do Brasil em relação aos juros. Eu não percebi, também, qual era o nível de aversão deles a pagar qualquer parte

da crise. E nunca percebi que eles achavam correto arrebentar o Estado em relação a qualquer política de conteúdo nacional mínima. *Achei que eles tinham interesse efetivo num projeto nacional de desenvolvimento*, não no sentido nacionalista da palavra. Por exemplo, que usar política de conteúdo nacional, recuperar a cadeia de petróleo e gás, criar a cadeia de fármacos, colocar aqui uma parte da estrutura da indústria automobilística, através de toda aquela política que nós fizemos de garantir que as grandes empresas viessem para o Brasil — que se interessariam por isso. E o que eu vejo é que esse processo é tão duro que eles não se interessam, não. Não se interessam e a internacionalização ultrapassa as pessoas. A financeirização ultrapassa as pessoas. Você pode ter um grupo que o seu dirigente perceba que isso deva ser feito, mas o conjunto do grupo, não.[96]

O trecho acima deveria ficar gravado em mármore para os que forem pensar a questão do desenvolvimento, pois é o testemunho de uma presidente que testou, na prática, a proposta de unir empresários em torno de um projeto nacional. Minha hipótese é de que o abandono dos industriais deixou o comando da nova matriz desnorteado. Na culminância da vitória, o encanto se quebrou, e o grupo foi recuando e tentando reconquistar o apoio perdido, até que Dilma deve ter chegado à conclusão de que o único modo de recuperar o diálogo era fazer o ajuste fiscal ao qual eles haviam aderido.

A rigor, o ajuste de 2015 começou em 2013. No capítulo 3 veremos que Dilma reage a junho prometendo austeridade. No começo de 2014, limitou o gasto público, abandonando o projeto de lei que reduzia as dívidas de estados e municípios, deixando estrangulada a estratégica Prefeitura de São Paulo.[97] Some-se a isso a contenção dos gastos públicos, os juros em elevação, a queda de 4,4% nos investimentos e será compreensível que o crescimento do PIB em 2014 tenha sido de apenas 0,5%.[98] O declínio da atividade econômica puxa para baixo a arrecadação, o que reforça as propostas de ajuste fiscal numa bola de neve.

Diante das dificuldades, a presidente entrou em zigue-zague, que é o caminho para o isolamento, pois acaba desagradando a todos. Uma coisa é estabelecer negociações e acordos. Outra, agir sob a pressão do momento. Dilma decidiu manter as políticas de estímulo, como a desoneração da folha de pessoal, o IPI reduzido para os bens duráveis, o Programa de Sustentação do Investimento (PSI) e o aporte para o Minha Casa Minha Vida, de modo a garantir estabilidade do emprego e da massa salarial durante a campanha de 2014. "Recessão é quando se tem desemprego aumentando e renda caindo. Aqui é o contrário. Para o trabalhador, é como se não houvesse crise internacional", afirmou Mantega em agosto daquele ano.[99] Isso permitiu o discurso eleitoral de Dilma contra "trazer de volta a recessão, o desemprego, o arrocho salarial, o aumento da desigualdade e toda a submissão que o Brasil tinha no passado ao Fundo Monetário Mundial".[100] Às vésperas do primeiro turno, Mantega, com a demissão já anunciada, afirmou que "a presidente Dilma não fará uma política neoliberal, uma política conservadora. Sabemos que foi praticada no passado e não deu certo".[101] Reeleita, no entanto, a mandatária decidiu o contrário. "Em uma sociedade capitalista não se governa sem os empresários. Eles têm direito de veto sobre o país",[102] assinala Bresser-Pereira. A questão, então, é entender por que os empresários mudaram de posição.

Explicações possíveis

O tema das frações burguesas, estudado pela tradição marxista por décadas, continua válido. Velasco e Cruz assinala que em diferentes países se discute a possível "emergência de uma classe capitalista transnacional".[103] No Brasil, o cientista político Armando Boito tem defendido a permanência, apesar da globalização, de uma burguesia local relevante. Para ele, acima do aspecto produtivo ou rentista da atividade econômica, o elemento essencial para compreender a posição de cada segmento burguês estaria no seu caráter nacional ou internacional. Empresas controladas pela "grande burguesia interna", que "teme ser engolida ou destruída pelos grandes grupos econômicos estrangeiros", precisariam contar com "a ação protetora e ativa do Estado brasileiro".[104] Boito sublinha que o anseio de proteção por parte do Estado separaria bancos nacionais em relação a estrangeiros e a indústria nacional da internacional. Toda a "burguesia interna", aquela que, segundo Poulantzas, "possui um fundamento econômico e uma base de acumulação próprios",[105] desejaria ser defendida da concorrência externa, que ameaçaria sufocá-la, enquanto os capitalistas externos combateriam o protecionismo, privilegiando a abertura dos mercados.

A burguesia interna brasileira, seja ela rentista ou produtiva, teria uma consistente lista de interesses comuns entre si: protecionismo alfandegário para os produtos nacionais; limitação da entrada de capital estrangeiro no setor bancário; estímulo à produção nacional de etanol; preferência pelos estaleiros nacionais nas compras estatais; ação política do Estado no exterior para auxiliar as empresas brasileiras de exportação e construção pesada fora do país;[106] financiamento das empresas nacionais pelo BNDES; apoio à exportação de mercadorias e capitais das empresas brasileiras; manutenção da demanda interna e investimento estatal em infraestrutura.[107]

A visão de Boito se estende para as coalizões. Em lugar da pugna entre produtivistas e rentistas, proposta por mim, haveria a luta da burguesia interna, aliada ao movimento sindical e popular, contra a burguesia "perfeitamente integrada e subordinada ao capital estrangeiro", aliada ao capital financeiro internacional.[108] De acordo com esse ponto de vista, a burguesia interna teria se tornado hegemônica dentro do bloco no poder dirigido pelo lulismo: "Os governos petistas não arbitram; na verdade eles priorizam os interesses dessa fração burguesa".[109] Aí se encontra o âmago da divergência.

Está em jogo saber qual a *contradição principal*: engajamento na produção versus ganhos rentistas ou capital nacional versus capital internacional. Boito reconhece que "o setor industrial tem conflito com o capital bancário nacional",[110] do mesmo modo que eu admito que interesses importantes opõem empresas de capital nacional às de capital internacional. Talvez os dois admitamos que, para iluminar a totalidade, *o conjunto de tensões interburguesas precisa ser levado em conta*.

O programa estabelecido no *Brasil do diálogo, da produção e do emprego*, representativo da coalizão produtivista, coincide, a meu ver, com aquele que Boito atribui à burguesia interna. As medidas tomadas no ensaio desenvolvimentista correspondem tanto aos interesses da burguesia produtiva como aos da burguesia interna. Por consequência, pode ser aplicada à "burguesia interna" a pergunta feita à industrial: por que não se mobilizou em defesa do ensaio desenvolvimentista quando este foi cercado pelos potentes exércitos do capital financeiro internacional? Por que, ao contrário, turbinou o retorno neoliberal, que em tese não lhe interessaria? Como diz Velasco e Cruz, "um dos aspectos mais desconcertantes no comportamento do empresariado brasileiro na crise presente [a do impeachment de Dilma] é a sua passividade diante de atos e de políticas que parecem ir de forma flagrante contra os seus interesses".[111]

Boito assinala, corretamente, que as disputas concorrenciais intercapitalistas não apagam os acordos burgueses gerais — por exemplo, o anseio pela desindexação de salários, a desregulamentação das relações de trabalho e a redução dos direitos sociais.[112] Isto é, apesar das desavenças, em certos itens forma-se uma frente em torno de interesses comuns. Há ainda a considerar que, na realidade contemporânea, as frações do capital podem estar mais misturadas do que antes. A imbricação de empresas produtivas com investimentos rentistas e a associação de capitais nacionais com o capital internacional diluem fronteiras mais bem estabelecidas no passado. A sugestão de Leda Paulani[113] é pensar os interesses capitalistas como um "contínuo fracionado", em que, apesar da interligação, percebem-se tensões. A formulação de Paulani afirma que os interesses estão conectados, mas ao mesmo tempo reconhece os conflitos internos que os dividem. A noção permite estudar as diferentes frações no primeiro mandato de Dilma, sem negar os pontos de contato entre elas nem as suas diferenças.

Dentre a profusão de possibilidades a serem consideradas para explicar a atitude dos industriais no período 2011-4, vou destacar quatro:

1. **Imbricação entre produção e rentismo**. Certas características estruturais da burguesia industrial brasileira tornaram frágil a coalizão produtivista. De um lado, a financeirização do capitalismo levou à mistura entre capital da indústria e das finanças. Diversas rubricas produtivas caíram sob o controle de bancos e fundos de investimento. De outro, de acordo com o economista Guilherme Mello, "após décadas de taxas de juros irreais, o conjunto do empresariado brasileiro, seja ele produtivo ou financeiro, imiscui-se em atividades puramente rentistas, se valendo da certeza de ganhos elevados em investimentos seguros e de elevada liquidez".[114]

Dilma fez, em retrospectiva, avaliação semelhante: "Todas as grandes empresas brasileiras têm uma variante bancária chamada tesouraria, na qual a parte financeira é, progressivamente, mais significativa que a parte produtiva".[115] Exemplo flagrante da imbricação seriam as dificuldades atravessadas por companhias nacionais do setor produtivo durante o estrangulamento financeiro de 2008. Comprometidas com operações especulativas, viram-se em apuros quando os mercados entraram em convulsão.

A dupla condição de industriais *e* rentistas restringiria o *grau de empenho* na plataforma produtivista. Como capitão de indústria, o empresário deseja crédito barato, portanto, redução dos juros. No entanto, como proprietário de conglomerado que é também financeiro, aspira a juros altos, que remunerem o dinheiro aplicado. O caráter produtivo da atividade que esse empresário exerce implica impulso para a aliança com os trabalhadores, mas o vínculo com o componente financeiro dos lucros faz com que o compromisso seja de fácil reversão quando o ambiente geral se altera. Resultado: baixo empenho na redução do ganho financeiro, gerando indisposição para o conflito com os meios financeiros nacionais e internacionais. Ouçamos Dilma de novo: "Esse processo é *tão duro* que eles não se interessam, não".[116]

2. **Fator ideológico**. Para Bresser-Pereira, os empresários, mesmo os produtivos, são sensíveis aos *argumentos* propalados pelo pensamento rentista.[117] Conforme indicado, a coalizão rentista mobilizou extenso aparato de formulação e divulgação de críticas ao ensaio desenvolvimentista: "a burguesia rentista e seus economistas liberais buscaram cooptar para sua causa os empresários, embora seus interesses sejam conflitantes", registrou Bresser-Pereira.[118] Sob o guarda-chuva do *anti-intervencionismo,* acusou-se Dilma de incompetência, arbítrio, autoritarismo e leniência com a corrupção.

É necessário considerar também que a piora das condições objetivas potencializa o efeito ideológico. O baixo crescimento do PIB, a pressão inflacionária e a redução da margem de lucro forneceram combustível para os argumentos anti-intervencionistas. No caso específico dos empresários industriais, o elemento de maior importância objetiva parece ter sido a oscilação no lucro.

Segundo a CNI, houve queda generalizada da margem de ganho na indústria em 2012, com alguma recuperação em 2013 e nova queda em 2014.[119] De acordo com Bresser, a partir de 2012, com "a depreciação do real muito aquém do que era necessário para a indústria voltar a investir", cresceu "a importação de bens manufaturados". Consequentemente, "ocorreu uma queda radical na taxa de lucro das empresas industriais, que se tornou muito inferior à taxa média de juros Selic".[120]

3. **Luta de classes.** Como vimos na introdução, o avanço da intervenção estatal provocou expansão dos postos de trabalho formais. As taxas de desocupação no período Dilma 1 foram baixas, ao redor de 4,5%, entre 2011 a 2014. Em situações assim, conforme lembrou o economista Fernando Rugitsky a partir de raciocínio que Michal Kalecki (1899-1970) publicou em 1943, os empresários tendem a se afastar do governo.[121] Kalecki afirma que o pleno emprego mantido pelo Estado tira dos empresários um instrumento decisivo para mandar na política econômica — justamente a ameaça do desemprego. Num contexto liberal, se os empresários "perdem a confiança" na política econômica, param de investir, e o emprego cai. Então, o governo é obrigado a mudar a política. Mas, se o emprego é sustentado por verbas públicas, então esse poder de pressão cessa de existir.[122]

As greves provocaram quase 87 mil horas de paralisação em 2012, o maior índice desde 1997.[123] Houve 873 greves em 2012, com um salto para 2050 em 2013. Continuaram a crescer em 2014, batendo as 111 mil horas paradas.[124] O sociólogo Ruy Braga observa que o pico anterior do total anual havia ocorrido em 1989, com 1962 greves. A expressiva quantidade de paralisações no primeiro mandato de Dilma seria motivo suficiente para afastar o capital do trabalho, desfazendo a coalizão produtivista.[125] Na mesma direção, cumpre assinalar que o salário médio real teve aumento de 13% entre 2011 e 2013.[126] Tendo em vista a pressão de custos, decorrente da inflação e da desvalorização cambial, somada ao desaquecimento da economia, segmentos empresariais começaram a se queixar da elevada parcela do faturamento destinado a remunerar o trabalho. A valorização da mão de obra, cujo ganho não poderia ser repassado aos preços devido à desaceleração econômica, pressionava os lucros. Entende-se, nesse contexto, que a perspectiva neoliberal de diminuir salários e direitos tenha se tornado atraente. Reunidos os fatores — perda de controle sobre a política econômica com o pleno emprego (Kalecki), incremento do número de greves e ascensão dos rendimentos do trabalho —, faz sentido pensar que a oposição dos industriais ao ensaio desenvolvimentista tenha motivos diretamente ligados à luta de classes.

4. **Dimensão externa**. As relações internacionais se transformaram a partir da crise de 2008. De acordo com o ex-presidente Fernando Henrique Cardoso, o resultado das mudanças foi um mundo dominado pela "coexistência competitiva" de Estados Unidos e China. Daí a opção liderada pelos norte-americanos, na qual "Canadá, México, Argentina e Brasil podem ter um lugar ao sol".[127] Mas, para isso, o país precisaria optar claramente pelos Estados Unidos e descartar a China.[128] Velasco e Cruz assinala que, na segunda década do século XXI, liberados do fardo da Guerra do Iraque, os Estados Unidos passaram a assistir com "inquietação indisfarçada" ao avanço da China e da Rússia na América Latina, redesenhando acordos comerciais para frear a investida.[129]

As análises de Cardoso e Velasco explicam o que se discutia na TTIP, sigla em inglês para Transatlantic Trade and Investment Partnership (algo como Parceria Transatlântica sobre Comércio e Investimento).[130] A TTIP era um "acordo de livre-comércio negociado desde julho de 2013 pelos Estados Unidos e pela União Europeia visando criar o maior mercado do mundo, com mais de 800 milhões de consumidores".[131] Seria a saída ocidental diante da ascensão do par China-Índia.[132] Um item nevrálgico é que a TTIP previa "submeter as legislações em vigor dos dois lados do Atlântico às regras do livre-comércio, que correspondem na maioria das vezes às preferências das grandes empresas europeias e norte-americanas".[133] Pode-se imaginar a que camadas sociais tais "inovações" beneficiariam e a quais prejudicariam. De acordo com Wolf Jäcklein, da Confédération Générale du Travail (CGT) francesa, uma das ameaças da TTIP seria o "não respeito dos direitos fundamentais do trabalho".[134]

Ao que parece, a TTIP encontrou receptividade nos meios industriais brasileiros. Pedro Passos, ex-presidente do Instituto de Estudos para o Desenvolvimento Industrial (Iedi), argumentava que "o isolamento internacional do Brasil poderá se aprofundar caso o país não se integre à tendência de mega-acordos, desencadeada em 2011 com o lançamento da TPP (Trans-Pacific Partnership), que envolve Estados Unidos e outros onze países de três continentes, e com a TTIP (Transatlantic Trade and Investment Partnership), reunindo EUA e União Europeia".[135] Apesar de a vitória de Donald Trump nos Estados Unidos, no final de 2016, ter arrefecido o ímpeto norte-americano pelos tratados de livre-comércio, no Brasil a agenda liberalizante, como se viu na reforma trabalhista aprovada em julho de 2017, seguiu seu curso.

De acordo com a visão ocidentalista, o Mercosul deixaria o Brasil isolado, decorrente do seu não alinhamento com o bloco norte-americano. Não por acaso, dois ministros de Dilma 2, quando o ensaio desenvolvimentista havia terminado, emitiram em 2015 declarações *contra o Mercosul* e a favor de reaproximação com os Estados Unidos. Roberto Mangabeira Unger, da Secretaria de Assuntos Estratégicos, afirmou que "o Mercosul é um corpo sem espírito" e que com os Estados Unidos "podemos fazer acordos sobre vários aspectos".[136] Armando Monteiro, ministro do Desenvolvimento (e ex-presidente da CNI), disse que os Estados Unidos "representam a maior oportunidade para o incremento das exportações brasileiras" e defendeu não ficar amarrado só ao Mercosul.[137] É possível também que a reorganização das relações internacionais, aqui descrita, tenha coincidido com a ofensiva chinesa sobre o mercado brasileiro de produtos manufaturados, provocando reação dos setores atingidos. Com efeito, há relatos segundo os quais a ameaça da China mobilizou segmentos industriais na primeira metade do governo Dilma 1.[138]

Vale recordar que, em 2003, setores da indústria brasileira haviam apoiado a orientação lulista de bloquear a Alca e investir no relacionamento Sul-Sul, criando vínculo privilegiado com o Mercosul e a China. No final de 2013, entretanto, o presidente da Confederação Nacional da Indústria (CNI), Robson Andrade, falando a empresários norte-americanos em Denver (Colorado, Estados Unidos), afirmou abertamente que o Brasil deveria fechar acordo de livre-comércio com os Estados Unidos, deixando o Mercosul em segundo plano.[139] O que teria acontecido? Segundo esclarece o presidente da Associação Brasileira da Indústria Elétrica e Eletrônica (Abinee), Humberto Barbato, "mudamos o posicionamento. Há dez anos éramos refratários. [...] Agora estamos isolados, o Brasil está fora das cadeias de valor, *daqui a pouco estaremos parecidos com países da antiga Cortina de Ferro*".[140]

Numa visão diametralmente oposta, mas que também privilegia a variável externa, Sampaio Jr. entende que Dilma subestimou o poder do constrangimento internacional. Para compensar a retração das exportações com a ampliação do mercado interno, como fez a China depois de 2008, o Brasil precisaria "romper com os parâmetros da ordem global", de acordo com o economista. Seria necessário limitar a mobilidade dos capitais, obrigando-os a investimentos de interesse nacional. Na ausência desse tipo de controle, os investidores buscariam plataformas de ganho na "especulação urbana, fundiária e mercantil, fomentando a concentração de capital e pressionando o Estado por novas rodadas de privatização da infraestrutura e dos serviços públicos".[141]

Encaixando as peças

Se observarmos as quatro causas, veremos que são complementares. O fato de a camada industrial ter ao mesmo tempo um lado rentista a faz mais sensível à ideologia neoliberal, apesar de tal orientação objetivamente prejudicar as atividades produtivas. O mesmo se aplica ao aguçamento da luta de classes: torna mais sedutores aos industriais os argumentos do setor financeiro. A pluralidade de camadas empresariais prejudicadas — externas e internas, rentistas e produtivas — no período do ensaio desenvolvimentista explica a reação unificada contra ele. As mudanças na conjuntura internacional podem ter aguçado e consolidado a frente única antidesenvolvimentista.

É possível que o estilo pessoal de Dilma tenha contribuído para consolidar a frente única antidesenvolvimentista. Por exemplo, ao longo de 2011 e 2012, a presidente em pessoa teria se dedicado ao microgerenciamento de projetos de ferrovias e rodovias envolvidos no Programa de Investimentos em Logística (PIL). Desejava garantir que as concessões a serem realizadas por meio de parcerias público-privadas não resultassem em privatização. Ao mesmo tempo, pretendia que houvesse limitação do lucro, por meio da chamada "modicidade tarifária". Princípios semelhantes foram aplicados para impor tetos de ganho às empresas envolvidas na produção de energia elétrica, quando se decidiu reordenar o setor em 2012, conforme descrito anteriormente.

Nos dois casos, a mandatária incomodou interesses produtivos, enquanto em outra frente a batalha do spread motivava crescente hostilidade do setor financeiro. No mesmo passo em que conduzia a luta contra o núcleo do capital (as finanças), a presidente se indispôs com franjas potencialmente aliadas. Ao *core* rentista (interno e externo), insatisfeito desde a batalha do spread, foram se juntar, sucessivamente, os importadores, descontentes com a desvalorização do real e as barreiras aos produtos importados; as empreiteiras, infelizes com a "modicidade tarifária"; as empresas do setor elétrico, insatisfeitas com a MP 579; os grupos prejudicados com o aumento da competição no setor portuário; os produtores de álcool, deprimidos pela baixa competitividade do etanol em virtude da opção governamental de segurar o preço da gasolina; o agronegócio, desconfiado de que tenderia a ser mais tributado;[142] setores da indústria automotiva descontentes com as dificuldades de importação de peças e veículos; empresas aéreas insatisfeitas com as novas regras vigentes nos aeroportos; empresas de celular, punidas por falta de investimento.

A *quantidade* de interesses produtivos contrariados pela intervenção do Estado catalisou a solidariedade intercapitalista na linha do "hoje foi ele, amanhã posso ser eu". Cada setor que se sentia prejudicado aderia ao coro do anti-intervencionismo, até que em certo momento a frente antidesenvolvimentista englobou o conjunto da burguesia, contando com o suporte fervoroso da classe média tradicional. Em outras palavras, o estilo presidencial, em lugar de dividir a frente adversária, reforçou a sua unidade.

Mas o "estilo Dilma" não deve ser tomado como elemento explicativo principal. *A queda da lucratividade, o aumento das greves e a reorientação internacional, incidindo sobre a ideologia, foram mais centrais.* Como elemento geral a unificar a repulsa, o temor do "intervencionismo". A remodelação do setor elétrico, concluída no final de 2012, demonstrou a capacidade de o Estado intervir sobre setores privados. Na época, o ex-ministro Delfim Netto afirmou que os empresários haviam então se convencido de que "a política do governo objetiva ampliar a sua ação, fixar preços, regular e controlar a atividade privada, ampliar a 'estatização de setores estratégicos'".[143] Convém observar que, no mesmo momento, o episódio apelidado pela imprensa de "contabilidade criativa", no qual o Executivo supostamente teria praticado manobras contábeis para aumentar de maneira artificial o superávit primário de 2012, cristalizou o mote que acabaria por levar ao impeachment.[144] A "contabilidade criativa" é a mãe das "pedaladas fiscais", pretexto em nome do qual Dilma seria impedida em 2016, como veremos na segunda parte deste livro.

Em suma, a cronologia do período 2011-4 revela a ocorrência de uma espécie de guerra particular, para a qual os setores populares não foram mobilizados, entre Dilma e o setor financeiro. É plausível imaginar que Dilma tenha sido vítima de ilusão de ótica semelhante à que engolfou o nacionalismo dos anos 1950/1960. Ao atender os reclamos da burguesia industrial, supôs que teria o respaldo dos empresários produtivos quando os grupos contrariados reagissem à sua política. Em 1964, Fernando Henrique Cardoso, à época jovem professor e pesquisador da Universidade de São Paulo, escreveu:

> Para afirmar-se como classe politicamente dominante e para se expandir economicamente, a burguesia industrial é forçada a apoiar reformas e medidas que contrariam os grupos de dominação tradicional, mas, em seguida, neste mesmo movimento de modernização, vê-se embaraçada com os únicos aliados com que pode contar nas situações-limite: as forças urbanas e populares. Para assegurar a expansão econômica e tentar o controle político do momento arrisca-se a perder a hegemonia no futuro. Por isso, volta-se imediatamente depois de qualquer passo adiante contra seus próprios interesses, recuando um pouco no presente para não perder tudo no futuro.[145]

Os termos, claro, não podem ser retomados ipsis litteris. Em 1963-4, a burguesia brasileira sentia-se ameaçada pela possibilidade de uma revolução socialista, temor inexistente passados cinquenta anos. No entanto, a queda da lucratividade, o pleno emprego com aumento das greves, a percepção de novo realinhamento internacional liberalizante e a ofensiva ideológica provinda do capital financeiro podem ter consolidado entre os industriais a convicção de estarem diante de projeto que queria ampliar o raio de ação do Estado, fixar preços, regular e controlar a atividade privada, podendo, numa projeção longínqua, estatizar setores estratégicos. O temor os unificou ao restante da burguesia no combate ao ensaio desenvolvimentista.

Um Estado capaz de liderar a atividade econômica é de grande interesse para a fração organizada da classe trabalhadora, assim como para as camadas populares em geral, conforme se depreende do texto de Kalecki previamente mencionado. O ativismo estatal pode estimular o pleno emprego, o aumento dos salários e a inclusão do subproletariado. A contribuição de Cardoso está em notar que, em um primeiro momento, a força do poder público atrai também a burguesia industrial, pois a intervenção do Estado abre espaço para a industrialização. Só que, em seguida, há um recuo, o que deixa os reformistas pendurados no pincel. A *volatilidade* da coalizão produtivista foi uma das lições de 1964. Em ponto pequeno, o ensaio desenvolvimentista de Dilma seguiu as pegadas da década de 1960. Na partida, a burguesia industrial pede que o Estado lidere uma ofensiva pela reindustrialização. No segundo ato, pressionada pela queda de lucros, aumento das greves e reorientação hegemônica internacional, "descobre" que, dado o passo inicial, está às voltas com um poder sobre o qual teme perder o controle e que favorece em excesso os inimigos de classe (trabalhadores). No terceiro episódio, a burguesia industrial volta-se "*contra seus próprios interesses*" para evitar o mal maior: uma política nacional soberana que represente a ascensão das camadas populares.

Então, mudam de lado, juntando-se ao bloco conservador decidido a interromper a perigosa experiência. Tal como em 1964, os trabalhadores e as camadas populares não foram mobilizados para defender o desenvolvimentismo. O *mecanismo burguês pendular* ficou sem contrapartida. A duplicidade recorrente da camada que responde pelo capital fabril prova, por outro lado, que não ocorreu *mero voluntarismo* de Dilma. Houve, no início, efetiva pressão burguesa em favor do programa reindustrializante. O problema não consistiu em dar início à experiência, mas a falta de base para sustentá-la. Vendo Dilma isolada, as onças cutucadas se juntaram e engoliram a nova matriz.

2. Erradicação da miséria, nova pobreza e nova classe trabalhadora

O fracasso do ensaio desenvolvimentista brecou a presidente, que não pôde *acelerar* o lulismo conforme profetizava o sonho rooseveltiano. O ritmo médio de expansão do PIB do segundo governo Lula, de 4,7%, caiu para 2,4% nos quatro anos iniciais de Dilma. Não obstante, a presidente conseguiu, ao menos, *manter* o pique da integração social até 2014. A ampliação do Bolsa Família, o pleno emprego, a valorização do salário mínimo, a continuidade do aumento de renda do trabalho, além de ações focadas como a ampliação das equipes de Saúde da Família, a criação do Mais Médicos e a construção de Centros de Referência de Assistência Social (Cras), com o fito de minorar a miséria e a pobreza, foram viáveis porque Dilma resistiu, ao menos parcialmente, à pressão neoliberal no primeiro mandato.

Em decorrência, a "melhoria da mobilidade social e de redução da miséria"[1] persistiu, ainda que sinais de piora tivessem começado a surgir na segunda metade do mandato, ajudando a entender os acontecimentos de junho de 2013 (ver próximo capítulo). Por qualquer uma das formas de estratificação utilizadas —

a do Instituto de Pesquisa Econômica Aplicada — IPEA (oficial), a de Marcelo Neri (CPS/ FGV) ou a de Waldir Quadros (Cesit/ Unicamp) —, constata-se a diminuição da pobreza extrema. De acordo com Quadros, dos 24% de miseráveis que havia em 2002, restavam apenas 7% em 2014 (ver quadro 2 na página 82). Caminhava-se, portanto, para a erradicação da miséria, o que não significava, ainda, a erradicação da pobreza. A permanência da pobreza decorreu de que os miseráveis se tornaram "novos pobres", como veremos adiante.

O cume da trajetória lulista, alcançado em 2014, foi ter retirado por volta de 32 milhões de brasileiros da miséria e elevado outros 30 milhões acima da pobreza. Ao todo, cerca de 60 milhões melhoraram de vida, pouco menos de um terço da população entre 2003 e 2014. Caso houvesse prosseguido, teria cumprido a previsão feita pelo economista Sergei Dillon Soares: "Se continuarmos reduzindo nosso coeficiente de Gini a 0,7 ponto ao ano pelos próximos 24 anos, não será possível ter grandes favelas coexistindo com condomínios de luxo".[2] A percepção de que o lulismo logrou incrementar as condições da base da pirâmide percorreu quase todos os quadrantes ideológicos. Mesmo os críticos da experiência, fossem liberais ou socialistas, aceitaram que houve progresso integrativo. No balanço realizado por jornalistas de viés liberalizante notava-se que "os avanços alcançados pelos governos de Lula e de Dilma Rousseff no enfrentamento da pobreza obtiveram reconhecimento no mundo todo. Em setembro de 2014, o Brasil saiu do mapa da fome da FAO (Organização das Nações Unidas para Agricultura e Alimentação). O órgão informou que o país tinha reduzido em 82% o número de pessoas subalimentadas no período 2002 a 2014 e que a queda era a maior registrada entre as seis nações mais populosas do mundo".[3] Opositores de esquerda aceitavam que houvera "redução da pobreza extrema" durante os mandatos presidenciais lulistas, criando uma ligação direta entre Lula "e os subalternos historicamente excluídos (subproletariado)".[4]

Há menos consenso, entretanto, quando se procura determinar com exatidão o tamanho da integração feita em face da que faltava fazer. Mesmo entre apoiadores, encontra-se uma salada de números. Enquanto o programa do PT, apresentado por ocasião da segunda candidatura Dilma, ressaltava que "36 milhões de brasileiros foram tirados da extrema pobreza" desde 2003,[5] o economista Marcio Pochmann afirmava que "22,5 milhões de pessoas [...] deixaram a condição de pobreza" entre 2002 e 2012,[6] e o ex-secretário-geral da Presidência Luiz Dulci sublinhava que 39 milhões de pessoas "foram incorporadas à classe trabalhadora e às classes médias" entre 2003 e 2010.[7] De acordo com a quantidade considerada, o país se aproximava ou não da erradicação da pobreza extrema, conforme Dilma prometera na posse e reafirmara no começo de 2013.[8] Embora especialistas contestem a ideia de "erradicação", tornar a miséria residual indicaria êxito do lulismo. Outros aspectos relativos à integração lulista merecem, igualmente, ser expostos com mais precisão. É relevante saber em que condição ficaram aqueles que deixaram a pobreza extrema, uma vez que a superação da miséria é apenas o primeiro passo, ainda que indispensável, numa caminhada que levaria à saída da "zona de vulnerabilidade". Por fim, é interessante debater a caracterização sociopolítica daqueles que, estando fora da miséria, superaram também a pobreza (não extrema), acedendo ao consumo de "objetos não estritamente necessários".[9] Do ponto de vista político, seria uma "nova classe média" ou uma "nova classe trabalhadora"? O erro de interpretação lulista nesse tópico, influenciado pela ideologia do sonho rooseveltiano, é uma das peças que caracteriza o período Dilma. Este capítulo procura dar conta desses três diferentes aspectos.

Um aviso prévio se faz necessário antes de entrarmos em matéria. Em geral, a profusão de números a respeito do assunto provém de escolhas metodológicas diferentes, as quais destacam distintas facetas da realidade. De acordo com a abordagem teórica adotada por este livro, escolhi como referência principal as medições realizadas pelo economista Waldir Quadros, cuja mirada tem a vantagem de associar itens relativos à *inserção produtiva* ao *critério de renda*, chegando a uma estratificação mais próxima das classes no sentido de Marx (embora não estritamente marxista). Enquanto as medições usuais se baseiam apenas no fator renda, Quadros entende, por exemplo, que ajudantes da construção civil, pintores, cozinheiros, garçons, vendedores ambulantes fazem parte da mesma camada e que, consequentemente, é necessário agrupá-los, no caso, em uma categoria que denomina "Baixa Classe Média".[10] Destarte, sem prejuízo dos resultados fornecidos por outros autores e instituições, decidi formular minhas observações, sobretudo, a partir dos dados oferecidos pelo colega da Universidade Estadual de Campinas (Unicamp).

Quadros elaborou uma classificação em cinco níveis: "Alta Classe Média", "Média Classe Média", "Baixa Classe Média", "Massa Trabalhadora" e "Miseráveis". Tenho dúvidas quanto à utilização dos termos "baixa classe média" e "massa trabalhadora" — não obstante, o conteúdo é muito bem apanhado. A seguir reproduzo a descrição do autor a respeito: "O 'padrão de vida' de Alta Classe Média é aquele que toma como referência os profissionais de nível superior, microempresários, dirigentes etc.; na Média Classe Média, os técnicos de nível médio, supervisores, professores do nível médio etc.; e, na Baixa Classe Média, os auxiliares de escritório, professores do nível fundamental, balconistas, auxiliares de enfermagem etc. Em seguida, estabeleceu-se que o recorte para os Miseráveis é o valor real do Salário Mínimo de janeiro de 2004 (arredondado para 250 reais). Por fim, a Massa Trabalhadora (pobres) situa-se entre a Baixa Classe Média e os Miseráveis".[11]

De acordo com Quadros, os dois escalões inferiores da pirâmide seriam, portanto, respectivamente os "Miseráveis" e a "Massa Trabalhadora (pobres)". Numa comparação com outras estratificações, seria possível equiparar a massa trabalhadora aos pobres e, no último degrau, os miseráveis aos afetados pela pobreza extrema. A soma dos dois segmentos inferiores da estratificação de Quadros representaria a parcela total dos que estariam abaixo da linha da pobreza. Os "Miseráveis" de Quadros seriam aqueles pertencentes a famílias cujo membro mais bem remunerado declarava renda de até um salário mínimo, e a "Massa Trabalhadora" refere-se aos que pertenciam a famílias cujo membro mais bem pago declarava até dois salários mínimos de renda mensal.[12] Acima dessa linha se encontram os segmentos que o economista divide em "Baixa Classe Média", que seria uma classe média popular, "Média Classe Média", onde se situa a fração organizada da classe trabalhadora, e a "Alta Classe Média", formada, por exemplo, por executivos e profissionais liberais, que penso equivaler ao que Amaury de Souza e Bolívar Lamounier chamam de "classe média tradicional": a que "realizou suas conquistas no passado e hoje tem seus ganhos estabilizados. A geração anterior já nasceu na classe média, possui casa própria, colocou os filhos em escolas privadas, fez poupança e investimentos, e conta com ampla rede de relações a que pode recorrer em caso de necessidade".[13]

ERRADICAÇÃO DA MISÉRIA E PERMANÊNCIA DA POBREZA

Na visão oficial do governo Dilma, no final do primeiro mandato, a erradicação da miséria estava próxima. Em junho de 2014, a linha de corte da extrema pobreza foi elevada para 77 reais per capita.[14] No mesmo ano, o Instituto de Pesquisa Econômica Aplicada (IPEA) calculou que restavam apenas 3% da população abaixo desse patamar.[15] Não parece provável que se pudesse ir muito adiante, pois, segundo a economista Sonia Rocha, "além de ser difícil localizar a totalidade destas famílias, suas rendas oscilam para mais e para menos com muita frequência".[16] Embora pelo critério de Quadros não se estivesse ainda no patamar do IPEA, é válido constatar que, mesmo na sua medição mais rigorosa, o lulismo logrou uma *expressiva redução da miséria*, de 24% (2002) para 7% (2014) da população (quadro 2).[17]

QUADRO 2
MUDANÇA DE ESTRATIFICAÇÃO FAMILIAR ENTRE 2002 E 2015

	2002[1]	2011[2]	2012[2]	2013[2]	2014[2]	2015[2]
Alta classe média	7,0%	7,9%	8,9%	8,5%	9,1%	8,5%
Média classe média	11,0%	14,0%	15,6%	14,3%	14,8%	14,4%
Baixa classe média	29,2%	42,0%	43,0%	44,3%	46,2%	44,4%
Massa trabalhadora	28,6%	27,7%	25,1%	24,8%	23,2%	25,2%
Miseráveis	24,1%	8,3%	7,4%	8,1%	6,6%	7,5%
TOTAL	100%	100%	100%	100%	100%	100%

Fontes: (1) Waldir Quadros, "Paralisia econômica, retrocesso social e eleições", *Carta Social e do Trabalho*, 30 abr.-jun. 2015. Disponível em: <http://www.cesit.net.br/wp-content/uploads/2015/12/CartaSocial-30.pdf>. Acesso em: 27 fev. 2018. (2) Waldir Quadros, "PNAD 2015: O retrocesso se explicita", *Texto para Discussão*, Instituto de Economia da Unicamp, n. 286, fev. 2017. Disponível em: <http://www.cesit.net.br/wp-content/uploads/2017/02/TD286.pdf/>. Acesso em: 27 fev. 2018.

Quadros propõe um corte mais exigente que o do lulismo para medir a miséria e a pobreza. Na estimativa do autor, miseráveis e pobres, vistos em conjunto, diminuíram de 53% para 30% da população entre 2002 e 2014.[18] No entanto, quando examinamos mais de perto, é possível observar que o número de miseráveis sofreu uma redução forte e que a Massa Trabalhadora (pobres) ficou relativamente estável (quadro 2). Enquanto a miséria foi reduzida em dezoito pontos percentuais, a massa trabalhadora caiu apenas cinco. Isso aconteceu, provavelmente, porque os antigos miseráveis se tornaram "novos pobres", ocupando na Massa Trabalhadora o lugar daqueles que migraram para fora da pobreza.

Ao separar a mudança da pobreza daquela representada pela extrema pobreza, verifica-se que as conquistas do lulismo foram excelentes no que diz respeito à segunda, mas não tão boas no que se refere à primeira. Se aceitarmos a proposta de Quadros, que coloca a linha de corte da pobreza acima da empregada pelo governo, veremos que Dilma continuava a conviver com um contingente de pobres importante: perto de um quarto da população.

O resultado é coerente com a ênfase do lulismo nos *mais pobres*. Inúmeros programas específicos, fora o Bolsa Família, a expansão do Benefício de Prestação Continuada (BPC), o barateamento de remédios de uso contínuo por meio da Farmácia Popular, o subsídio à baixa renda no Minha Casa Minha Vida, a construção de cisternas no semiárido nordestino, a eletrificação rural, o apoio a iniciativas de economia solidária e a regularização dos quilombos se destinaram aos mais pobres. Dilma, em particular, que adotou o lema "Brasil sem miséria", promoveu uma série de iniciativas em torno de três eixos: "garantia de renda, inclusão produtiva e acesso a serviços".[19] No que se refere à transferência de renda, aumentou o valor do Bolsa Família em 46% para as casas que tivessem crianças e adolescentes até quinze anos, estabeleceu um benefício para as mulheres gestantes e as que tinham bebês em fase de amamentação, criou um novo pagamento às famílias com crianças até seis anos (depois estendido também até os quinze anos) e, por meio de um programa de busca ativa, logrou incorporar mais 1 milhão de famílias ao BF, chegando ao total de 14 milhões em 2014. Houve, ademais, incremento de meio milhão de beneficiários do BPC entre 2011 e 2014.

No que tange ao acesso da base da pirâmide a serviços públicos essenciais, as iniciativas foram garantidas por acréscimo de 30% (em valores reais) ao orçamento federal para a seguridade. A verba permitiu a construção de quase mil Centros de Referência de Assistência Social (Cras) e centros de atendimento à população de rua, além da constituição de mais de mil equipes volantes que funcionavam como braços de assistência social nas regiões remotas do território. Houve direcionamento da construção de Unidades Básicas de Saúde (UBS) para as "localidades com maior concentração de extrema pobreza", ampliação das Equipes de Saúde da Família e implantação do Mais Médicos, que levou "médicos para os territórios com maior carência desses profissionais e com grande incidência de pobreza".[20]

Apesar da redução da miséria, a pobreza permaneceu. Neste ponto será necessário contar com a paciência do leitor, pois a questão não ficará clara a menos que alguns números sejam devidamente apreciados. Em 2009, o governo fixou a *linha da pobreza* em 140 reais familiares mensais per capita, por representar, à época, 1,25 dólar per capita ao dia, "critério próximo do adotado pelo Banco Mundial".[21] A *extrema pobreza* foi fixada em metade disso, isto é, 70 reais familiares mensais per capita. Os que estivessem abaixo de uma ou outra marca seriam considerados pobres ou extremamente pobres.

Com base nos respectivos critérios, a diferença entre o cálculo do governo e o de Quadros é expressiva. *Baseado no do governo, em 2012 restariam em torno de 17 milhões de pobres no Brasil, ao passo que, a partir de Quadros, existiriam ainda cerca de 64 milhões nessa condição* (utilizo aqui o ano de 2012 como referência, pois isso permite a comparação de dois textos a respeito do mesmo dado).[22] Em outras palavras, o lulismo por vezes considera que foi muito mais longe na redução da pobreza do que realmente o fez. Isso não significa que a redução da pobreza tenha sido pequena. Foi expressiva, mas não a ponto de tornar o contingente de pobres residual ou próximo disso, *uma vez que os antigos miseráveis ocuparam esse lugar*. Na avaliação governista, a pobreza, em 2012, atingindo ao redor de 8% da população, também caminhava para se tornar residual. Na de Quadros, para aquele ano, ainda representava a condição de parcela expressiva dos brasileiros: 33%. A mesma proporção de Quadros, aliás, é citada pelo sociólogo Jessé Souza, ex-presidente do IPEA no governo Dilma, para se referir ao tamanho da "ralé" brasileira: "Se essa classe, a 'ralé', chega a mais de 30% no Brasil, ela chega a 80% na maior parte da África e a 50% na maior parte da Ásia".[23] Para Jessé, a ralé seria a classe que se "singulariza pela ausência dos pressupostos para o exercício de atividade produtiva útil no contexto do 'capitalismo do conhecimento'".[24]

Se observarmos o quadro 2, veremos que a "Baixa Classe Média" cresceu dezessete pontos percentuais (de 29% para 46%) entre 2002 e 2014, sendo provável que tenha acolhido os que vinham da "Massa Trabalhadora (pobres)". Por conseguinte, deve ter ocorrido uma dupla migração. Enquanto as famílias dos assalariados que já se encontravam entre o primeiro e o segundo salário mínimo pularam para a condição de "Baixa Classe Média" (aproximadamente de dois a cinco salários mínimos), os antigos "Miseráveis" ocupavam os seus lugares na "Massa Trabalhadora". Isso explicaria por que, apesar de a "Massa Trabalhadora" ter permanecido estável, a Baixa Classe Média cresceu tanto. Por outro lado, de onde teriam vindo os novos pertencentes à "Baixa Classe Média" senão da "Massa Trabalhadora", uma vez que a "Média" e "Alta" classes médias crescem um pouco até 2014, ou seja, a "Baixa Classe Média" não cresceu por descenso social? A menos que se acredite que os "Miseráveis" passaram direto para a "Baixa

Classe Média", pulando a "Massa Trabalhadora", deduz-se que vieram da "Massa Trabalhadora".

Num cálculo aproximado, seria possível dizer, diante de uma suposta meta de erradicação da pobreza, que em doze anos o lulismo havia cumprido cerca de 40% do percurso, o que não estaria longe da previsão de Sergei Soares de que, mantido o ritmo, em outros vinte e tantos anos não haveria favelas perto de condomínios de luxo. Mas por que o lulismo não poderia ser tão exitoso e *rápido* na redução da pobreza quanto foi da miséria? Simplesmente porque, ao combater a extrema pobreza, o lulismo incrementava a pobreza, uma vez que a imensa maioria dos ex-miseráveis "ascendia" para tal faixa, ocupando o lugar daqueles que subiam para a condição de "Baixa Classe Média" nos termos de Quadros, ou "nova classe trabalhadora" (ver próxima seção) nos meus. Em outras palavras, a escada tinha um ponto de partida baixo. O contingente de muitos pobres era tão grande que uma ação lenta, como a do reformismo fraco, ainda que contínua, só poderia levar os antigos miseráveis, em um momento inicial, à condição de novos pobres. A combinação entre o tamanho da dívida social e a lentidão do processo integrativo determinava a permanência da pobreza.

Em resumo, deve-se considerar que *o lulismo possibilitou a cerca de 30 milhões passarem da "Massa Trabalhadora" para a "Baixa Classe Média"*. Nesse sentido, está genericamente correta a afirmação de Dulci, citada no início do capítulo, sobre a quantidade de gente que pôde ingressar na "nova classe trabalhadora" ou na "nova classe média", deixando de lado, por ora, o problema nominal. O que não significa ter levado os miseráveis diretamente à condição de classe média, como se poderia deduzir de certas articulações discursivas. Em fevereiro de 2016, por exemplo, aparecia a seguinte frase na página da bancada do PT na Câmara dos Deputados: "Tiramos da extrema pobreza aproximadamente 30 milhões de pessoas. Incluímos na classe média cerca de 40 milhões de brasileiros".[25] As duas informações, de per si, são próximas da realidade, mas não eram as mesmas pessoas e, entre os miseráveis e a baixa classe média, continuava havendo cerca de 60 milhões de pobres.

Basta lembrar que 56 milhões de brasileiros dependiam do BF em 2014, o que é um sinal evidente de pobreza. Tratava-se de mais de um quarto da população nacional, a qual vivia com uma renda aquém daquela que permitiria a reprodução de sua força de trabalho em condições "normais" — tanto é assim que precisava de um auxílio estatal mínimo. Para ilustrar o quanto o BF é indispensável para os seus beneficiários, cabe lembrar o que ocorreu no fim de semana de 18 e 19 de maio de 2013, quando se espalhou o boato de que o programa iria acabar. Em questão de horas, centenas de milhares de pessoas em treze estados da federação, quase todos do Norte e do Nordeste, correram para os caixas eletrônicos, que registraram ao redor de 1 milhão de saques, além de depredações onde não foi possível retirar o dinheiro. Imagine-se uma mãe chefe de família da periferia de alguma metrópole que passou a receber o BF e, simultaneamente, conseguiu emprego por um salário mínimo. É possível que, em termos técnicos, a depender do número de filhos, ela tenha saído de debaixo da linha da pobreza de 140 reais familiares per capita, mas, se levarmos em consideração outras necessidades além das alimentares, ela continuará sendo pobre, o que é condizente com a medida proposta por Quadros, conforme vimos, e também pelo sociólogo Carlos Alberto Bello, o qual, tomando como parâmetro um termo médio, chega a 509,90 reais de renda familiar per capita (em valores de 2016) para marcar a linha de pobreza.[26] É preciso, simultaneamente, considerar outros aspectos, conforme assinala Sonia Rocha, "como condições de moradia e acesso a serviços públicos básicos" para "qualificar a população que se situa abaixo da linha de pobreza".[27]

NOVA CLASSE MÉDIA OU NOVA CLASSE TRABALHADORA?

Se no fim de 2014 dezenas de milhões haviam deixado o subproletariado em direção a horizontes superiores, o problema político estava em saber se a sua solidariedade permaneceria com o lugar de onde vieram ou com aquele para o qual, supostamente, se dirigiam (os estratos médios). Como houve forte expansão do emprego com baixa remuneração, mas com carteira assinada, sem reindustrialização, "a dinâmica do emprego deslocou-se para os serviços".[28] Explica-se assim a visão de Dilma, segundo a qual havia "segmentos imensos que estão na área de serviços, que não se consideram classe trabalhadora".[29] A ex-presidente indica que "se a gente não entender o que a preponderância dos serviços faz nessa nova etapa do trabalho, não vai entender como é que o trabalho se organiza".[30]

De fato, há uma tendência, detectada pela sociologia dos anos 1950, de que o empregado da área de serviços seja mais atraído por valores da classe média do que aquele que trabalha na indústria. A causa residiria no relativo isolamento em que se encontra com relação aos seus próprios companheiros de classe. Imagine-se um auxiliar de escritório de advocacia. Possui pouco contato com gente de baixa renda (a não ser no bairro onde mora), enquanto passa o dia todo perto de profissionais do estrato superior. Em contraste, o operário de fábrica encontra-se mergulhado no ambiente de sua classe, desenvolvendo pouco ou nenhum relacionamento com o patrão e, por vezes, nem sequer com profissionais da "Alta Classe Média".

Mas, ao denominar de "nova classe média" o segmento que ascendia, Dilma ajudou, sem perceber, o partido que puxou as mobilizações de 2015-6 contra o lulismo. Wanderley Guilherme dos Santos anotou o apoio "de *parte da população de baixa renda*" ao impeachment.[31] Do ponto de vista sociológico, Dilma estava correta, mas do político, errada. Politicamente, se a nova classe trabalhadora acabasse divorciada das camadas populares, como em parte aconteceu, cairia nos braços da oposição. Conscientizá-la dos interesses comuns que tinha com os que ficaram na pobreza seria o único modo de soldar uma base capaz de fazer frente aos interesses dominantes quando viessem a reagir.

A denominação "nova classe trabalhadora" permitiria ligá-la tanto à "velha" classe trabalhadora como à categoria dos "pobres" — afinal, composta igualmente de trabalhadores que não conseguiram, ainda, sair da "zona de vulnerabilidade". No sentido contrário, Marcelo Neri, que também foi presidente do IPEA durante o período Dilma, afirmava que aqueles que saíam da pobreza teriam ido compor uma "nova classe média". Dizia Neri que 60% da população brasileira teria alcançado a classe C em 2013, tendo essa faixa apenas 38% em 2003 (ver quadro 3). "Cerca de 39,6 milhões ingressaram nas fileiras

QUADRO 3
EVOLUÇÃO DA PARTICIPAÇÃO DE GRUPOS
DE CLASSES ECONÔMICAS

	2003[1]	2009[2]	2011[1]	2013[1]
AB	7,6%	10,6%	11,7%	14,8%
C	37,6%	50,5%	55,2%	60,2%
DE	54,8%	38,9%	33,1%	25,0%
TOTAL	100%	100%	100%	100%

Fontes: (1) Fundação Getulio Vargas — Centro de Políticas Sociais (CPS/FGV). Baseado em dados do PNAD/POF/PME/IBGE. Disponível em: <https://brasilfatosedados.wordpress.com/2014/09/02/mobilidade-social-classes-sociais-e-economicas-ab-c-e-de-brasil-evolucao-nominal-e-proporcao-percentual-200320112013-populacao-total-governos-lula-e-dilma/>. Dados recalculados pelo autor. (2) Marcelo Neri, *A nova classe média: O lado brilhante dos pobres*. Rio de Janeiro, FGV, CPS, 2010, p. 88. Baseados nos microdados do PNAD e PME/IBGE.

da chamada nova classe média entre 2003 e 2011", escreveu Neri.[32] Note-se que não foi só Dilma que aderiu a esse ponto de vista; a observação de Dulci, que citamos acima, vai na mesma direção.

Neri projetava, conforme mencionamos na introdução, que, se o país continuasse "na trajetória de crescimento e redução da desigualdade", "a classe média chegaria aos 60,19%" em 2014.[33] Na realidade, chegou em 2013 e parece ter recuado um pouco em 2014, quando a economia parou de crescer.[34] Seja como for, a classe C apresentou um crescimento notável: quase 50% em uma década. Mas o que é a classe C? Em valores de 2011, estariam na classe C os que tinham renda familiar entre 1200 e 5174 reais,[35] o que equivalia de pouco mais de dois salários mínimos a pouco menos de dez salários mínimos.[36] Trata-se, na verdade, de uma faixa de renda alargada, que engloba o segundo e o terceiro (da renda mais baixa para a mais alta) dos intervalos utilizados tradicionalmente pelos institutos de pesquisa.[37] Misturam-se na classe C desde trabalhadores com baixa qualificação, que Quadros colocaria na "Baixa Classe Média", cujo rendimento encontra-se próximo da subsistência, a outros com maiores recursos, cuja inserção profissional permite auferir salários da "Média Classe Média".

Por isso, a metodologia de Quadros separa o que Neri chama de classe C em dois segmentos: a "Baixa Classe Média", que seria composta de "auxiliares de escritório, professores do nível fundamental, balconistas, auxiliares de enfermagem etc.",[38] e uma "Média Classe Média", na qual estariam "os técnicos de nível médio, supervisores, professores do nível médio etc.". Foi a "Baixa Classe Média" que, na avaliação de Quadros, teve o maior crescimento no período considerado, elevando-se de 29% para 44% entre 2002 e 2013.

Ao separar um grupo de outro, é possível perceber que a "Média Classe Média" de fato tem um padrão de inserção *médio*, ficando entre o que Souza e Lamounier chamam de "classe média tradicional" — a situação típica de profissionais liberais, que Quadros coloca na "Alta Classe Média" — e a "Baixa Classe Média", onde se encontra o que Braga define como precariado: "Trabalhadores jovens, não qualificados ou semiqualificados, precarizados, sub-remunerados (recebendo, em média, 1,5 salário mínimo) e inseridos em relações trabalhistas que bloqueiam sua organização coletiva".[39] Não obstante a tentativa de bloqueio, o próprio Braga mostra que "a partir de 2005 as greves vêm ocorrendo com certa frequência na indústria paulistana de *call center*", tipicamente uma ocupação da "Baixa Classe Média".[40]

Uma condição usual de trabalhador precário é a de operador de *call center*, cuja remuneração se aproxima do balconista, atividade colocada por Quadros na "Baixa Classe Média". A pesquisa de Braga sobre o *call center* mostra a precariedade em que se desenvolve a atividade, distante da inserção da "Média Classe Média" (pense-se, por exemplo, no professor de nível médio).[41] Pochmann, por sua vez, mostra que foram justamente *os empregos de baixa remuneração os que mais se expandiram* no período lulista. "Do total líquido de 21 milhões de postos de trabalho criados na primeira década do século XXI, 94,8% foram com rendimento de até 1,5 salário mínimo mensal", afirma o igualmente ex-presidente do IPEA.[42] A vigorosa expansão de postos de trabalho para os salários muito baixos permitiu "absorver enormes parcelas de trabalhadores na base da pirâmide social".[43] De onde se pode deduzir que *boa parte da "nova classe C" deve ser constituída de jovens trabalhadores precários.*

Note-se que a "Média Classe Média" cresceu apenas três pontos percentuais entre 2003 e 2013, enquanto a "Baixa Classe Média" subiu quinze pontos percentuais, o que se aproxima da medição de Neri em relação à elevação da classe C: dezessete pontos percentuais. Outra característica do período lulista, além da absorção dos trabalhadores da base da pirâmide, foi a criação de postos com carteira assinada. O percentual médio de empregados com carteira de trabalho assinada no setor privado em relação à população ocupada passou de 40% em 2003 para 51% em 2014, conforme vimos na introdução.[44] Braga sugere que "a combinação entre formalização e precarização do trabalho" foi uma das características da "era Lula".[45] De onde se pode imaginar que parte daqueles que Neri considera como tendo ingressado na "nova classe média" durante o lulismo na verdade é composta de trabalhadores que teriam passado a fazer parte de um contingente que superou a pobreza por meio de um emprego com carteira de trabalho, baixa remuneração e condições de trabalho precárias.

Qual o sentido de denominá-los "nova classe média"? Tais trabalhadores passam à ambígua situação brasileira em que nada possuem em comum com a classe média tradicional, mas não pertencem à base da sociedade, pois têm abaixo de si o subproletariado. Se, na formulação de Marx, o proletariado não tem nada a perder, numa formação como a do Brasil ele tem, *sim*, a perder, pois pode voltar à condição subproletária. Os cerca de 30 milhões de trabalhadores que saíram da "Massa Trabalhadora" e se deslocaram para a "Baixa Classe Média" durante o lulismo viveram na pele o vaivém: durante alguns anos ingressaram no proletariado; a partir de 2015, parte deles voltou ao subproletariado.

Em decorrência, no Brasil, quem sai do subproletariado se torna parte de um estrato intermediário. A existência de vasta parcela que está na condição subproletária cria o paradoxo de que o proletariado propriamente dito ocupe uma posição intermediária, embora não seja classe média. Consiste numa camada *intermediária*, porque sob ela há outra, que é o subproletariado. Mas essa camada intermediária não tem a estabilidade, a escolaridade, a renda e a inserção profissional que caracterizam a classe média propriamente dita. Há diferenças também em relação à fração organizada da classe trabalhadora, isto é, ao segmento que está associado aos sindicatos, o que os insere plenamente na luta de classes, e na "Média Classe Média" de Quadros.

Parte das inserções produtivas citadas por Quadros para designar a "Baixa Classe Média" referem-se à de assalariados do setor de serviços, em que a precarização é maior e a filiação sindical, menor. A filósofa Marilena Chaui observa, corretamente, que a "nova classe trabalhadora" difere da fração organizada, pois carrega efeitos do neoliberalismo: a terceirização e a fragmentação.[46] Se, no passado, havia a tendência a considerar que o proletariado se restringia ao trabalho produtivo, aquele que acrescentava mais-valia à mercadoria, de acordo com o sociólogo Ricardo Antunes atualmente é preciso "partir de uma concepção ampliada de trabalho, abarcando a totalidade dos assalariados [...] e não se restringindo aos trabalhadores manuais diretos".[47] Segundo Antunes, o telemarketing, o *call center*, os motoboys, os digitadores de banco, os assalariados do fast-food e os funcionários de hipermercado devem ser considerados integrantes da nova "morfologia" da classe trabalhadora. Todos, por sinal, aparentados às atividades da "Baixa Classe Média" de Quadros e do precariado de Braga.

A conclusão a que se deve chegar é de que, sociologicamente, o estrato de que estamos tratando é, *ao mesmo tempo*, intermediário e precário. A polêmica em torno de identificá-lo como "nova classe média" ou "nova classe trabalhadora" é política, não sociológica, e reflete a disputa pela consciência coletiva do grupo. Em 2011, Fernando Henrique Cardoso alertava as forças antilulistas para o fato de que "o que vem sendo chamado sem muita precisão de 'classe C' ou de nova classe média", conectada às redes sociais, deveria ser o alvo principal da mensagem oposicionista, uma vez que o "povão" estava fechado com o governo petista.[48]

Diferentemente do subproletariado, cujo afastamento das mobilizações entre 2013 e 2016 é um traço característico de setores sem acesso à organização sindical, o novo proletariado interveio na conjuntura, seja pela eclosão de greves entre 2012 e 2013, seja pela adesão, ainda que parcial, às manifestações de junho de 2013 (ver capítulo 3). Na visão de Braga, haveria uma "inquietação das bases com os baixos salários, a deterioração das condições de trabalho e o aumento do endividamento das famílias trabalhadoras".[49] Em decorrência, a ascensão social vivida entre 2003 e 2014 não significa, necessariamente, que a nova classe trabalhadora estivesse satisfeita. Os baixos salários, a alta rotatividade e as péssimas condições de trabalho impeliam à luta. Entre 2012 e 2013, o número de greves explodiu, como vimos no capítulo anterior. Em junho de 2013, ficou claro o conflito entre escolaridade e uma inserção profissional precária, como veremos no capítulo seguinte. O alto preço da educação e saúde privadas, assim como as deficiências do serviço público, estimularam protestos contra a tarifa de ônibus, mas também contra a corrupção e os gastos para a Copa do Mundo. O aumento da escolarização via Prouni e expansão do Fies podem ter tido um efeito bumerangue sobre o lulismo, pois, ao mesmo tempo que causaram satisfação (sobretudo nas famílias), foram veículo de frustração por não propiciar colocação compatível com o nível educacional alcançado.

Tendo em vista esse conjunto de características — presença acentuada do setor de serviços, precarização e caráter recente da luta —, é lógico falar em "nova classe trabalhadora" para se referir ao segmento que ingressou na condição proletária com o lulismo. Uma das características da nova classe trabalhadora, em razão da precariedade de suas condições, é que não podia ficar parada, precisava continuar o movimento ascensional para escapar de um futuro instável. A reindustrialização, proposta pelo ensaio desenvolvimentista, seria naturalmente a sua bandeira, na eventualidade de tomar consciência dessa possibilidade, o que não foi sequer tentado.

Sem divulgar que sustentava políticas de inclusão, contra a oposição da burguesia, que pedia o ajuste recessivo, Dilma desperdiçou o potencial classista dos novos trabalhadores. Ao aderir à interpretação sugerida por Neri, segundo a qual a camada em ascensão seria uma nova classe média, a presidente levava água para o moinho que iria moê-la. O PT, da mesma forma, abriu mão do que teria sido a sua inclinação natural quando dirigido pelo espírito do Sion ao tirar as conclusões de classe do quadro que o próprio partido havia ajudado a produzir. "Antes de 2003, na base da pirâmide social estavam concentrados 54,9% dos brasileiros (classes D e E) e a classe média (C) representava 37% da população. Hoje, a maioria da população está situada no meio da pirâmide: 55% dos brasileiros estão na classe média. As classes D e E, somadas, hoje representam 25% dos brasileiros", escreveu o partido hegemonizado pelo espírito do Anhembi no programa presidencial de 2014.[50] O PT não tinha conseguido fazer a distinção entre setor intermediário e classe média.

Prestava, assim, um serviço ao PSDB, sem entender, igualmente, qual é o fundo de classe da divisão partidária brasileira (ver capítulo 4). Mas Cardoso, sim, a compreendera, como ficava claro no citado artigo publicado em *Interesse Nacional*. O partido de classe média, cuja base social está concentrada nos segmentos A e B, os quais não ultrapassavam 12% da população, segundo Neri (ver quadro 3), de repente viu-se alçado à condição de representante potencial de 70% da sociedade. Ao convencer os trabalhadores ascendentes de que faziam parte de uma "nova classe média", estimulava-se a adesão a valores do adversário, ainda que a realidade material ficasse muito distante da classe média tradicional, o verdadeiro esteio dos tucanos.

Conforme observa o sociólogo Seymour Martin Lipset, o olhar do indivíduo que ascende de maneira isolada pode se voltar mais para o lugar ao qual quer ir do que àquele do qual ele veio.[51] O lulismo, em vez de esclarecer que a ascensão era fruto de políticas públicas voltadas para as camadas populares, às quais a nova classe trabalhadora pertence, deixou que a ilusão meritocrática, que divide os trabalhadores, se estabelecesse, desviando o olhar para a classe média.

Ao refletir sobre o tema, depois de deixar o governo, Dilma afirmou que a noção de classe média permitiria dialogar, por exemplo, com o trabalhador que vira motorista do Uber.[52] Talvez pensasse no grupo menor que, por razões específicas, deu um salto mais alto e estava, de fato, se aproximando das classes A e B. Vale lembrar que a "Alta Classe Média" e a "Média Classe Média" de Quadros cresceram seis pontos percentuais entre 2002 e 2014. A maioria deve ter vindo da "Baixa Classe Média", mas alguns poucos podem ter saltado direto do subproletariado.

É o caso, porventura, que aparece no filme *Família Braz — Dois tempos* (2010). Nele, é acompanhada a trajetória de um grupo familiar da periferia norte da capital paulista entre 2000 e 2010. Quando o segundo momento foi rodado, em 2010, um ano excelente para o lulismo, os quatro filhos do casal estavam empregados, e o pai, operário autônomo na construção civil, tinha serviço havia um bom tempo. Em consequência, o padrão geral da família melhorara muito comparado a 2000. Sintoma da mudança eram os vários carros, comprados pelos filhos, estacionados à porta da casa, quando dez anos antes nenhum deles possuía automóvel. Com os dois filhos mais velhos em posições profissionais intermediárias (corretores de seguro e de imóveis) e os mais novos estudando para técnico de radiologia (nível médio) e pedagogia (nível superior), respectivamente, as características dos Braz são atípicas. Os filhos começam a ter aspirações de classe média tradicional, como aparece retratado no filme, deixando para trás a identificação com o universo popular dos pais. Para esse grupo, a denominação nova classe média faz sentido, pois de fato deviam estar, em termos de renda, se aproximando da Média Classe Média, para quem o plano dc saúde privado e o acesso ao ensino fundamental pago, em virtude do déficit de qualidade apresentado pelos serviços públicos, são tópicos relevantes e possíveis. Portanto, em lugar de produzir uma mobilização para melhorar a saúde e a educação públicas, esse grupo tenderá a acreditar que o Estado, por meio dos impostos e da burocracia, atrapalha a sua ascensão individual.

Os números e os relatos que recebi de orientandos que pesquisavam a periferia da cidade de São Paulo nessa época informam que casos como os da família Braz existem, mas são amplamente minoritários, talvez uma de cada dez situações de mobilidade social. A grande maioria vive a experiência da precariedade. Por outro lado, a plataforma de classe média engancha também na expansão do empreendedorismo nas camadas populares nesta fase de capitalismo financeirizado. Pensar a ascensão como fruto do esforço individual e não da ação coletiva faz sentido para aquele que trabalha por conta própria. Segundo Pochmann, havia 7,1 milhões de pequenos empreendedores contribuindo com a Previdência em 2012,[53] contra apenas cerca de 3,5 milhões de empregados na indústria (2013).[54] Até o trabalhador que vive de bicos, subproletário do setor informal, pode se considerar — e ser considerado — um "pequeno empreendedor".

Caso tenha sucesso, é candidato a uma ideologia hipercapitalista, porque na sua experiência pessoal, de fato, o esforço extraordinário ocupa lugar central, ao passo que os direitos coletivos pouco representam.[55] Ele é um atual ou futuro empregador — portanto, está virtualmente do lado empresarial do balcão que divide o capital do trabalho. *Uma pesquisa que a Fundação Perseu Abramo*

(FPA) realizou na periferia de São Paulo, no primeiro semestre de 2017, constatou que "para os entrevistados, o principal confronto existente na sociedade não é entre ricos e pobres, entre capital e trabalho, entre corporações e trabalhadores. O grande confronto se dá entre Estado e cidadãos, entre a sociedade e seus governantes. Todos são 'vítimas' do Estado que cobra impostos excessivos, impõe entraves burocráticos, gerencia mal o crescimento econômico e acaba por limitar ou 'sufocar' a atividade das empresas".[56]

Se a pesquisa da FPA tiver captado uma tendência consistente, o ideal de classe média teria se fixado em determinadas faixas das camadas populares. Nesse caso, o partido de classe média terá vantagem no diálogo com elas. É uma possibilidade compatível com a socialização em um ambiente cultural de forte carga capitalista, em que a expansão da chamada teologia da prosperidade, que difunde uma visão de mundo segundo a qual o esforço individual é o caminho do sucesso, seria outro sinal. Coaduna também com a profunda impregnação neoliberal da sociedade contemporânea, que tem como resultado uma espécie de ideologia hipercapitalista, de que a adoração das marcas, presente no "funk ostentação", é outro sintoma. O sonho rooseveltiano, de constituir "um país de classe média sólida e empreendedora", teria prestado, nesse caso, um desserviço ao lulismo, pois facilitou o trânsito ideológico que ajudou a quebrá-lo quando surgiu a oportunidade.

3. A encruzilhada de junho

Os acontecimentos inesperados de junho de 2013 dividem o período Dilma em dois. Até lá, a presidente gozava de aprovação nas pesquisas, e o lulismo estava vitaminado pelo sucesso nas eleições municipais de 2012. Depois das manifestações, a presidente cai de 57% de bom e ótimo para 30%.[1] Embora ao longo dos meses seguintes recuperasse algo da popularidade perdida, os índices favoráveis nunca voltariam a ser largos, e Dilma é obrigada a atuar permanentemente na defensiva, deslizando para a conduta errática que caracterizará a segunda fase de sua gestão, interrompida pelo impeachment de 2016.

Junho foi o resultado estranho do encontro entre correntes sociais e ideológicas que trafegavam em sentidos opostos: uma esquerda extrapetista em busca de conectar-se com a "inquietação" da nova classe trabalhadora, discutida no capítulo anterior, e uma classe média tradicional cansada do "populismo" do PT. O ponto de encontro foi a crítica das instituições, ainda que feita de ângulos opostos. Decorridos quatro anos, o jornalista Vinicius Torres Freire se perguntava por que a revolta de 2013 estourou quando o consumo e a renda flutuavam em nível elevado.[2] De fato, os problemas materiais, isoladamente, não dão conta de explicar aqueles eventos. Mas a diminuição do ritmo de crescimento econômico, a partir de 2011, criava um pano de fundo tenso na sociedade. Segundo Ricardo Carneiro, utilizando as medições de Waldir Quadros (ver a descrição das categorias no capítulo 2), percebe-se que indivíduos da "Alta Classe Média" e da "Média Classe Média" caem para a "Baixa Classe Média" em 2013 (ver quadro 2 no capítulo anterior).[3] A quantidade de eleitores com renda acima de dez salários mínimos que consideravam ótimo e bom o governo declinara de 67% em março para 43% no começo de junho, já *antes* das manifestações.[4] "A mobilidade descendente atinge vários grupos, mas, principalmente aqueles de média e alta rendas, que são absorvidos, preponderantemente, na baixa classe média. Uma variedade de fatores responde por esse movimento, mas para os de baixo foi possível atenuá-lo pela melhoria das políticas sociais. Os de cima se movem crescentemente para a crítica dessas políticas, do papel do Estado, num claro movimento de polarização social", observa Carneiro.[5]

Ocorreu uma virada no feeling da classe média tradicional no primeiro semestre de 2013. A economista Monica Baumgarten de Bolle, claramente opositora da nova matriz, assinala que, em fevereiro de 2013, a inflação dos doze meses anteriores alcançara 6,3%, apesar da redução do preço da energia elétrica, das desonerações sobre folha de pagamento e da diminuição dos impostos sobre os produtos da cesta básica, que permitiam a determinadas áreas segurarem os preços.[6] Deduz-se que outros preços estavam aumentando acima da média. Alguns serviços relevantes para a classe média, como escolas particulares, comida fora de casa e as manicures — o verão de 2013 foi o das manicures — praticavam tarifas particularmente salgadas.[7]

Para De Bolle, em um raciocínio que deve expressar a compreensão dos empresários e da classe média tradicional, o problema de fundo residia nos salários: "A inflação no Brasil estava alta, em grande parte porque os salários aumentavam acima da produtividade. Quando os salários crescem mais do que o valor produzido pelo trabalhador, aumentam os custos das empresas, que repassam esse aumento para os preços, fazendo rodar a ciranda inflacionária". Havia uma pressão para cortar o custo da mão de obra, como foi discutido no capítulo 1.

Do ponto de vista político, no segundo semestre de 2012, a classe média acompanhara o julgamento do mensalão como se fosse uma telenovela, o que acontecera na Itália com a Mãos Limpas na década de 1990. "No período inicial da *Tangentopoli* [propinópolis ou cidade do suborno], os socialistas tornaram-se os principais alvos da repulsa popular, desempenhando o principal papel no melodrama transmitido todas as noites pela televisão, em que se viam juízes a conduzir políticos algemados", narra o historiador Tobias Abse.[8] Convém ter presente que "o Brasil é o único país do mundo em que as sessões do Tribunal Superior são transmitidas ao vivo", segundo o jurista Dalmo Dallari.[9] A exposição maciça à trama do mensalão e o noticiário do primeiro semestre de 2013 recheado de críticas ao descontrole inflacionário, à maquiagem das contas públicas, ao excesso de propaganda governamental, à péssima qualidade dos serviços públicos (segurança, transporte, saúde, educação)[10] devem ser tomadas em consideração para pensar o impulso que levou a classe média tradicional às ruas.

Do outro lado, a nova classe trabalhadora percebia que as chances de continuar a ascender estancavam. O desemprego subira de 5,4% para 6% entre março e junho, e a esperança de que caísse se reduzira de 41% em março para 27% em junho, *antes* das manifestações.[11] Quadros mostrou que a "Massa Trabalhadora (pobres)" para de aumentar e que a faixa dos "Miseráveis" volta a crescer naquele período (quadro 2). Raymond Aron sublinha o raciocínio de Tocqueville segundo o qual a revolução ocorre quando, tendo sido colocadas em movimento, as massas querem seguir subindo.[12]

À esquerda, foi um impulso jovem, desejoso de encontrar formas de mobilização pela base, que acendeu o estopim. Por volta do dia 20 começou-se a ouvir, em meios progressistas, referências às manifestações que vinham ocorrendo havia cerca de duas semanas como "as Jornadas de Junho".[13] Suspeitava-se que estivesse em curso um levante do precariado. Aos poucos, ficou claro que a comparação era indevida. As jornadas originais, ocorridas na conjuntura aberta pela revolução de fevereiro de 1848, constam de *O 18 de Brumário* como nada menos que "o mais colossal acontecimento na história das guerras civis europeias". Em 22 de junho o proletariado de Paris lançou-se a uma tentativa insurrecional, sendo esmagado pelo general Louis-Eugène Cavaignac (1802-57). Karl Marx registra que os insurretos sucumbiram com todas as honras, tendo feito a Europa *tremer* "frente ao *terremoto*".[14]

É verdade que junho de 2013 produziu um tremor, mas não chegou a ser um terremoto e, sobretudo, não foi um levante contra a ordem capitalista. Também não foi um putsch direitista, como pode ter soado em certos momentos. Os protestos adquiriram tal dimensão que parecia estar ocorrendo *algo* nas entranhas da sociedade, *algo* que podia sair do controle. O problema é que nunca ficou claro *que algo* era esse. A hipótese deste capítulo é de que havia dois *algos* contraditórios. Tendo partido como um movimento à esquerda e se espalhado por mais de 350 municípios,[15] mobilizado milhões de pessoas, obrigado à revogação do preço das passagens "em mais de cem cidades"[16] e ameaçado a Copa das Confederações, os acontecimentos começaram a se espalhar na direção das periferias metropolitanas, onde mora o grosso das camadas populares. Mas acabaram estancados na porta das "comunidades".

Na face direita, junho foi o início da mobilização da classe média, que acabaria por ter papel decisivo na queda de Dilma (ver capítulo 7). Apesar de a ebulição ter sido detonada por uma fração de esquerda de São Paulo, articulada pelo Movimento Passe Livre (MPL), com o objetivo de revogar o aumento das passagens de ônibus, metrô e trens, no meio do caminho as ruas foram ocupadas por gente que nadava na direção oposta: críticos, mais ou menos conscientes, da suposta corrupção estatista produzida pelos políticos lulistas.[17] No lugar do autonomista MPL, surgiu o liberal MBL (Movimento Brasil Livre). No lugar dos estudantes universitários e secundaristas, os profissionais do Vem Pra Rua. No lugar de *black blocs* anarquistas, vestidos de preto, os Anonymous com máscaras de Guy Fawkes e uma multidão trajando verde e amarelo. Para compreender como se produziu o surpreendente cruzamento de classes e sentidos, é necessário restabelecer a cronologia dos fatos.

RUAS DE MÃOS DUPLAS

Na *primeira etapa* dos protestos, havia um objetivo específico: a redução do preço das passagens do ônibus e do metrô de São Paulo, reajustadas em 6% em 2 de junho. Haddad lembra que a inflação acumulada desde o último reajuste era de 17%.[18] Mas o MPL não aparentava estar muito preocupado com a diferença de índices. Coletivo horizontal de estudantes, alguns oriundos da Universidade de São Paulo (USP), o grupo, simpático à tarifa zero, protestava sempre que havia aumento. Convocados pelas redes sociais, os manifestantes percorriam e paralisavam vias públicas da cidade, ao final havendo confrontos com a Polícia Militar (PM). Foi o que aconteceu na primeira e na segunda manifestações, em 6 (avenida Paulista) e 10 de junho (zona oeste paulistana), com a cifra de presentes subindo, ao que consta na imprensa, de 2 mil para 5 mil pessoas.[19]

Na terceira convocação, para a terça, 11, outra vez reuniram-se 5 mil pessoas, terminando numa verdadeira batalha campal. Cenas de violência e destruição de patrimônio por mascarados foram reportadas em jornais e televisões, que pediram mão dura. Como consequência, o governador paulista, Geraldo Alckmin (PSDB), anunciou o recrudescimento da repressão para o quarto evento, previsto para a quinta-feira, dia 13, quando um número de pessoas que a PM calculou em 5 mil, mas segundo os organizadores era de 20 mil, marchou do centro paulistano até a adjacente rua da Consolação, sendo impedido de prosseguir em direção à Paulista. A partir daí inicia-se a pancadaria, que se espalha pelas imediações, tendo a Polícia Militar (PM) atuado sem controle, atingindo transeuntes e jornalistas de maneira indiscriminada. Depoimentos de observadores relataram policiais "enlouquecidos" e "cenas de guerra". Uma jornalista da *Folha de S.Paulo* foi atingida no olho, mas recuperou-se. Um repórter fotográfico perdeu o olho esquerdo.

Foi o uso desmedido da força policial que atraiu a atenção do grande público para eventos até então pouco compreendidos. Na *segunda etapa* dos acontecimentos, com as manifestações de 17, 18, 19 e 20 de junho, quando os protestos alcançam o auge, camadas da sociedade alheias ao MPL entram em cena, transformando a quantidade e a qualidade do movimento. De milhares, as contas de gente na rua passam a centenas de milhares. Na segunda-feira, dia 17, quando o MPL chama a quarta jornada, havia de repente 75 mil pessoas em passeata em São Paulo,[20] e surgiram, do nada, manifestações em *todas* as maiores capitais, sem que se soubesse muito bem por quê. Mais tarde ficaria claro que a mobilização ocorria pelas redes sociais, de maneira invisível e fragmentada, *ocasionando uma dispersão de conteúdo*. As pessoas começaram a ir para a rua por motivos diferentes, nem sempre claros, avisadas pela internet.

O 17 de junho foi um marco, pois muita gente foi à rua para protestar contra a repressão de Alckmin. Entretanto, milhares foram demonstrar insatisfação com os políticos *em geral* — o que poderia se orientar para uma rejeição do PSDB, que havia ordenado a repressão, mas também ao PT, que ocupava a Prefeitura da cidade e aumentara os preços das passagens, e até ao governo federal, um tanto alheio aos acontecimentos. O índice de aprovação de Alckmin caiu de 52% para 38%; o de Haddad, de 34% para 18%.[21] Nunca ficou claro quem convocou, em quatro dias, pelas redes, aquela massa de pessoas distantes da esquerda, refratárias aos partidos, algumas visivelmente conservadoras, para ocupar espaço numa iniciativa autonomista.

Não tenho condição de julgar a veracidade das múltiplas versões correntes, porém gostaria de acrescentar uma observação pessoal à anotação de Elena Judensnaider et al. de que no "fim de semana dos dias 15 e 16 de junho" houve "uma ostensiva mudança de abordagem nos meios de comunicação (tanto nos meios de comunicação de massa como nas redes sociais)".[22] Lembro-me de ver com espanto a capa da revista *Veja*, fechada 24 horas depois dos conflitos de 13 de junho, com os seguintes dizeres como manchete: "A revolta dos jovens". Embaixo do título neutro, havia o seguinte subtítulo: "Depois do preço das passagens, a vez da corrupção e da criminalidade?". Procurei por toda a edição a razão do intrigante subtítulo e nada encontrei. A reportagem correspondente trazia um perfil bastante crítico dos manifestantes originais, caracterizados como jovens de esquerda da classe média alta que nunca tinham andado de ônibus. Mas, a certa altura, o texto mudava de tom para dizer que, apesar da contradição, era preciso ouvi-los para entender o fundo do protesto. A conclusão é de que a razão de fundo era *a descrença na representação, aí in-*

cluídos os partidos e os políticos. Não posso ir mais longe, mas fiquei (e permaneço ao rever a edição, cinco anos depois) com a sensação de que havia, naquela capa, uma senha, mais do que uma mera exposição jornalística, para a ocupação das ruas *contra os partidos e os políticos*. Recordo-me também de perceber que a cobertura da Rede Globo à manifestação do dia 17 era surpreendentemente simpática e extensa.

Do dia 17 em diante, ninguém entendia o objetivo exato das manifestações. Havia quase um cartaz por manifestante, com uma profusão divertida de dizeres e pautas: "Copa do Mundo eu abro mão, quero dinheiro pra saúde e educação"; "Queremos hospitais padrão Fifa"; "O gigante acordou"; "Ia ixcrever augu legal, maix fautô edukssão"; "Não é mole, não. Tem dinheiro pra estádio e cadê a educação"; "Era um país muito engraçado, não tinha escola, só tinha estádio"; "Todos contra a corrupção"; "Fora Dilma! Fora Cabral! PT= Pilantragem e traição";[23] "Fora Alckmin"; "Zé Dirceu, pode esperar, tua hora vai chegar"; foram algumas das infinitas frases vistas nas cartolinas confeccionadas por cada protestante.

Temas distantes da tarifa de transportes, como críticas à Proposta de Emenda Constitucional (PEC) 37, que vetava a possibilidade de o Ministério Público promover investigações criminais, o apoio ao voto distrital e o repúdio aos partidos políticos, apareciam com regularidade. A depredação de edifícios públicos, como a Prefeitura de São Paulo, a Assembleia Legislativa do Rio de Janeiro, o Congresso Nacional e o Ministério das Relações Exteriores, expressava o desejo de certas franjas expressarem hostilidade às instituições. Sob a aparência de continuidade, o conteúdo das manifestações ia deslizando para o "*que se vayan todos*", lema da classe média argentina na crise econômica de 2001.

Com o início da Copa das Confederações, em 15 de junho, São Paulo perde a centralidade. O protagonismo se desloca para as praças onde haveria jogos (Brasília, Fortaleza, Salvador, Belo Horizonte e Rio de Janeiro). No Rio, em particular, as manifestações adquirem certo sabor de sublevação, com mobilizações se estendendo na terça, dia 18, para a Baixada Fluminense (Duque de Caxias, São Gonçalo etc.), região proletária da metrópole carioca, dando aos fluminenses o protagonismo que antes pertencera a São Paulo. Na quarta-feira, dia 19, 10 mil estudantes e membros dos movimentos sociais em Fortaleza (CE) entram em confronto com a polícia antes e depois da partida entre Brasil e México.

Na mesma quarta-feira, surpresos com as dimensões da confusa rebelião, a prefeitura e o governo do estado de São Paulo atendem à reivindicação original e revogam o aumento da tarifa.[24] Na quinta-feira, dia 20, em suposta comemoração da conquista, o fluxo atinge o ponto máximo, com demonstrações, algumas delas gigantescas, em mais de cem cidades, alcançando, no conjunto, cerca de 1,5 milhão de pessoas. Em São Paulo, militantes de partidos de esquerda foram expulsos à força da avenida Paulista por gente vestida de verde e amarelo, em geral a camiseta da seleção de futebol, mesmo traje utilizado dois anos mais tarde contra Dilma. O antilulismo de massa ocupara o espaço dos autonomistas. O MPL se retira do ato e anuncia que não convocaria novas jornadas. "O movimento não deve mais convocar manifestações, levando em conta algumas pautas conservadoras que foram levantadas. Por exemplo, algumas pessoas pediam a redução da maioridade penal", disse Douglas Beloni, um dos membros do MPL.[25]

Em consequência, na terceira e última etapa, que vai do dia 21 até o final do mês, os protestos se fragmentam em iniciativas parciais com propósitos específicos e distintos: redução de pedágios, derrubada da PEC 37, rejeição ao Programa Mais Médicos, manifestação contra os gastos públicos para a Copa do Mundo de 2014 etc. Em São Paulo, uma passeata com ares conservadores contra a limitação ao Ministério Público reúne cerca de 30 mil pessoas no sábado, dia 22.[26] Na mesma tarde, em Belo Horizonte, perto de 70 mil pessoas que davam a impressão de se inclinar para a esquerda protestam contra os gastos para a Copa antes do jogo entre Japão e México. Ainda sob o eco da força liberada na segunda fase, porém separadas por preferências diferentes, as tribos começam a se dividir, como um rio que se abria em múltiplos braços no descenso da montanha.

Como definir o conteúdo ideológico posto nas ruas? Por baixo da ideologia, qual o caráter de classe dos acontecimentos? Os dados que vou apresentar revelam o cruzamento de classes e correntes distintas. Tal encruzilhada prenunciava uma radicalização que estava por vir, cujo primeiro sintoma apareceu na expulsão à força dos militantes da avenida Paulista na quinta-feira, dia 20.

CLASSES CRUZADAS

Na literatura a respeito de junho, há dois pontos de vista sobre a composição social das ruas. Um identificou extração predominante da classe média tradicional,[27] enquanto o segundo enxergou a presença da nova classe trabalhadora ou precariado: "A massa formada por trabalhadores desqualificados e semiqualificados que entram e saem rapidamente do mercado de trabalho", segundo Ruy Braga.[28] No capítulo anterior busquei explicar por que o sucesso do lulismo na superação da pobreza resultava na constituição dessa camada insatisfeita, ainda que em ascensão.

Analisando as pesquisas disponíveis,[29] penso que as manifestações de junho foram *simultaneamente* as duas coisas — a saber, tanto expressão da classe média tradicional como reflexo da nova classe trabalhadora. Fala a favor da hipótese compósita a impressão visual de estarem na avenida tanto profissionais engravatados como jovens proletários que haviam conseguido o primeiro emprego na década lulista, com um perfil de, como vimos no capítulo anterior, baixa remuneração, alta rotatividade, más condições de trabalho e escolaridade superior à de seus pais.

Para ir além do âmbito da impressão pessoal, levantei dados de modo a discriminar a composição das manifestações. Em razão da limitação das pesquisas, realizadas apenas em algumas cidades, por institutos que usaram diferentes categorias para processar os questionários, não possuo respostas cabais. Mas o material disponível indica a plausibilidade de ter havido *dois junhos de classe nas mesmas ruas*. No quadro 4, verifica-se o predomínio dos jovens sobre as demais faixas etárias. A faixa que vai até 25 anos, estágio em que se costuma situar a passagem para a vida adulta,[30] perfaz a maioria relativa dos participantes nos protestos, variando de um mínimo de 41% (Rio de Janeiro, 20 de junho) a um máximo de 55% (Belo Horizonte, 22 de junho). Deve-se observar, contudo, que não foi pequena a presença de não jovens, ao menos na segunda fase. Comparando os números computados pelo Datafolha em São Paulo, vemos que de 17 para 20 de junho aumenta a proporção dos mais velhos.

Apesar da tendência à maior mistura intergeracional à medida que avançam os dias, é mínima a presença de participantes com mais de cinquenta ou sessenta anos: 5% em São Paulo para o primeiro caso e 2% no Rio de Janeiro para o segundo. Em resumo, houve base majoritária de jovens, complementada por significativo contingente de jovens adultos (aproximadamente de 26 a 39 anos), com pequena inserção de adultos da meia-idade para cima. Somados, jovens e jovens adultos congregavam cerca de 80%.

Esses jovens e jovens adultos possuíam alta escolaridade, o que se pode ver no quadro 5. A fração dos que tinham apenas o ensino fundamental (completo ou incompleto) foi insignificante

QUADRO 4
IDADE DOS MANIFESTANTES EM JUNHO DE 2013

Faixas	São Paulo 17/06	São Paulo 20/06	Rio de Janeiro 20/06	Oito capitais 20/06	Belo Horizonte 22/06
Mais jovens	53% (12 a 25)	51% (12 a 25)	41% (15 a 24)	43% (14 a 24)	55% (até 25)
Idade intermediária	35% (26 a 35)	31% (26 a 35)	39% (25 a 34)	38% (25 a 39)	29% (26 a 39)
Mais velhos	12% (acima de 36)	19% (acima de 36)	20% (acima de 35)	19% (acima de 40)	17% (acima de 40)
TOTAL	100%	100%	100%	100%	100%

Fontes: Para São Paulo, Datafolha. Para Rio de Janeiro, Plus Marketing. Para oito capitais, Ibope. Para Belo Horizonte, Innovare.

em São Paulo, tanto no dia 17 (1%) como no dia 20 (2%), e em Belo Horizonte na tarde de 22 (4%). Embora maior no Rio de Janeiro na noite de 20 de junho (14%) — indicando que os acontecimentos cariocas podem ter tido um caráter mais popular do que os paulistanos —, esteve longe de ser cifra dominante. Infelizmente não dispus do mesmo dado para outras cidades, porém a pequena proporção dos que só chegaram ao ensino médio *sem concluí-lo* (8%), na média de oito capitais pesquisadas pelo Ibope (São Paulo, Rio de Janeiro, Belo Horizonte, Porto Alegre, Recife, Fortaleza, Salvador e Brasília), confirma a mínima parcela de baixa escolaridade presente, *denotando a virtual ausência da base da pirâmide social, o subproletariado, nas manifestações*.[31]

Inversamente, os percentuais são particularmente elevados quanto à participação de pessoas de alta escolaridade. Nas oito capitais pesquisadas pelo Ibope, *nada menos que 43% dos manifestantes tinham diploma universitário*, quando, em 2010, apenas 13% da população brasileira possuía essa condição.[32] Mesmo em São Paulo (capital), os diplomados não superavam 18% da população com quinze anos ou mais em 2010.[33] A informação destaca a relevância da classe média *tradicional* nas manifestações, apesar da ampliação de universitários de baixa renda, em função do Prouni (dado o aumento gradativo do programa, o número de formados ainda era relativamente pequeno em 2013[34]), da expansão do Fies e dos novos campi de instituições públicas de ensino superior. Uso a expressão "classe média tradicional" no sentido que consta em Souza e Lamounier (ver capítulo anterior). O diploma universitário aparece como fator essencial, ou muito importante, para distinguir quem é de quem não é de classe média para 87% dos pesquisados pelo Ibope no trabalho de Souza e Lamounier, do final de 2008.[35]

QUADRO 5
ESCOLARIDADE DOS MANIFESTANTES EM JUNHO DE 2013

Faixas	São Paulo 17/06	São Paulo 20/06	Rio de Janeiro 20/06	Oito capitais 20/06	Belo Horizonte 22/06
Mais baixa	1% (Fund.)	2% (Fund.)	14% (Fund.)	8% (Méd. incomp.)	4% (Fund.)
Intermediária	22% (Médio)	20% (Médio)	52% (Méd. comp./ Sup. inc.)	49% (Méd. comp./ Sup. inc.)	31% (Médio)
Alta	77% (Sup.)	78% (Sup.)	34% (Sup. comp.)	43% (Sup. comp.)	66% (Sup.)
TOTAL	100%	100%	100%	100%	100%

Fontes: Para São Paulo, Datafolha. Para Rio de Janeiro, Plus Marketing. Para oito capitais, Ibope. Para Belo Horizonte, Innovare.

Mesmo no Rio de Janeiro, onde as manifestações teriam conotação mais popular, e em Belo Horizonte, os institutos registraram respectivamente 34% e 33% de diplomados no ensino superior.[36] Somando os diplomados aos que estavam cursando universidade, abarca-se um vasto contingente (quase 80%) das manifestações de São Paulo nos dias 17 e 20, assim como de Belo Horizonte no dia 22 (quase 70%). Se lembrarmos que, segundo o Ministério da Educação, em 2011 apenas 15% dos jovens brasileiros estavam matriculados no ensino superior, mesmo tendo duplicado o número de ingressantes em uma década,[37] pode-se dimensionar o significado da proporção alcançada pelos que tinham acesso às instituições universitárias nos acontecimentos de junho. A julgar pelo peso dos números disponíveis, deveria ser dito que se tratou de manifestações *universitárias*, ainda que não estudantis.

Também o volume dos que possuíam o ensino médio completo ou universitários nas oito capitais (52%) e no Rio de Janeiro (49%), praças para as quais não dispusemos da quantidade isolada de estudantes do ensino superior, confirma que o nível educacional apurado naquelas ocasiões aponta para a metade superior da pirâmide, com um perfil, no mínimo, de "Média Classe Média" (ensino médio), na classificação de Quadros,[38] e com fortes tintas de classe média tradicional, dando sustentação à ideia de que as manifestações teriam sido expressão desse segmento.

Porém a renda revela um cenário diferente (quadro 6). Para começar, a ala de baixíssimo ingresso não foi insignificante como sugeria o filtro por educação. Havia 15% de manifestantes com renda familiar mensal até dois salários mínimos nas oito capitais, e 20% em BH.[39] Deve-se frisar, portanto, que a presença do subproletariado, a base de sustentação do lulismo, nas manifestações de junho foi francamente minoritária, mas não nula. A presença, ainda que pequena, pode explicar as eventuais pontes com a periferia que poderiam começar a se estender.

QUADRO 6
RENDA FAMILIAR MENSAL DOS MANIFESTANTES EM JUNHO DE 2013

Faixas	Rio de Janeiro 20/06	Oito capitais 20/06	Belo Horizonte 22/06
Mais baixa	34% (até 1 sm)	15% (até 2 sm)	20% (até 2 sm)
Intermediária 1	54% (de 2 a 5 sm)	30% (de 2 a 5 sm)	36% (de 2 a 5 sm)
Intermediária 2	1% (de 6 a 10 sm)	26% (de 5 a 10 sm)	24% (de 5 a 10 sm)
Alta	10% (mais de 11 sm)	23% (mais de 10 sm)	21% (mais de 10 sm)
TOTAL	100%	100%*	100%

Fontes: Para Rio de Janeiro, Plus Marketing. Para oito capitais, Ibope. Para Belo Horizonte, Innovare.
* 6% não responderam.

Somados aos que tinham entre dois e cinco salários mínimos de renda mensal familiar, dentro do que se pode considerar baixo rendimento, no conjunto *respondiam por cerca de 50% dos manifestantes*. Isto é, uma fatia substantiva estava na metade inferior da distribuição de renda, criando um contraste em relação à imagem que havia sido sugerida pela escolaridade, dimensão na qual a quase totalidade dos manifestantes encontrava-se na metade superior. É possível que as transformações trazidas pelo lulismo, como o Prouni e a expansão do Fies,[40] por meio das quais um contingente de jovens de baixa renda ingressou no ensino superior, em geral privado, expliquem o fato de que, para parte dos manifestantes, a escolaridade fosse mais alta que a renda, o que é um elemento sociológico relevante, envolvendo frustração estrutural.

Trabalho com a ideia de que a maioria daqueles manifestantes estava no limite da faixa de "Baixa Classe Média", na qual Quadros inclui ocupações como balconista, professor de ensino fundamental, auxiliar de enfermagem, auxiliar de escritório, recepcionista, motorista, garçom, barbeiro, cabeleireira e manicure.[41] A classificação pela renda familiar não nos permite saber a renda per capita do manifestante, mas, ao registrar que 45% deles em oito capitais e 56% em Belo Horizonte não tinham renda familiar acima de cinco salários mínimos, o Ibope e o Innovare sugerem as profissões descritas por Quadros como teto, e não as que pertencem à Média Classe Média (gerentes, professores de nível médio) ou Alta Classe Média, que se caracteriza por abrigar profissionais liberais ou funções não manuais (técnicas e administrativas). As ocupações arroladas por Quadros estariam, por sua vez, dentro da categoria "médio-inferior" estabelecida por Souza e Lamounier — ou seja, na metade de baixo da estratificação por inserção produtiva.[42]

Isso leva à seguinte equação: enquanto por escolaridade havia uma acentuada presença do topo da escala social, remetendo à classe média, do ângulo da renda, e da ocupação que se pode deduzir a partir da remuneração, as pesquisas apontam uma *incidência da metade inferior da pirâmide nas manifestações*. Seria a confirmação de que a nova classe trabalhadora, conforme sugerido por outros autores, foi para as ruas. Se considerarmos que a maioria dos manifestantes era jovem, tendo entrado havia pouco tempo no emprego — significativamente, o Ibope mostrou que 76% dos manifestantes estava no mercado de trabalho nas oito capitais, o Innovare encontrou proporção parecida em Belo Horizonte (71%), e o Plus Marketing no Rio de Janeiro (70%) também —, a hipótese de a nova classe trabalhadora ter composto a metade dos manifestantes é plausível.[43]

Como tem assinalado o sociólogo Gustavo Venturi, em função do "processo relativamente acentuado de escolarização ao longo da última década e meia",[44] é razoável imaginar que a nova classe trabalhadora tem padrão escolar relativamente alto, sobretudo se comparado ao dos pais. Em função disso, deve-se cogitar a possibilidade de ter estado nas manifestações uma massa de jovens de *escolaridade mais alta que a renda*, do ponto de vista da alocação de classe — isto é, pertencentes à classe média pela escolaridade, mas à classe trabalhadora pela renda. Convém lembrar que a quantidade de ingressantes nas universidades pulou de 1 milhão para 2,3 milhões por ano de 2001 a 2011.[45]

O quadro 6 sugere que, com exceção do Rio de Janeiro (o qual, como vimos, apresentou um desvio para baixo em relação ao rendimento), metade dos manifestantes tinha renda familiar acima de cinco salários mínimos e cerca de 20% recebiam mais de dez salários mínimos familiares mensais. Reforça-se a impressão de que havia um contingente de classe média tradicional nas manifestações, mas que não respondia pelo todo. Olhando para as oito capitais pesquisadas pelo Ibope, que é o mais amplo levantamento disponível, metade dos manifestantes estava na metade de baixo da pirâmide e metade na parte de cima. Tendo em vista os dados encontrados, a melhor imagem para descrever a composição das manifestações seria a de dois blocos relativamente equivalentes, formados por jovens e jovens adultos de classe média tradicional e outro por pessoas da mesma faixa etária, mas pertencentes à metade inferior da estrutura social, sendo que estes possuíam ao menos escolaridade média. Por isso, a segunda fase das manifestações teria produzido uma encruzilhada de classes: o bloco da classe média tradicional e o bloco da nova classe trabalhadora se encontraram na avenida.

IDEOLOGIAS CRUZADAS

Socialmente heterogêneo, junho o foi também no plano da ideologia. Não espanta que haja diversos tipos de imputação ao seu sentido: desde o ecossocialismo até pulsões fascistas, passando por diversas gradações de reformismo e liberalismo. O viés de esquerda, que poderia prenunciar um ciclo de lutas dos trabalhadores, fez o papel de comissão de frente. O MPL, de nítidas posições anticapitalistas, foi o artífice e o fio condutor da primeira fase. Para o MPL, "as barricadas erguidas contra os sucessivos aumentos das passagens são expressão da digna raiva contra um sistema completamente entregue à lógica da mercadoria".[46] Para bom entendedor, fica claro que a briga contra as tarifas de transporte era um modo de lutar contra o capitalismo, o sistema que se rege pela "lógica da mercadoria". O MPL remetia-se às "revoltas" sobre o tema ocorridas em Salvador (BA) em 2003 e Florianópolis (SC) em 2004. Na capital de Santa Catarina, o levante dos jovens foi capaz de obter a lei do passe livre estudantil.[47] Além do caráter anticapitalista, um elemento nas mobilizações baiana e catarinense atraiu o MPL: foram horizontais e descentralizadas, isto é, representavam "um afastamento dos modelos hierarquizados".[48] Herdeiros do pensamento autonomista, que chegou ao Brasil nos anos 1980, o MPL tem o que o filósofo Pablo Ortellado descreve como "enorme cuidado com o processo".[49]

O público percebeu esse cuidado na entrevista que dois representantes do movimento, Lucas Monteiro de Oliveira e Nina Cappello, deram ao programa *Roda Viva* da TV Cultura na noite da segunda-feira, 17 de junho, depois de terem conduzido uma das maiores concentrações políticas na história da capital paulista até então (as de 2015-6 contra o lulismo iriam superá-las). Firmes nas respostas, os dois jovens demonstraram, por meio do apego absoluto ao objetivo da movimentação — revogação do aumento de tarifas em vigor há duas semanas —, que, da parte deles, não haveria risco de manipulação do evento daquela tarde.[50] Se, como elabora Ortellado, "a forma de organização deve espelhar a sociedade que a gente quer", a entrevista foi exemplo que a sociedade desejada pelo MPL é participativa para valer, pois os dois membros destacados na TV foram fiéis ao que se poderia chamar de mandato imperativo: só disseram o que a "assembleia" os autorizava a falar.

Demonstraram uma prática diferente daquela a que estamos afeitos, em que os representantes se mantêm distantes dos representados e se estabelece uma espécie de mandato livre extremo, em que não há consulta ou participação. Um pequeno detalhe demonstrou a solidez dos dois militantes. Indagada sobre aspectos triviais de sua vida particular, como opções de lazer, livros e filmes preferidos, Cappello recusou-se a entrar no assunto. "Não estamos aqui para falar de nós", respondeu, secundada por Oliveira, ambos abstendo-se de aproveitar a oportunidade para projetar-se como lideranças individuais. Refletiram, na prática, a decisão de privilegiar o coletivo. A recusa em brilhar individualmente colocou, em breves minutos televisivos, uma nova ética em circulação.[51]

Caso tivesse se conectado com o ensaio desenvolvimentista numa ponta e com as greves noutra, junho poderia ter representado um momento de ascensão da luta dos trabalhadores. Nenhuma das duas coisas se deu. Dilma não tinha vocação para o diálogo com a base dos movimentos, e as direções sindicais evitaram politizar a onda de greves.[52] Caso estivesse disposta a estabelecer pontes, Dilma poderia mostrar que os investimentos públicos reivindicados para se alcançar "saúde e educação padrão Fifa" dependiam da reindustrialização que ela tentava colocar em pé desde 2011. O PT, envolvido na concepção rooseveltiana de forjar uma nova classe média, também não investiu na composição de um bloco popular a partir de baixo. As energias extrapetistas acabariam evoluindo para a ocupação das escolas secundárias em 2015-6,[53] evidenciando uma consciência de classe em desenvolvimento na "novíssima" classe trabalhadora.

Na ausência de uma resposta à esquerda, a não ser aquela oferecida pelo PSOL e agremiações com menor inserção institucional, o centro e a direita ocuparam o espaço, propondo que se tomasse a direção oposta. Ao recusar uma prática que impusesse o sentido das mobilizações por cima, o MPL abriu espaço para visões de mundo opostas à sua. Tendências de direita, aproveitando que a principal prefeitura criticada pelo aumento era do PT (São Paulo), pegaram carona nos vinte centavos para difundir a hostilidade aos políticos, cujo sentido último era vilipendiar o PT e o lulismo. Começa ali o crescimento de grupos que iriam desaguar na pré-candidatura direitista de Jair Bolsonaro à Presidência da República em 2015. As manifestações adquirem um viés *oposicionista geral* que não tinham antes,[54] tanto ao governo federal, como aos estaduais e aos municipais. As ruas viraram um arco-íris, em que ficaram justapostos desde a extrema esquerda até a extrema direita. Na terça-feira, dia 18, em São Paulo, durante a quinta jornada, um grupo com características que cheiravam a extrema direita destacou-se da multidão e tentou depredar a sede da Prefeitura. Abandonado pela PM, o centro velho paulistano foi saqueado por lumpens. No Rio de Janeiro, abriu-se uma campanha contra o governador do estado, do PMDB, que acabaria mais tarde preso e condenado pela Lava Jato (ver capítulo 7). Bandeiras nacionais passaram a ser elemento constante, ao lado de cartazes por menos impostos.

A par da exaltação verde e amarela e da crítica à carga tributária, a direita buscou suscitar nas manifestações o combate à corrupção, a arma favorita do partido de classe média contra o partido popular (para os conceitos de partido de classe média e partido popular, ver o capítulo 4). O mensalão, amplamente televisionado seis meses antes de junho, deixara o assunto no ar, e a bandeira anticorrupção penetrou no senso comum. Ressurge a ideologia que estabelece vínculo de causalidade entre a corrupção e as carências sociais, buscando convencer a população de que, se a corrupção fosse varrida, haveria recursos para todos viverem bem. A tese seria retomada por um dos líderes da Lava Jato, o procurador Deltan Dallagnol, em seu livro *A luta contra a corrupção* (ver capítulo 7). A ideologia anticorrupção engancha também no autoritarismo redivivo, pois acredita que com um regime forte se poderia vencer os desvios éticos.

No afã de atingir o lulismo, erigido em perigo público, a direita apostou no "*que se vayan todos*", mesmo com algum prejuízo às administrações dirigidas pelo psdb. A depredação da Assembleia Legislativa do Rio de Janeiro, do Congresso Nacional e do Itamaraty em 17 de junho quiçá tenha respondido a um sentimento do tipo Argentina-2001, o qual combinava bem com dois outros pontos sempre lembrados pelos conservadores: o aumento da carga tributária e o desperdício do dinheiro público. A propósito dos ataques físicos a prédios públicos, vale observar que o uso da violência, seja pela polícia, seja por manifestantes, escalou alguns degraus em junho, indicando a radicalização que viria pela frente.

Se a direita teve êxito em marcar a segunda etapa dos acontecimentos com o viés anticorrupção, a esquerda ainda conseguiu certo sucesso à medida que apareceram as palavras de ordem contra os gastos da Copa do Mundo de 2014, sobretudo nos locais em que ocorreram os jogos da Copa das Confederações. O "branqueamento" dos estádios, cujos ingressos ficaram inacessíveis aos "morenos" — quer dizer, ao grosso da população — parece ter ocasionado uma justificada revolta nos "de baixo", que foi bem captada por agrupamentos que levantaram o tema do dispêndio faraônico sem contrapartida social.

Com a crítica aos gastos públicos para o calendário esportivo, entrava em cena uma segunda bandeira de esquerda, após a da redução das tarifas. Estava em questão a destinação de dinheiro público para construir estádios luxuosos e rentáveis em termos de negócios em um país onde os pobres não têm esgoto, atendimento médico, transporte aceitável, segurança pública e, para cúmulo, passaram a ser excluídos também do futebol. Em última análise, a crítica da desigualdade constituiu o leitmotiv do enredo "anti-Fifa". Na quarta-feira, dia 19, o Movimento dos Trabalhadores Sem Teto (MTST) juntou gente nas periferias sul e leste de São Paulo para protestar "contra o aumento do custo de vida e contra o preço da Copa do Mundo, que é paga pelos trabalhadores".[55]

A ascensão de lutas urbanas era previsível. A elevação da temperatura nos centros metropolitanos estava clara desde a campanha eleitoral de 2012, em que, com poucas exceções, as capitais elegeram prefeitos de oposição, qualquer que fosse a orientação partidária do mandato que se encerrava.[56] O reformismo fraco que caracteriza o lulismo encontra mais dificuldade para avançar em contextos hiperurbanizados, pois aí as mudanças custam caro e/ou implicam confrontos de classe, que não fazem parte do modelo. De acordo com a urbanista Ermínia Maricato, os "despejos violentos foram retomados", vitimando a população pobre, e "os megaeventos — como a Copa do Mundo e as Olimpíadas, entre outros — acrescentam ainda mais lenha nessa fogueira".[57] A ocorrência da Copa das Confederações constituía chance para levantar o problema das persistentes desigualdades urbanas.

A direita trouxe, portanto, para a segunda fase das manifestações o problema da corrupção, e a esquerda ampliou o das iniquidades urbanas, produzindo um cruzamento ideológico que se compunha com a mistura de classes que observamos na seção anterior. Nesse contexto, foi interessante a atuação de certo centro, o qual teve a vantagem de procurar assumir uma e outra bandeira, bradando *simultaneamente* contra os gastos públicos privatizados pelo capital *e* contra a corrupção. Funcionou como uma espécie de unificador dos programas que se cruzavam nas ruas. A condição para que pudesse levar adiante a operação aditiva era moderar ambas as opções, não transformando a reivindicação de hospitais e escolas padrão Fifa em um combate ao capitalismo, como queria a esquerda, nem a perseguição aos corruptos em uma alternativa autoritária, como insinuava a direita.

O centro propõe que as duas consignas apareçam como o reflexo de uma sociedade moderna em confronto com um Estado atrasado. Ao enfocá-las dessa forma, retira o potencial de confronto de classes que as palavras de ordem pudessem ter. Desloca o conflito para o tecido social unificado e participativo *contra* o aparelho estatal opressivo, do qual quer remover velhos hábitos, corporativos e corruptos. É relevante o uso das redes sociais, que serve como sinal de modernidade, em contraposição a um Estado supostamente antiquado, que quer combater as práticas políticas atrasadas.[58]

Em essência, esse centro pode ser caracterizado como pós-materialista, nos termos do cientista político Ronald Inglehart. Para ele, à medida que as sociedades vão resolvendo os problemas materiais, ocorre uma mudança de valores, os quais passam gradativamente daqueles que enfatizam "a segurança econômica e física" para aqueles que ressaltam "a autoexpressão e a qualidade de vida".[59] Seria uma transição geracional, realizada pelos que são socializados em um ambiente de classe média, livres do fardo material das coortes anteriores.

Um exemplo da transição pós-materialista aplicada ao universo brasileiro pode ser localizada na análise dos acontecimentos de junho elaborada pelo economista André Lara Resende, um dos intelectuais próximos da ex-senadora Marina Silva, líder da Rede. Para Resende, junho revelou a insatisfação com um Estado que teria se tornado um inútil "sorvedouro de recursos". "Os sinais dessa situação estão tão evidentes, que não é preciso conhecer e analisar os números. O Executivo, com 39 ministérios ausentes e inoperantes; o Legislativo, do qual só se têm más notícias e frustrações; o Judiciário pomposo e exasperadoramente lento."[60] O *malaise* antiestatista se propaga por meio da internet, à revelia das instituições e também dos meios de comunicação tradicionais. Daí a surpresa que a eclosão de junho teria causado nos atores estabelecidos. Por meio das redes, a mudança cultural se difundiu de maneira despercebida, conclui Resende. Note-se como a suposta mudança cultural se encaixa à perfeição na campanha contra o "intervencionismo" estatal, que discutimos no primeiro capítulo.

A transição de valores aparece caracterizada da seguinte maneira por Resende: "A relação entre renda e bem-estar só é claramente positiva até um nível relativamente baixo de renda, capaz de atender às necessidades básicas da vida. A partir daí, o aumento do bem-estar está associado ao que se pode chamar de qualidade de vida, cujos elementos fundamentais são o tempo com a família e os amigos, o sentido de comunidade e confiança nos concidadãos, a saúde e a ausência de estresse emocional".[61] Tal agenda e postura são típicos do que Inglehart chama de pós-materialismo.

Se meu raciocínio estiver correto, a segunda fase de junho não teria representado apenas a apropriação pela direita, mas também sua sutil ressignificação por parte do centro pós-materialista. Por meio dela, tanto os "hospitais padrão Fifa" como as "punições exemplares aos corruptos" poderiam simbolizar a modernização do Brasil, desde que despidas de exagero. A hipótese encontra amparo nos dados disponíveis sobre o perfil ideológico dos manifestantes (quadro 7). O centro é a posição individualmente majoritária, com 31% das preferências. Se considerarmos que a centro-esquerda (14%) e a centro-direita (11%) podem ser vistas como parte de um centro ampliado, veremos que a grande maioria dos participantes flutuava em torno de posições centristas, flanqueados por 22% à esquerda e 10% à direita.

QUADRO 7
LOCALIZAÇÃO DOS MANIFESTANTES DE JUNHO DE 2013 NO ESPECTRO IDEOLÓGICO. AVENIDA PAULISTA, SÃO PAULO, 20 DE JUNHO DE 2016

ESQUERDA	CENTRO-ESQUERDA	CENTRO	CENTRO-DIREITA	DIREITA	NÃO SABE
22%	14%	31%	11%	10%	13%

Fonte: Datafolha. Disponível em: <http://datafolha.folha.uol.com.br/opiniaopublica/2013/06/1299467-liberais-sao-maioria-e-esquerda-se-sobrepoe-a-direita-entre-manifestantes.shtml>. Acesso em: 8 jan. 2018.

Em resumo, junho representou o cruzamento de classes e ideologias diferentes e, em alguns casos, opostas. Há pouca proximidade, por exemplo, entre as "madames vestidas a caráter e cheias de balangandãs, brandindo cartazes sobre o 'fim da corrupção'"[62] e os "trabalhadores jovens e inseridos em precárias condições de trabalho, além de sub-remunerados"[63] que estiveram juntos nas ruas. O cientista político Henrique Costa conta o episódio ocorrido em estação de metrô e trem de São Paulo no 17 de junho. Enquanto um grupo de jovens da periferia promovia uma espécie de "passe livre já" por meio do "pula catraca", jovens de classe média gritavam para eles: "sem vandalismo, sem vandalismo". Depreende-se do relato que os dois segmentos chegaram ao desforço físico.[64] A tensão latente, e às vezes transbordante, polarizou as classes e as ideologias.

Na clivagem, não é obrigatório que a nova classe trabalhadora tenha aderido às propostas da esquerda. Como grupo em transição, tanto poderia aderir ao campo popular, de onde vem, como desviar-se dele, optando pela direção da classe média, em sua versão mais à direita ou mais ao centro. É possível que, embora objetivamente distantes, o universo da classe média e suas propostas liberalizantes sejam objeto de desejo de jovens que começam a se mover por meio da elevação educacional (mais do que de renda). Quando não existem fortes subculturas de classe, os indivíduos podem desenvolver identificações com o lugar social para o qual querem ir, e não com o terreno de onde provêm.

Segundo a pesquisa do Ibope, na noite de 20 de junho, quando levadas em consideração as opiniões dos manifestantes entrevistados em oito capitais, o desejo de mudança do ambiente político ficou em primeiro lugar, tendo sido mencionada por 65% dos presentes, com 50% fazendo referência especificamente à corrupção. A questão do transporte apareceu em segundo lugar, com 54% das respostas, e os gastos com a Copa em terceiro, com 40% de menções.

Diante da encruzilhada, Dilma reagiu, reunindo todos os 27 governadores e 26 prefeitos de capitais na tarde do dia 24. Como se fosse possível encontrar fórmula que satisfizesse a todos os gostos, preparou um menu enjoativo, prenunciando a fase errática que viria pela frente. Para satisfazer a direita, deu destaque à responsabilidade fiscal, estabilidade da economia e controle da inflação. Coerente, no final de julho promoveu um corte 10 bilhões de reais no orçamento de 2013, "em resposta, sobretudo, ao mercado financeiro, que o acusa [ao governo] de leniência com a inflação".[65] Em agosto, endureceu a legislação contra a corrupção, promulgando a lei nº 12 850, que definiu organização criminosa, regulamentou a delação premiada e acabou por ser elemento importante no sucesso da Operação Lava Jato (ver capítulo 7). Em fevereiro de 2014, faria novo aperto de cinto, cortando 44 bilhões do orçamento.[66]

Apesar de se comprometer com o corte de verbas, o que manietava o Estado, Dilma ofereceu chamarizes à esquerda na saúde, na educação e nos transportes, mas que ficariam em parte no papel justamente por falta de orçamento. Na verdade, Dilma empurrava as contradições para a frente, pois se cortasse os gastos públicos, como desejava a direita, não haveria verbas para saúde e educação "padrão Fifa" como queria a esquerda. Mesmo assim, lançou o Mais Médicos, cujo apelo junto ao subproletariado era evidente, e para o qual havia espaço orçamentário imediato. O programa se destinava a trazer profissionais cubanos dispostos a trabalhar em lugares remotos do território brasileiro. Causou uma catadupa de protestos da corporação médica nacional, mas foi bem recebido pela população pobre, ajudando a recuperação parcial da popularidade de Dilma. Acabou por ser a resposta de maior êxito, dentre as servidas pela presidente.

Na educação, pediu apoio ao projeto que destinava 100% dos royalties do petróleo e 50% dos recursos do pré-sal à educação. A proposta seria aprovada pelo Congresso e promulgada em setembro daquele ano (com uma parte menor, de 25%, indo para a saúde). Mas, prevista para fazer diferença a partir de aproximadamente 2017, na prática o aumento de verbas em educação dependeria de não haver contingenciamento do investimento público, o que acabou por acontecer.[67] No transporte, anunciou a desoneração do PIS/Cofins sobre o diesel dos ônibus e a energia consumida por metrôs e trens, e decidiu destinar mais 50 bilhões de reais para investimentos em mobilidade urbana.[68] Os investimentos, porém, também seriam sustados pela austeridade que sucedeu aos acontecimentos de junho.

Para dialogar com o problema da representação, lançou o debate do plebiscito popular para criar uma Constituinte exclusiva, destinada a fazer a reforma política. O Congresso ignorou a proposta, que, por sua vez, não suscitou resposta na sociedade, caindo no vazio e sendo esquecida.

Junho antecipava o debate da eleição presidencial de 2014 e seria o prólogo da crise do impeachment. Pesquisa Datafolha de julho sobre intenção de voto indicou que Dilma perdera 21 pontos percentuais, Marina Silva crescera sete e Aécio Neves, três.[69] O centro pós-materialista e o PSDB tinham se beneficiado, e o lulismo, recuado. O artigo de Fernando Henrique Cardoso de 2011, citado no capítulo anterior, dera a senha de que havia um setor da sociedade cuja ascensão a tornava disponível para mensagens de mais mercado e menos Estado. Pablo Ortellado e Esther Solano perceberam que nas manifestações, desde 2013 até 2015, "os grupos liberais e conservadores se aproveitaram da oportunidade para moldar e explorar politicamente a insatisfação".[70]

INTERMEZZO HISTÓRICO

4. Três partidos brasileiros

Existe uma tendência a subestimar o sistema partidário e as eleições no Brasil, tomando-os por desestruturados, aleatórios e sem representatividade. Porém, analisando o jogo partidário-eleitoral entre 1989 e 2014 em comparação com aquele vigente entre 1945 e 1964, percebe-se a existência de um padrão. Apesar de separadas pelo interregno da ditadura militar e da longa transição, nas duas ocasiões a competição eleitoral fluiu para três partidos e refletiu a conformação que a luta de classes tende a tomar no Brasil. Na maior parte do tempo, uma oposição entre "pobres" e "ricos" dá a tônica ao conflito partidário, mediado por um vasto interior em que prevalecem relações de clientela. Ainda que por momentos o embate entre capitalistas e trabalhadores, isto é, esquerda e direita, possa ganhar centralidade, a prevalência do subproletariado puxa os atores para uma configuração de natureza populista.

Observa-se também que a *dificuldade de o partido dos ricos vencer as eleições presidenciais*, uma vez ocorrido o *realinhamento eleitoral*, estimula o golpismo, estabelecendo uma dinâmica bipolar cada vez mais radicalizada. A terceira agremiação, dona de uma mobilidade ideológica quase absoluta, mexe-se de acordo com a conjuntura, podendo tanto ajudar na estabilização como na ruptura do sistema democrático. Sem compreender o funcionamento desse mecanismo, torna-se impossível dar conta do impeachment de 2016.

Ao contrário do que parece, o sistema partidário-eleitoral expressa e orienta as classes em disputa. É verdade que a excessiva fragmentação e a enorme zona de clientelismo confundem as linhas de força, produzindo uma tensão permanente entre dois impulsos estruturais — um a favor e outro contra a representação.[1] Por isso, para compreender a dinâmica em que Dilma foi derrubada é necessário tomar a tensão entre representação, fragmentação e clientelismo como elemento constitutivo do sistema.

Em última análise, o quadro partidário-eleitoral contém em si tais elementos contraditórios por ser expressivo da sociedade de fato existente, cuja formação de classe não reproduz a dos países capitalistas centrais. O *acirramento* do conflito dos partidos *realmente* existentes se conecta com os conflitos de classe *realmente* existentes, levando a um curto-circuito em que o sistema partidário corre de tempos em tempos o risco de se autodestruir, levando junto a democracia.[2] É o que tentarei mostrar neste capítulo.

PROBLEMA ANTIGO

Partidos e eleições ocupam um lugar central na democracia moderna e, portanto, na ciência política. Cada ramo nacional da disciplina procura entender, como tarefa básica, o diagrama partidário e eleitoral que corresponde ao seu país. Os partidos e as eleições brasileiras impõem desafios especiais, pois, visto de certo ângulo, o panorama se apresenta sempre tomado pelo caos da fragmentação, por siglas desconectadas entre si e sem ideologia, pela corrupção avassaladora e por eleitores voláteis. Na aparência, nada forma sistema. De acordo com levantamentos publicados em julho e agosto de 2016, o Tribunal Superior Eleitoral (TSE) contabilizava 35 partidos registrados — 26 deles com assento na Câmara dos Deputados — e mais 34 em via de registro.[3] Segundo o brasilianista Scott Mainwaring, o Brasil teria "o sistema partidário mais fragmentado de qualquer democracia de todos os tempos".[4]

A multiplicação partidária recente reforça uma percepção antiga de que as agremiações aqui sempre careceram de eixo ideológico e de capacidade de representação. Afinal, não podem existir setenta projetos nacionais diferentes para justificar tamanha proliferação de siglas. Elas seriam, então, mera fachada de interesses privados, e as eleições constituiriam um jogo que a população não consegue decifrar. Vale lembrar que em todas as edições de *Raízes do Brasil*, desde 1936 até 1969, Sérgio Buarque falava da "malsinada primazia das conveniências particulares sobre os interesses de ordem coletiva", o que impediria o surgimento de "verdadeiros partidos [...] entre nós".[5]

Ocorre que essa não é a única imagem possível do quadro partidário-eleitoral brasileiro. Observando a experiência pós-1945 a partir de outra perspectiva, pode-se divisar alguns partidos estáveis, que oferecem diferentes caminhos à nação, dialogam entre si, conseguem capilaridade social e obtêm como resposta o apoio contínuo de eleitores inclinados a esta ou aquela opção. Em outras palavras, sob a espuma confusa aparecem, ao fundo, sinais daquilo que, por analogia à formulação usada por Antonio Candido sobre a literatura, atenderia ao desejo dos brasileiros de ter um sistema partidário e eleitoral compatível com uma democracia moderna.[6]

Revelar o aspecto consistente de partidos e eleitores foi, aliás, um dos lemas constitutivos da ciência política no Brasil. Quando começou a se institucionalizar, no contexto autoritário dos anos 1970, apostou-se que, com o país redemocratizado, partidos e eleições funcionariam a contento. Expressa bem o espírito daquela época a seguinte manifestação de Maria do Carmo Campello de Souza, uma das pioneiras da área de instituições políticas brasileiras na USP, em sua tese de doutorado, de 1976: "Não pretendemos […] engrossar as fileiras daqueles que […] veem o processo político-partidário brasileiro sob um prisma da fatalidade, destacando a sua inviabilidade congênita e definitiva".[7]

Houve esforço acadêmico para mostrar a coerência, ao menos relativa, das legendas e a racionalidade do comportamento eleitoral observado entre 1945 e 1964. Os autores da nascente disciplina procuraram evidenciar que, apesar de tendências entrópicas, foi se constituindo um sistema partidário e uma dinâmica eleitoral com nítido perfil de representatividade. Prognosticaram, por isso, que a pretensão dos militares de reprimir forças reais, procurando disciplinar o processo, estava fadada ao fracasso, em razão do desconhecimento dos movimentos vivos da sociedade. Se retomarmos a inspiração original e compararmos os três maiores partidos do período pós-1945 com os três maiores partidos da experiência posterior a 1989, verificaremos, por baixo das agitações de superfície, a mesma consistência.

É verdade que, passados quarenta anos daquele momento instituinte da ciência política nacional, o país mudou, e o mundo também. A teoria internacional sobre partidos registra a sua perda de representatividade ao redor do planeta. Vão longe os dias em que Gramsci podia afirmar que todo partido expressava um grupo social e que era necessário concentrar o foco naqueles que, por organizarem camadas fundamentais, tinham "eficiência real" e "força determinante" — a saber, capacidade de criar e impedir acontecimentos decisivos.[8] Dos anos 1960 em diante, a literatura é unânime em mostrar como decresceu o grau de representação de partidos e eleições nas democracias em geral. De Otto Kirchheimer, que criou a expressão "partido *catch-all*" nos anos 1960, a Richard Katz e Peter Mair, que batizaram o "partido cartel" nos anos 2000, passando pela "democracia de público" pensada por Bernard Manin, a representação decai. Em consequência, determinadas excentricidades brasileiras se aproximaram do contexto mundial. Não obstante, o problema básico de enxergar os traços ordenadores da experiência brasileira segue de pé.

A EXPERIÊNCIA INAUGURAL DE 1945 A 1964

Mesmo quando a credibilidade dos partidos não se via tão abalada quanto hoje, o cientista político norte-americano Philip Converse calculava que seriam necessários cerca de trinta anos para que determinada agremiação se consolidasse junto ao eleitorado.[9] A República de 1946, assim conhecida pela Constituição aprovada naquele ano, não sobreviveu sequer duas décadas. Não se poderia esperar, portanto, quando sobreveio o golpe de 1964, que houvesse um sistema partidário pronto para ser salvo do incêndio.

Não obstante, as quase duas décadas democráticas foram suficientes para fixar um padrão reconhecível.[10] Dois aspectos estruturais, destacados por Wanderley Guilherme dos Santos, explicam por que o molde, que depois se repetiria, seria constituído apenas a partir de 1945, e não antes. O primeiro elemento diz respeito ao início da enorme incorporação de eleitores ao sistema político, previamente marcado por forte exclusão. O autor chama o fenômeno de "megaconversão eleitoral".[11] Na eleição de 1945, 6 milhões de cidadãos a mais passaram a ter direito de voto. Cerca de 16% da população foi dotada de cidadania política, parcela que no pleito anterior, o de 1933, era de apenas 4%. Entrava-se na era da democracia de massa, e a urbanização, o aumento da escolaridade e a própria expansão dos direitos políticos fariam o contingente de eleitores crescer muito. Em 1962, data do último pleito antes da intervenção militar, chegava-se a 18,5 milhões de eleitores, o que significava 24% da população.[12] Continuando a incorporação, em 2014 alcançava-se a impressionante cifra de quase 70% da população, com 144 milhões de brasileiros com direito a voto.

Em segundo lugar, 1945 assinala o estabelecimento de um espaço competitivo. Apesar de ter havido eleições no Brasil até no período colonial, só a partir dessa data elas passam a funcionar como arenas de verdadeira disputa. No quesito competição, Santos ressalta que o calendário de eleições para a Câmara dos Deputados e as Assembleias Legislativas *jamais* foi interrompido depois de 1945, nem mesmo durante a ditadura militar.[13] Mas é verdade também que formas antigas e pré-modernas de dominação continuaram a vigorar no interior, longe das capitais, sobretudo nos pequenos municípios, cujo caráter rural é acentuado, tirando seiva da competição. Enquanto a urbanização avançava de um lado, as sobrevivências rurais resistiam de outro. Em particular, o mecanismo coronelista, descrito por Victor Nunes Leal, seguiu atuando em áreas atrasadas.[14]

Os vínculos de dependência recíproca entre o coronel e o partido do governo, qualquer que fosse, determinava a vitória do oficialismo nas localidades interioranas, com intenso uso do voto de cabresto. Trata-se, portanto, de uma *rarefação da competição*, uma contratendência. Mais tarde, quando dissolvidos laços de subordinação direta, mecanismos psicológicos de deferência herdados pela população muito pobre, conforme explica o cientista político Fábio Wanderley Reis, garantiram a permanência de articulações não representativas, aliadas, claro, à aguda escassez material, geradora de dependência.[15] Os votos assim cooptados serviam para sustentar uma camada de políticos enquistada no Estado.

Foi nesse contexto contraditório de megaconversão eleitoral, regularidade do calendário competitivo e permanência da "engrenagem do patronato"[16] que surgiram e atuaram os partidos da República de 1946. Três siglas se destacaram: UDN (União Democrática Nacional), PTB (Partido Trabalhista Brasileiro) e PSD (Partido Social Democrático). Embora tenham se gestado mais dez agremiações, como o Partido Social Progressista (PSP), o Partido Republicano (PR), o Partido Liberal (PL), o Partido Democrata Cristão (PDC) e o Partido Socialista Brasileiro (PSB), entre outras, há consenso na literatura sobre o destaque das três maiores, pois em torno delas girou o processo político.[17]

A primeira a ser criada foi a UDN, em abril de 1945, que apareceu como frente de luta contra o autoritarismo do Estado Novo. Aos poucos, conforme mostra o estudo da cientista política Maria Victoria Benevides, o udenismo foi se fixando como opção liberal.[18] As posições contra a intervenção do Estado na economia, a favor da livre entrada e saída do capital estrangeiro e hostil à desapropriação de terras para a reforma agrária situaram a UDN no campo da direita, embora, na origem, na qualidade de coligação, comportasse até mesmo segmentos de esquerda. Com sustentação dupla, pois encontrava suporte tanto na classe média urbana como em parte da oligarquia rural, a UDN conquistou no período em média 30% dos sufrágios para presidente da República e, também em média, cerca de 25% das cadeiras na Câmara dos Deputados. As pesquisas da época revelam a origem social dos sufrágios da UDN: tanto Gláucio Soares como Antônio Lavareda verificaram um "aumento sistemático na porcentagem de votação total dada à UDN, à medida que se eleva a situação de classe".[19]

No que se refere às bases rurais, cabe lembrar que no universo do coronelismo o poder municipal costumava ser disputado por duas famílias, e era frequente que uma delas estivesse na UDN. Existem na literatura variados exemplos. Benevides, para citar um caso, menciona a ligação da UDN com os latifundiários de Sergipe, que elegeram um grande proprietário, Leandro Maciel, ao governo estadual em 1954. Soares, por seu turno, fala da maioria de votos udenistas na região rural do município de Caeté, Minas Gerais, na eleição de 1958.[20]

O rival da UDN foi fundado logo em seguida, em maio de 1945. Desde 1942, o ministro do Trabalho Alexandre Marcondes construía com sindicalistas uma estrutura que trouxesse para Vargas o voto das camadas populares urbanas.[21] O PTB, não obstante as contradições determinadas pela ultracentralidade da figura de Getúlio, aspecto explorado pela cientista política Maria Celina d'Araujo, acabou por desenvolver ações e programas em defesa da legislação social e trabalhista, da nacionalização de companhias estrangeiras e da reforma agrária, o que o posicionava objetivamente no campo da esquerda, sem chegar a ser socialista.[22] Por meio do PTB, o ex-presidente, um político gaúcho de extração conservadora, rural e oligárquica, disputou com o PCB (Partido Comunista Brasileiro) a liderança da classe trabalhadora organizada, à qual somou a penetração nas periferias que começavam a crescer ao redor das cidades infladas pela industrialização. Vargas foi auxiliado na disputa pela ilegalidade do PCB, declarada em maio de 1947. Não por acaso, foi um deputado do PTB, Barreto Pinto (RJ), que solicitou, em março de 1946, a cassação do registro do PCB.[23] Tendo sido colocado na ilegalidade no governo do presidente Eurico Gaspar Dutra (1946-51), o PCB não pôde cumprir o papel de partido da classe trabalhadora a que se destinava. Na sua ausência, uma organização composta de cima para baixo com nítidas feições populistas, o PTB, funcionou como experiência política para os trabalhadores até a sua extinção, em 1965.

Os dados disponíveis confirmam isso. Estudo pioneiro de Aziz Simão sobre a eleição de 1947 mostrou que os bairros da nova periferia paulistana, por exemplo, formada pelos migrantes de outras áreas do país atraídos pela industrialização, se inclinavam fortemente para a agremiação de Getúlio.[24] Também na Guanabara, em 1960, registra-se aumento sistemático na percentagem de votação dada ao PTB à medida que cai a faixa de renda do eleitorado.[25] Em pesquisa do Ibope (1964) abrangendo oito capitais, constatou-se que entre os pobres havia maior preferência pelo PTB.[26]

UDN e PTB possuíam, portanto, bases eleitorais relativamente definidas. A primeira junto à classe média e oligarquias rurais, e o segundo nas camadas populares urbanas. Será em torno dessa polaridade entre ricos e pobres que irão ocorrer os episódios cruciais do período — a saber, o suicídio de Getúlio (1954), a adoção do parlamentarismo (1961) e o golpe de Estado (1964). A escolha presidencial de 1950, que inaugura a clivagem entre ricos e pobres, talvez deva ser considerada a eleição crítica do período, o pleito em que tendências de longo prazo começam a se definir.

A intensificação da luta de classes aparece, então, como embate entre elites e massas, embora tivesse por trás a disputa entre assalariados e capitalistas, conforme a interpretação de Francisco Weffort.[27] Em outras palavras, as posturas assumidas pela UDN e pelo PTB guardavam diferenças programáticas substantivas, *não obstante a gramática populista que envolvia o conflito*. Os ataques da UDN à duplicação do salário mínimo proposta por João Goulart em 1953, como ministro do Trabalho do PTB, abrem a crise que resultará na morte de Vargas.[28] O veto dos ministros militares à posse de Goulart em 1961, que novamente coloca em conflito os dois partidos, tem por pano de fundo a pressão da burguesia em favor de um ajuste recessivo. A luta de Leonel Brizola, na cabeça de uma ala do PTB, em favor da reforma agrária a partir de 1963 acabou sendo um dos estopins da tomada do poder pelas Forças Armadas, promovida e apoiada pela UDN em 1964.

O ardoroso combate entre UDN e PTB refletia a divisão da sociedade. A UDN expressava os setores de renda mais elevada, resistentes à integração das massas, e o PTB vocalizava estratos de baixa renda que buscavam ampliar seus ganhos no bojo do crescimento econômico.[29] Mais do que apenas duas siglas em competição, *se criara um sistema* no qual um partido existia para ser o contraponto do outro. O liberalismo e o reformismo eram ideologias em pugna no espaço eleitoral.

Entre a UDN e o PTB, contudo, havia um importante pivô: o PSD, outra legenda criada por Vargas — caso raro de um político que funda dois partidos ao mesmo tempo. O PSD foi costurado em julho de 1945, com a mobilização dos interventores estaduais nomeados pela ditadura do Estado Novo, contando com o apoio da ampla rede de prefeitos que lhes era adjacente. Destarte, o PSD irá representar o enorme interior rural do país, cujas relações de dominação, ao contrário do que acontecia no ambiente urbano, ainda se configuravam como pré-modernas, conforme mencionado acima.

Para dimensionar a importância do PSD, cabe lembrar que a população continuará rural, em sua maioria, até 1970 e, mesmo depois, vai se encontrar parcialmente congregada em milhares de pequenas cidades encravadas em zonas agrárias. Note-se que, em 2013, 90% dos municípios brasileiros — 5061 — tinha até 50 mil habitantes. Como os votos pessedistas eram controlados por chefes municipais, que por sua vez dependiam das verbas federais, para o PSD era necessário participar do governo federal, qualquer que fosse o partido no poder. Atribui-se a Tancredo Neves o expressivo ditado: entre a *Bíblia* e *O capital*, o PSD ficava com o *Diário Oficial*.[30]

A condição estrutural do PSD o obrigava a posicionar-se no centro, mais por oficialismo compulsório do que movido por motivos sociais, eleitorais ou ideológicos, como ocorria com a UDN e o PTB, pois desde o centro podia mover-se para onde se instalasse o governo. Daí o recorde de viradas oportunistas que enchem os livros de folclore político. Nascido como partido de Vargas, o psd participa da derrubada do próprio Getúlio em outubro de 1945. Depois de eleito com apoio do presidente defenestrado, o pessedista Dutra promove um gabinete de conciliação nacional com a arqui-inimiga udn, levando o ptb a retirar-se do ministério. Na crise do suicídio, o psd omite-se, mas participa do governo do vice Café Filho. Em 1955, firma aliança com o ptb para eleger Juscelino. Na crise de 1961, promove a solução parlamentarista, pela qual assume o poder via Tancredo Neves (primeiro-ministro). Diante do golpe de 1964, adere ao regime militar, indicando o primeiro vice-presidente da ditadura (José Maria Alkmin).

A leitura do livro da cientista política Lucia Hippolito reflete a dubiedade do partido: apoia a Petrobras, mas a reboque; omite-se quanto à elevação do salário mínimo em 1954; vota contra a reforma agrária em 1963.[31] A ambiguidade leva autores a colocar o psd tanto no polo conservador como no centro, sendo as duas opções provavelmente corretas, a depender da situação. Não obstante a porosidade do psd tornar menos coerente o sistema partidário anterior a 1964, deve-se considerar que a agremiação *refletia parte relevante da realidade social*, pois extraía votos dos estados mais rurais.[32]

Para demonstrar isso, Soares dividiu o país em dois grupos a partir da combinação de três critérios: alfabetização, renda industrial per capita e porcentagem da força de trabalho ocupada em indústrias de transformação.[33] No primeiro agrupamento, que chamou de "Brasil desenvolvido", ficaram São Paulo, Guanabara, Rio de Janeiro, Paraná, Santa Catarina e Rio Grande do Sul. Todos os demais foram reunidos no que denominou "Brasil subdesenvolvido". Cerca de 70% dos deputados eleitos pelo psd entre 1945 e 1962 estavam no segundo bloco.[34] É coerente, portanto, que Weffort veja o psd como expressão dos "setores conservadores vinculados à atividade agrária".[35]

A dupla condição do PSD — de uma parte, elemento que enfraquece o conjunto do sistema representativo e, de outra, peça que completa, no plano institucional, o mapa da sociedade efetiva — torna difícil interpretar de maneira unívoca a totalidade do cenário político-eleitoral. O PSD, claro, pratica uma espécie de autorrepresentação, para usar o termo do cientista político Barry Ames, fundada em relações de mandonismo.[36] Mas não deixa de ser, a seu modo, peça inevitável no processo de democratização de um país que tende a reproduzir o atraso no bojo da sua peculiar maneira de modernização, conforme discutido na introdução.

De outro ângulo, ao observar a evolução dos três partidos ao longo das quase duas décadas em que foram protagonistas do processo político, Soares notou que o PSD caíra de 53% da Câmara dos Deputados em 1945 para 30% em 1962. Em números absolutos, o partido elegeu 151 deputados em 1945 e 118 em 1962, lembrando que de 1958 a 1962 a Câmara passou de 326 a 409 deputados.[37] Na mão contrária, o PTB experimentava permanente ascensão, indo de 8% da Câmara (22 deputados) em 1945 para 30% (116 deputados) em 1962, ponto da curva em que se encontrou com o PSD.[38] Por fim, a UDN sofrera um decréscimo moderado, baixando de 29% (82 deputados) da Câmara em 1945 para 22% em 1962 (91 deputados).

Estudos posteriores acrescentaram elementos à análise de Soares, como a importância da candidatura de Vargas pelo PTB e a mudança da regra de cálculo de sobras, ambas ocorridas em 1950, para o declínio do PSD, que depois disso se manteria relativamente estável, tendo inclusive algum crescimento entre 1954 e 1958; o impacto da ilegalidade do PCB (em 1947) no crescimento do PTB; o ligeiro aumento de votação entre 1958 e 1962 obtido pela UDN.[39] Nenhuma dessas observações, contudo, contestou o desenho proposto por Soares, depois integrado por Lavareda, ao que este definiu como "hipótese de realinhamento", segundo a qual haveria uma tendência ao declínio dos "partidos conservadores", considerando o PSD e a UDN como polo conservador integrado. A decadência estaria vinculada, em última análise, à progressiva urbanização e industrialização, resultado do processo de desenvolvimento. A diferença entre a queda acentuada do PSD e moderada da UDN resultaria de que parte das bases rurais perdidas pelos udenistas era *substituída* por adesões urbanas, enquanto o PSD não possuía tal recurso. Com sinal invertido, a mesma explicação funcionaria para o sucesso do PTB, que tendia a eleger a maior parcela dos seus parlamentares no polo popular citadino, com pouco acesso ao mundo rural. Caso Soares estivesse certo, dois desdobramentos poderiam ser esperados: o lento declínio do estilo de política típico das relações de clientela vigentes no universo rural e o gradual equilíbrio entre conservadores e reformistas no plano da política nacional.

NOVOS PARTIDOS E REALINHAMENTO NO INTERREGNO AUTORITÁRIO

Com o golpe militar, o realinhamento foi suspenso. Em outubro de 1965, o ato institucional nº 2 da ditadura extinguiu os partidos, encerrando as atividades da UDN, do PTB e do PSD. Por meio do golpe dentro do golpe, o regime retardou a construção do sistema partidário e eleitoral representativo que estava em curso. A ditadura forçou a unidade do PSD com a UDN, os quais, juntos, deixavam a oposição petebista em esmagadora minoria no Congresso. Conseguiu repetidas vitórias da Aliança Renovadora Nacional (Arena), o novo partido do governo, sobre o Movimento Democrático Brasileiro (MDB), da oposição, em pleitos legislativos e municipais de 1966 a 1972.

Os sucessos oficialistas deixaram o governo tão confiante no que mais tarde seria chamado de o "maior partido do Ocidente" pelo então presidente da Arena, Francelino Pereira, que Geisel decidiu conceder alguma liberdade ao MDB na campanha de 1974.[40] A ideia era de que uma vitória arenista em condições de certa tolerância legitimaria o regime, em vias de entrar na "abertura lenta, gradual e segura". Mas o tiro saiu pela culatra. Para surpresa tanto do governo como da oposição, em novembro de 1974, as enormes periferias metropolitanas, que haviam inchado por obra do milagre econômico, votaram em massa no MDB. A oposição teve, abruptamente, um crescimento de quase 100% no número de sufrágios para o Senado. Das 22 cadeiras senatoriais em disputa, o MDB ganhou dezesseis, entre elas, as de São Paulo, Minas Gerais, Rio de Janeiro, Rio Grande do Sul e Pernambuco. Das unidades estaduais com maior peso, a Arena foi vitoriosa apenas na Bahia.[41] A reviravolta de 1974 foi a segunda eleição crítica desde 1945.

Pesquisa conduzida por Bolívar Lamounier na cidade de São Paulo à época detectou que se gestara nas camadas populares uma identidade com o MDB, designado pelos eleitores da periferia como o "partido dos pobres", enquanto a Arena era descrita como a legenda "dos ricos".[42] Ressurgia a mesma polaridade que opunha o PTB à UDN, e que os militares acreditavam ter banido por meio da modernização conservadora que aceleravam. A fórmula sugerida por Fábio Wanderley Reis para explicar o fenômeno — batizado de "síndrome do Flamengo" — afirmava que havia "identificações estabelecidas a partir de simpatias em que se contrapõem vagamente o popular e o elitista e que são com frequência incapazes de traduzir-se ideologicamente em conteúdos correspondentes a questões específicas de qualquer natureza".[43] O ressurgimento de um "partido popular" (dos pobres) e de um "partido de classe média" em pleno regime militar mostrava que essa clivagem tendia a se impor, ainda que o molde institucional tivesse mudado.

Embora Wanderley Guilherme dos Santos argumentasse contra a hipótese da identificação, afirmando que os trabalhadores urbanos simplesmente votavam por oposição às péssimas condições de vida,[44] o pleito seguinte pareceu dar razão aos que enxergavam mecanismos identificatórios em curso. Em 1978, apesar de a Lei Falcão ter revogado as possibilidades de comunicação pela TV, Lamounier mostrou que o MDB obteve quase o mesmo número de votos nos mesmos lugares da cidade de São Paulo que os conseguidos em 1974.[45] Pensava-se que, com a condição favorável ocasionada pela simplificação do bipartidarismo, surgira um fenômeno novo e apostava-se que o MDB poderia mudar a cara da política brasileira. Em primeiro lugar, por ter base em São Paulo, estado decisivo, porém marginalizado no sistema partidário anterior, uma vez que as três maiores legendas eram fracas em terras paulistas. Em segundo, por ter se construído sem suporte clientelista, uma vez que o MDB estava desligado dos recursos de poder. Em terceiro, por responder ao fenômeno da urbanização acelerada ocorrida durante o regime militar. Por fim, pela adoção de um programa redigido por intelectuais com tinturas social-democratas. Uma vez ocorrida a avalanche de 1974, Ulysses Guimarães, percebendo que o eleitorado fizera uma reviravolta, resolveu aproveitar a oportunidade e construir o partido que o eleitorado decidira que precisava existir. Pediu a pesquisadores do Centro Brasileiro de Análise e Planejamento (Cebrap) que redigissem um programa popular e moderno.[46]

Talvez o entusiasmo com o MDB tenha obscurecido, nas análises da época, a sobrevida do polo conservador. A resiliência da Arena nos grotões, em particular no Norte e Nordeste, garantia ao governo militar significativa presença na Câmara dos Deputados. Se é verdade que o Pacote de Abril de 1977 desfigurou o Senado de maneira artificial, com a figura do biônico, a derrota da emenda das Diretas Já em 1984, quando a Arena fora convertida em pds, só ocorreu pela maioria que a ditadura foi capaz de manter entre os deputados. Atribuir essa maioria apenas às distorções regionais na representação — aliás, ainda vigentes — subestima o fenômeno. O realinhamento de 1974 trouxe o voto popular urbano para o mdb, mas as regiões menos desenvolvidas continuaram alinhadas com o polo conservador. O esquema clientelista e atrasado se reproduzia dentro da modernização.

A permanência de regiões de corte mais clientelista — que incluíam não apenas o Norte e o Nordeste, mas parte importante de Minas Gerais e segmentos do Centro-Oeste, onde prevaleciam mecanismos de tipo coronelista — obrigou a ditadura a adotar o curioso instituto da sublegenda. Como nas localidades do interior, em geral, duas famílias disputavam o domínio — antes de 1965, uma alojada no psd, a outra na udn —, a unidade arenista obrigava uma das facções a ir para o mdb. Por meio da sublegenda, as antigas facções lançavam os seus respectivos candidatos, mantendo-se na Arena, a qual, contudo, nunca conseguiu transformar-se num partido verdadeiramente único.

De outra parte, a ditadura eliminara o velho ptb, mas o partido popular renascera sob a capa do emedebismo. A disputa que havia polarizado o período anterior, entre ricos e pobres, voltara para o centro da cena partidária-eleitoral, trazendo de volta à tona o problema da incorporação das massas. Embora a Arena tenha retido considerável manancial de votos nos grotões, a ditadura pressentiu que acabaria minoritária e optou por abortar o novo realinhamento iniciado em 1974, desfazendo a imprevista polarização que o próprio regime ajudara a reforçar com o bipartidarismo. O propósito da reforma partidária de 1979, sancionada pelo presidente João Batista Figueiredo, foi desorganizar a sigla que recebia os votos do chamado "povão", como já ocorrera com o ptb, agora por meio da divisão do mdb em quatro partes — o Partido do Movimento Democrático Brasileiro (pmdb), o novo

Partido Trabalhista Brasileiro (PTB), o Partido Democrático Trabalhista (PDT) e o Partido Popular (PP) — que acabaram se tornando cinco com o surgimento inesperado do PT, mas voltaram a ser quatro com o desaparecimento, em seguida, do PP, agremiação efêmera liderada por Tancredo Neves.[47] O PP de Tancredo foi criado em 1980 e reincorporado ao PMDB em 1982.[48]

A segunda manobra da ditadura postergou outra vez o realinhamento, pois, a partir de 1982, dividida e deslocando-se para o centro, a antiga sigla da oposição começou a perder lentamente a substância ganha em 1974. Um novo partido popular, no sentido conceitual, acabaria por reencarnar na agremiação que nascera em fevereiro de 1980 com críticas de esquerda ao populismo varguista e ao emedebismo. O PT almejava ser um partido de classe, sem as ambiguidades conciliatórias das duas experiências anteriores. Tratava-se não só de representar os trabalhadores no plano institucional, mas também de participar de sua organização autônoma na dimensão da sociedade. Em certa medida, o PT procurava desempenhar o papel que o PCB, ainda clandestino, jamais fora autorizado a ter. Daí a relevância dos movimentos sociais na origem do petismo, o que permitiu ao partido se apresentar como agrupamento que vinha de fora do sistema, sem os vícios éticos que os políticos tradicionais exibiam desde o Império.[49]

Se o partido popular demorou a ressurgir, seu contraponto de classe média, que acabou por ser o Partido da Social Democracia Brasileira (PSDB), também só emergiria mais tarde, quando o encerramento da transição levou o antigo conflito entre ricos e pobres de volta ao centro da agenda institucional. Até lá, e mesmo depois, predominou uma fase de desalinhamento, em que bases e atores institucionais ainda estavam em busca uns dos outros. Um artigo da cientista política Maria Tereza Sadek sobre a eleição para governador de São Paulo em 1986, por exemplo, flagrou o momento em que o PMDB começava a se interiorizar. Sadek mostrou que Orestes Quércia, em 1986, ganhou no interior paulista, mas perdeu na capital, onde antes a legenda era imbatível.[50] A partir do momento que o PMDB atinge governos de estado — teve dez vitórias em 1982, entre elas em São Paulo e Minas Gerais —, o interior, sempre mais governista e também terreno seguro para o clientelismo, torna-se gradativamente a morada definitiva do antigo partido dos pobres.[51] O velho PSD, como partido do interior, renascia agora sob a capa de PMDB.

A tomada do PMDB pela elite tradicional do Brasil atrasado transformou-o de "partido de *catch-all*" em uma "agremiação clientelística tradicional", segundo a cientista política Frances Hagopian.[52] Em junho de 1988, Fernando Henrique Cardoso, então senador por São Paulo, afirmará que o PMDB tinha se convertido em um partido típico da República Velha.[53] O PSD, herdeiro da antiga política brasileira, renascera dentro da casca do PMDB, e os que buscavam nele a "modernidade representativa" precisavam sair de lá. Naquele mês, seria fundado o PSDB.

À medida que o pemedebismo caminhava para a direita, distanciando-se das posições assumidas em 1974, nada mais natural que o novo partido fosse considerado uma tentativa de preservar as características de centro-esquerda que se iam perdendo no antigo "partido dos pobres". Mas, visto em retrospecto, percebe-se que o PSDB, desde o início, se propunha a realizar outra coisa. Nas lembranças de Fernando Henrique Cardoso, escritas quase vinte anos depois, tratava-se, sobretudo, de uma "profunda revisão na organização e no modo de atuação do Estado, para torná-lo capaz de se haver com os desafios dos mercados globalizados e, sobretudo, da sociedade contemporânea".[54]

Em 1989, Mário Covas iria veicular a fórmula de que o Brasil precisava de um "choque de capitalismo".[55] Mais do que representar pontos de vista à esquerda do centro, os tucanos queriam *modernizar* o país, sem receio de assumir posturas liberais para alcançar tal objetivo. É clara também a afinidade eletiva entre a nova sigla e as camadas médias urbanas, que votam nos tucanos desde o surgimento do partido. Fernando Henrique Cardoso foi explícito quanto a isso: "O PSDB nasceu como consequência da presença de uma classe média urbana, profissional e universitária, mais incorporada às forças modernizadoras da sociedade e da economia. Essas forças se sentiram desamparadas pela fragmentação do MDB, antigo partido da resistência democrática, e pela incapacidade de suas lideranças para imprimir uma linha política afim com os valores republicanos e com a 'modernidade'".[56] Mais do que representar pontos de vista populares, os tucanos querem simbolizar o moderno. Compreende-se, então, a proximidade entre a nova sigla e setores dinâmicos do capital.[57]

Do ponto de vista estratégico, os tucanos esperavam que a expansão econômica levasse a um crescimento da classe média, "até dominar o cenário eleitoral", de acordo com Timothy Power (sempre a perspectiva rooseveltiana).[58] Tanto em termos ideológicos como no que concerne às bases sociais, são claras as similitudes com a antiga UDN, embora os diferenciasse o peso menor da fatia rural oligárquica no PSDB. Isso, aliás, seria sinal de que, passadas quatro décadas, tivesse se completado o ciclo previsto por Soares de conversão do suporte rural em urbano como pilar da agremiação liberal brasileira.

PARTIDOS E ELEIÇÕES NA SEGUNDA DEMOCRACIA

Constituídos os três principais partidos frutos da redemocratização, a eleição presidencial de 1989, a primeira direta desde 1960, marca o início efetivo do processo por meio do qual as agremiações encontrariam o seu "lugar sociológico", para usar expressão de Chico de Oliveira.[59] A acachapante derrota de Ulysses

Guimarães, que ficou em sétimo lugar, com apenas 5% dos votos válidos, explicitou que o PMDB não mais ocupava o papel de porta-voz das camadas populares, como ainda simulava fazer três anos antes, na eleição que escolheu os constituintes. O PMDB fora se convertendo no "partido do interior". O vitorioso de 1989, Fernando Collor de Mello, foi o herdeiro dos votos do "povão". Como na prática Collor não tinha partido, a escolha refletia uma situação de desalinhamento.

A Luiz Inácio Lula da Silva, o segundo colocado, e ao PT, faltavam a simpatia dos mais pobres. Por isso, o extenso período até a nova eleição de realinhamento em 2006 pode ser lido como sequência do desalinhamento induzido pela reforma partidária de 1979, promovida justamente para separar os pobres do MDB. No desalinhamento, verificou-se que uma parte significativa dos eleitores de baixa renda se mostrava simpática à direita, como procurei discutir em *Esquerda e direita no eleitorado brasileiro*. A derrota de Lula para Collor tinha conotações profundas. A rejeição ao PT por parte do eleitorado de baixa renda era o resultado de um complexo ideológico e material enraizado na formação da sociedade e da cultura brasileiras. O efeito prático era que os votantes pobres queriam escolher alguém que pudesse promover a igualdade, mas sem provocar desordem, dado o temor que a sua vulnerabilidade os fazia ter da "bagunça".

O encontro entre as camadas populares e o partido que acabou por representá-las atravessaria diversos estágios, entre eles o da chegada ao governo, quando Lula conseguiu provar que era capaz de orientar o Estado na direção das necessidades dos pobres sem causar convulsões. Um breve esclarecimento se faz necessário neste ponto. Quando afirmo que o eleitorado é capaz de identificar posições ideológicas e votar de maneira congruente, reconheço que parcela expressiva, porém minoritária, não o faz. Cerca de 25% dos entrevistados nas pesquisas de opinião, em geral pertencentes à base da pirâmide de renda, costumam afirmar não saber o que é esquerda e direita e de qual se sentem mais próximos. Não obstante, cerca de 75%, entre os quais se incluem eleitores de baixa renda, têm ao menos uma intuição da posição com que se identificam. Relações estatísticas obtidas ao longo de duas décadas de pesquisas (de 1989 a 2010) indicam a estabilidade das preferências ideológicas e, em certo número de casos, coerência com a opção eleitoral. Por isso, entendo que o elemento ideológico deve ser levado em conta, entre outras variáveis, na compreensão da dinâmica eleitoral e partidária brasileira.[60]

O fundamento de classe presente na inversão ideológica encontrada em 1989 — e que influenciaria também os pleitos seguintes — é retomada em *Os sentidos do lulismo*. Em síntese, argumento ali que a condição da maioria dos trabalhadores brasileiros, distante daquela que caracteriza, por exemplo, uma categoria como a dos metalúrgicos, implica a existência de duas frações diferentes da mesma classe. A separação entre o sujeito que vive de bicos, de um lado, e o sindicalista operário, de outro, ajuda, por exagero, a caracterizar a diferença entre elas.

Na liderança das greves dos anos 1980, Lula e o PT falavam ao coração da fração organizada da classe trabalhadora, de quem eram direção reconhecida. No entanto, recolhiam a hostilidade daqueles para os quais faltava a condição mínima — a carteira de trabalho assinada — para participar dos movimentos grevistas que, começando em São Bernardo do Campo, se espalharam Brasil afora até a Constituição de 1988 ser aprovada. Tal desconfiança, por seu turno, estaria relacionada a um fenômeno pouco estudado, porém percebido por Pierucci em trabalhos das décadas de 1980 e 1990 — a saber, a existência de um conservadorismo popular no Brasil.[61]

As hipóteses extraídas da eleição de 1989 foram confirmadas nas de 1994 e 1998, em que Fernando Henrique Cardoso derrotou

Lula no primeiro turno com o voto dos pobres. Minha análise fazia prever que o PT passaria por um caminho tortuoso até encontrar o eleitorado popular, e foi o que aconteceu. O deslocamento do partido em direção ao centro, conforme atestam David Samuels e Cesar Zucco,[62] correspondeu a uma estratégia de resolução do paradoxo dos pobres votarem à direita. Penso que, aproveitando um momento em que a conjuntura econômica potencializava o desemprego e a queda da renda produzida pelo neoliberalismo do PSDB, o deslocamento do PT ao centro neutralizou os efeitos do conservadorismo popular na eleição de 2002. Depois, à medida que Lula comandou a adoção de políticas públicas e estabeleceu ganhos na assistência social, no salário mínimo, na concessão de crédito e na geração de emprego, sem provocar desordem, produziu-se em 2006 o realinhamento, por meio do qual as camadas populares passaram a votar em massa no lulismo.[63]

O PT exercia o papel que, meio século antes, fora do PTB, e em 1974 passara ao MDB, transformando-se no "novo partido popular": desde o alto, ampliar a integração das massas aos benefícios do capitalismo sem confrontar o capital. A partir de 2006, a votação do PT crescia conforme caía a faixa de renda do eleitorado. No segundo turno de 2006, a intenção de voto em Lula era de 36% entre os mais ricos, subindo até 64% entre os mais pobres. Com pequenas variações, a distribuição se repetiu com Dilma Rousseff em 2010 e 2014 (ver próximo capítulo). O realinhamento, por sua vez, ajudou a fixar o PSDB como o "novo partido da classe média". No segundo turno de 2006, Geraldo Alckmin tinha apenas 25% de intenção de voto entre os mais pobres, mas chegava a expressivos 54% entre os mais ricos, tendência que se repetiu para os candidatos presidenciais do PSDB nas duas eleições seguintes. Do ponto de vista ideológico, quando decidiu associar-se ao Partido da Frente Liberal (PFL), com o objetivo de sustentar a candidatura de Fernando Henrique Cardoso a presidente em 1994, o PSDB já dera passos em direção à direita, para perplexidade dos que acompanharam as críticas tucanas ao fisiologismo ao sair do PMDB. Em seguida, nos dois mandatos de Fernando Henrique Cardoso, ao colocar em prática o choque de capitalismo anunciado por Covas, abrir o mercado interno para os produtos importados, fazer monumentais privatizações e quebrar a espinha do movimento sindical, o PSDB solidificou os laços que o uniam a parcelas da classe média, cujo enraizamento no setor privado as tornam naturais críticas do Estado.

Todavia, o petismo exerce certa atração sobre segmentos médios — em particular o funcionalismo público — até 2002. A reforma previdenciária prejudicial aos funcionários do Estado em 2003, a adoção de programas focados na transferência de renda para os mais pobres em 2004 e as pesadas acusações de corrupção sistemática a partir de 2005 funcionaram como elementos de repulsão ao PT dentro das camadas intermediárias, que acabaram por se soldar em torno do PSDB. Dessa forma, dotados de diferentes programas e bases sociais, os dois partidos polarizaram as eleições de 2006, 2010 e 2014. Quarenta anos depois de interrompido pelo golpe de 1964, interrupção prorrogada pela reforma de 1979, um sistema de oposições estruturais, compreensíveis e enraizadas voltava a se configurar no Brasil. A opção pró-mercado e pró-Estado para a integração das massas dava conteúdo distinguível às candidaturas, negando o caráter desestruturado e aleatório das escolhas. Liberalismo e reformismo voltavam a se opor em um espaço eleitoral competitivo.

O sistema reconstruído incluía igualmente um terceiro partido. Embora o desempenho pífio do PMDB nas eleições de 1989 e de 1994 o tenha levado a não mais apresentar candidatos a presidente, manteve espaço significativo no Congresso, nos estados e municípios. "Dos grandes partidos brasileiros o PMDB é o mais peculiar", escreveu Fernando Henrique Cardoso.[64] O PMDB faz a diferença do sistema porque representa a singularidade do atraso brasileiro. Ainda que sem a pujança de 1990, quando ficou com 131 cadeiras (na época um quarto da Câmara dos Deputados), o PMDB sempre conseguiu manter-se como um dos maiores do Congresso, controlando diversas vezes as mesas das duas Casas legislativas.[65] Além do mais, ocupou ministérios, elegeu número expressivo de governadores e sempre dispôs do maior contingente de prefeitos.

À medida que PT e PSDB preenchiam os espaços mais urbanizados, restou ao PMDB acentuar a interiorização, em curso desde 1986. Repetidos levantamentos apontam o fraco desempenho do partido nas capitais, em contraste com o vigor demonstrado nas regiões atrasadas, onde os *"rural bosses"*, nas palavras de Ames, têm maior influência. Daí se origina boa parte dos deputados eleitos pelo partido, razão pela qual é decisivo estar no governo federal, do qual continuam a depender os municípios menores.[66] "O PMDB tem maior força quanto menor o porte dos municípios",[67] constatavam os cientistas políticos Lúcia Avelar e Fernão Dias de Lima no final dos anos 1990.

Um sinal de ruralização do PMDB foi a perda da centralidade do Sudeste, e São Paulo em particular, na sua bancada federal. Levando em conta que Minas Gerais, onde o PMDB preserva certo eleitorado, é um estado em parte nordestino, apenas no Rio de Janeiro se encontrava um pemedebismo tipicamente urbano. Fruto da adesão de Sérgio Cabral Filho em 1999, o caso carioca constituía exceção à regra. Com efeito, ao trocar o PSDB pelo PMDB, o ex-governador deu uma solitária presença metropolitana ao pemedebismo. De toda forma, embora se saiba que os deputados com base nas capitais tendem a ter orientação ideológica mais consistente do que os do interior,[68] convém lembrar, conforme destacam Avelar e Lima, que "o poder tradicional não desaparece como força política mesmo em regiões desenvolvidas".⁶⁹ Diversos tipos de clientelismo existem também em áreas metropolitanas.

De 1985 a 2016, dez dos doze presidentes do Senado, Casa que representa os estados no Congresso, foram do PMDB, sempre oriundos do Norte, Nordeste ou Centro-Oeste: o antigo Brasil mais subdesenvolvido de Soares.⁷⁰ Deve-se registrar que os bons resultados do PMDB no Centro-Oeste, e também no Sul, refletem o vínculo que o partido estabeleceu com o agronegócio, que é robusto nas duas regiões. De acordo com cálculos que realizei, 68% dos pemedebistas eleitos em 2014 pertenciam à bancada ruralista da Câmara dos Deputados, contra 33% do PSDB e apenas 9% do PT.⁷¹

Verifica-se assim que o PMDB levou adiante as características do antigo PSD, praticando uma "política tradicional", entendida como aquela na qual os partidos são veículos de controle oligárquico, e os interesses são mediados por relações patrão-cliente. Enraizados no interior, em oligarquias regionais antigas e nos interesses rurais, PSD e PMDB estabeleceram programas pouco nítidos, permitindo alianças alternadas com as duas agremiações polares.

Se o agronegócio constitui uma cadeia produtiva pujante no arranjo capitalista brasileiro contemporâneo, pura e simplesmente voltar ao modelo agroexportador do passado pré-1930 deixaria sem resposta uma nação quase toda ela urbanizada. Daí o PMDB carecer de um programa próprio, e seguir, mais ou menos ao sabor da conjuntura, aqueles oferecidos pelo PSDB e pelo PT. Compreende-se que a literatura apresente o PMDB ora como partido de centro, ora como pertencente ao campo da direita, exatamente como ocorria com o antigo PSD. Ambiguidade conveniente para quem precisa estar sempre no governo, embora se mostre prejudicial à *representatividade* do sistema como um todo.⁷²

CONCLUSÃO

A observação das experiências democráticas de 1945 a 1964 e de 1989 a 2014, separadas pelo intervalo autoritário, permitiram reconhecer um padrão comum, a despeito de inúmeras diferenças. Nos dois casos, um partido popular e um partido de classe média duelaram em torno do problema crucial de como responder à aspiração das massas por maior participação na riqueza nacional. Do ponto de vista ideológico, soluções de mercado (liberais) e por via do Estado (reformistas) deram relativa consistência ao embate que opôs essas agremiações, apesar das marcas populistas presentes nas duas experiências.

A análise das urnas indicou que os eleitores se alinharam racionalmente aos atores que representavam a sua própria posição social. Identificamos, no percurso, três pleitos críticos: o de 1950, o de 1974 e o de 2006. Essas eleições assinalam o momento em que se estabelece uma identificação entre determinado partido (PTB, MDB e PT) e as aspirações populares. O contraponto ficou a cargo do partido de classe média, sucessivamente encarnado na UDN, na Arena e no PSDB.

Nas duas situações pluripartidárias, fixou-se igualmente um partido do interior, com nítido viés governista, que funcionou como fiel da balança. Obtendo votos de clientela nas regiões atrasadas, PSD e PMDB ostentaram o mesmo descompromisso programático. Se é certo que os vínculos não ideológicos do terceiro partido com o seu eleitorado questionam a representatividade do sistema no seu conjunto, deve-se levar em consideração que o clientelismo é parte do jogo em qualquer democracia. A relevância de mecanismos tradicionais de mando depende, em certa medida, também do grau de desigualdade que permeia o conjunto das relações sociais, o que remete outra vez ao problema da distribuição da riqueza. A contínua importância do PMDB desmente a antiga previsão de Soares, segundo a qual a urbanização extinguiria a "velha política brasileira". Convém lembrar que, no longo interregno autoritário, o partido do regime sobreviveu nos grotões, e a Constituição de 1988 "agravou a sobrerrepresentação de algumas unidades da federação" ao criar três estados que, com população reduzida, têm direito ao mínimo de oito deputados na Câmara (Tocantins, Roraima e Amapá).[73] Perry Anderson argumenta que três regiões (Norte, Nordeste e Centro-Oeste) têm 40% da população, mas controlam 75% da Câmara e do Senado.[74]

Uma das características do partido do interior é a sua mobilidade programática, derivada da relação clientelista, e não ideológica, com a base. O partido desliza sem dificuldade ou transições custosas de um centro ampliado, incluindo a centro-esquerda até a direita linha-dura. Um exemplo é a trajetória de José Sarney. Antes de 1964, embora da UDN, pregava uma "linha de centro-esquerda, inspirada no programa de desenvolvimento com justiça social da doutrina da Igreja".[75] Vitorioso o golpe, passa para o partido dos militares, tornando-se, anos depois, presidente do PDS. No ocaso da ditadura, transfere-se para o PMDB. Dentro do PMDB, é um dos primeiros a apoiar Lula quando este se apronta para vencer. Permanece aliado do lulismo até consolidar-se o golpe parlamentar contra Dilma, quando se bandeia para o lado de Temer.

A velha política é volátil. O arqui-inimigo de hoje pode ser o aliado de amanhã. A ideologia depende da conjuntura: Sarney fez a moratória, mas bloqueou a reforma agrária. A extrema liberdade expressa uma relação com as bases em que vigora o favor, e não o direito. É um caso extremo de transformismo (na acepção de Gramsci), em que o líder situacionista se converte em líder oposicionista a qualquer momento. O contrário da política em países nos quais a luta de classes se sedimentou. Em uma passagem do *18 de Brumário*, Marx indica que "em países de civilização antiga com estrutura de classes evoluída" o regime político tem um significado diferente daqueles em que as classes "ainda não se fixaram".[76] É dessa ordem de diferença que falamos aqui. Para usar o conceito de Roberto Schwarz, a velha política brasileira é uma política de segundo grau, em que programas funcionam como opções ad hoc para os arranjos de poder de cada momento. Da mesma maneira como a ideologia aqui funciona pela regra do "relevo social, em detrimento de sua intenção cognitiva",[77] os rótulos políticos são meros marcadores de alianças de interesse, em detrimento de aspectos programáticos.

Por outro lado, a dificuldade do partido do interior para lançar candidatos à Presidência desde 1994 mostra o quanto a direção efetiva da sociedade depende do partido popular e do partido de classe média. A dificuldade eleitoral do partido de classe média, uma vez estabelecido o realinhamento, em virtude da profunda desigualdade social, repõe sempre a polarização golpista, que conta com a volatilidade do partido do interior para aderir ou liderar tentativas de atalho.

Estabelecido em 1988, o sistema partidário brasileiro, após trinta anos, entra na fase em que, de acordo com o antigo cálculo de Philip Converse, os partidos começariam a se consolidar junto ao eleitorado. Mas é possível que o golpe parlamentar de 2016 tenha sido o sinal de que, convulsionado por suas próprias contradições, o sistema novamente se despedace. O tempo dirá.

PARTE II
AS TRAGÉDIAS DO IMPEACHMENT

5. Uma vitória de Pirro

A reeleição de Dilma Rousseff, no domingo 26 de outubro de 2014, se deu em condições completamente diferentes das que regeram a vitória de 2010, embora, em termos superficiais, a candidata tenha perdido apenas cinco pontos percentuais em comparação com o pleito anterior (quadro 8). A euforia em torno do lulismo fora substituída por uma acirrada polarização. Dilma agora obtivera a menor vantagem "observada entre dois finalistas de uma eleição presidencial desde o fim da ditadura militar e a redemocratização do país", noticiou a *Folha de S.Paulo*.[1] A diminuição do ritmo de crescimento econômico favorecia a ascensão oposicionista.[2] A diferença a favor do lulismo, de 22 e doze pontos percentuais nas três disputas anteriores, caíra para apenas quatro contra Aécio Neves (quadro 8). A diminuição da bancada petista na Câmara dos Deputados indicava que, também no Legislativo, o quadro estava acirrado. Dos três maiores partidos, apenas os tucanos cresceram, ocupando dez cadeiras além das que ganharam em 2010, enquanto o PMDB perdeu cinco, e o PT, dezoito, 20% da bancada eleita quatro anos antes.[3]

QUADRO 8
RESULTADOS (EM PORCENTAGEM DE VOTOS VÁLIDOS)
DAS QUATRO VITÓRIAS LULISTAS

		Lula/ Dilma	2º colocado	3º colocado
2002	1º turno	46 Lula	23 Serra	18 Garotinho
	2º turno	61 Lula	39 Serra	–
2006	1º turno	49 Lula	42 Alckmin	7 Heloísa Helena
	2º turno	61 Lula	39 Alckmin	–
2010	1º turno	48 Dilma	33 Serra	20 Marina
	2º turno	56 Dilma	44 Serra	–
2014	1º turno	42 Dilma	34 Aécio	21 Marina
	2º turno	52 Dilma	48 Aécio	–

Fonte: TSE.

Não teria sido surpresa uma derrocada lulista *dentro* do realinhamento, que não dependia de o lulismo vencer sempre, mas de que a orientação dos blocos de renda se mantivesse por ciclo prolongado. Supunha-se que os eleitores de baixo ingresso *tenderiam* a votar no PT, e os ricos no PSDB, por várias eleições seguidas. No interior dessa tendência geral, porém, haveria oscilações. A tese do realinhamento não envolve rigidez do eleitorado, o que eliminaria a incerteza, mola da democracia.[4] O realinhamento torna compreensível como e por que os segmentos se movem. Em outros termos, o sistema fica inteligível, conforme procurei argumentar no capítulo anterior.

Em 2014, o pêndulo se deslocou em favor da oposição, sobretudo nos setores médios, embora não ainda na proporção necessária para vencer. Se tomarmos o primeiro turno (tabelas 1 e 2), vê-se que, dos 37% que indicavam preferência pela candidata do PT entre os que tinham renda familiar mensal de cinco a dez salários mínimos (SM) em 2010, houve queda de nove pontos percentuais em 2014. A maioria dos que deixaram Dilma deve ter aderido a Aécio, mas também a Marina Silva. Quando as urnas foram computadas, a presidente apareceu com 42% dos votos válidos, enquanto Aécio e Marina, somados, perfaziam 55% (quadro 8). Se a transferência fosse completa no segundo turno (Marina declarou apoio a Aécio), a oposição teria vencido. Mas isso não alterou a clivagem prevista no realinhamento: quanto mais pobre o eleitor, maior a *chance* de votar na candidata do partido popular (PT) e, quanto mais rico, maior a de sufragar o candidato do partido da classe média (PSDB). O eleitorado de Marina permanecia estável nas diversas faixas de renda (tabela 2).

No segundo turno, a superioridade de intenção de voto em Dilma dentre os mais pobres em relação aos mais ricos aumentou de dezessete para 23 pontos percentuais entre 2010 e 2014 e, no sentido inverso (a superioridade dentre os mais ricos em relação aos mais pobres) no caso do PSDB cresceu de dezoito para 29 pontos entre os dois pleitos (tabelas 3 e 4). Isto é, a *polarização entre pobres e ricos tinha se tornado mais aguda*. No segundo turno, Dilma *só ganhou no estrato de baixíssima renda* (com uma vantagem de nove pontos percentuais). No segmento vizinho, de dois a cinco salários mínimos familiares mensais, em que a nova classe trabalhadora se concentrava, Aécio conseguiu empatar, ganhando nos estratos superiores por larga margem (tabela 4). Em resumo, sem que o realinhamento tenha se rompido, *variações internas* fizeram com que a competição se acirrasse.

Tendo vencido em 2014 com forte presença no Nordeste e no Norte, o lulismo perdeu apoio nas regiões mais desenvolvidas.

TABELA 1
INTENÇÃO DE VOTO POR RENDA FAMILIAR MENSAL
NO PRIMEIRO TURNO DE 2010

	Até 2 SM	+ de 2 a 5 SM	+ de 5 a 10 SM	+ de 10 SM	TOTAL
Dilma	53%	43%	37%	31%	47%
Serra	26%	31%	34%	38%	29%
Marina	12%	19%	22%	23%	16%
Outros	1%	1%	2%	3%	1%
Branco/nulo/nenhum	2%	2%	2%	3%	2%
Não sabe	6%	3%	2%	2%	4%
TOTAL	100%	100%	100%	100%	100%

Fonte: Datafolha. Pesquisa com amostra nacional de 20960 eleitores em 521 municípios, realizada entre 1º e 2 de outubro de 2010. Margem de erro: dois pontos percentuais para mais ou para menos. Disponível em: <http://media.folha.uol.com.br/datafolha/2013/05/02/intvoto_pres_02102010.pdf>. Acesso em: 27 fev. 2018.

TABELA 2
INTENÇÃO DE VOTO POR RENDA FAMILIAR MENSAL
NO PRIMEIRO TURNO DE 2014

	Até 2 SM	+ de 2 a 5 SM	+ de 5 a 10 SM	+ de 10 SM	TOTAL
Dilma	49%	37%	28%	24%	40%
Aécio	17%	26%	33%	41%	24%
Marina	20%	24%	25%	25%	22%
Outros	3%	5%	8%	5%	3%
Branco/nulo/nenhum	4%	5%	5%	3%	4%
Não sabe	7%	5%	2%	2%	5%
TOTAL	100%	100%	100%	100%	100%

Fonte: Datafolha. Pesquisa com amostra nacional de 18116 eleitores em 468 cidades, realizada entre 3 e 4 de outubro de 2014. Margem de erro: dois pontos percentuais para mais ou para menos. Disponível em: <http://media.folha.uol.com.br/datafolha/2014/10/04/intencao_de_voto_presidente.pdf>. Acesso em: 27 fev. 2018.

TABELA 3
INTENÇÃO DE VOTO POR RENDA FAMILIAR MENSAL NO SEGUNDO TURNO DE 2010

	Até 2 SM	+ de 2 a 5 SM	+ de 5 a 10 SM	+ de 10 SM	TOTAL
Dilma	56%	49%	45%	39%	51%
Serra	36%	43%	48%	54%	41%
Branco/ nulo/ nenhum	3%	5%	5%	6%	4%
Não sabe	5%	3%	2%	1%	4%
TOTAL	100%	100%	100%	100%	100%

Fonte: Datafolha. Pesquisa com amostra nacional de 6554 eleitores em 257 municípios, realizada entre 29 e 30 de outubro de 2010. Margem de erro: dois pontos percentuais para mais ou para menos. Disponível em: <http://media.folha.uol.com.br/datafolha/2013/05/02/intvoto_pres_30102010.pdf>. Acesso em: 27 fev. 2018.

TABELA 4
INTENÇÃO DE VOTO POR RENDA FAMILIAR MENSAL NO SEGUNDO TURNO DE 2014

	Até 2 SM	+ de 2 a 5 SM	+ de 5 a 10 SM	+ de 10 SM	TOTAL
Dilma	56%	45%	36%	33%	47%
Aécio	33%	46%	56%	62%	43%
Branco/ nulo/ não sabe/ não opinou	10%	9%	8%	5%	10%
TOTAL	100%	100%	100%	100%	100%

Fonte: Datafolha. Pesquisa com amostra nacional de 19 318 eleitores em quatrocentos municípios, realizada em 22 e 23 de outubro de 2014. Margem de erro: dois pontos para mais ou para menos. Disponível em: <http://media.folha.uol.com.br/datafolha/2014/10/25/intencao_de_voto_presidente_vespera_2_turno.pdf>. Acesso em: 27 fev. 2018.

Aécio, mesmo sendo mineiro, venceu no estado de São Paulo por uma diferença de quase 7 milhões de votos no segundo turno, enquanto Serra, paulista, vencera com uma diferença de 1,8 milhões em 2010. Em contraste, a importância do Nordeste para o lulismo aumentou. Lá, Dilma conquistou uma vantagem de 12 milhões de votos no segundo turno, contra 11 milhões em 2010. A divisão regional se intensificara.

Junto com a piora da economia assistiu-se, a partir de 2012, à deflagração de uma ofensiva judiciária (ver capítulo 7). Iniciada com o julgamento do mensalão, prosseguiu com a entrada em cena, em março de 2014, da Lava Jato, de acordo com a Transparência Internacional, o maior operativo do mundo contra a corrupção.[5] A operação, sediada na capital do Paraná, centrou-se sobre o PT, Lula e Dilma.

Se o clima entre lulismo e antilulismo esquentara, como prenunciado pelos acontecimentos de junho de 2013 (ver capítulo 3), a campanha, transcorrida nas condições descritas, jogou gasolina nas brasas. No primeiro turno, diante da ascensão de Marina, Dilma veiculou no Horário Gratuito de Propaganda Eleitoral (HGPE) uma peça em que acusava a candidata ambientalista de querer "entregar aos banqueiros a condução da política econômica" e exibia "uma família [pobre] que fica sem ter o que comer".[6] No final do segundo turno, Lula se referiu a Aécio como "candidato dos banqueiros" e "filhinho de papai". Veiculada no HGPE, a fala do ex-presidente, depois suspensa pelo TSE, obteve significativa repercussão.[7]

O troco à fuzilaria do lulismo viria de Curitiba. Em setembro, quando Dilma estava empatada com Marina, surgiu a colaboração premiada do ex-diretor da Petrobras Paulo Roberto Costa, fortemente repercutida pela imprensa. Preso na Lava Jato, Costa fez um depoimento vazado à revista *Veja* e publicado com uma chamada de capa afirmando que "o dinheiro sustentava a base aliada do PT no Congresso". A intenção era denunciar que recursos desviados da estatal irrigavam o lulismo. No começo de outubro, com o segundo turno em curso, falas com o mesmo conteúdo de Costa e do doleiro preso Alberto Youssef voltaram a gerar intensa publicidade, ocupando dez minutos do *Jornal Nacional*. A divulgação, obviamente, interferia no pleito. Dilma considerou o episódio "muito estranho e muito estarrecedor".

Por fim, na quinta-feira, 23 de outubro, às vésperas de um segundo turno apertado, *Veja* volta à carga. Antecipando a circulação para alcançar os eleitores 48 horas antes de irem às urnas, sai com o seguinte título na capa, publicado entre fotos soturnas de Dilma e Lula a meia-luz: "Eles sabiam de tudo". Segundo os dizeres que encimavam a manchete, "o doleiro Alberto Youssef [...] revelou à Polícia Federal e ao Ministério Público, na terça-feira passada, que Lula e Dilma Rousseff tinham conhecimento das tenebrosas transações na estatal".[8] Um depoimento concedido cinco dias antes de um pleito disputadíssimo, passado quase de imediato a uma publicação notoriamente antilulista, chegava ao público no tempo exato para, repercutida pela TV, influenciar o resultado da eleição. Quase funcionou, como se viu pela pequena diferença a favor de Dilma.

PSDB: UM GOLPISMO EM CIMA DO MURO

No envenenado clima pós-eleitoral, o candidato do PSDB solicitou ao TSE uma auditoria, alegando que havia "descrença quanto à confiabilidade da apuração dos votos e à infalibilidade da urna eletrônica", o que nunca havia acontecido desde a redemocratização.[9] Segundo o cientista político da Universidade Federal de Minas Gerais (UFMG) Leonardo Avritzer, "Aécio Neves jamais se conformou com a derrota nas urnas",[10] e o cientista político Juarez Guimarães, também da UFMG, logo percebeu que algo se alterara no partido da classe média. Em artigo premonitório, publicado em dezembro de 2014, Guimarães perguntava: "O psdb virou um partido golpista?". O texto percebia uma "vontade estratégica" no tucanato de superar os "profundos obstáculos" de "legitimidade pública, de cooptação instrumental, de superação de hesitações em relação a um pedido de impeachment".[11] Grupos de direita começaram a difundir, por meio de pequenas manifestações de rua, a proposta do impedimento. Sintomaticamente, o senador José Serra (psdb-sp) diria, em uma delas, no final de 2014, que era preciso estar pronto para o "imprevisto e para o improvável".[12]

A tese de Juarez Guimarães remontava ao escândalo do mensalão, ponto de partida de uma estratégia de criminalizar o pt, cuja conclusão seria o petrolão. No mensalão, o impeachment de Lula fora cogitado, sendo preterido em prol de vencê-lo na disputa de 2006. As três vitórias subsequentes do lulismo teriam provado, contudo, a dificuldade de superá-lo por meios democráticos. Convém perceber que, embora a possibilidade de derrota do lulismo estivesse contida na teoria do realinhamento, de fato é difícil ganhar do partido popular uma vez que se fixe como o "partido dos pobres". Trata-se de um dilema real no sistema partidário brasileiro (ver capítulo 4).

O caminho da criminalização parece ter se colocado, então, como via para o psdb retornar ao governo. Talvez uma parte dos tucanos tenha se convencido de que, se mesmo com a economia estagnada, isolada em relação à burguesia, com uma classe média sublevada e um escândalo político midiático em curso, a candidata do lulismo tinha vencido em 2014, seria difícil derrotar Lula em 2018. Mas, apesar de corretas as percepções de Avritzer e Guimarães, o papel efetivo do psdb na crise do impeachment acabaria relativizado, pois o golpe parlamentar implicava passar a Presidência da República ao pmdb, e os tucanos hesitavam a respeito.

Das três frações em que se dividia o pessedebismo — a de Aécio Neves, a de Geraldo Alckmin e a de José Serra —, a de Serra foi a única que abraçou por completo a aliança com o pemedebismo.[13] O ex-governador de Minas Gerais Aécio Neves, que até dezembro de 2015 era o primeiro nas pesquisas de intenção de voto, buscava uma fórmula para provocar novas eleições, nas quais seria provavelmente o favorito.[14] O governador paulista Geraldo Alckmin, pelo motivo oposto, preferia desgastar Dilma aos poucos, para em 2018, com Aécio esquecido e o PT enfraquecido, ter chances de vencer a eleição regulamentar.

José Serra, que com 73 anos voltara à fila presidencial, depois de ter disputado em 2002 e 2010, talvez imaginasse que, com o impeachment, poderia se tornar ministro da Fazenda do vice Michel Temer e, a partir do comando da economia, como Fernando Henrique Cardoso em 1994, pular a candidato ao Planalto em 2018. Noutra hipótese, talvez Serra quisesse exercer o papel de primeiro-ministro em um governo parlamentarista ou semipresidencialista eventualmente adotado durante o mandato transitório de Temer. A insistência no parlamentarismo foi uma das tônicas de Serra ao longo da preparação do impeachment: "A mudança de governo trará imediatamente algumas melhoras, porque cria novas expectativas nas pessoas. A mudança é saudável. Os juros cairão e se gerará entusiasmo, mas isso só terá efeitos em curto prazo; para que essas crises não se repitam, é preciso mudar [e] trocar o regime presidencialista pelo parlamentarismo, e assim substituir os governos sem traumas", repetia o ex-ministro da Saúde.[15]

Dada a divisão no tucanato, foi o PMDB que assumiu a liderança do golpe parlamentar. Enquanto Aécio, presidente nacional do partido, apostava as fichas numa manobra por meio do TSE, e o paulista Alckmin priorizava opor-se ao também paulista Serra, Temer construiu, ajudado por este último, a coalizão para derrubar Dilma. Se acompanharmos os lances do ex-governador mineiro, veremos que, quase até o fim do processo de impedimento, a nova eleição era a sua verdadeira escolha. Em dezembro de 2014, quando Dilma e Temer foram diplomados, o senador mineiro entrou no TSE com um pedido de cassação do registro da chapa vitoriosa, alegando "que o dinheiro desviado da Petrobras" financiara "direta e indiretamente a campanha" do PT e do PMDB.[16] A saga no TSE absorveria Aécio, afastando-o, na prática, do impeachment.

Em fevereiro de 2015, a relatora do processo no TSE, ministra Maria Thereza de Assis Moura, mandou arquivar a causa por falta de provas, mas o PSDB recorreu, e o ministro Gilmar Mendes pediu vista do processo. Em agosto de 2015, Gilmar deu provimento ao recurso dos tucanos, sendo acompanhado por outros dois ministros. Mendes — grampeado em mais de duas dezenas de ligações com Aécio pela Polícia Federal[17] — se empenhou em reabrir o caso, o que faz acreditar que o senador mineiro acreditava para valer naquela alternativa.[18] Aécio dava declarações dúbias sobre o impeachment, ora considerando que não havia elementos suficientes, ora que era necessário avançar na direção do impedimento, talvez em resposta a pressões internas e externas ao partido. A hipótese crescia na classe média, com grandes demonstrações de rua em 15 de março, 12 de abril e 16 de agosto (ver capítulo 7), empurrando os tucanos a partir de baixo. No TSE, o processo continuava embaralhado, uma vez que a ministra Luciana Lóssio, que havia sido advogada da campanha de Dilma em 2010, pediu uma segunda vista do processo. Somente ao devolvê-lo, em outubro, o tribunal decidiu, por cinco votos a dois, acatar definitivamente o recurso pessedebista, dando continuidade ao inquérito. Ainda em janeiro de 2016, com o impeachment em curso na Câmara, Mendes previa que até o final do primeiro semestre o julgamento no TSE estaria concluído, alimentando as expectativas de Aécio. Enfim, dois projetos paralelos para derrubar Dilma competiam para ver qual chegaria antes.[19]

Compreende-se, assim, que, de início, o impeachment tenha abespinhado os tucanos.[20] Em novembro de 2014, Xico Graziano, ex-chefe de gabinete de Fernando Henrique Cardoso, chegou a afirmar que o impedimento era uma bandeira "antidemocrática" e não tinha nada a ver com o PSDB. "Militantes da direita exigem que nós, os sociais-democratas, encampemos sua ideologia, o que seria um absurdo".[21] Mas Serra não parecia tão indignado. Em março de 2015, declararia que "o governo está tão fraco que dá margem a que gente reivindique o impeachment".[22]

Embora Haddad considere que o papel de Serra no impeachment tenha sido "subestimado", não está muito claro o momento em que o senador paulista passou concretamente a se mexer pelo golpe parlamentar. A tese ganhou apoio rápido entre os deputados federais do PSDB — em fevereiro de 2015, o líder na Câmara, Carlos Sampaio (SP), usou a tribuna para defender o impeachment e, em abril, a bancada tomou posição oficial a favor —, mas os principais dirigentes tucanos, Serra inclusive, tendiam a declarar em público que não havia elementos jurídicos para embasar um pedido. Esteve justamente na construção dos termos "legais" do impeachment, que se deu de maneira gradual, uma das principais contribuições do tucanato ao impedimento. E, segundo Haddad, "a articulação de Miguel Reale Jr. e Janaina Paschoal com Hélio Bicudo, autores do pedido de impeachment contra Dilma, teve participação direta de Serra".[23]

A atribulada trajetória da requisição de impeachment ainda carece de reconstrução detalhada. Sabe-se, entretanto, que em março o jurista Miguel Reale Jr., filiado ao PSDB desde 1990 e redator das acusações contra Fernando Collor de Mello em 1992, escrevera em artigo para *O Estado de S. Paulo* que "a pena do impeachment visa a exonerar o presidente por atos praticados *no decorrer do mandato*", não podendo, portanto, atingir Dilma, uma vez que as ações de que era acusada tinham sido cometidas em 2014.[24] Consultado formalmente pelo PSDB, Reale repete o argumento em abril. Afirma que as pedaladas fiscais — "manobra contábil com o intuito de fingir a realização de uma operação"[25] por meio de supostos atrasos do Tesouro em contas mantidas nos bancos públicos — tinham sido atos do primeiro mandato e, portanto, não poderiam ser usados para incriminar a presidente durante o segundo.[26]

Até então, a agitação pelo impeachment existia nas ruas, com os protestos de março e abril, porém simplesmente não havia motivo legal para o impedimento. O PSDB pede ao jurista que continue pesquisando.[27] Trata-se de buscar um pretexto. No final de maio, entretanto, Reale Jr. reitera a inexistência de base jurídica e propõe uma ação penal contra Dilma por crime comum, a qual não dependeria de ter sido cometido no mandato em curso.[28] Do ponto de vista jurídico, o assunto está morto. O que aconteceu exatamente entre junho e setembro, quando Reale Jr. e o advogado Hélio Bicudo protocolam na Câmara o primeiro documento acusatório, reformulado em outubro com a participação da professora Janaina Paschoal, merece verificação. De acordo com o *Valor*, foi o próprio jornal quem forneceu as peças faltantes.[29] Em 20 de maio, o jornal publica que "o Tesouro Nacional continuava 'pedalando' a equalização das taxas de juros do crédito rural — Plano Safra".[30] No final de junho, a *Folha de S.Paulo* traz reportagem segundo a qual as pedaladas chegavam a 19 bilhões de reais *em março de 2015*, expressas como dívidas do Tesouro com a CEF e o BB.[31] Em 9 de outubro, o *Valor* informa que Dilma teria editado seis decretos que autorizavam créditos suplementares, "antes de o Congresso Nacional ter aprovado a redução da meta de superávit primário de 2015".[32]

Paralelamente, Bicudo, então com 93 anos, outrora figura destacada do PT, pelo qual fora candidato a vice-governador de São Paulo na chapa de Lula em 1982 e vice-prefeito da capital paulista entre 2000 e 2004, com Marta Suplicy, decide, no começo de setembro, entrar com um pedido de impeachment. No documento, menciona pedaladas, Lava Jato, compra da refinaria de Pasadena, investigações em curso no TSE.[33] O objeto estava indefinido. Reale Jr. resolve, então, engajar-se na empreitada, fazendo um aditamento à peça de Bicudo, duas semanas mais tarde. O pedido definitivo, assinado por Reale Jr., Bicudo e Paschoal, só viria, contudo, em 21 de outubro, depois de o Tribunal de Contas da União (TCU) reprovar as contas do governo de 2014. A acusação, a partir de então, passou a se concentrar nas supostas pedaladas de 2015 e nos decretos de crédito suplementar, também de 2015.

O assunto é controverso e será retomado nos capítulos seguintes; o relato acima visa transmitir aspectos da multifacetada participação tucana no impeachment. Mesmo na ausência de motivos jurídicos claros, a dobradinha Temer/Serra, revelada pela jornalista Mônica Bergamo em agosto,[34] funcionava a pleno vapor. Os dois eram amigos desde que foram secretários do governo Franco Montoro (1983-7) em São Paulo, e a atuação de Serra no Senado, já no primeiro semestre de 2015, fora orientada para se reaproximar, via Temer, do PMDB. Bergamo relata que, em comum acordo com o vice-presidente, Serra vinha conversando com governadores, sobretudo do Nordeste.[35] A sua aproximação com o pemedebismo o leva a patrocinar a passagem da senadora Marta Suplicy (SP) do PT para o PMDB, em nome do qual ela concorreria à Prefeitura de São Paulo no ano seguinte. O vínculo se torna tão forte que se fala na possibilidade de Serra migrar e sair candidato pelo PMDB a presidente da República em 2018. Nesse contexto, é pouco provável que a declaração bombástica do vice-presidente no começo de agosto, segundo a qual o país precisava de "alguém [que] tenha a capacidade de reunificar a todos" (ver capítulo 6), não tivesse passado pelo crivo do senador tucano.

O isolamento parlamentar de Dilma — agravado pela ruptura de Cunha no final de julho e o afastamento de Temer no começo de agosto —, a piora da situação econômica — recessão intensa e provável perda do grau de investimento — e as denúncias da Lava Jato contra Lula levariam à retomada das mobilizações de rua em 16 de agosto. Após uma queda de presença em abril, o número de participantes volta a aumentar, recolocando o tema do impeachment. No programa *Roda Viva* do dia seguinte (17 de agosto), Serra diz que será difícil Dilma chegar ao final do mandato e, na mesma data, Fernando Henrique Cardoso pede a renúncia da presidente.

Mas os três meses seguintes serão, novamente, de compasso de espera. O psdb exige que Temer dê a cara para que o partido possa se posicionar em relação ao impedimento. Aécio, que na época aventava a proposta de renúncia dupla — Dilma e Temer — para provocar novas eleições, diz ao vice, no começo de setembro, que ele e Fernando Henrique Cardoso só conversariam com o pmdb caso houvesse um "pronunciamento firme de que a nação precisa de uma nova fase".[36] O tucanato, com exceção de Serra, não queria tirar as castanhas do fogo para o pemedebista. Temer, de sua parte, não desejava ficar com a pecha de conspirador e golpista. Só havia uma solução: Eduardo Cunha. O presidente da Câmara poderia autorizar o andamento do processo, criando um fato consumado. No entanto, dois problemas se interpunham: a fragilidade jurídica do possível pedido, como acabamos de ver, e a ofensiva da Lava Jato sobre Cunha, que analisaremos no capítulo 7, a qual o obrigaria a negociar simultaneamente com a oposição e o lulismo.

Naquela altura, Serra continuava a ser a única liderança tucana disposta a participar de um possível governo Temer[37] e procurou fixar que "uma das condições mais importantes" para o apoio do psdb "seria a implantação do parlamentarismo, a partir de 2018".[38] Serra se empenha igualmente em amarrar uma terceira ponta decisiva — a saber, o apoio empresarial ao impeachment. Como veremos no próximo capítulo, Dilma recuperara o diálogo com uma parte do capital ao nomear Joaquim Levy para a Fazenda. No começo de outubro, no entanto, com a permanência de Levy no governo praticamente encerrada, Serra diz a um grupo de quase trinta empresários que o impeachment é certo e que Temer seria capaz de unificar o país.[39] Para ajudar a costura empresarial, Temer assumiria um programa muito próximo ao dos tucanos. O documento "Uma ponte para o futuro", lançado em 29 de outubro, como plataforma do vice, fora inspirado por um ensaio de três economistas próximos ao PSDB: "O ajuste inevitável", de Mansueto Almeida, Marcos Lisboa e Samuel Pessôa.[40]

Em consonância com o pensamento tucano, a "Ponte" parte do diagnóstico de que a crise fiscal brasileira é estrutural e tem a ver com o fato de a Constituição de 1988 forçar gastos que o país não pode fazer, sobretudo em momentos de recessão. Em outras palavras, a ideia de que a Constituição não cabe no orçamento. Seria preciso um ajuste permanente, mudando regras constitucionais, acabando com vinculações obrigatórias e impondo um limitador médio às despesas públicas. Além disso, a "Ponte" defendia que só uma reforma da Previdência, com o estabelecimento de idade mínima para aposentadoria e desindexação dos benefícios em relação ao salário mínimo, permitiria uma trajetória sustentável das contas do Estado. As propostas de terceirização, flexibilização da CLT e abertura comercial também aparecem no documento. Trata-se de um receituário destinado a conquistar os empresários e justifica o apoio ao impeachment, decidido em 14 de dezembro, da Fiesp — a primeira entidade empresarial relevante a fazê-lo. Como o PSDB é o partido dos empresários, a "Ponte" auxiliou a tarefa de Serra.

Numa espécie de gangorra, à medida que sobe o engajamento de Serra, desce o entusiasmo de Alckmin em relação ao impeachment. Pouco depois de ser noticiada a dobradinha Temer-Serra, o governador paulista declara que a "questão do impeachment não está colocada neste momento".[41] Visivelmente contrariado com a movimentação do rival, Alckmin pressiona Aécio para segurar as bancadas do PSDB na Câmara e no Senado, inclinadas a aderir ao impeachment. Segundo a *Folha de S.Paulo*, no mesmo dia que Reale Jr. entregou, com a filha de Bicudo, o seu aditamento ao pedido do ex-petista, Alckmin reuniu empresários no Palácio dos Bandeirantes para dizer que não havia motivos sólidos que levassem a apoiar o impedimento.[42]

Alckmin sustentou a posição até o impeachment virar fato consumado, em 2 de dezembro, com a autorização de Cunha. O grupo serrista, a partir da aceitação do processo, ganha uma perspectiva concreta de tirar Dilma e, com isso, mais espaço no PSDB, embora Aécio ainda alimentasse expectativas de nova eleição. A colaboração de Serra e Temer se intensifica. "Era Serra quem telefonava para os governadores, sobretudo do Nordeste, e depois de uma conversa política passava a ligação a Temer, que a concluía com a senha 'Precisamos unir o Brasil'", escreveu Haddad.[43]

Cunha tinha cortado o nó, e os tucanos mudavam de tom. Serra assume, no dia 7 de dezembro, que vai fazer o "possível para ajudar"[44] o vice em seu futuro mandato, e Alckmin afirma que o "impeachment é previsto na Constituição brasileira".[45] Fernando Henrique Cardoso, de sua parte, argumenta que "desrespeitar reiteradamente a Lei de Responsabilidade Fiscal tendo em vista benefícios eleitorais é uma razão consistente" para o impeachment.[46] Faltava Aécio.

O longo trabalho de Temer e Serra chegava perto da conclusão, mas a parceria perdeu ímpeto na reta final. Em entrevista de 21 de março de 2016, o senador tucano se coloca como articulador do futuro governo e recomenda que o vice abra mão da possibilidade de se candidatar em 2018.[47] Temer solta uma nota dura em que desautoriza o companheiro de impeachment. "Michel Temer não tem porta-voz, não discute cenários políticos para o futuro governo e não delegou a ninguém anúncio de decisões sobre sua vida pública."[48] Serra acabaria fora do Ministério da Fazenda, ocupado por Henrique Meirelles, e vai para as Relações Exteriores. Temer precisava moderar o apetite do ex-governador paulista para não afastar as outras facções tucanas.[49]

Foi apenas às vésperas da votação na Câmara que o PSDB se unificou por completo e oficialmente. Reunidos no Palácio dos Bandeirantes numa sexta-feira, 8 de abril de 2016, os líderes nacionais do PSDB fechariam posição a favor do impedimento. A solução se impusera. Aécio Neves falou em nome do conjunto: "O PSDB, através dessas lideranças, reafirma o seu compromisso absoluto com a interrupção do mandato da presidente Dilma Rousseff pela via constitucional do impeachment".[50] Depois de um ano e meio de muro, o PSDB aderia ao golpe parlamentar liderado por Temer.

O ENSAIO REPUBLICANO E O PMDB

A história completa da relação entre o lulismo e o PMDB ainda está por ser escrita e, quando o for, será elucidativa da crise do impeachment.[51] As próximas páginas fazem um pequeno resumo desse vínculo, sem o qual a tragédia que pretendo interpretar restará incompleta.

Com o passar do tempo, o PMDB, antigo partido dos pobres e líder da redemocratização, talvez tenha se tornado "a fossa na qual desaguavam todos os riachos da corrupção política", no dizer de Perry Anderson.[52] Uma das lições do período Fernando Henrique Cardoso, no entanto, é que não se governa o Brasil sem o PMDB. "Pareceu-me que, além das alianças previamente feitas para a eleição com o PFL e o PTB, era indispensável a inclusão do PMDB na base de sustentação do governo. Dos grandes partidos brasileiros o PMDB é o mais peculiar. Embora tenha perdido lideranças e mesmo capacidade aglutinadora interna […] não deixa de ser um aliado importante, até indispensável para os governos que desejam reformas constitucionais, graças às dimensões de suas bancadas no Congresso", escreveu Fernando Henrique Cardoso.[53]

Há indicações de que, entre 2004 e 2006, Lula chegou igualmente à conclusão de que seria difícil governar sem uma aliança com o conjunto da agremiação outrora comandada por Ulysses Guimarães. Não obstante ter sobrevivido à crise do mensalão sem realizar pacto com Michel Temer, presidente da sigla desde 2001, é possível que o susto de 2005 — quando Aldo Rebelo (PCdoB-SP) venceu a escolha-chave para a Presidência da Câmara, em setembro, por apenas quinze votos (258 contra 243 para José Thomaz Nonô, do PFL de Alagoas) — tenha convencido o ex-presidente de que só uma coalizão integral com o PMDB permitiria estabilizar o seu segundo mandato. Na opinião de Marcos Nobre, "vendo-se acossado pelo fantasma do impeachment, o governo Lula aderiu à ideia pemedebista de construção de supermaiorias parlamentares".[54]

Fechado o acordo com Temer e seu grupo no final de 2006, Lula gozou de tranquilidade congressual entre 2007 e 2010. Os escândalos passaram a ocorrer no Senado, com o surgimento de denúncias contra Renan Calheiros e José Sarney entre 2007 e 2009. Quando Lula ganhou a primeira eleição presidencial, em 2002, o PMDB já era presidido por Temer, então firme aliado de Fernando Henrique Cardoso. A irmandade em torno de Temer formava a ala "tucana" do PMDB, na qual pontificavam o potiguar Henrique Alves, herdeiro de uma tradicional família política do seu estado, o deputado federal baiano Geddel Vieira Lima, que fora eleito para o quarto mandato e tivera seu nome envolvido no escândalo dos Anões do Orçamento em 1993, o gaúcho Eliseu Padilha, deputado federal desde 1995 e ex-ministro dos Transportes de Fernando Henrique Cardoso, e o piauiense Wellington Moreira Franco, ex-governador do Rio de Janeiro. Em 2003, o carioca Eduardo Cunha, eleito originalmente pelo PP, pularia para o PMDB e se agregaria à turma, que havia conquistado a direção partidária em 2001 contra a ala alinhada ao ex-presidente Itamar Franco, então visto como oposição ao PSDB dentro do PMDB.[55]

As anotações de Fernando Henrique Cardoso no segundo volume dos seus *Diários da Presidência* mostram o estilo da corriola pemedebista que se aproximara dele. Em 26 de abril de 1997, quando nomeou Padilha para o Ministério dos Transportes, Fernando Henrique Cardoso escreveu: "O PMDB entrou em nível de *chantagem*. [...] O líder na Câmara já querendo trocar o FEF [Fundo de Estabilização Fiscal] pela nomeação de ministro, o Michel Temer um pouco atordoado, mas também participando, parece que ele quer nomear esse rapaz, [Eliseu] Padilha, por quem tenho simpatia, mas parece que está havendo aí um lobby muito forte, e isso já torna a nomeação mais perigosa".[56] Aparece aqui um traço que terá papel relevante na experiência posterior de Dilma: o uso sistemático da chantagem.

O complicado vínculo entre o PT e o PMDB constitui um dos elementos fulcrais para aquilatar a trajetória lulista. De acordo com Safatle et al., "na montagem do governo para o primeiro mandato de Lula",[57] José Dirceu chegou a fazer "um acordo com o então presidente do PMDB, Michel Temer, para que o partido participasse efetivamente do governo, com ministérios importantes". Mas depois Lula, que teria privilegiado "a coligação com pequenos partidos de aluguel", optou por desautorizar a negociação e a encerrou.[58] Em 20 de dezembro de 2002, Lula anunciou que Dilma Rousseff seria a ministra de Minas e Energia e não um indicado de Temer, como Dirceu havia acertado.

Mesmo sem acordo com o PMDB da Câmara, o PT conseguiu apoio do partido para eleger o presidente da Casa em 2003. João Paulo Cunha, candidato único, foi escolhido em 2 de fevereiro com 434 sufrágios. Naquele momento, as conversas com Temer seguiram, e a direção do PMDB chegou a aprovar o ingresso oficial na base governista. Contudo, por razões pouco claras, a negociação novamente se rompeu.[59] É plausível que a tentativa do PT de permanecer na Presidência da Câmara por meio de uma emenda, depois derrotada, que previa a possibilidade de reeleição de João Paulo Cunha, tenha atrapalhado. A emenda, sem apoio do PMDB, foi rejeitada por cinco votos (obteve 303, precisava de 308). Como "o PMDB havia sido decisivo para a derrota de João Paulo. Só 15 dos 78 deputados da legenda votaram pela reeleição",[60] pode ter estado aí o pomo da discórdia que levou à segunda ruptura.

Uma negociação paralela, com José Sarney, Orestes Quércia, Roberto Requião e Maguito Vilela, o chamado "PMDB do Senado", que não participava da facção liderada por Temer, deu certo, e os pemedebistas dessa ala começaram a ingressar na base de Lula no primeiro semestre de 2003.[61] A aliança com o ex-presidente Sarney, em particular, tornou-se duradoura. O político maranhense apoiara Lula já no primeiro turno de 2002,[62] transformando-se em constante interlocutor do futuro mandatário. Sarney ficara afastado do centro do poder no segundo mandato de Fernando Henrique Cardoso, em particular depois de José Serra ter estado por trás, segundo Sarney, do desmanche da candidatura Roseana Sarney à Presidência, em março de 2002, quando a PF apreendeu 1,3 milhão de reais em dinheiro vivo numa construtora de propriedade da então governadora do Maranhão junto com o marido, Jorge Murad.[63]

Entre 2002 e 2005, Sarney parece ter funcionado como pivô de Lula dentro do PMDB. Atraiu para a aliança com o nascente lulismo políticos como Renan Calheiros (AL), Amir Lando (RO),

Romero Jucá (RR), que passou do PSDB para o PMDB em maio de 2003, e Sérgio Machado (CE), que havia deixado o tucanato em 2001 com o objetivo de se candidatar a governador do Ceará em 2002 pelo PMDB. Como fruto dessa aproximação, Machado foi nomeado, em 2003, presidente da Transpetro, importante subsidiária da Petrobras, encarregada dos dutos, terminais e transporte marítimo da estatal, onde permaneceria até o início de 2015. Machado teria sido fonte de financiamento para o PMDB do Senado e outros políticos, segundo a sua delação premiada em 2016.

No começo de 2004, Amir Lando assume o Ministério da Previdência Social, no qual foi substituído por Jucá, ex-líder do governo de Fernando Henrique Cardoso no Senado, no princípio de 2005. Jucá ficou alguns meses, sendo sucedido pelo secretário-executivo, Nelson Machado, do PT, que permaneceu à frente da pasta pelo resto daquele mandato de Lula. Eunício Oliveira, deputado federal pelo Ceará, ligado ao veterano Paes de Andrade, seria nomeado para o Ministério das Comunicações, também em 2004.

A partir de meados de 2005, sofrendo risco de impeachment por conta do mensalão, Lula teve que colocar mais quadros do PMDB no ministério, de modo a conter o perigo vindo da Câmara. Em julho de 2005, o pemedebismo toma o Ministério das Minas e Energia, com um indicado de Sarney, Silas Rondeau, e o da Saúde, assumido pelo deputado Saraiva Felipe (MG), tido como independente na bancada federal.[64] Além disso, o PMDB manteve a Previdência e as Comunicações, que vinham do período anterior. Temer, entretanto, continuou de fora, promovendo uma censura pública aos que assumiam cargos, assim como a Sarney e Renan, que estavam por trás da coalizão com Lula.[65]

O relato até aqui se destina a sublinhar que, somente depois de um caminho pedregoso, no segundo mandato haveria um acordo de Lula com o PMDB da Câmara, configurando a entrada oficial do partido no seu governo. Apesar de Aldo Rebelo, que tinha salvado Lula em 2005, ser candidato à reeleição para a Presidência da Câmara em 2007, o ex-presidente optou por fechar um acordo com o grupo de Temer, estabelecendo que Arlindo Chinaglia seria o candidato da frente PT/PMDB para presidir a Casa no biênio 2007-8, derrotando Aldo, e o próprio Temer o sucederia no biênio 2009-10. É por meio desse acordo que o grupo de Temer finalmente passa a integrar a base do lulismo, indicando Geddel Vieira Lima (PMDB-BA) para o Ministério da Integração Nacional, Reinhold Stephanes para a Agricultura, Wellington Moreira Franco para uma vice-presidência da CEF e, pouco depois, Jorge Zelada para a Diretoria Internacional da Petrobras. Ao mesmo tempo, Lula acerta com o governador do Rio de Janeiro, Sérgio Cabral, que comandava uma espécie de ala independente dentro do partido, a indicação de José Gomes Temporão para a Saúde. O PMDB do Senado continuou controlando Minas e Energia e Comunicações.

Um detalhe, desimportante à época, mas relevante a posteriori, é que o acordo provocou um conflito entre Eduardo Cunha, estrela em ascensão no universo pemedebista, e Dilma Rousseff, estrela em ascensão no universo petista, que vinha do Ministério de Minas e Energia e tratava o setor energético com especial atenção. Dilma tentou vetar o nome indicado por Cunha para presidir a estratégica empresa Furnas. Pelo valor dos contratos envolvidos, a área é alvo privilegiado dos políticos. Furnas, a joia da coroa do sistema Eletrobras, administrava nada menos que dezessete hidrelétricas, controlando 40% da energia consumida no território nacional. A empresa, com sede no bairro de Botafogo, na cidade do Rio, tinha receita operacional líquida bilionária, e o fundo de pensão dos funcionários administrava outros tantos bilhões de reais.

Ao longo de 2007, na qualidade de relator da prorrogação da Contribuição Provisória sobre Movimentação Financeira (CPMF), de onde advinha uma parcela importante do orçamento da saúde, Cunha se negava a tramitar o projeto enquanto não lhe fosse entregue o controle da estatal. O sistema de chantagem, relatado por Fernando Henrique Cardoso em seus *Diários*, começava a funcionar contra Lula. No segundo semestre de 2007, para desgosto de Dilma, o presidente cede e nomeia o ex-prefeito do Rio, Luís Paulo Conde, indicado por Cunha, para a presidência de Furnas.[66] Quando Conde ficou doente, em meados de 2008, foi substituído por outro protegido de Cunha.[67] Segundo a delação premiada do ex-diretor da Petrobras Nestor Cerveró, foi o mesmo mecanismo de travar a CPMF que rendeu ao grupo de Temer a Diretoria Internacional da Petrobras, para a qual indicaram Jorge Zelada.[68] Embora aprovada na Câmara, a esse alto preço, a CPMF acabaria caindo no Senado no final de 2007.

Em paralelo, de acordo com o jornalista Kennedy Alencar, Sarney e Renan, alvos de repetidas denúncias no segundo mandato de Lula, "caíram em desgraça" no PMDB, abrindo o caminho para que Temer "e seus aliados na Câmara dos Deputados consolidassem o controle do partido".[69] Submetido por seis meses a denúncias de corrupção, Calheiros foi obrigado a renunciar à Presidência da Casa no final de 2007. É então que o Senado, que passou a ser presidido por Garibaldi Alves (PMDB-RN), contrário ao governo, derrota a prorrogação da CPMF, provocando um rombo de 30 bilhões de reais no orçamento da Saúde. Dois anos mais tarde, será a vez de José Sarney, também à frente do Senado, receber uma série de onze denúncias que o deixaram isolado, inclusive da bancada do PT, perante o Conselho de Ética da Casa. Sarney chega a pensar em renúncia, mas consegue permanecer no cargo, embora enfraquecido.

Enquanto o brilho de Sarney e Renan se ofuscava, Eduardo Cunha, conhecido por usar métodos "heterodoxos" de cooptação de deputados, fazia uma carreira meteórica na Câmara. Tendo começado a atuar durante o governo Collor, na presidência da antiga Telerj, levado por ninguém menos que Paulo César Farias (o pivô do impeachment de 1992), saiu de lá acusado de fraudar a licitação de listas telefônicas. Alguns anos depois, apoiado por Francisco Dornelles, tentou ser diretor comercial da Petrobras, onde foi vetado, conforme os *Diários* de Fernando Henrique Cardoso, em função das suspeitas que levantava.[70] No começo dos anos 2000, aboletado na presidência da Companhia Estadual de Habitação (Cehab) do Rio de Janeiro, foi acusado de receber propina. De acordo com Dilma, eleito deputado federal pelo PP, de Paulo Maluf, em 2002, Cunha foi o responsável pela criação de uma "versão de direita" do PMDB, para o qual se transferiu ao chegar a Brasília em 2003.[71] Em 2009, Ciro Gomes denunciava o grau de influência que Cunha exercia no segundo mandato de Lula: "Não é possível mais, que tudo de relevante, importante, [que] todas as questões centrais da República sejam agora objeto da deliberação praticamente unipessoal de um único líder entre nós, o eminente deputado Eduardo Cunha, porque o PT resolveu lhes fazer a vontade, seja qual seja a vontade do eminente deputado".[72]

O cisma entre Dilma e o PMDB se expressou imediatamente após ela ser eleita, em 2010. Na montagem do seu gabinete, a presidente tirou do partido o poderoso Ministério da Saúde, que voltou a ser ocupado pelo PT (Alexandre Padilha), e o de Comunicações, que também retornou ao petismo (Paulo Bernardo). Em troca, o PMDB recebeu mais uma vez a Previdência, ocupada agora pelo ex-adversário Garibaldi Alves, o Turismo (sem a Embratur), com Pedro Novais, indicado por Sarney, e, pela primeira vez, Assuntos Estratégicos, com Moreira Franco, indicado por Temer. Embora tenha mantido Minas e Energia, com Edison Lobão, indicado por Sarney, e Agricultura, com Wagner Rossi, indicado por Temer, o partido, como um todo, perdera espaço.[73]

Minha hipótese é de que Dilma decidira fazer, em seu mandato, o que se poderia chamar de um "ensaio republicano": a limitação do esquema clientelista predatório incrustado no aparelho estatal brasileiro. Ao diminuir os setores controlados pelo PMDB, procurou, genericamente, aumentar o espaço da "esfera pública imune a influências privadas", na caracterização que o ex-deputado Vivaldo Barbosa faz do Estado republicano.[74] A tradição de pensamento republicana é antiga, percorrendo toda a história ocidental desde a Grécia. Bibliotecas inteiras foram escritas a respeito, sendo temerário enveredar aqui por um debate teórico. Apenas um aspecto específico, o da corrupção, que a caracteriza desde sempre, me interessa neste ponto. Pensando amplamente, o cientista político Cicero Araujo afirma que "o termo 'corrupção' é um signo da preocupação com a qualidade moral da cidadania — a virtude —, identificado [...] como um dos acordes básicos da reflexão em modo republicano".[75] O filósofo Renato Janine Ribeiro, ministro da Educação no segundo mandato de Dilma, especifica que a corrupção, no sentido moderno, é "o furto do patrimônio público".[76] No sentido de combater a corrupção (em sua acepção moderna), me permito atribuir o sentido de "ensaio republicano" ao governo Dilma. Ainda que denúncias posteriores indiquem a permanência de desvios em áreas como a CEF, os dados disponíveis permitem afirmar, de acordo com minha hipótese, ter havido um esforço sistemático para diminuir o furto do patrimônio público.

As mudanças no Ministério da Saúde, com orçamento de 77 bilhões de reais, abriram uma guerra entre Dilma, recém-empossada, e o PMDB. Padilha, o novo ministro, trocou o secretário de Atenção à Saúde, o da Vigilância em Saúde e o responsável pela Fundação Nacional de Saúde (Funasa), ocasionando imediata reação do líder pemedebista na Câmara, Henrique Eduardo Alves. Segundo *O Globo*, numa discussão com o ministro, Alves fez questão de mencionar as "dificuldades que Dilma teria sem uma base confiável, em situações extremas como foi na época do mensalão".[77] O futuro presidente da Câmara avisava, com quatro anos de antecedência, o que aconteceria em 2015-6.

Mas não foi apenas na Saúde que o PMDB da Câmara perdeu posições. Entre a papelada recolhida nas residências de Eduardo Cunha pela Operação Catilinárias, no final de 2015, a PF encontrou duas folhas que comparam a ocupação de cargos, pelo PMDB da Câmara, em ministérios e autarquias federais nos governos Lula e Dilma. De acordo com a revista *Veja*, as tabelas indicam a perda de posições na Embratur, Conab, Dataprev, Correios/ Anatel, Nacionais Correios [sic], Petrobras, Furnas, Infraero, Funasa, Sec. At. Saúde Básica e Sec. TI [sic].[78]

Quando a imprensa descobriu que Dilma estava fazendo uma "faxina", em junho de 2011, as tensões explodiram. A limpeza ampliou as arestas que vinham se gestando dentro da base governista. Dilma afastou Alfredo Nascimento do Ministério dos Transportes, por denúncias de superfaturamento em obras. Senador pelo Amazonas e futuro presidente do Partido da República, Nascimento era aliado do lulismo desde 2002. Em retaliação, o PR, então com cerca de quarenta deputados na Câmara, saiu da base governista e se declarou independente.

Depois, Dilma forçou a saída do ministro da Agricultura, Wagner Rossi, do PMDB de São Paulo, por suposto recebimento de dinheiro ilícito, o que criava problemas com Temer. Em seguida, derrubou Pedro Novais, do Turismo, deputado federal pelo PMDB do Maranhão, quando a Polícia Federal prendeu 36 funcionários do ministério numa operação contra desvio de recursos públicos e irregularidades em convênios. Com isso, Dilma esbarrava em Sarney.

A presidente, no entanto, foi adiante. Tirou Mário Negromonte, deputado federal pelo PP da Bahia, do Ministério das Cidades, por acusações que iam desde suborno dentro da própria agremiação a fraude no projeto de transporte coletivo para a Copa do Mundo em Cuiabá (MT). O PP daria o troco na eleição de Cunha para a Presidência da Câmara, em 2015, e na votação do impeachment, na qual prometeu lealdade até a última hora para traí-la em plenário. Sob acusações de corrupção, foi afastado também o ministro Carlos Lupi, do PDT, e uma parte da bancada do seu partido sufragaria contra Dilma na hora H do impeachment. Até um petista, Antonio Palocci (PT), o todo-poderoso chefe da Casa Civil e ex-ministro da Fazenda de Lula, caiu por denúncias de desvios. O ensaio republicano se aprofundou no segundo ano do mandato. No início de 2012, algumas ações da faxina no segundo escalão causaram conflitos tão ou mais sérios do que os ocorridos no nível ministerial. O caso do diretor-geral do Departamento Nacional de Obras contra as Secas (Dnocs), indicado por Henrique Eduardo Alves, e afastado depois de a Controladoria-Geral da União (CGU) denunciar desvios de 192 milhões de reais no órgão, é exemplar. De acordo com O Globo, a CGU tinha apontado favorecimento ao Rio Grande do Norte "nos convênios para ações contra desastres naturais. De 47 projetos, o estado teria recebido 37".[79] Diante da demissão iminente, Alves desafiara a presidente postando no Twitter frases que deixariam embevecido Raymundo Faoro, o autor de Os donos do poder: "O governo vai brigar com metade da República, com o maior partido do Brasil? Que tem o vice-presidente da República, 80 deputados, 20 senadores? Vai brigar por causa disso? Por que faria isso?".[80] No entanto, Dilma trucou o desafio e demitiu o afilhado de Alves.

As mudanças mais importantes, contudo, ocorreram no setor energético, cujos orçamentos alcançavam facilmente a casa dos bilhões. Logo de cara, em fevereiro de 2011, Dilma tirou de Cunha a presidência de Furnas, objeto de pendenga antiga, indicando um executivo de perfil técnico, Flávio Decat.[81] Uma interessante reportagem do Valor Econômico, publicada seis meses depois, dá conta das dificuldades do presidente nomeado por Dilma para trocar as diversas diretorias ligadas ao PMDB remanescentes na estatal. "Segundo uma fonte ligada à empresa, o novo presidente estaria cercado e imobilizado pela força das indicações políticas controladas pelo PMDB e por Eduardo Cunha, os quais ainda exercem pressão. A situação seria um reflexo da própria dificuldade da presidente Dilma Rousseff de impor sua vontade perante os aliados."[82] O ensaio de Dilma encontrava resistência, uma vez que os interesses clientelistas estavam engastados na máquina do Estado.

Na Eletrobras, a presidente fez uma operação semelhante à de Furnas: tirou um afilhado de Sarney e colocou um dirigente de perfil técnico, que conhecia desde a juventude em Minas Gerais.[83] Mas o coração do ensaio republicano se deu na Petrobras, uma das maiores companhias do mundo, cuja capacidade de investimento era maior do que o de toda a União. No começo de 2012, a presidente indicou Graça Foster para dirigir a Petrobras. Técnica de carreira e pessoa de confiança de Dilma, Graça substituiu os três diretores da estatal que, dois anos depois, apareceriam implicados no escândalo da Lava Jato: Paulo Roberto Costa, Jorge Zelada e Renato Duque. Pela capacidade de alavancagem envolvida, a mudança na Petrobras pode ser considerada a pedra de toque do ensaio republicano de Dilma. Que seja do meu conhecimento, nada parecido ocorrera antes na Petrobras.

"A nomeação de Graça Foster para a presidência da Petrobras foi considerada pelo Palácio do Planalto como o início de uma reviravolta na gestão da empresa", segundo Safatle et al. De acordo com a então ministra da Comunicação Social, Helena Chagas, "houve forte reação dos partidos no Congresso, puxada sobretudo pelo PP, que indicara Paulo Roberto, e pelo PMDB, padrinho de Zelada. Os petistas reclamaram nos bastidores, mas muito".[84] Dilma chegou a ameaçar de demissão Sérgio Machado, que acabou ficando, aparentemente por influência do pmdb do Senado.[85]

Por fim, na área política, Dilma substituiu os líderes do governo no Senado e na Câmara, respectivamente Romero Jucá (pmdb) e Cândido Vaccarezza (pt), colocando no lugar Eduardo Braga, do pmdb do Amazonas, uma espécie de independente no pemedebismo do Senado, e Arlindo Chinaglia, de uma corrente minoritária do pt.[86] Depois de tomar posse, Braga foi visitar Lula no Hospital Sírio-Libanês, onde o ex-presidente se tratava do câncer na laringe. Lula teria lhe dito que "a Dilma está certa" e valeria a pena "essa luta, porque essa é a boa luta". Como veremos a seguir, Lula se encontrava bastante apreensivo sobre o que aconteceria no médio prazo. Mas Braga saiu confiante da visita: "O Brasil vem crescendo e há uma nova classe média surgindo com novos valores", disse. "Regras e práticas políticas condenáveis precisam ser mudadas e esta é a oportunidade."[87]

O problema era que, a cada espanada da faxina dilmista, Cunha recolhia no Congresso adeptos para a vingança que preparava lentamente. O giro republicano desmontava o sistema de alianças construído por Lula e, com isso, a base parlamentar do governo se esfacelava. Lula logo percebeu o que iria suceder. Numa precoce reportagem, em julho de 2011, o ex-presidente expressava o temor de que o troco viesse no momento em que a presidente estivesse fragilizada.[88] Lula via também que a faxina deixaria Dilma *mais dependente* do pmdb, pois a sigla presidida por Temer era o polo aglutinador do descontentamento.[89] A questão fundamental que o ensaio de Dilma não respondia era: ao afastar os que não se comportavam de maneira republicana, mas tinham votos no Congresso, com quem ela estabeleceria alianças?

Mesmo o pmdb tendo apoiado, em respeito ao acordo de 2006, Marco Maia (pt-rs) para a Presidência da Câmara no biênio 2011-3, Dilma foi metodicamente derrotada na Casa. Quando da primeira votação do Código Florestal, em maio de 2011, Alves, à frente do PMDB, orientou a aprovação de emenda que permitia plantações e pastos criados até julho de 2008 em Áreas de Preservação Permanente (APPs), considerada uma anistia potencial aos desmatadores. O líder do governo declarou que a emenda mudava "a essência do texto" apoiado pelo Planalto e que a presidente a considerava "uma vergonha para o Brasil".[90] Ainda assim, a emenda passou por 273 votos a 182. Foi o primeiro tropeço de uma cadeia que terminaria no alçapão do impeachment.

Em reação às substituições na Petrobras, um aliado de Cunha, o deputado Maurício Quintella (PR-AL), futuro ministro dos Transportes no governo Temer, pediu, em novembro de 2012, à Comissão de Minas e Energia da Câmara que acionasse o Tribunal de Contas da União (TCU) para apurar a compra da refinaria de Pasadena, nos Estados Unidos, pela Petrobras em 2006.[91] O objetivo era desgastar Dilma, sobre a qual recairia a responsabilidade de ter avalizado, como presidente do Conselho de Administração da estatal, a aquisição supostamente fraudulenta. Em maio de 2013, a maioria da bancada do PMDB assinou o pedido de instalação de CPI a respeito da estatal, dando continuidade à campanha de Quintella.[92]

Ainda em 2013, Alves assume a Presidência da Casa (dentro do rodízio PMDB-PT), e Cunha sucede-o na liderança do PMDB. Com dois homens de Temer em posições-chave, torna-se mais sólida a frente antirrepublicana que se montava em reação ao ensaio de Dilma. Em maio, na votação relativa aos portos, o vínculo com o PMDB chega ao "limite da ruptura".[93] O líder do governo é obrigado a negociar com Cunha a aprovação da Medida Provisória dos Portos, que "só ocorreu depois que o Palácio do Planalto cedeu e aceitou alterações propostas pelo PMDB", relataram os repórteres da *Folha de S.Paulo*, após de 37 horas seguidas de debates.[94]

Na prática, a MP dos Portos só passou depois de concessões relevantes. "A proposta de Dilma [...] proibia a prorrogação da concessão de terminais inadimplentes com o setor público [...]. Cunha esperneou, virou a Câmara do avesso e travou a votação, a fim de derrubar a proibição. Com a MP na iminência de perder a validade, derrotou Dilma", escreveu a *CartaCapital*.[95] Segundo a revista, a questão de fundo dizia respeito à possibilidade de permanecer à frente do Porto de Santos determinada empresa com que Temer teria antigas relações, o que acabou por acontecer. No ano seguinte haveria doação de 1,5 milhão de reais para a campanha do PMDB — um terço para o diretório carioca, onde Cunha seria candidato.[96]

A declaração de Cunha posterior à votação foi sintomática: "Queremos participar das formulações. Fazer como o Lula fazia".[97] Leia-se: não aceitamos a faxina operada por Dilma, não queremos que ela siga na Presidência, e fica subentendido que estamos com Lula para 2014. Com a queda de aprovação do governo por ocasião das manifestações de junho, os pemedebistas aumentavam o coro do "volta, Lula". Em julho, organizou-se, no gabinete vice-presidencial, uma enquete entre deputados e senadores sobre o que o partido deveria fazer em 2014.[98] No final do ano, em um gesto de provocação, Geddel Vieira Lima, então vice-presidente da CEF, pede publicamente, via Twitter, para ser exonerado pela presidente.[99] Mais tarde, na Lava Jato, Geddel seria acusado de dirigir, em parceria com Cunha, um esquema de empréstimos fraudulentos na instituição bancária.[100]

Como resultado da agregação realizada na Câmara, Cunha consegue formalizar um bloco independente no início de 2014. Era uma coalizão de sete partidos (PMDB, PP, PROS, PR, PTB, PSC e Solidariedade) sob o seu comando. Na primeira votação após a formalização da bancada "cunhista", a Câmara aprovou, por 267 votos a 28, uma comissão externa para apurar os desvios na Petrobras, em evidente afronta a Dilma, que seria, ironicamente, acusada de encobrir um esquema corrupto que ela havia desbaratado. O governo tentou obstruir, mas não conseguiu.[101] Cunha concluía com sucesso o trabalho de unificar as forças que o ensaio republicano descontentara. O "blocão da chantagem", conforme o designou o jornalista Janio de Freitas, era formado por cerca de 250 deputados e dominaria o plenário a partir de então.[102]

Em resumo, à medida que Dilma cutucava as onças clientelistas, formava-se no Congresso uma *sólida frente antirrepublicana*, equivalente ao antidesenvolvimentismo na economia (ver capítulo 1). Os deputados reunidos no blocão elegeriam Cunha presidente da Câmara em 2015 e, somados à vertente liderada pelo PSDB, derrubariam Dilma em 2016. O grupo de Temer, que começara aliado do PSDB dentro do pemedebismo, voltava às origens. "A cada dia que passa me convenço mais que temos de repensar esta aliança, porque não somos respeitados pelo PT", afirmava Cunha no começo de 2014.[103] A convenção do PMDB, em junho de 2014, teve 40% dos votos *contra* a renovação da aliança em torno de Dilma.[104]

Lula tentou intervir, buscando convencer a presidente a fazer concessões por meio de Ricardo Berzoini, nomeado ministro das Relações Institucionais na reforma ministerial realizada no início de 2014. Não deu certo.[105] Temer reivindicava os ministérios das Cidades e da Integração Nacional e não levou nenhum dos dois. Ao contrário, ao nomear Aloizio Mercadante para a Casa Civil, o principal posto do ministério, Dilma açulava mais as feras pemedebistas, pois Mercadante era visto como anti-PMDB.

Os sinais de afastamento se avolumavam. No Congresso Nacional, o PMDB se juntou à oposição para instalar a CPMI da Petrobras em maio de 2014, às vésperas da campanha eleitoral.[106] Nesse caso, o PMDB do Senado também embarcou: "Não queríamos mais aguentar esse fardo", declarou Renan, referindo-se às pressões, então aumentadas pelo início da Lava Jato.[107] Ao responder, em março de 2014, a uma reportagem de *O Estado de S. Paulo*, segundo a qual Dilma havia votado a favor da compra de metade da usina de Pasadena em 2006, a presidente fez questão de afirmar que o fizera apenas por haver recebido "informações incompletas" e parecer "técnica e juridicamente falho" da gestão anterior à de Foster. A declaração criava uma aresta com respeito ao governo Lula e favorecia as investigações na estatal.[108]

Os sete meses em que a CPMI funcionou potencializaram a Operação Lava Jato, produzindo um intenso noticiário ao longo da pré-campanha eleitoral, o que propiciou a criação de outra CPI da Petrobras, estimulada por Cunha, logo no começo do segundo mandato de Dilma. Depois da reeleição, a guerra contra Dilma se tornou aberta. Eduardo Cunha, aproveitando a diminuição da bancada do PT, lança-se, três dias após o pleito, candidato à Presidência da Câmara. Como uma espécie de Ricardo III que declarasse "uma vez que não posso e não sei agir como amante […] estou decidido a agir como um canalha", Cunha dava início ao enredo explícito que terminaria com a defenestração presidencial. Descrito por amigos, aliados, adversários e inimigos como personagem "sem limites", o deputado tinha a inteligência, a energia, a liderança, os recursos financeiros, o controle dos regimentos e a frieza necessários para comandar a guerra contra a presidente. Sem hesitação, rompia o acordo de revezamento para a Presidência da Câmara estabelecido em 2006 com o PT.[109] Como o presidente da Câmara detém o poder constitucional de fazer andar o impeachment, a intenção era óbvia.

No fim de 2014, Henrique Alves, derrotado na campanha para governador do Rio Grande do Norte, mas ainda na Presidência da Câmara, força a votação da Política Nacional de Participação Social (PNPS). A PNPS previa que os órgãos da administração deveriam consultar instâncias de participação social para formular as políticas públicas.[110] Unindo-se à oposição, Alves leva o PMDB a derrubar a medida de Dilma. Estava dado o primeiro passo para a unidade entre PMDB e PSDB. Como a maioria requerida pelo impeachment é extensa, era indispensável juntar os partidos. Completada a travessia das duas agremiações em direção ao golpe parlamentar, elas transformariam o 26 de outubro da reeleição de Dilma numa vitória de Pirro, colocando no lugar dele o 17 de abril de 2016, em que o impeachment coroaria Michel Temer.

6. Dilma por ela mesma

A posse de 2015 em nada lembrou a de 2011. Economia em recessão e empreiteiros presos. Preços administrados a ser corrigidos, o que causaria inflação. O ajuste fiscal implicaria demissões em massa, matando o ensaio desenvolvimentista. O pré-plano deixado por Mantega previa cortes no seguro-desemprego, no auxílio-doença e na pensão por morte, apesar de a presidente ter prometido na campanha que não mexeria em direitos do trabalhador "nem que a vaca tussa".[1] A Lava Jato incendiava a classe média, colocando em risco a direção da Petrobras, escora do ensaio republicano.[2] Na Câmara dos Deputados, o número de sindicalistas diminuíra de 83 para 46, contra 190 empresários. A bancada ruralista crescera de 191 representantes para 257. "No caso de policiais e setores vinculados, como o de apresentadores de programas policialescos, foram eleitos 55 deputados."[3] Os 304 deputados da base aliada eram apenas nominais, pois o blocão de Eduardo Cunha comandava dois terços do conjunto, dos quais 157 teriam sido financiados por ele próprio.[4]

Conta-se que, na noite da vitória, a mandatária estava como que ausente, olhando o infinito, sem demonstrar alegria por ter ganhado. Detestava debates na TV e prometia nunca mais participar de nenhum, mostrando-se desgostosa com a experiência da campanha. Em seguida, nos dois meses até 1º de janeiro, a presidente se ensimesmou, deixando auxiliares atônitos. A montagem do ministério foi feita em reuniões solitárias com Aloizio Mercadante. Não se sabe o que conversaram, mas as conclusões foram incongruentes. Dilma cometeu o erro elementar de brigar com a esquerda e a direita ao mesmo tempo, além de se distanciar de Lula, a única sustentação que lhe restaria numa situação como aquela.

Diante das dificuldades, o ex-presidente adotou, como de hábito, a linha "dobro, mas não quebro". Orientou Dilma a reatar com o PMDB, acordando com Eduardo Cunha a participação do PT na Mesa da Câmara. Aconselhou-a também a dar um papel de destaque a Michel Temer, talvez o Ministério da Justiça.[5] O ex-presidente julgava que Temer não podia ficar ocioso e saberia conversar com o STF e a PF, em busca de um equacionamento para a Lava Jato. Sugeriu alocar o ex-governador da Bahia, Jaques Wagner, na Casa Civil, e manter Ricardo Berzoini nas Relações Institucionais, dois negociadores capazes de refazer as pontes com o Congresso. Na Economia, insistiu em Henrique Meirelles, como fazia desde 2012, de maneira a reaproximar os empresários e o "mercado" do governo por meio de um quadro em que Lula aprendera a confiar durante os seus oito anos de mandato. Na Petrobras, argumentou pela substituição de Graça Foster, talvez por Murilo Ferreira, que havia sido presidente da Vale. O objetivo era esvaziar o foco de tensão constituído em torno da estatal petrolífera.[6]

Para surpresa de tantos quantos percebiam o tamanho da tempestade, Dilma recusou *todas* as diretrizes de Lula. Resolveu encarar os problemas a seu modo. Como se ter vencido uma "campanha de forte embate político e ideológico. Talvez a mais politizada que já tivemos",[7] conforme o publicitário João Santana, lhe desse o passaporte para, finalmente, fazer o *seu* governo, com a *sua* cara. Durante quase um ano, enquanto Lula ficou de facto afastado, Dilma cometeu erros em série, os quais destruíram a imagem de governante correta que ela construíra para si mesma no primeiro mandato, facilitaram a vida dos impedicionistas e despedaçaram o lulismo. A falta de profissionalismo político, de que sempre fora acusada pelos detratores e não se evidenciara entre 2011 e 2014, ficava patente agora.

Na economia, Dilma decidiu fazer um arriscado cavalo de pau, partindo para o ajuste recessivo que jurara não realizar. Do ponto de vista da classe trabalhadora, foi uma tragédia, cujo custo ainda é difícil aquilatar enquanto este livro é concluído. Do ponto de vista político, a mandatária rompia com a base que lhe restava, conforme vimos no capítulo anterior. Numa eleição superpolarizada, Dilma fora eleita pelos pobres, que confiaram nas suas promessas. Ao traí-los, ficara sozinha. Foi advertida por interlocutores qualificados de que, ao optar pelo modelo neoliberal, estava caindo numa armadilha sem volta. Respondeu que em um ano a situação estaria resolvida, o Brasil não perderia o grau de investimento e Levy poderia ser afastado. Os fatos se encarregaram de mostrar quão distante da realidade se encontrava a percepção da candidata reeleita.

Seja como for, ao chegar à conclusão de que era necessário apelar para a ortodoxia, ela teria que se cercar de todos os cuidados, pois se tratava de uma operação arriscadíssima para qualquer presidente. Mas em lugar de chamar o experimentado Meirelles, que Lula garantia controlar, para dirigir o choque, Dilma convidou o banqueiro Luiz Carlos Trabuco, presidente do Bradesco.[8] E, quando Trabuco recusou o convite, aceitou um subordinado dele, Joaquim Levy, que desempenhava o cargo de diretor-superintendente do Bradesco Asset Management, braço de fundos de investimento do banco.

Meirelles e Trabuco eram figuras de alta estatura no sistema financeiro: respectivamente ex-presidente mundial do BankBoston e presidente de um conglomerado nacional que fazia parte dos maiores do planeta.[9] De acordo com uma versão, Dilma optou por Levy acreditando que, por ser mais jovem e com menos apoio político, seria mais fácil de controlar e afastar, uma vez feitos os ajustes, o que duraria entre um semestre e, no máximo, um ano. Ao escolher alguém de menor peso, a presidente claramente não estava avaliando de maneira adequada a dimensão da crise, que provocaria a maior recessão desde o começo da década de 1980. Lula afirma que nunca compreendeu a opção de Dilma por Levy. "Meirelles é um homem de mercado, e quando aceitou ser meu presidente do Banco Central, ele tinha sido o deputado federal mais votado do PSDB de Goiás. [...] E eu dizia para Dilma que Meirelles precisava de orientação. Se der, ele vai cumprir. Ele tinha confiança do mercado e tinha saído testado e aprovado do meu governo. Mas não sei por que ela escolheu o Levy."[10] Pode ter havido um componente subjetivo. Em 2009, quando foi descoberto que Dilma tinha câncer linfático, segundo o ex-secretário de Imprensa, Rodrigo de Almeida, "Meirelles aproveitara a notícia para dizer a Lula que se Dilma não se recuperasse, ele estaria ali, com saúde e à disposição para ser candidato".[11]

Feita a escolha de virar à direita na economia, Dilma estava condenada a uma guinada à direita também na política, por mais dolorosa que fosse. Quando o presidente da República perde apoio na sociedade — e isso era obviamente o que ia acontecer a partir da escolha que ela fizera —, o Congresso não pode ser desafiado. Tal era a lição de Fernando Henrique Cardoso, que Lula aprendera e praticara. Fernando Henrique tinha até descrito a mecânica do processo: "Dada a fraqueza relativa dos partidos e a força do Congresso — um paradoxo brasileiro —, se o Presidente não se mantém forte, o 'fisiologismo' […] predomina sobre a capacidade de o governo definir e implementar uma agenda de transformações no país".[12] No fim, o prognóstico fatal, que Dilma ignorou: quando o presidente da República "perde a influência na condução da Câmara ou do Senado, começa o enfraquecimento do governo"[13] e "dada a fragilidade do apoio propriamente partidário, […] os riscos de interrupção do mandato existem e a agitação para-golpista de setores oposicionistas continua sendo um sinal de fraqueza institucional".[14] Nesse caso, como vimos no capítulo anterior, com a ajuda do próprio PSDB e de Fernando Henrique Cardoso.

Sabidamente jejuna nas lides congressuais, pois nunca havia sido deputada ou senadora, a presidente avaliou que poderia fazer o choque recessivo e, *simultaneamente*, enfrentar o PMDB. Decidiu recuar no ensaio desenvolvimentista, mas seguir com o ensaio republicano, como se política e economia estivessem desconectadas, quando são "duas faces de uma mesma realidade social", nas palavras de Fernando Rugitsky.[15] Como um carro que breca e acelera simultaneamente, o governo começou a rodopiar. O desconhecimento da dinâmica parlamentar por parte da presidente parecia decorrer também de uma espécie de alergia aos políticos. Recebera apenas dois deputados federais e treze senadores em audiências exclusivas no seu gabinete durante o primeiro mandato *inteiro*.[16] Enquanto isso, Temer "recebia para audiências, em média, cinco políticos por dia, entre ministros, senadores, deputados e presidentes de partido".[17] O gabinete do vice era, segundo expressão dos jornalistas Chico de Gois e Simone Iglesias, uma espécie de pronto-socorro político.[18] Nas palavras do senador petista Humberto Costa (PE), líder do governo no segundo mandato, "o modo de governar da presidente Dilma é um modo em que esse aspecto da conversa, do entendimento, da negociação não é aquilo que ela sente mais prazer em fazer".[19]

Isso explica que Dilma tivesse se enganado redondamente quanto às chances de derrotar Eduardo Cunha na eleição de 1º de fevereiro de 2015 para a Presidência da Câmara, apostando na candidatura de Arlindo Chinaglia (PT-SP). Para organizar a campanha de Chinaglia, aproximou-se do ex-ministro Ciro Gomes, advogado de longa data do confronto com o PMDB. Manteve Aloizio Mercadante na Casa Civil e colocou o deputado Pepe Vargas (PT-RS), de uma das correntes em que se divide o petismo, denominada Democracia Socialista (DS), no comando da Secretaria de Relações Institucionais. À equipe convocada para organizar a batalha contra Cunha juntou-se o ex-prefeito de São Paulo Gilberto Kassab, líder do Partido Social Democrático (PSD), que tinha um plano específico, como veremos adiante. Antes, porém, de analisarmos os desdobramentos de cada uma das escolhas de Dilma, cabe uma palavra sobre a terceira frente que a presidente precisava equacionar.

À medida que a Lava Jato ia tecendo um cerco cada vez mais apertado em torno do lulismo, a estratégia do Planalto era tirar Dilma da confusão. A partir da Lava Jato, o ensaio republicano adquire uma conotação defensiva, que não estava presente na formulação original, pois evitava que Dilma caísse na vala comum em que os políticos eram, um após o outro, fulminados por Curitiba. Ao contrário do pretendido por Lula, a presidente manteve José Eduardo Cardozo na Justiça e Graça Foster na Petrobras, possivelmente na esperança de contar com a Lava Jato para se ver livre de Cunha antes que ele a afastasse. Em dezembro de 2014, Cardozo reconhecia haver "fortes indícios de corrupção" na Petrobras.[20] Em janeiro, ao divulgar o balanço de 2014, a Petrobras reconheceu perdas de bilhões de reais, tendo em vista os desvios.[21] Quem sabe, se a Lava Jato levasse adiante a desmontagem que Dilma havia iniciado ao demitir os diretores da Petrobras em 2012, o blocão clientelista seria abalado e a presidente pudesse se salvar.[22]

Para fortalecer Foster, inclusive, Dilma orientou os ministros a defendê-la na imprensa e decidiu tirar Moreira Franco do ministério da Aviação Civil, comprando mais uma briga com Temer (que lhe cobraria o fato na famosa carta de dezembro — ver capítulo 7), quando o ex-governador do Rio atacou a direção da estatal numa entrevista.[23] Mercadante, Cardozo e Foster eram pessoas de confiança de Dilma. Nas palavras do ex-secretário de Imprensa, a presidente "entrincheirou-se no Planalto e removeu grande parte dos remanescentes do lulismo abrigados no palácio".[24] Substituiu Gilberto Carvalho, muito próximo a Lula, colocando na secretaria-geral da Presidência Miguel Rossetto, da mesma corrente petista a que pertencia Vargas. A presidente não entendeu que a Lava Jato, apesar de ter efeitos republicanos, acabaria por se concentrar, de maneira facciosa, na demolição do lulismo (capítulo 7), arrastando-a junto, sem nenhuma consideração pelas salvaguardas republicanas que ela havia cultivado.

Lula comentava com interlocutores que Dilma o tratava como a um pai, a quem escutava, prometia obedecer e depois fazia o contrário. De acordo com o jornalista Ricardo Westin, o afastamento de Dilma em relação a Lula começara no período em que este ficou recolhido por seis meses para tratar de um câncer na laringe, descoberto em outubro de 2011. "Quando ele se curou e pôde voltar à ativa, em março de 2012, Dilma acreditava que já havia aprendido o suficiente e não precisava mais de guru nenhum", segundo Westin.[25]

Há indícios, contudo, de que o distanciamento começou antes. Desde o início do seu governo, influenciada por João Santana, Dilma tentou se diferençar do ex-presidente. A palavra faxina, por exemplo, teria sido uma invenção do marqueteiro, com o fito de dar a Dilma uma marca própria, e há observações de que a equipe de comunicação do Planalto se mobilizou para tanto. Nos primeiros cem dias, a posição mais crítica ao Irã e a recepção ao presidente dos Estados Unidos também foram destacadas como distinções positivas em relação aos governos Lula. Em junho de 2011, a carta elogiosa a Fernando Henrique Cardoso, a propósito dos oitenta anos do ex-mandatário, teve o mesmo objetivo.

No princípio, deu certo. Dilma foi a mais bem avaliada presidente no primeiro ano de mandato, o que pode ter influenciado todo o roteiro posterior.[26] Quando, em maio de 2012, recuperado do câncer, Lula declarou numa entrevista de TV que estava disposto a concorrer em 2014, Dilma fez que não ouviu. Em um diálogo quatro anos mais tarde, o ex-ministro Nelson Barbosa disse ao ex-presidente: "O senhor sempre deixou claro que só seria candidato se ela não quisesse se candidatar. No entanto, ela nunca perguntou se o senhor gostaria de ser candidato". Resposta de Lula: "Pois é, meu filho, estou esperando até hoje".[27] Dilma, além de ter feito um diagnóstico errado a respeito da situação econômica, do vínculo indissociável entre economia e política, do quadro partidário na Câmara e do sentido da Lava Jato, prescindiu de Lula no momento em que a experiência dele seria indispensável. "Até agora a Dilma não entendeu o que aconteceu com ela", teria comentado o ex-presidente em 2017.[28]

O PRÓLOGO DE 1º DE FEVEREIRO

A votação secreta que elegeu Eduardo Cunha presidente da Câmara, em 1º de fevereiro de 2015, antecipou a votação aberta que aprovou o impeachment, em 17 de abril de 2016. Como diria Trótski, "o prólogo já continha todos os elementos do drama".[29] Em conformidade com os roteiros mais bem elaborados, os elementos da trama foram se alinhando à medida que a narrativa evoluía para o desfecho. O placar de 1º de fevereiro mostrou o plenário dividido em três porções: uma polarizada pelo PSDB, com os cem deputados que votaram a favor de Júlio Delgado (psb-mg); outra aglutinada em torno do pt, com 136 votantes a favor de Chinaglia; e o "blocão", liderado pelo pmdb, com os 267 parlamentares que sufragaram Cunha. Quando estivesse pronto o pacto entre o primeiro e o terceiro segmentos, se alcançaria o quórum exigido pelo art. 51 da Constituição Federal para autorizar o processo de impedimento.

Como vimos no capítulo 5, a frente antirrepublicana representada pelo blocão crescera paulatinamente, sob a liderança de Cunha, em resposta à faxina de Dilma no primeiro mandato. Chegara o momento de consolidar a obra. De acordo com a colaboração premiada do empresário Joesley Batista, ele teria investido 30 milhões de reais para comprar votos a favor de Cunha em 1º de fevereiro.[30] Os partidos conservadores, apesar de terem pastas ministeriais, traíram tranquilamente a presidente,[31] que estava imobilizada. Ela não podia cobrar a infidelidade, sob pena de agravar a própria solidão e, segundo assinala Westin, "a falta de castigo" serviu "de estímulo para a reincidência na infidelidade".[32]

Pepe Vargas admitiria mais tarde que a tentativa de eleger Chinaglia tinha sido "um erro".[33] Mas o que levou a esse equívoco decisivo? Consta que Cunha oferecera a vice-presidência da Mesa ao pt e a secretaria-geral a Delgado. Examinado em retrospecto, Dilma foi levada à candidatura Chinaglia por um plano irrealista. Sob o comando dos irmãos Ciro e Cid Gomes, o Partido Republicano da Ordem Social (pros), com onze deputados, reuniu-se à enfraquecida frente de esquerda, formada apenas por pt, pdt e pcdob, uma vez que o psb tinha se alinhado à oposição. Depois, juntou-se à *armata* Brancaleone o ex-prefeito de São Paulo Gilberto Kassab, muito próximo a Serra, que, como vimos, era um dos principais articuladores do impeachment. Apesar de perder oito cadeiras em 2014, o psd de Kassab conseguira eleger 37 deputados. Kassab acalentava a ideia de criar um Partido Liberal e atrair para si nada menos que trinta deputados federais — os quais legalmente só poderiam se transferir para uma agremiação recém-criada. Depois, a nova sigla seria fundida ao PSD, e talvez ao PROS, superando assim o PMDB em número de parlamentares.

Se o planejamento funcionasse, Dilma conseguiria se livrar da dependência em relação ao partido de Cunha e Temer. Mas o fracasso a deixaria completamente refém da dupla: um salto triplo, portanto, sem rede de proteção. Dilma pôs Cid Gomes no importante Ministério da Educação e Gilberto Kassab no Ministério das Cidades, criando um problema que lhe custaria caro ao desalojar de lá o Partido Progressista (PP). Dilma contava que o PP, o Partido da República (PR), o Partido Trabalhista Brasileiro (PTB) e o Partido Republicano Brasileiro (PRB), a quem dera respectivamente os ministérios da Integração Nacional, dos Transportes, do Desenvolvimento, Indústria e Comércio Exterior, e do Esporte, votariam em Chinaglia. Tudo confirmado, o Planalto contaria com 263 sufrágios e venceria o pleito.[34]

Há sinais de que, até uma semana antes da votação, dirigentes experimentados do PT também apostavam no êxito da estratégia. De acordo com um relato, diante de outros interlocutores que foram convencer a presidente a desistir da disputa a poucos dias do pleito, ela teria dito: "Vocês não entendem nada de política". Chegada a hora H, a composição ministerial não impediu que Chinaglia perdesse boa parte dos 117 votos que os quatro partidos do campo da direita tinham prometido. Por isso, entrara no plenário derrotado por 218 votos a 180. Ainda por cima, como a eleição foi secreta, sofreu outras 44 defecções de última hora.[35] Nem sequer houve segundo turno.

O projeto de criação do Partido Liberal e, por meio dele, o de erguer uma sigla que superasse o PMDB na Câmara desapareceria nas cinzas. Depois de empossado, Cunha fez aprovar um texto que ficou conhecido como Lei Anti-Kassab.[36] De acordo com a nova lei, haveria uma quarentena de cinco anos para que um partido recém-criado pudesse se fundir a outro. A ideia de criar uma nova agremiação para receber parlamentares trânsfugas gorava. Em agosto, o projeto de Kassab sofreria outro revés, quando o TSE indeferiu o pedido de criação do PL, que não conseguira a certificação do número de assinaturas necessárias. Nunca mais se falou no assunto. Depois de aprovado o afastamento da presidente, Kassab se tornou ministro de Ciência, Tecnologia e Comunicações de Temer.

Diante da correlação de forças revelada em 1º de fevereiro, a Dilma só restavam duas alternativas: um acordo com a oposição ou grandes concessões ao PMDB. Veremos que, nos meses subsequentes, namorou-se a possibilidade de abrir um diálogo com o PSDB, o qual nunca foi adiante. Restava a negociação com o pemedebismo, que a presidente recusou até outubro. Parecia preferir a cassação a se compor com o homem forte da Câmara, ou talvez imaginasse que a Lava Jato, correndo por outro trilho, a resgataria antes da queda. Cunha parecia entender o contrário. Aproveitando o impulso da Lava Jato, convocou em 5 de fevereiro uma nova CPI da Petrobras, colocando na presidência o aliado Hugo Motta (PMDB-PB), de modo a convocar Graça Foster, entre outros, a depor.[37] Cunha invertia o jogo, usando a Lava Jato para encurralar Dilma. É verdade que ele próprio seria enredado no instrumento que criou. Confiante, apresentou-se espontaneamente à CPI em março, depois de ter seu nome incluído na lista do procurador-geral entre os políticos a ser investigados pela Lava Jato. Ao depor na CPI, foi surpreendido pela pergunta de adversários sobre contas na Suíça. "Não tenho qualquer tipo de conta em qualquer lugar que não seja a conta que está declarada no meu imposto de renda", respondeu. Seis meses depois, a conta aparecia, conforme o próximo capítulo tratará.[38]

O erro de cálculo de Dilma pode também ter relação com uma leitura equivocada sobre o PMDB. "A hegemonia do senhor

Eduardo Cunha tem pauta, ele não é um centro que é passível pelos seus valores democráticos, seus valores civilizatórios, não é passível de construir com ele uma posição comum e um consenso. Não, ele tem pauta, tem pauta conservadora e tem pauta ultraneoliberal", diria Dilma numa entrevista posterior.[39] De fato, uma parte dos analistas, inclusive o autor destas linhas, se iludiu quanto ao caráter centrista do PMDB. O impeachment evidenciou que o PMDB, tal como o PSD do período 1945-64, percorre livremente o espectro que vai do centro à direita, deslocando-se sempre que o vento muda. Ele não é de centro nem democrata, embora possa estar ao centro e a favor da democracia, a depender das circunstâncias.

O erro quanto ao caráter do PMDB talvez tenha levado Dilma a uma incompreensão dos papéis respectivos de Cunha e Temer, pois o então vice-presidente era visto como eixo do centrismo pemedebista, enquanto Cunha desempenharia o papel de levar o partido para a direita. "Quando o senhor Eduardo Cunha assume a liderança do PMDB na Câmara, ele não assume só a liderança; ele disputa a hegemonia dentro do PMDB", disse Dilma.[40] A verdade era outra. Como ficará claro com a segunda denúncia do procurador-geral Rodrigo Janot contra Temer em 2017, os dois faziam parte da mesma corrente. Dilma tendia a considerar a ascensão de Cunha um desvio que poderia ser corrigido por Temer, quando, na verdade, ele representava a tendência principal da legenda, sob a *liderança* de seu vice.

O que pode ter confundido Dilma, também, é que, de maneira combinada, Temer e Cunha dividiam as funções para efeitos públicos. Há uma interessante passagem a respeito na colaboração premiada de Márcio Faria, um executivo da Odebrecht. Relatando suposta reunião com Temer, Henrique Alves e Eduardo Cunha em 2010, Faria conta que indagou sobre as dificuldades de relacionamento com a então futura presidente. Temer respondeu: "Não estou preocupado", e explicou que, "se acontecer qualquer coisa [...], esses rapazes aqui", e apontou para os dois deputados, "resolvem para mim", afirmando "que ela vem e fica aqui [no meu colo]".[41] A narrativa explicita a natureza de um jogo que talvez tenha ludibriado Dilma. Quando a conjuntura pedia um deslocamento para a direita, como depois de 2013, o PMDB reposicionava a vela para pegar o vento de destra, e Cunha era instrumento de navegação.

Claro que, como em toda estrutura de comando, há tensões ocasionais. Agigantado pela vitória acachapante do 1º de fevereiro, Cunha obrigou Dilma a demitir Graça Foster, uniu PMDB e PSDB para aprovar a PEC da Bengala, tirando de Dilma a possibilidade de indicar cinco ministros ao Supremo e, quando da convocação à Câmara do ministro da Educação, em 18 de março de 2015, forçou a presidente a tirar do governo o ex-governador do Ceará. Há depoimentos segundo os quais, naquele momento, o excessivo poder de Cunha produziu algum medo até em Temer.

Cid Gomes foi convocado à Câmara a pedido do Democratas para esclarecer supostas declarações que dera em visita à Universidade Federal do Pará (UFPA) em 27 de fevereiro. Referindo-se à Casa do Povo, teria dito então: "Tem lá uns quatrocentos deputados, trezentos deputados que, quanto pior, melhor para eles. Eles querem é que o governo esteja frágil porque é a forma de eles achacarem mais, tomarem mais, tirarem mais, aprovarem as medidas impositivas".[42] Chegando à Câmara, o ministro se dirige à tribuna e aponta para o presidente Eduardo Cunha, chamando-o de "achacador".

Cid acrescenta que os partidos de situação tinham o dever de apoiar o Executivo, "ou então larguem o osso, saiam do governo". Arma-se um pandemônio no plenário lotado, e o ministro se retira.[43] O PMDB ameaça deixar a base do governo se Gomes não fosse demitido. Quando chega ao Planalto, para onde se dirigiu diretamente da Câmara, Gomes é avisado de que perdera o cargo.

Cunha teve o prazer de ser o primeiro a anunciar, no plenário, exatos 26 minutos depois de ser chamado de "achacador", que a cabeça de Cid fora cortada.

No final de março de 2015, Lula, convencido de que a única saída era negociar com o PMDB, volta à carga. Segundo Raymundo Costa, em uma conversa aos gritos, cerca de uma semana depois da demissão de Gomes, o ex-presidente afirma que não voltaria a falar com Dilma se não fossem feitas as mudanças no governo que ele sugeria desde 2014. Volta a exigir a saída de Mercadante, visto como empecilho para o entendimento com o PMDB, e insiste que seja dado um lugar de destaque a Temer.[44] Dilma recusa-se, mais uma vez, a tirar Mercadante do cargo, mas aceita ceder a articulação política ao PMDB, deslocando Pepe Vargas para os Direitos Humanos. Convida Eliseu Padilha para as Relações Institucionais, o que abriria espaço para Henrique Alves na Aviação Civil. Como Padilha rejeita largar a Aviação Civil, Dilma acaba por entregar a articulação política ao próprio Temer, nomeando Henrique Alves para o Ministério do Turismo. O preço foi desagradar o PMDB do Senado: Renan Calheiros vê um indicado seu, Vinicius Lages, perder o posto de ministro do Turismo. A Lages seria conferida, em troca, uma diretoria do Sebrae, mas Renan não aceitou.

A turma de Temer passa, então, a ter dois ministérios estratégicos às vésperas das Olimpíadas (Aviação Civil e Turismo), além dos Portos, e a comandar as relações com o Congresso. O secretário-geral do PMDB, Geddel Vieira Lima, "exilado" na Bahia, divulgaria no Twitter um comentário jocoso: "E a presidente vai virando mulher de malandro. Apanha do PMDB e dá mais ministérios. Com isso, vai perdendo o que resta de autoridade e não resolve o atrito com o partido".[45]

Durante os cinco meses em que Temer esteve à frente da articulação política, fez o papel de "bom policial", que ajudava na votação das medidas de austeridade, como a elevação do tempo de trabalho necessário para requerer o seguro-desemprego, as restrições ao auxílio-doença e à pensão por morte. Com isso, aumentava o prestígio junto aos empresários. Cunha seguiu no papel do "mau policial", derrotando o governo nos temas em que este assumia posições à esquerda, como a proposta de manter a proibição de terceirização nas atividades-fim e da não redução da maioridade penal. A aprovação, por 324 votos a 137, do projeto que expandia a terceirização das relações de trabalho permitiu a Cunha novamente unificar o PSDB e o blocão.

A partir da legislação aprovada, as empresas passariam a poder usar trabalho terceirizado também para as suas atividades-fim.[46] O projeto tramitara entre 1998 e 2002, e o PSDB conseguiu aprová-lo no final da gestão de Fernando Henrique Cardoso. Mas, como houve mudanças no texto original, voltou à Câmara, e Lula, quando assumiu, solicitou que fosse retirado de pauta. Em consequência, a proposta ficou no limbo entre 2004 e 2015, até que, em 7 de abril, Cunha a desarquivou e colocou em votação em tempo recorde, para felicidade da Fiesp e contrariedade de Dilma. "Não é verdade quando dizem que a terceirização fere a CLT porque as empresas prestadoras de serviços (terceirizadas) registram a carteira de seus funcionários", disse Skaf na véspera da votação.[47] "A posição do governo é no sentido de que a terceirização não pode comprometer direitos dos trabalhadores. Nós não podemos desorganizar o mundo do trabalho", declarou Dilma. Cunha, seguro da própria estratégia, declarou: "Ela [presidente] tem de ter a cautela de que o governo federal deve ter a posição da maioria de sua base de sustentação. Passa a ser perigoso quando você assume a pauta do PT".[48]

O projeto da terceirização foi um momento significativo no processo do impeachment. Skaf comprou espaço no intervalo do *Jornal Nacional* para defender a proposta.[49] Desde a campanha contra a CPMF, em 2007, Skaf e o PMDB estavam próximos, constituindo a pré-história do movimento contra os impostos: "O pato amarelo estava sendo gestado", lembrou Dilma mais tarde.[50] Em 2011, Temer levaria Skaf para o PMDB, partido pelo qual seria candidato a governador de São Paulo em 2014. A terceirização foi mais um ponto de encontro entre a frente antidesenvolvimentista e a frente antirrepublicana. O alinhamento social do impeachment começava a se constituir, embora o pleno engajamento do empresariado contra Dilma ainda dependesse de outros fatores, que serão analisados em breve.

Do ponto de vista congressual, a esperança de Dilma era Cunha receber uma flechada desde fora. Em 16 de julho de 2015, o dardo chega. Um ex-consultor da empresa Toyo Setal diz, em delação ao juiz Sergio Moro, que Cunha havia pedido 5 milhões de dólares em propina para viabilizar um contrato de navios-sondas com a Petrobras.[51] Cunha atribui a denúncia a uma manobra do procurador-geral, associado, na sua visão, ao Planalto.[52] Mais tarde, diria: "Havia uma linha direta entre Janot e Dilma, que passava pelo José Eduardo Cardozo [...]. Uma operação coordenada. Eles precisavam me derrubar, mas eu derrubei a Dilma antes".[53] Segundo o jornalista Tales Faria, Cunha exigiu que Dilma exonerasse o procurador ou se comprometesse a não reconduzi-lo ao posto em setembro, quando se encerrava o seu mandato.[54] Ao ver recusadas as exigências, Cunha se precipita e decide romper formalmente com Dilma: "Saiba que o presidente da Câmara agora é oposição ao governo".[55] Empurrado pela Lava Jato, declarou: "Eu, formalmente, estou rompido com o governo. Politicamente estou rompido".[56] Mas as condições para o impeachment ainda não estavam completas, e a precipitação de Cunha daria uma sobrevida a Dilma.

UM GOVERNO QUE RODOPIA

Quando, na tarde da quinta-feira, 27 de novembro de 2014, a presidente anunciou Levy na Fazenda, ficava claro que haveria uma virada neoliberal. De uma tacada, Dilma se afastava da esquerda e melhorava a relação com o mercado e os empresários, embora a um preço altíssimo. Logo começaram as demissões, e o sentimento de traição espalhou-se pela população. A aprovação da presidente caiu 29 pontos percentuais — de 42% a 13% — entre dezembro de 2014 e junho de 2015.[57] O convite a um executivo de banco para fazer o ajuste recessivo, depois de a campanha ter atacado os banqueiros, legitimou a acusação de estelionato eleitoral.

Além de ter mudado de orientação da noite para o dia, sem nenhuma explicação ao eleitorado, desmoralizando o desenvolvimentismo, Dilma não percebeu que "a economia brasileira" caminhava "para o abismo", conforme a previsão acertada dos economistas Luiz Gonzaga Belluzzo e Pedro Paulo Bastos. Escrevendo logo depois da reeleição, Belluzzo e Bastos fizeram a seguinte síntese: "A economia brasileira desacelerava no primeiro governo Dilma até ensaiar um mergulho em 2014, o que exigia que se revertesse o aperto monetário executado desde 2013 e a perda de importância do investimento público desde 2011. Ao invés disso, o governo reeleito optou por seguir a cartilha da oposição de direita e o jogral dos porta-vozes do mercado financeiro: a austeridade".[58] A opção iria produzir a maior queda do PIB "já medida com precisão no país":[59] –8,6%, comparável à dos anos 1980, que resultou na década perdida. Segundo o Comitê de Datação de Ciclos Econômicos (Codace) do Ibre/FGV, a recessão de 1981-3 representou –8,5% do PIB, e a de 1989-92, –7,7%.[60]

Conforme mencionado, Dilma punha fé que em um semestre, no máximo um ano, o vale recessivo estaria superado, e o crescimento voltaria. Talvez, então, deslocasse o desenvolvimentista Nelson Barbosa do Planejamento para a Fazenda, como acabou acontecendo no final de 2015, mas em meio a uma terrível debacle. Segundo o ex-secretário de Imprensa,

> Tanto ela quanto o seu novo ministro da Fazenda cometeram pelo menos um erro na partida: imaginaram que a agenda do ajuste seria aprovada de maneira rápida pelo Congresso. Duraria talvez o primeiro semestre de 2015. Embora Levy fosse de longe mais cético em relação à recuperação da economia do que Dilma e Nelson Barbosa, havia no ar uma compreensão de que se chegaria ao início do segundo semestre de 2015 com uma perspectiva bem melhor para a economia. O Brasil veria criada a condição para a economia voltar a crescer ainda naquele ano [...].[61]

Quiçá Dilma tenha subestimado a intensidade da contração econômica e das demissões. O desemprego subiu mais de 50% — de 4,3% para 6,5% — no primeiro trimestre de 2015. Mesmo que a previsão de saída rápida estivesse correta, dependeria de apoio no Congresso. Seria, nesse caso, uma situação parecida com a da reeleição de Fernando Henrique Cardoso em 1998. Na campanha, o candidato havia prometido manter a renda e ampliar o emprego. Reeleito, desvalorizou o real, provocando forte retração da economia. Sua popularidade despencou. Como disse Lula, "o ano de 2015 foi muito parecido ao de 1999, quando Fernando Henrique Cardoso tinha uma popularidade de 8% e o país tinha quebrado três vezes. Mas, nessa ocasião, o presidente da Câmara era Michel Temer e ele ajudou a governar".[62]

Caso a recessão tivesse sido controlada no prazo previsto por Dilma, o barulho em torno do impeachment poderia cessar no fim do ano, como se aplacou o "Fora FHC" quando a economia voltou a funcionar e fechou 1999 com um pequeno crescimento (0,3% do PIB).[63] Mas, como a recessão com Dilma seguia se aprofundando

— o PIB caiu mais 3,6% em 2016 —, a presidente precisaria estar preparada para turbulências muito maiores. Ela não estava sequer equipada para uma ventania forte como a enfrentada por Fernando Henrique Cardoso, uma vez que não cuidara do apoio parlamentar, muito menos para um furacão como aquele que derrubou Collor em 1992.

O divórcio litigioso entre Dilma e o eleitorado abriu espaço para a crítica de que o ensaio desenvolvimentista era uma armação enganosa com fins eleitorais. "As maquiagens nos indicadores fiscais deixaram de ser um fato esporádico para ser uma rotina. Começaram devagar em 2011, aumentaram no ano seguinte, escalaram em 2013", escreveu a jornalista econômica Miriam Leitão.[64] Da ideia de "maquiagem" pulou-se para a noção de "pedaladas", atribuindo-se à edição de créditos suplementares e a atrasos no pagamento do Tesouro ao BB e à CEF o caráter de ilegalidade (ver capítulos 5 e 7). De acordo com o procurador Júlio Marcelo de Oliveira, chamado pela oposição para depor na Comissão Especial do Impeachment, Dilma teria fraudado leis e cometido crimes *para vencer em 2014*.[65]

Sem apoio popular, sem sustentação no Congresso, acusada de estelionato, Dilma não caiu em 2015 graças a uma boia de salvação que lhe foi jogada pelo empresariado no meio do ano. No começo de agosto, Cunha colocou em votação uma Proposta de Emenda à Constituição (PEC) que reajustava em 60% os salários de advogados e defensores públicos, além de delegados das polícias Federal e Civil. Era uma "pauta-bomba", de acordo com o então ministro do Planejamento Nelson Barbosa, pois acarretaria custo de quase 10 bilhões de reais aos cofres públicos. A iniciativa foi uma retaliação à "lista de Janot", que incluía o nome de Cunha, o que o deputado acusava de ser uma armação do Planalto. A aprovação da pauta-bomba poderia provocar a perda do grau de investimento que fora concedido ao Brasil pelas agências de rating em 2008. No dia da votação, 5 de agosto, depois de uma reunião com líderes da base governista na Câmara, Michel Temer argumentou com os jornalistas de que havia tido sucesso até aquele momento como articulador político, mas que a crise se agravara no início do segundo semestre (quando Cunha rompeu com a presidente). O vice afirmava que era preciso evitar um desfecho "desagradável", "em nome do Brasil, do empresariado brasileiro e dos trabalhadores". "Visivelmente nervoso, balançando o corpo para frente e para trás", de acordo com o relato da *Folha de S.Paulo*, Temer afirmava que o país precisaria de "alguém [que] tenha a capacidade de reunificar a todos".

A declaração era matreira. Dizia uma coisa e o seu contrário, pois defendia a estabilidade econômica, que Cunha ameaçava, mas desestabilizava a presidente, a quem chamava implicitamente de divisionista.[66] Para concluir, deixava no ar a sua própria candidatura a presidente. A pauta-bomba acabou aprovada por larga maioria. No dia seguinte, Skaf comprou uma página inteira nos principais jornais do país para divulgar nota da Fiesp, coassinada pela Federação das Indústrias do Estado do Rio de Janeiro (Firjan), em apoio à "proposta de união apresentada ontem pelo vice-presidente da República". "O Brasil não pode se permitir mais irresponsabilidades fiscais, tributárias ou administrativas, e deve agir para manter o grau de investimento tão duramente conquistado, sob pena de colocar em risco a sobrevivência de milhares e milhares de empresas e milhões de empregos", dizia o documento.[67]

Se a Fiesp e a Firjan davam trela à jogada de Temer, "as elites do dinheiro" ainda estavam muito divididas quanto ao impeachment, segundo revelaria mais tarde o jornalista Vinicius Torres Freire.[68] Os dois maiores bancos privados nacionais saíram em defesa de Dilma. Em 16 de agosto, o jornalista Jorge Moreno comentou no Twitter: "O empresariado resolveu jogar boia para Dilma. A Fiesp, que não gosta dela, o fez via Temer. A Febraban fez via Bradesco. Trabuco falou muito".[69] Em entrevista, Trabuco afirmara que "a crise política é mais forte que a própria crise econômica. Isso abala a confiança e retarda a retomada. Todos os participantes desse processo — políticos, Executivo, autoridades — têm de pensar grande. Precisamos ter a grandeza de buscar a convergência".[70] Roberto Setubal, presidente do Itaú, seria ainda mais explícito: "Nada do que vi ou ouvi até agora me faz achar que há condições para um impeachment. Por corrupção, até aqui, não tem cabimento. Não há nenhum sinal de envolvimento dela com esquemas de corrupção. Pelo contrário, o que a gente vê é que Dilma permitiu uma investigação total sobre o tema [corrupção na Petrobras]. Era difícil imaginar no Brasil uma investigação com tanta independência. A Dilma tem crédito nisso".[71]

Tinha havido uma curiosa inversão em relação ao quadro do primeiro mandato. Enquanto os industriais se alinhavam a Temer, o setor financeiro protegia Dilma. Abilio Diniz, presidente da Brasil Foods, tentou juntar os pedaços. Disse que estava "na hora dos políticos se entenderem. Tem que jogar em uma sala todos os maiores políticos desse país, Lula, Michel Temer e Fernando Henrique Cardoso, trancá-la e não deixar que eles saiam de lá sem um acordo".[72] Aloizio Mercadante foi ao Congresso e, dirigindo-se ao PSDB, disse: "Vocês têm experiências importantes na administração de estados e do Brasil e precisamos ter pactos de Estado que vão além do governo", concluindo pela necessidade de um "acordo suprapartidário".[73] *O Globo* saiu em defesa da mesma alternativa, afirmando, em editorial, que "Eduardo Cunha [...] age de forma assumida como oposição ao governo Dilma" e trabalha para "desestabilizar de vez a própria economia brasileira". O jornal elogiava "a iniciativa do vice-presidente Michel Temer, principal articulador político do Planalto, de fazer tensa declaração de reconhecimento da gravidade da situação", mas também a atitude de Aloizio Mercadante de propor um acordo suprapartidário, concluindo que o PSDB precisava ter a maturidade de aceitá-lo. É preciso "aproximar os políticos responsáveis de todos os partidos para dar condições de governabilidade ao Planalto", escreveu o jornal.[74] Em um suposto encontro reservado com senadores do PT, João Roberto Marinho, vice-presidente do Conselho de Administração do Grupo Globo, teria defendido que Dilma cumprisse seu mandato até o fim.[75] Na mesma época, Lula emitiu sinais de que desejava conversar com Fernando Henrique Cardoso. O ministro de Comunicação Social, Edinho Silva, membro da coordenação do governo, disse que Dilma esperava o mesmo.

O empresariado se mexia para isolar Cunha e construir um pacto que preservasse Dilma. Na cúpula dos partidos, houve reações parecidas. Em jantar na casa do senador Tasso Jereissati (PSDB-CE), na véspera da votação da pauta-bomba, Renan, representando o PMDB do Senado (mais favorável a Dilma), testemunhou críticas do PSDB à tentativa de acelerar o impeachment.[76] O senador Cássio Cunha Lima (PSDB-PB), aliado de Aécio Neves, foi explícito ao dizer que "precisamos, sim, de alguém que una a nação, e esse alguém só surgirá legitimado pelas urnas". Em outras palavras, voltava a apostar na eleição antecipada, como queria Aécio, conforme vimos no capítulo 5. O próprio Aécio afirmaria, no final do mês, que não havia razão jurídica para o impeachment.[77]

Renan Calheiros, então, oferece um plano anticrise à presidente. A "Agenda Brasil" apresentava três capítulos: melhoria do ambiente de negócios e infraestrutura, equilíbrio fiscal e proteção social. As 29 propostas iam da ampliação da idade mínima para aposentadoria e regulamentação dos trabalhadores terceirizados até a venda de terrenos da Marinha e prédios militares, passando pela aceleração da liberação de licenças ambientais e revisão dos marcos jurídicos das áreas indígenas.[78] Renan, igualmente, buscava abrir caminho para um pacto. Dilma, no entanto, não consegue se agarrar às boias que lhe são atiradas, pois segue um percurso errático, como ficará claro adiante. No final de agosto, envia para o

Congresso proposta orçamentária com déficit,[79] provocando reação escandalizada do establishment. "É a primeira vez na história contemporânea que um governo não consegue fechar as contas para o exercício posterior e apresenta um projeto de lei com desequilíbrio fiscal", escrevia a jornalista Claudia Safatle no *Valor Econômico*, principal jornal de negócios do país.[80] Para agravar o ambiente do mercado, a presidente, em busca de reatar pontes com a esquerda, fala na recriação da CPMF. A volta da CPMF foi apresentada em junho pelo ministro da Saúde, Arthur Chioro, ao 5º Congresso Nacional do PT, e o espírito da proposta encampado pelo presidente do partido: "Se não for a CPMF, que haja outro tipo de contribuição", disse Rui Falcão.[81] A ideia geral era de que os serviços públicos necessários aos pobres fossem custeados pelos ricos.

Dilma autoriza Chioro a estabelecer negociações em torno da CPMF.[82] Joaquim Levy reage, descartando publicamente a sugestão. Cria-se um confronto entre a Fazenda, que desejava aprofundar a austeridade com mais cortes, e a Casa Civil aliada ao Planejamento, que buscavam fórmulas para conter o tamanho do contingenciamento.[83] As notícias de que o governo estudava a CPMF provocam a reação conservadora no Congresso, e Dilma muda de postura pela segunda vez, enviando o tal orçamento deficitário.

De acordo com Safatle et al., a sugestão do orçamento deficitário teria sido do senador Romero Jucá (PMDB-RR).[84] Temer, já em campanha, diz a empresários que Levy está isolado dentro do governo e que Dilma não chegaria ao final do mandato.[85] Nos primeiros dias de setembro a pressão à direita cresce. Trabuco vai a Dilma defender que o governo reenvie um orçamento superavitário, isto é, com cortes. Levy conversa com grandes empresários — Beto Sicupira, Jorge Gerdau, Carlos Jereissati, Pedro Moreira Salles, Pedro Passos, Edson Bueno e Josué Gomes da Silva —, e eles reiteram a Dilma a necessidade de cortes para manter o grau de investimento.[86] A presidente não cede e, em 9 de setembro, a

Standard & Poor's rebaixa a nota do Brasil. A batalha do grau de investimento estava perdida.

Então, Dilma muda pela terceira vez, encaminhando ao Congresso uma proposta intermediária. De um lado, aceitava um bloqueio adicional de gastos da ordem de 30 bilhões de reais, mas propôs, ao mesmo tempo, a volta da CPMF, para evitar um corte excessivo nos serviços sociais. O pacote apresenta dezesseis medidas de contenção, como diminuição do número de ministérios, adiamento de reajuste de servidores, redução do Minha Casa Minha Vida e do teto salarial para agentes públicos. Por outro lado, a CPMF colocaria parte do esforço fiscal sobre a classe média. O governo rodopiava e, em lugar de ganhar apoio, perdia dos dois lados, cavando um fosso em torno de si.

A proposta de retorno da CPMF leva a Fiesp a lançar a campanha "Não vou pagar o pato", com o apoio de movimentos como Revoltados On Line e #NasRuas — Contra Corrupção. Surge o pato gigante que iria se tornar símbolo do golpe parlamentar. Outras entidades empresariais, como a Confederação Nacional da Indústria (CNI) e a Federação do Comércio do Estado de São Paulo (Fecomercio), se juntam à Fiesp.[87] À esquerda, Guilherme Boulos, dirigente do Movimento dos Trabalhadores Sem Teto (MTST), declara: "Vamos repudiar esses cortes, exigir os recursos para o Minha Casa Minha Vida e protestar contra essa ideia de querer resolver a política fiscal aprofundando a crise social".[88] A presidente da UNE, Carina Vitral, vai na mesma linha: "Nós apoiamos a continuidade do mandato da presidenta Dilma, mas isso não nos impede de fazer as críticas necessárias, principalmente à atual política econômica".[89]

Percebendo que a condução errática de Dilma aprofunda o seu isolamento, Lula volta a propor a entrada de Meirelles. Segundo o ex-secretário de Imprensa, "diariamente se enxergava [sic] no noticiário as digitais tanto do PT quanto do próprio candidato a ministro", prevendo que o ex-presidente do BankBoston substituiria Levy. Desde que Dilma decidira não aceitar simplesmente os novos cortes de gastos, substituindo-os, ao menos em parte, pela volta da CPMF, a saída de Levy era uma questão de tempo. A sua política de austeridade máxima estava descartada. A queda acabou ocorrendo em 18 de dezembro. Mas Dilma, outra vez, não chamou Meirelles. Escolheu o desenvolvimentista Nelson Barbosa, que, entretanto, fez novas sugestões de austeridade. Em meados de fevereiro de 2016, o ministro informa a senadores do PT que estava em elaboração uma proposta de reforma da Previdência. Segundo ele, "a presidente Dilma Rousseff e sua equipe estão empenhadas em mostrar compromisso de sua administração com a sustentabilidade das contas públicas no futuro".[90] Em março, apresenta projeto que "vincula o crescimento das despesas das três esferas de governo a um percentual do PIB e define limite do gasto".[91] Segundo o sociólogo Antônio Augusto Queiroz, do Departamento Intersindical de Assessoria Parlamentar (Diap), tratava-se de uma política de controle de gasto, de redução do papel do Estado, de estímulo à privatização e corte de direitos de servidores públicos. "Lembra, em grande medida, o conjunto de propostas encaminhado por FHC em 1997, e que tiveram, como resultado, um sucateamento sem precedentes da máquina pública, e a supressão de mais de cinquenta direitos dos trabalhadores e servidores públicos."[92]

Dilma tinha ido para a direita ao aceitar o ajuste recessivo em novembro de 2014, perdendo o apoio popular e da esquerda. Depois tentara uma curva à esquerda com a proposta da CPMF, levantando a Fiesp e o pato amarelo contra ela. Em seguida, faz outra curva com o orçamento deficitário e perde o grau de investimento. Mais uma virada sinuosa, com a proposta salomônica de cortes *e* CPMF, recebendo oposição de um lado e de outro. Por fim, substitui Levy por Barbosa, perde o entusiasmo dos empresários e também o da esquerda ao falar em reforma previdenciária e teto de gastos. Dilma por ela mesma resultara em esplêndido insulamento.

7. Lula, Lava Jato e Temer na batalha final

INTROITO

Este capítulo se compõe de dois atos e um interlúdio comprido. Ao final, um epílogo reconstrói os derradeiros dias de Dilma no Planalto. O primeiro ato, mais curto, é o fim do estado de suspensão do impeachment, discutido no capítulo anterior, que começara em agosto e se estenderia até o início de dezembro de 2015. Na última reforma ministerial, em outubro, Dilma por fim atende a Lula, e alguns personagens do enredo são trocados. Aloizio Mercadante deixa a Casa Civil, substituído por Jaques Wagner. Ricardo Berzoini volta à Secretaria de Governo. Segundo Kennedy Alencar, cessavam as "manobras políticas para tentar afastar a presidente do PMDB, o que o ex-presidente Lula considera o mais grave erro estratégico que o governo cometeu desde o primeiro mandato".[1] A presidente mantém junto a si José Eduardo Cardozo, na Justiça, e em breve, como vimos, terá Nelson Barbosa na Fazenda, os últimos dois escudeiros da rainha.

O segundo ato percorre os meses de dezembro de 2015, uma vez aceito o pedido de impeachment por Eduardo Cunha, a abril de 2016, quando a Câmara aprova em plenário a acusação contra a presidente, remetendo-a ao Senado. Foi então que, sob a liderança de Temer, consolidou-se a coligação que encerraria o governo Dilma, o ciclo lulista na chefia do Executivo iniciado em 2003 e, possivelmente, um alentado trecho da história do Brasil. No meio do percurso, discuto a Lava Jato, o que, dada a dificuldade do tema, tomou volumoso número de páginas, numa seção intermediária alongada. Os que desejarem manter a adrenalina constante podem pular direto para a trepidação do Ato II.

ATO I: A VOLTA DE LULA

Àquela altura, o impeachment era inevitável? De acordo com Ricardo Westin, Dilma começou a ouvir Lula no segundo semestre de 2015, "quando o impeachment se tornou uma ameaça real".[2] Em 7 de outubro, *Veja* chegou a publicar uma capa com os dizeres: "Ela passou a faixa", referindo-se aos poderes que o ex-presidente readquirira. Para outros, entretanto, seria um "equívoco de boa parte da imprensa" descrever Wagner e Berzoini como olheiros de Lula. Segundo Rodrigo de Almeida, era "verdade que a solução aceita por Dilma para a reforma promoveu o seu reencontro com Lula — até ali mais distante do que deveria. Também é verdade que coube a Lula o incentivo absoluto ao atendimento do velho desejo do PMDB de ver Aloizio Mercadante longe da Casa Civil. Mas também é verdade que Dilma adorava e admirava Jaques Wagner".[3] Seja como for, na reforma ministerial de outubro, Dilma entregou o comando *político* a Lula, a última esperança de salvar o mandato. O ex-presidente não fora chamado como liderança popular, mas, sobretudo, como um dos mais capacitados profissionais ativos da política brasileira, diante de um quadro desesperador.

Lula orientou a recomposição com o PMDB. O ministério de 31 pastas, oito a menos graças aos cortes anunciados no pacote de setembro, passou a ter sete pemedebistas, apenas um a menos que o PT. Além dos três senadores — Eduardo Braga (AM) em Minas e Energia, Kátia Abreu (TO) na Agricultura e Helder Barbalho, filho do senador Jader Barbalho (PA), em Portos — e dois indicados de Temer (Aviação Civil e Turismo, ver capítulo 6), o PMDB recebeu de volta o Ministério da Saúde, retirado na transição de 2010 e, pela primeira vez, o de Ciência e Tecnologia. "Dilma admitia que não podia governar sem a maioria do PMDB", escreveu Almeida.[4]

Segundo o então secretário de Imprensa, os escolhidos "eram nomes ligados a Eduardo Cunha".[5] Porém, o fragmentado universo de personagens melífluas que povoam o PMDB dificulta a verificação. Um diz que diz infernal obstrui a certeza. Cunha, que havia rompido com a presidente, proclamava publicamente que não queria participar do ministério. Mas, na prática, apontara o deputado paraibano Manoel Júnior (PMDB-PB), formado em medicina, para cuidar da Saúde, o maior orçamento da Esplanada.[6] A postura antagônica de Júnior ao Mais Médicos e uma declaração, em agosto, a favor da renúncia da presidente — "se eu estivesse na situação dela, diante dos dados econômicos que nós temos, eu renunciaria" — teriam inviabilizado a indicação.[7] Seria demais, até mesmo para a Dilma em fase conciliatória?

Intermediado pelo líder da bancada na Câmara, Leonardo Picciani (PMDB-RJ), filho do cacique pemedebista Jorge Picciani, surge o nome do psiquiatra e deputado Marcelo Castro (PMDB-PI). Castro, por sua vez, fora bastante próximo a Cunha, em quem votara para presidente da Câmara em fevereiro, embora mediante suposto pagamento de 1 milhão de reais, segundo Joesley Batista.[8] Por outro lado, ocorrera um desentendimento público entre

Cunha e Castro no meio do ano, a raiz da reforma política, levando a um afastamento entre ambos. Difícil determinar, em outubro, o grau de distância prevalecente. Ao cabo, Castro foi nomeado ministro da Saúde e acabou por ser um dos poucos pemedebistas que votou a favor de Dilma em 17 de abril. Mais ainda: em julho de 2016, apoiado pelo PT, disputaria a presidência da Câmara contra Rodrigo Maia (DEM-RJ), candidato de Temer.

Para a Ciência e Tecnologia a negociação resultou na escolha de Celso Pansera (PMDB-RJ). Pansera, tido como homem de Cunha, também votou a favor de Dilma em 17 de abril. Na carta-queixa que Temer enviaria a Dilma em dezembro (ver adiante), o vice diria que os dois novos ministros foram indicados pelos Picciani, sem passar por ele, isto é, esquivando a direção do PMDB. Picciani, por seu turno, igualmente votou contra o impeachment, mas em seguida foi nomeado ministro do Esporte por Temer.

Além de ampliar a fatia do PMDB na Esplanada, Dilma manteve os ministérios e distribuiu centenas de cargos, segundo a imprensa, aos demais partidos do bloco: o PP ficou com Integração Nacional, o PTB com Desenvolvimento, o PR, com Transportes, e o PRB, com Esporte. O PSD manteve o Ministério das Cidades, apesar do fiasco do projeto PL (ver capítulo 6). Enfim, Dilma encerrou o ensaio republicano para, hipoteticamente, recompor a sua base parlamentar.

No entanto, a velocidade da crise deixaria a mudança ministerial em segundo plano. Em 7 de outubro, o TCU reprovou por unanimidade as contas do governo de 2014, abrindo caminho para a embalagem definitiva do impeachment do ponto de vista jurídico. Indiretamente o TCU criminalizava práticas que tinham ocorrido também em 2015. Uma semana depois, Miguel Reale Jr., Hélio Bicudo e Janaina Paschoal reapresentavam o pedido de impedimento, agora em versão definitiva, referente a eventos de 2015. A defesa presidencial argumentaria até o fim que a decisão do TCU criminalizava práticas antes aceitas e não seria legal aplicá-las retroativamente, condenando a mandatária por ações que a seu tempo estavam de acordo com a lei. O argumento, bastante lógico, de nada serviu perante os julgadores da acusada.

Os advogados da oposição se fixavam em dois tópicos: o saldo negativo de contas-correntes da União em bancos públicos e a edição de seis decretos de créditos suplementares (dois cairiam adiante[9]), ambos ocorridos na gestão Levy. Argumentavam que os atos reprovados pelo TCU atentavam contra o art. 85, inciso VI, da Constituição, segundo o qual são crimes de responsabilidade os atos do Presidente da República que atentem contra a lei orçamentária.[10] O fundo da controvérsia era técnico-contábil, remetendo a uma auditoria do Tribunal de Contas da União (TCU), iniciada em setembro de 2014, a qual concluíra que "com evidências baseadas em documentos e dados do próprio governo [...] a LRF [Lei de Responsabilidade Fiscal] tinha sido infringida com as pedaladas fiscais praticadas pelo Tesouro Nacional".[11]

A LRF, proposta por Fernando Henrique Cardoso, aprovada pelo Congresso e sancionada em 2000, proíbe que bancos públicos sejam usados para cobrir rombos de contas do governo. Entre outros elementos supostamente probatórios de que pedaladas fiscais haviam desrespeitado a norma legal, os auditores do TCU arrolaram que a CEF, em agosto de 2014, por exemplo, tinha "R$ 1740,5 milhões em valores a receber do Governo Federal, referentes a pagamentos relativos a programa sociais (Bolsa Família, Abono Salarial e Seguro-Desemprego)".[12] Os quase 2 bilhões de reais devidos pelo Tesouro estariam registrados na CEF de modo a que não constassem da dívida pública. Era o que a imprensa tinha apelidado de "contabilidade criativa".

Na alegação dos advogados paulistas, as pedaladas, cujos atrasos se estenderam a 2015, seriam o "maior"[13] dos crimes cometidos por Dilma, sendo os outros a edição de quatro decretos de créditos suplementares de 1,8 bilhão de reais, no segundo semestre de 2015 (dois em julho e dois em agosto), supostamente ilegais, pois não aprovados pelo Congresso. Cerca de 70% dos recursos desses créditos foram destinados a gastos do Ministério da Educação, que "recebeu pedidos de mais de cem universidades, institutos, hospitais universitários e outros órgãos".[14] No conjunto, os acusadores afirmavam a existência de "atrasos de pagamentos generalizados somando cerca de 50 bilhões de reais ao longo de 2013, 2014 e 2015, relativos a programas de governo tocados por Banco do Brasil (BB), Caixa Econômica Federal (CEF), Banco Nacional de Desenvolvimento Econômico e Social (BNDES) e alguns fundos"[15] e de atentado às metas de resultado primário da Lei Orçamentária Anual (LOA) com os créditos suplementares de 1,8 bilhão de reais. Embora, de acordo com o jornalista Raimundo Rodrigues Pereira, na aceitação pela Câmara, "as 'pedaladas' foram reduzidas a débitos de menos de 2 bilhões de reais com o BB" e os peritos tenham reconhecido "a não existência, no caso, de ato da presidente na sua formalização, como exige a lei", o problema dos decretos permaneceu pendente. A economista Esther Dweck, secretária de Orçamento Federal, esclareceu à Comissão Especial do Impeachment (CEI), em 23 de junho de 2016, que nenhum dos decretos teve "impacto no resultado primário", mas os senadores não se convenceram.[16]

Os acontecimentos, todavia, se sobrepunham em ondas. No mesmo 7 de outubro em que o TCU reprovava as contas oficiais de Dilma, o banco Julius Baer, da Suíça, confirmava as contas privadas de Cunha, deixando-o a um passo da cassação. Para agravar a situação do deputado, o Ministério Público suíço enviou um dossiê segundo o qual o dinheiro tinha se originado em propina de negócios com a Petrobras. O PSOL e a Rede pediram de imediato, ao Conselho de Ética da Câmara, a cassação de Cunha por quebra de decoro, deixando-o ameaçado de perder o cargo de presidente da Casa e ser preso. O jogo entre Cunha e a presidente da República empatava. Um era acusado de quebra de decoro e corrupção passiva; a outra, de crime de responsabilidade. Abria-se a chance de negociar um pacto: "A presidente frearia o avanço do pedido de cassação dele no Conselho de Ética da Câmara e, em troca, o deputado seguraria o pedido de impeachment dela", registrou Westin.[17]

A fortuna oferecia a derradeira oportunidade, e Lula a agarrou. Reuniu-se com doze deputados do PT. Metade deles havia assinado a petição do PSOL e da Rede. O ex-presidente solicita que a bancada recue, preservando o presidente da Câmara.[18] Cunha, por sua vez, insiste em tirar Cardozo da Justiça, que o presidente da Câmara acusava de pressionar a Procuradoria e o Supremo para afastá-lo de cena. "Temer seria um ótimo nome" para o ministério, chegou a sugerir Cunha, proposta que Lula havia feito um ano antes.[19]

Dilma segura Cardozo. Segue a conduta que a levara a nomear para o STF Luiz Fux, Rosa Weber, Teori Zavascki, Luís Roberto Barroso e Luiz Edson Fachin, todos linha-dura no tribunal, juntamente com Cármen Lúcia. A mesma orientação, aliás, a levara a colocar e manter Rodrigo Janot à frente do MPF e a sancionar a Lei das Organizações Criminosas. Cardozo usara critério próximo ao escolher Leandro Daiello como diretor da PF. A ideia é deixar, republicanamente, as investigações prosseguirem.[20] O problema era que agora a Lava Jato estava no centro do impeachment. O republicanismo dilmista tinha forjado os instrumentos que a estrangulavam, mas, como vimos, ela devia ter esperança de que, antes que Cunha autorizasse o impeachment, o MP e a Justiça o tirassem do caminho. Para obter esse objetivo, Cardozo permaneceria no ministério. Em suma, a presidente jogava nas duas pontas: endossava, até certo ponto, a negociação com Cunha, mas também agia para que ele caísse.

Em um jantar com Wagner no Palácio do Jaburu, na noite de 19 de outubro, sob as vistas de Temer, Cunha aceita segurar o pedido de impeachment, enquanto o PT o poupasse no Conselho de Ética da Câmara.[21] Até o começo de dezembro, o acordo funcionou. Seguindo o acertado, a sessão do Conselho de Ética de 19 de novembro, em que seria lido o parecer favorável à cassação, foi cancelada, pois não se atingiu o quórum regulamentar. Os três petistas com assento no Conselho não apareceram. Um deles afirmou que o prioritário era aprovar as medidas econômicas apresentadas por Dilma. O "PT é governo e o governo precisa de tempo. Não faz mal nenhum esperar mais duas semanas no Conselho de Ética, deixar chegar dezembro e o governo terminar de votar a pauta econômica", declarou o deputado Zé Geraldo (PT-PA).[22]

Dilma precisava que a meta fiscal de 2015 fosse alterada, para evitar outra acusação de crime de responsabilidade. Mas a presidente estava entre a cruz e a caldeirinha. Se, de novo, "os três deputados do PT que fazem parte do Conselho de Ética votarem a favor do presidente da Câmara, Eduardo Cunha (PMDB-RJ), a conta será cobrada do Palácio do Planalto. A presidente Dilma Rousseff, que se gaba de que não cometeu desvio ético, terá dado cobertura a um político que sofre graves acusações de corrupção. Dilma perderá o único argumento que invoca para evitar ser contaminada pela Lava Jato", analisava Kennedy Alencar.[23] Havia um impasse sobre o que o PT faria na reunião do Conselho marcada para 2 de dezembro. No meio do debate sobrevém, em 24 de novembro, mais uma bomba: é preso o pecuarista José Carlos Bumlai, considerado amigo próximo de Lula e acusado de participar da contratação de um navio-sonda da Petrobras sobre a qual haveria indícios de fraude. A Lava Jato avançava sobre o ex-presidente, acossando o comandante político do governo.[24] Da captura de Bumlai à condução coercitiva de Lula, em março do ano seguinte — passando pela prisão de Delcídio do Amaral, as investigações sobre o apartamento na praia e o sítio no interior supostamente do ex-presidente, as acusações por venda de MPs que pressionaram o filho do ex-mandatário, a prisão de João Santana e o vazamento da colaboração premiada de Delcídio —, a Lava Jato fustigou sem parar a principal liderança lulista. Sempre com ampla cobertura da mídia. A fornalha da Lava Jato transforma o antilulismo "em sentimento coletivo que daria velocidade ao impeachment",[25] como observou uma fervorosa admiradora de Moro, empurrando a tragédia para a conclusão.

INTERLÚDIO: UMA OPERAÇÃO FACCIOSA E REPUBLICANA[*]

É chegado o momento de discutir a Lava Jato, elemento decisivo do impeachment. O tema é difícil, mas necessário à inteligência da batalha final que se aproxima. Os analistas se dividem a respeito de a operação ter sido pensada para derrubar o lulismo ou ter apenas causado esse efeito objetivo. Poucos duvidariam da sua eficácia nos meses que precederam o 17 de abril. A Lava Jato, com a participação fundamental dos meios de comunicação, criou fatos que mobilizaram e radicalizaram a classe média em torno da acusação de que Lula, Dilma e o PT formavam uma organização criminosa que precisava ser extirpada da vida política. A mobilização criada pela Lava Jato assegurou a maioria parlamentar que derrubou Dilma, passo sine qua non para despedaçar o lulismo.

Entender a Lava Jato impõe dificuldades metodológicas a esta obra. No período em que o livro foi escrito, a operação seguia em curso, com desdobramentos que afetavam o seu sentido.

---

[*] Ouvi a expressão "comportamento faccioso" pela primeira vez de Fernando Haddad em comunicação oral no debate "Pensando a democracia, a República e o Estado de Direito no Brasil". Teatro Aliança Francesa, São Paulo, 24 mar. 2017.

Além disso, eventos importantes carecem de esclarecimento. Por envolver acusações criminais, o que concerne à Lava Jato é matéria controversa, sujeita ao segredo das investigações, à manipulação das informações e ao contraditório de acusação e defesa, sem falar na sentença dos tribunais revisores. Tome-se, por exemplo, a condenação do tesoureiro do PT, João Vaccari, em setembro de 2015 pelo juiz Sergio Moro a quinze anos de prisão por corrupção passiva, lavagem de dinheiro e associação criminosa. A denúncia corroborada pelo árbitro dizia que Vaccari havia intermediado mais de 4 milhões de reais em propinas para o PT. No entanto, em junho de 2017, a segunda instância, o Tribunal Regional Federal da 4ª Região (TRF4), sediado em Porto Alegre, absolveu Vaccari por falta de provas. O fato de o TRF4 ter considerado que não havia provas suficientes numa condenação decretada por Moro lança o pesquisador em um mar de dúvidas. Da montanha de acusações que emergiram em quatro anos de investigação, o que se deve tomar como verdade? Quais são os elementos empíricos firmes a serem considerados? O mesmo TRF4 confirmou outra condenação de Vaccari, por ter determinado ao grupo Keppel Fels, conglomerado de construção naval sediado em Cingapura, depositar 5 milhões de dólares na Suíça para João Santana.[26] Uma corte acima do TRF4 (Superior Tribunal de Justiça ou Supremo Tribunal Federal) irá rever a sentença?

O risco de fazer interpretações descabidas espreita o pesquisador. Busquei, então, utilizar o que havia de mais sólido no material disponível e me apoiar na bibliografia existente, mesmo assim deixando espaço para a dúvida. Os autores que trataram da Lava Jato se dividem a respeito do que motivou a operação. De um lado, há opiniões como as de Wanderley Guilherme dos Santos, para quem "a Lava Jato e derivadas constituíram com a imprensa uma sociedade de interesse comum: a liquidação da legitimidade política do Partido dos Trabalhadores".[27] Na outra ponta, o cientista político Marcus André Melo entende que "a Lava Jato foi produto da efetividade da ação combinada e exemplar da Justiça Federal, do Ministério Público e da Polícia Federal". Em sua opinião, "um país muito melhor está emergindo do bom funcionamento das instituições". Diz Melo: "Há, sim, uma agenda de reformas que precisa avançar, mas a melhor reforma política foi feita pela Lava Jato: a punição exemplar do financiamento eleitoral corrupto".[28]

Entre um e outro ponto de vista, o filósofo Ruy Fausto considera a Lava Jato um "fenômeno complexo, ao qual não se pode deixar de atribuir, em princípio, efeitos positivos, apesar dos erros e desmandos de alguns dos seus 'operadores'".[29] A diversidade de opiniões, para além da tendência particular de cada autor, reflete o caráter multifacetado do fenômeno. O escopo da Lava Jato, que no balanço de três anos, em março de 2017, contabilizava 38 fases, 198 prisões e 89 condenações, dificulta a visualização do conjunto. Na colaboração premiada da empresa Odebrecht foram citados 26 partidos e 415 políticos.[30] Números comparáveis constam da delação da JBS. Praticamente nenhuma agremiação representada no Congresso escapou de ser ao menos mencionada.

Não obstante a divergência quanto à motivação da Lava Jato, é provável que haja acordo entre os intérpretes no que diz respeito à judicialização extremada da política que a operação ocasionou. De acordo com o sociólogo espanhol José María Maravall, "a política se torna judicializada quando as cortes se tornam atores políticos, alterando as regras de competição democrática. Tais estratégias incluem o uso das cortes para criminalizar adversários políticos".[31] A judicialização da política é um elemento encontradiço na literatura. Veja-se como aparece em um artigo de 2004 na *Revista de Sociologia e Política*:

> Para Vallinder e Tate (1995), a expansão do poder judicial está ligada à queda do comunismo no Leste Europeu e ao fim da União

Soviética. O colapso do socialismo real promoveu o capitalismo e suas instituições de mercado, além de os EUA terem-se tornado a única superpotência do planeta. O desenvolvimento da revisão judicial e dos demais mecanismos institucionais desse país ficaram em evidência. Não seria surpresa para os autores se a inclusão de um Judiciário forte nas novas democracias (Ásia, América Latina e África) tivesse como modelo o caso americano.[32]

Numa visão mais benfazeja do processo, segundo Luiz Werneck Vianna et al., a presença do direito na política denota "um movimento propiciador da criação da república onde ela, de fato, inexiste, e da construção de uma agenda cívica".[33] A despeito das diferenças valorativas, constata-se que a judicialização da política é uma tendência histórica e que, portanto, a Lava Jato faz parte de um contexto mundial.

Há dois exemplos de criminalização de agentes político-partidários que considero útil o leitor brasileiro considerar. Na Itália, a Mãos Limpas (Mani Pulite), entre 1992 e 1996, destruiu o Partido Democrata Cristão (PDC) e o Partido Socialista Italiano (PSI), esmagando a liderança de Bettino Craxi (PSI), ex-primeiro-ministro que morreu exilado na Tunísia em 2000, para onde fugira durante os trabalhos da operação. De acordo com o sociólogo John Thompson, na Itália o sistema de partidos havia sido "parcialmente construído sobre formas de clientelismo e corrupção que existiram [...] desde as primeiras etapas de formação do Estado"[34] e os escândalos político-midiáticos que irromperam a partir da década de 1980 foram decorrência da quebra "das formas de apadrinhamento e intercâmbio clientelístico em que o sistema estava baseado".[35]

Na Espanha, o escândalo dos Grupos Antiterroristas de Libertação (GAL) (1987-96) se deu em detrimento do Partido Socialista Operário Espanhol (PSOE) e, em particular, da liderança de Felipe González, presidente do governo por treze anos e quatro meses e afastado da vida política em função dos desdobramentos do episódio. González havia sido o reconstrutor do PSOE durante o franquismo, bem como o responsável pela sequência de vitórias eleitorais do partido após a redemocratização. Embora o PSOE tenha voltado ao poder entre 2004 e 2011, depois do término do escândalo, a liderança de González nunca foi reabilitada.

Na Itália e na Espanha foram criminalizados líderes e partidos de centro e centro-esquerda que estavam no governo. As acusações de corrupção causam danos morais e políticos particularmente graves ao campo da esquerda, em função dos seus compromissos com a igualdade e a destinação social do gasto público. A ética republicana não é monopólio de nenhuma corrente ideológica, porém na esquerda se associa ao princípio da luta contra os privilégios. Ao surgirem evidências do envolvimento da esquerda com a corrupção, os partidos são atingidos por uma contradição interna insanável. Comentando a "enxurrada de escândalos que varreu a social-democracia na Europa Ocidental" a partir dos anos 1990, Anderson notou que havia "uma crise moral mais ampla na identidade das maiores organizações da esquerda".[36]

Os efeitos políticos da judicialização se realizam, em boa medida, por meio da mídia, isto é, resultam em escândalos político-midiáticos. Segundo Thompson, "os escândalos midiáticos [...] são caracterizados pelo que chamei de publicidade midiática: esses acontecimentos *se desenrolam, ao menos em parte, através de formas midiáticas de comunicação* e adquirem, consequentemente, uma publicidade que é independente de sua capacidade de ser vista ou ouvida diretamente por uma pluralidade de outros copresentes".[37] Um artigo de Moro (2004) a respeito da Mani Pulite, conforme veremos a seguir, mostrava nítida consciência do papel dos meios de comunicação. Desde o início, a Lava Jato estabeleceu uma potente aliança com setores da mídia, os quais em diversas oportunidades deram apoio explícito à investigação. Em contrapartida, os veículos tiveram material para alimentar o noticiário por, ao menos, quatro anos.

Processos como o da Lava Jato, além de terem efeitos políticos indiretos, podem gerar intervenções diretas por parte dos atores envolvidos. Na Itália, uma parcela dos líderes da Mani Pulite, em particular o juiz Antonio di Pietro, ingressou na política eleitoral, fundando o partido Itália dos Valores. O magistrado elegeu-se deputado, e o Italia dei Valori, agremiação situada em torno da centro-esquerda, disputa eleições regularmente. Na Espanha, o juiz Baltasar Garzón, responsável pelo processo dos GAL, foi em certo momento deputado pelo PSOE. No Brasil, uma espécie de "Partido da Justiça" (PJ), sem existência efetiva, mas metaforicamente relevante, promoveu campanha popular em torno das "10 Medidas Contra a Corrupção", levadas ao Congresso Nacional em 2016 sob a forma de anteprojetos de lei apoiados por 2 milhões de assinaturas. Conforme se verá adiante, idealizadas pelo MP da Lava Jato, as dez medidas se transformaram num movimento nacional liderado pela Procuradoria, chegando ao Congresso por meio de iniciativa popular.

Tendo em mente o contexto mundial descrito acima, examinemos alguns dados específicos a respeito da Lava Jato, com o fito de entender *como* ela produziu essa judicialização extremada da política brasileira. Segundo o procurador Deltan Dallagnol, coordenador da força-tarefa do Ministério Público Federal (MPF) na Lava Jato, a investigação começou em meados de 2013 com objetivos apolíticos: desarticular quatro pequenas organizações voltadas para a lavagem de dinheiro. A origem paranaense do empreendimento comercial usado por uma dessas organizações como fachada teria determinado que Moro, atuante na Vara Especializada em Crimes Financeiros e de Lavagem de Dinheiro de Curitiba, fosse o responsável pelo caso.[38]

No trajeto, uma "coincidência" teria desviado a investigação. Em um monitoramento telefônico realizado em março de 2014, os investigadores descobriram que o doleiro Alberto Youssef, um dos investigados, havia "doado" um automóvel de luxo ao ex-diretor de Abastecimento da Petrobras entre 2004 e 2012, Paulo Roberto Costa. A "coincidência" determinou a prisão de Costa, que, meses mais tarde, ao tomar a decisão de se livrar da cadeia por meio de colaboração premiada, contou como funcionava o esquema de corrupção na estatal do petróleo, dando o ponto de partida ao escândalo que foi fundamental para derrubar Dilma.

De acordo com o jornalista Paulo Moreira Leite, entretanto, não haveria "coincidência", pois desde 2004 Moro estaria "decidido a repetir, no Brasil, uma operação semelhante à Mãos Limpas". A comprovação de tal intuito se encontraria em artigo do juiz publicado numa revista acadêmica dez anos antes da Lava Jato. Lá, Moro dizia que "no Brasil, encontram-se presentes várias das condições institucionais necessárias para a realização de uma ação judicial semelhante" à Mãos Limpas.[39] Em particular, dois aspectos são antecipados. De um lado, o vínculo com os meios de comunicação. De outro, a técnica de prender e forçar, por meio de "sentenças longas", o detento a colaborar com a Justiça.[40] De acordo com o presidente do Instituto dos Advogados Brasileiros, Técio Lins e Silva, a prisão preventiva prolongada "é uma forma de tortura pós-moderna".[41]

Chama a atenção no artigo de Moro a referência ao papel desempenhado por *mecanismos de exceção*, como a detenção prolongada, o isolamento dos presos e até a difusão de informações falsas — por exemplo, a de que determinado preso teria concordado em falar, mesmo não sendo verdade, para que os outros, isolados, resolvam dizer o que sabem. Tais meios ficam justificados pelo fim a ser alcançado: a desmontagem do "sistema corrupto", o que só acontece se participantes do esquema revelarem os fatos que conhecem. Os recursos *excepcionais* utilizados pelos profissionais da justiça são calculados e justificados para vencer o "sistema corrupto", o qual seria extremamente poderoso. Em decisão tomada no segundo semestre de 2016, o TRF4 aprovou voto segundo o qual "a ameaça permanente à continuidade das investigações da Operação Lava Jato, inclusive mediante sugestões de alterações na legislação, constitui, sem dúvida, uma situação inédita, *a merecer um tratamento excepcional*".[42] Ao relatar o caso específico de Craxi, o juiz paranaense é particularmente revelador, pois mostra como os "ragazzini" foram soltando acusações, deixando o ex-primeiro-ministro cada vez mais sem saída *política*.

Há no artigo visão precisa do rol jogado pelos meios de comunicação. Moro enxerga o combate ao sistema corrupto como uma espécie de guerra que opõe, de um lado, *jovens e honestos profissionais* da área jurídica e, de outro, *velhos políticos envolvidos até o pescoço com propinas e desvios*. À medida que se veem pressionados pelo avanço dos moços, os velhos reagem, procurando desmontar e, sobretudo, deslegitimar os procedimentos investigatórios. Nesse ponto, a única salvação dos jovens estaria numa aliança bem-sucedida com a imprensa, a qual se torna a mola do sucesso. "Os responsáveis pela operação *mani pulite* […] fizeram largo uso da imprensa. Com efeito: *Para o desgosto dos líderes do PSI* […] *a investigação da* mani pulite *vazava como uma peneira. Tão logo alguém era preso, detalhes de sua confissão eram veiculados no* L'Espresso, *no* La Repubblica *e outros jornais e revistas simpatizantes*".[43]

Há, por outro lado, vários traços de continuidade entre a Lava Jato e o mensalão, processo iniciado em 2005. Dallagnol diz que "a investigação começou num inquérito antigo sobre lavagem de dinheiro *oriundo do mensalão*".[44] A última fase do julgamento do mensalão ocorre em setembro de 2012 e, em abril de 2013, a futura Lava Jato começa a investigar Youssef. Os investigadores sabiam que Youssef trabalhara com o paranaense José Janene, ex-líder do PP na Câmara dos Deputados. Acusado de retirar recursos de empresas estatais durante o mensalão,[45] Janene era figura ativíssima no mundo do financiamento político (até morrer de problemas cardíacos em 2010). Moro conhecia bem Youssef e Janene, pois havia julgado Youssef no caso Banestado, no começo dos anos 2000, e atuado no mensalão como assistente da ministra Rosa Weber. O escândalo do Banestado envolveu dezenas de políticos e foi "considerado o maior esquema de evasão de divisas já descoberto no Brasil".[46] Segundo Dallagnol, o Banestado "plantou a semente da Lava Jato", pois lá "foram feitos os primeiros acordos escritos de colaboração premiada da história brasileira".[47]

Quatro fatores permitiram à Lava Jato alcançar um protagonismo maior do que as suas predecessoras (Banestado e mensalão): 1) Ter sido precedida pelo mensalão; 2) Ter por base a legislação contra organizações criminosas sancionada por Dilma em agosto de 2013; 3) Ter o apoio da direção da Polícia Federal (PF), da Procuradoria-Geral da República (PGR) e do STF, de modo geral orientadas por nomeados do período Lula e Dilma; 4) A audácia do grupo sediado no Paraná, especialmente a partir de novembro de 2014, com a prisão dos empreiteiros. Olhemos mais de perto cada um desses fatores.

Graças, em parte, ao empenho de Joaquim Barbosa, houve um endurecimento penal nos crimes políticos a partir de 2012. O mensalão foi o primeiro processo no Brasil em que houve condenações suficientemente extensas para que políticos de destaque nacional, como o ex-ministro José Dirceu e os ex-deputados João Paulo Cunha e José Genoino, cumprissem pena em regime fechado. Desde a Constituição de 1988, apenas um deputado, Natan Donadon (RO), de expressão local, tinha sido de fato preso, em julho de 2013, no exercício do mandato, e já como parte do endurecimento deflagrado pelo mensalão. As penas para os não políticos no mensalão foram também exemplares. Marcos Valério, considerado o operador principal, foi condenado a 37 anos de prisão. Os envolvidos na Lava Jato, como Paulo Roberto Costa, temerosos de receber condenação semelhante, decidiram pela colaboração. "Quando começaram a perceber que a Lava Jato, como o mensalão, poderia se tornar um ponto fora da curva em que os criminosos seriam excepcionalmente punidos, ambos [Alberto Youssef e Paulo Roberto Costa] nos procuraram por meio de seus advogados. Essa foi uma grande contribuição do mensalão para a Lava Jato", escreveu Dallagnol.[48] Note-se que Dallagnol reconhece tratar-se de punições *excepcionais*.

Barbosa, então, passou a frequentar as listas de presidenciáveis, e ele mesmo, após a aposentadoria do STF em julho de 2014, não rejeitava a hipótese de ser candidato a presidente da República. Relator do mensalão por obra do acaso (os processos são distribuídos por sorteio) e presidente do STF (também por rodízio) na etapa final do julgamento da Ação Penal 470, a legitimidade de Barbosa, por ser negro e eleitor de Lula em 1989 e 2002, segundo declarou à *Folha de S.Paulo*,[49] fortaleceu a causa contra os envolvidos no mensalão. O ministro fixou a imagem de justiceiro, condenando tanto uma empresária tradicional de Minas Gerais, Kátia Rabello, dona do Banco Rural, a catorze anos de prisão, como mandando prender o ex-ministro da Casa Civil de Lula, José Dirceu, exatamente no dia da Proclamação da República em 2013. Não se desconsidere, num país em que o passado escravista pesa muito, o impacto de um homem negro liderar ações pela justiça. Faz parte das contradições profundas do lulismo que Lula tenha nomeado Barbosa para o STF, em 2003, justamente dentro do espírito de democratizar a corte.

O fenômeno Barbosa está no padrão estabelecido por Di Pietro e Garzón. Tanto o italiano como o espanhol eram heróis da mídia e tinham imagens públicas que davam legitimidade às acusações que faziam a partidos do campo da esquerda. Legitimidade que não teriam caso as acusações partissem do campo conservador. No caso italiano, segundo o historiador Tobias Abse, a imprensa apresentou os magistrados como "juízes destemidos [que] defendem o império da lei, sem medo ou concessão, contra criminosos instalados em altos cargos, fazendo uma limpeza em regra em um sistema infame".[50] Di Pietro foi ministro de governos de centro-esquerda em 1996 e entre 2006 e 2008.[51] No caso espanhol, Garzón era figura midiática desde 1988 pela investigação de casos rumorosos.[52] Em 2001, obteria fama internacional ao prender o ditador chileno Augusto Pinochet.

Com a publicidade maciça do processo do mensalão, Barbosa virou herói da classe média. Em pesquisa realizada durante a manifestação de 20 de junho de 2013 em São Paulo (ver capítulo 3), Barbosa estava à frente nas intenções de voto para presidente da República. Tinha 30% das preferências, contra 22% para Marina Silva, 10% para Dilma e 5% para Aécio. Após quatro anos aposentado do STF, o seu nome ainda atraía 11% das intenções nacionais de voto.[53]

Personagens arquetípicos, como o juiz mercurial e de atitudes intempestivas (Barbosa), em contraposição ao magistrado moderado e reflexivo (Ricardo Lewandowski), entraram no imaginário dos espectadores como ocorre nos folhetins. Thompson entendeu que os "escândalos midiáticos não são simplesmente escândalos noticiados pela mídia [...], são [...] *constituídos* por formas midiáticas de comunicação".[54] Não é casual, portanto, que adquiram o andamento de telenovela, pois, de certa forma, o são. O PJ, que nasceu no julgamento do mensalão e continuou na Lava Jato, virou líder de audiência. Wanderley Guilherme dos Santos nota que "inspirado no sucesso de público do julgamento da Ação Penal 470, o Judiciário não renunciou mais à tentação dos holofotes".[55]

A Lei do Crime Organizado (12850), promulgada por Dilma em agosto de 2013, na esteira dos acontecimentos de junho, permitiu à Lava Jato ir mais longe do que o Banestado e o mensalão. A 12850, que regulamentou a colaboração premiada tal como utilizada pela Lava Jato, havia ficado em banho-maria por treze anos no Congresso e acabou aprovada no bojo do pacote legislativo de emergência organizado pelo presidente do Senado em virtude das manifestações de junho. De acordo com o procurador Andrey Mendonça Borges, embora a colaboração premiada existisse no Brasil desde 1990, só com a 12850 ficaram claras as regras para propô-la, para a atuação dos envolvidos, os requisitos para a concessão de benefícios, as garantias das partes e os direitos do colaborador. Enfim, deu "balizas mais seguras para a aplicação do instituto".[56]

Do ponto de vista prático, *o delegado e o procurador passaram a poder estabelecer acordos de colaboração premiada*, quando antes só o juiz podia fazê-lo. Depois da nova lei, o juiz apenas *homologa* o acordo. Com isso, a nova legislação deu mais poder à Polícia Federal e ao Ministério Público. Em segundo lugar, incorporou a figura do perdão judicial e da substituição da pena de prisão por pena restritiva de direitos entre os benefícios possíveis ao colaborador, aumentando o rol de instrumentos à disposição de policiais e procuradores. A lei também ampliou a caracterização dos crimes de formação de organização criminosa, tornando-a mais aplicável às atividades políticas. Por fim, consagrou maior latitude para as prisões preventivas, as quais foram fundamentais na Lava Jato.* Dese-

---

* Foi também importante para a Lava Jato, em fase mais avançada, a mudança de jurisprudência efetuada pelo STF em fevereiro de 2016, de acordo com a qual as penas de prisão passaram a poder ser executadas depois de confirmadas por instância de segundo grau. Pedro Canário, "STF muda entendimento e passa a permitir prisão depois de decisão de segundo grau", Consultor Jurídico, 17 fev. 2016. Disponível em: <https://www.conjur.com.br/2016-fev-17/supremo-passa-permitir-prisao-depois-decisao-segundo-grau>. Acesso em: 5 abr. 2018.

josos de fazer concessões à pressão das ruas, Dilma e Cardozo apressaram-se a endossar a legislação aprovada pelo Congresso. Nesse contexto, vale a pena mencionar o suposto diálogo entre Cardozo e o empresário Joesley Batista a respeito da 12 850, tal como relatado pelo dono da JBS em gravação de 2017. Joesley: "Ô Zé […], lembra aquela vez que a gente jantou? […]. Você lembra que tava feliz, comemorando da lei de combate ao crime organizado?". Cardozo: "Puuuta cagada, Joesley. Nos enganaram. […] Aprovamos essa lei, pensando no crime organizado, no narcotráfico. Eu e a Dilma, rapaz, nos enganaram".[57]

O número de casos de colaboração premiada na Lava Jato se multiplicou. No quarto ano de atividade, segundo o Ministério Público, tinham sido firmados mais de 150 acordos de colaboração premiada.[58] A prisão preventiva alongada e a facilidade da delação premiada levaram Paulo Roberto Costa a fazer o depoimento que, na prática, abriu o petrolão, depois de ser preso pela segunda vez, em agosto de 2014. A partir do depoimento de Costa, a Lava Jato passa a ser uma megaoperação de desmonte da corrupção na maior estatal da América Latina e uma das maiores empresas do mundo.[59] Depois, ramificou-se, indo além da Petrobras.

Segundo Dallagnol, foi fundamental o apoio do ministro-relator Teori Zavascki. A decisão tomada por Teori de devolver o caso de Costa à primeira instância — a saber, Curitiba — em maio de 2014, após mandar soltá-lo, e Moro alegar que, para isso, teria que liberar também um traficante de drogas preso no mesmo caso, sinalizou que a vara de Curitiba, associada à mídia, tinha cacife no STF. O suporte de Zavascki à Lava Jato virou o jogo. Foi também por isso que Costa decidiu falar, ao perceber que o núcleo curitibano estava respaldado por Brasília. Dallagnol escreveu: "Até hoje, esse foi o único ministro do Supremo que vi voltar atrás em razão de um ofício de um juiz".[60]

A postura de Zavascki exemplifica a montagem de um complexo mecanismo sem o qual a Lava Jato é incompreensível. Segundo a análise do advogado Anderson Bezerra Lopes, Zavascki havia decidido acatar o habeas corpus em favor de Costa, mas Moro passou à revista *Veja* o ofício em que alegava ter que soltar um traficante em função da ordem de Teori. O site da revista publicou a reportagem com o título "STF manda soltar acusado de tráfico internacional de drogas". A repercussão levou Zavascki a voltar atrás.[61] A aliança entre a Lava Jato e a mídia envolvia agora a cúpula do Judiciário, criando uma rede mais apertada e mais poderosa. Com Barbosa aposentado, Moro assumiu o lugar midiático de líder do Partido da Justiça, com raios de influência até os altos escalões. O juiz havia dado vazão aos anseios expressos pela classe média em junho de 2013 e agora fazia uso do poder haurido. Como vimos no capítulo 3, os manifestantes de centro e direita pressionavam no sentido de maior rigor no combate à corrupção.

A localização geográfica do núcleo que passou a comandar o PJ não é casual. O Paraná é uma das unidades da federação onde há maior influência da classe média. A relevância da pequena propriedade na formação do estado, bem como a maciça presença de imigrantes estrangeiros, constituíram ali um éthos particular. Embora no Rio Grande do Sul e em São Paulo a classe média seja influente, há maior presença da classe operária, bem como da grande propriedade, criando menor homogeneidade. Agentes que formaram a força-tarefa da Lava Jato têm a trajetória típica da classe média tradicional, no sentido de estarem estabelecidos desde a geração anterior. Moro, doutor em direito pela Universidade Federal do Paraná (UFPR), nascido em Ponta Grossa e criado em Maringá (ambas no interior paranaense), é filho de um casal de professores. Deltan Dallagnol, mestre em direito pela Universidade de Harvard (Estados Unidos), nasceu em Pato Branco (também interior do Estado) e é filho de um procurador. A delegada Erika

Marena (que deu o nome à operação), nascida em Apucarana (interior do Paraná), formada em direito pela UFPR, é filha de uma ex-funcionária pública e de um historiador.

Observado o perfil, faz sentido pensar que se trata de um "tenentismo togado" — ou seja, um movimento de jovens, com nível técnico-profissional destacado do resto da sociedade, e que se mobiliza em favor da moralização dos costumes políticos, intervindo sobre a política a partir de uma corporação externa a ela. "Só que os tenentes tinham um programa econômico e social para o país. E esses tenentes de toga não têm", segundo o cientista político Luiz Werneck Vianna, criador da expressão.[62] Com efeito, o pessoal da Lava Jato tendeu a se definir pelo negativo. O combate ao lulismo, identificado como centro da corrupção, foi o âmago. A tendência ao choque entre corporações de classe média e as formações populares é conhecida (vimos no capítulo 4 como a disputa central no Brasil ocorre sempre entre um campo de classe média e um campo popular). Perry Anderson observa que "nenhum partido operário, por mais emoliente que seja, consegue atrair a simpatia particular desse meio".[63] A repulsa pelo PT vem desde o realinhamento iniciado em 2005, quando houve uma decepção ética com o partido, de quem parte da classe média era eleitora. A partir daí, da mesma maneira como o tenentismo esteve na base da formação da UDN, são nítidas as afinidades eletivas entre os "tenentes togados" de 2005-15 e o PSDB.

De acordo com reportagem de *O Estado de S. Paulo*, delegados da Lava Jato postaram no Facebook declarações de apoio a Aécio e insultuosas a Dilma e Lula por ocasião do pleito de 2014.[64] O delegado Igor Romário de Paula, coordenador da força-tarefa da PF na Lava Jato, escreveu no Facebook, ao lado de fotos de Aécio, em 18 de outubro daquele ano: "Esse é o cara!!!!". Romário de Paula participava de um grupo do Facebook chamado "Organização de Combate à Corrupção", cujo símbolo era uma caricatura de Dilma e uma faixa "Fora, PT!". O grupo se proclamava um instituto cujo objetivo era mostrar que o comunismo e o socialismo são males para a sociedade. Além disso, o delegado divulgou duas propagandas de Aécio entre o primeiro e o segundo turno. O delegado Márcio Anselmo, integrante da força-tarefa, escreveu que Lula era uma anta e criticou o fato de ele ter se hospedado na suíte mais cara do Copacabana Palace.[65]

Essa é, possivelmente, a explicação sociológica para a sistemática obra de destruição da Lava Jato em relação ao PT e ao lulismo. Se é verdade que, uma vez vitorioso o impeachment, a Lava Jato, sobretudo desde o seu núcleo brasiliense, comandado pelo procurador-geral Rodrigo Janot, apontou para o PMDB — e em muito menor medida, para o PSDB —, o prejuízo que o setor paranaense causou ao petismo é incomparável. Os ataques diretos começaram no segundo semestre de 2014 com o vazamento da delação premiada de Paulo Roberto Costa (ver capítulo 5), ainda não homologada por Zavascki, às vésperas do primeiro turno. Nunca houve manifestação por parte de Curitiba no sentido de condenar ou explicar a tentativa de interferir no pleito. Ao contrário, em seu livro Dallagnol apenas afirma que "muitos dos supostos 'vazamentos' da Lava Jato jamais aconteceram, porque as informações já eram públicas" e dá o exemplo "da divulgação dos depoimentos de Paulo Roberto Costa e Alberto Youssef". Segundo o procurador, ambos foram "ouvidos em audiência pública e seus depoimentos, gravados". Na verdade, Dallagnol refere-se ao segundo depoimento de Costa, utilizado, novamente, para desgastar Dilma no turno final. Sobre o vazamento ilegal do primeiro turno, nenhuma palavra.

O depoimento de Costa, prestado em 22 de agosto e divulgado, parcialmente, em setembro, não fazia parte do acervo de informações públicas. Por isso, a *Folha de S.Paulo*, em 5 de setembro, afirmou que não tinha tido "acesso à íntegra do depoimento, que é *mantido em sigilo pelas autoridades*",[66] e o *Jornal Nacional* registrou que os depoimentos eram guardados sob criptografia em Curitiba, para que pessoas externas às investigações não tivessem acesso. Mais tarde, em outubro, Moro tomou a iniciativa de divulgar declarações gravadas de Costa e Youssef sobre desvios na Petrobras, o que voltou a gerar destacada repercussão na mídia, conforme vimos no capítulo 5.

Moro declarou, na linha de Dallagnol, que os depoimentos tinham sido prestados "em audiência aberta e em ação penal pública, imperando, como consignado, os mandamentos constitucionais do contraditório e da publicidade".[67] Como se fosse normal isso acontecer no início de um segundo turno disputado pau a pau. Conforme declarou o professor Luiz Moreira, então membro do Conselho Nacional do Ministério Público, "todo mundo sabe que seria possível aguardar o fim das eleições. Isso não iria interferir de forma nenhuma na produção de provas nem nos testemunhos".[68]

Na reportagem que *Veja* publicou sobre o doleiro Youssef em 23 de outubro, uma quinta-feira, dois dias antes do pleito de 2014 (ver capítulo 5), não havia nenhuma *prova* de envolvimento de Lula e Dilma com os desvios na Petrobras. "Perguntado sobre o nível de comprometimento de autoridades no esquema de corrupção na Petrobras, o doleiro foi taxativo: O Planalto sabia de tudo! Mas quem no Planalto? — perguntou o delegado. Lula e Dilma — respondeu o doleiro." Isso foi o suficiente para quem vazou e para *Veja*. O procurador-geral da República, Rodrigo Janot, reconheceu que "estava visível que queriam interferir no processo eleitoral. O advogado do Alberto Youssef operava para o PSDB do Paraná, foi indicado pelo [governador] Beto Richa para a coisa de saneamento [Conselho de Administração da Sanepar, empresa estadual de saneamento], tinha vinculação com partido. O advogado começou a vazar coisa seletivamente. Eu alertei que isso deveria parar, porque a cláusula contratual diz que nem o Youssef nem o advogado podem falar. Se isso seguisse, eu não teria compromisso de homologar a delação".[69]

Do primeiro vazamento da delação de Costa, em setembro de 2014, até a divulgação das gravações de Lula, na segunda quinzena de março de 2016, a República de Curitiba se constituiu numa fonte permanente de agressões ao lulismo, lembrando, em alguma medida, o cerco que levou Getúlio Vargas ao suicídio em agosto de 1954. A diferença foi que a República do Galeão durou menos de um mês, e a de Curitiba levou dois anos para derrubar Dilma e quatro para condenar Lula em segunda instância, o que aconteceria em janeiro de 2018.

As delações de Costa e Youssef, em outubro de 2014, foram seguidas das prisões de André Vargas, ex-líder do PT na Câmara, e João Vaccari, em abril de 2015; do ex-ministro José Dirceu em agosto; de José Carlos Bumlai e Delcídio do Amaral em novembro; de João Santana, em fevereiro de 2016, culminando na condução coercitiva de Lula em março. As prisões e condenações, sob cobertura extensiva dos meios de comunicação, constituíram o roteiro completo de culpabilização e desmoralização do lulismo perante os olhos do público, o qual foi sendo mobilizado para pedir a deposição de Dilma. Nada remotamente semelhante ocorreu com o PSDB, cuja colaboração premiada de um diretor da Siemens que delatou, em setembro de 2013, fraudes em licitação do metrô de São Paulo, durante os governos Mário Covas, Geraldo Alckmin e José Serra, nunca foi adiante.[70] O mesmo se deu com o ex-executivo da Alstom, que em março de 2014, um dia depois de começar a Lava Jato, denunciou suborno a políticos do PSDB em projetos de energia em São Paulo.[71] Apenas a gravação de um pedido de Aécio Neves de recursos ao empresário Joesley Batista, em maio de 2017, quando Dilma havia caído fazia um ano, recaiu sobre o tucanato. Sem maiores desdobramentos até o encerramento deste livro, pois o Senado, ao contrário do que havia feito em relação a

Delcídio do Amaral, decidiu preservar o mandato do senador mineiro. Quanto ao PMDB, ações equivalentes às desencadeadas contra o PT — como a prisão de Eduardo Cunha, de Henrique Alves e de Geddel Vieira Lima — se deram também, mas *após* a queda de Dilma Rousseff.

Não é possível comprovar, a partir dos dados disponíveis, que o roteiro de ações da Lava Jato tenha sido planejado com a finalidade precípua de criminalizar o PT e Lula e provocar a queda de Dilma, mas pode-se dizer que esse foi o seu efeito objetivo, com uma importante contribuição dos meios de comunicação. Dos cinco minutos dedicados ao tema na noite de 6 de setembro de 2014, quando o *Jornal Nacional* anunciou a primeira delação de Costa, aos mais de sessenta minutos que seriam destinados à condução coercitiva de Lula em março de 2016, é plausível a hipótese de que o sistema de grande mídia no Brasil[72] tenha sido ocupado pela ideia de que uma organização criminosa, liderada por Lula, havia tomado o Estado de assalto. De acordo com estudo coordenado pelo cientista político João Feres Jr., "entre o final de dezembro de 2015 e agosto de 2016, foram ao ar no *Jornal Nacional* praticamente 13 horas de notícias negativas sobre o ex-presidente, apenas 4 horas de noticiário considerado neutro e nem 1 segundo de notícias com viés positivo".*

Uma análise metódica dos meios de comunicação, de modo a compreender a narrativa adotada, escapa aos limites deste livro. Mas a grande mídia explicitou alguns de seus pontos de vista nos editoriais relativos à condução coercitiva de Lula em 3 de março de 2016, como se pôde verificar nos três principais jornais diários. *O Globo* fez o seguinte resumo da situação:

---

* "Levantamento comprova massacre midiático contra PT". *Forum*, 9 dez. 2016. Disponível em: <https://www.revistaforum.com.br/entrevista-com-joao-feres-jr-coordenador-do-manchetometro/>. Acesso em: 5 abr. 2018.

Lançada em março de 2014, a operação esbarrou em Alberto Youssef — personagem já conhecido da Justiça, MP e PF de Curitiba, por crimes de lavagem de dinheiro — e logo detectou rastros do ex-diretor da Petrobras Paulo Roberto Costa. Esses dois primeiros acordos de contribuição premiada ajudaram a se começar a desvendar o petrolão. Passava a emergir o esquema lulopetista de drenagem de dinheiro público da Petrobras, recursos contabilizados aos bilhões, e escancaravam-se as portas do inferno para vários políticos do PT e de partidos aliados. Ontem, chegou a vez do ex-presidente.[73]

A *Folha de S.Paulo*, embora mais comedida, assinalou: "Ganha ímpeto a impressão de que o sistema de favorecimentos e negócios construído pelo poder petista se apressa no rumo do colapso".[74] Por fim, *O Estado de S. Paulo* toca as mesmas teclas que os outros dois jornais, porém de modo desabrido: "Está claro, desde os tempos do mensalão, que Lula não apenas sempre soube da corrupção que devastou a administração pública sob os governos do PT, como a corrupção em si mesma acabou por se tornar um método, cujo mentor não pode ser outro senão o ex-líder sindical que ascendeu usando a máscara de herói da ética na política".[75]

A difusão massiva de que havia um esquema "lulopetista de drenagem de dinheiro público", um "sistema de favorecimentos e negócios construído pelo poder petista" e que a corrupção "acabou por se tornar um método" não poderia deixar de ter efeito no público de classe média. Destacamos o pensamento dos três principais diários, mas é claro que tais opiniões foram difundidas diuturnamente por revistas, rádios, televisões e páginas da internet. O filósofo Pablo Ortellado, que conduziu junto com a cientista social Esther Solano estudos sobre o primeiro protesto de massa anti-Dilma, em 15 de março de 2015, notou que a *Veja* e as Organizações Globo "atuaram inflando e divulgando bastante a manifestação" e "no caso da Globo [de uma maneira] muito gritante ao ponto de a GloboNews ter ficado oito horas no ar cobrindo — cobrindo entres aspas, cobrindo/convocando — de maneira ininterrupta; inclusive, sem intervalo comercial".[76]

O vínculo entre a Lava Jato e a mídia alcançava expressão de massa. O jornalista Vladimir Netto, da Rede Globo, observou que, na maioria absoluta das manifestações daquele 15 de março de 2015, "havia cartazes de apoio à Operação Lava Jato e ao juiz Sergio Moro. Em Olinda, um boneco de Moro foi levado para as ruas. Em Curitiba, imagens do juiz desfilaram com os manifestantes. 'Somos todos Moro', dizia um cartaz em São Paulo".[77] Três dias depois, Moro receberia o prêmio Faz Diferença de "Personalidade do Ano" do jornal *O Globo*, sendo aplaudido de pé por minutos no Golden Room do Copacabana Palace, no Rio de Janeiro.[78] Entre março de 2015 e março de 2016, quando a campanha antilulista que derrubou Dilma chegou ao auge, o padrão foi o mesmo: ações da Lava Jato, forte divulgação, ataques ao "esquema lulopetista" e manifestações públicas com afluxo de massa.

A associação entre setores da mídia e a Lava Jato passa também pela descrença geral dos que foram aos protestos em relação aos partidos estabelecidos. Analisando os dados coletados nas mobilizações paulistanas de abril e agosto de 2015, Ortellado e Solano notaram que os manifestantes "não confiavam nos partidos políticos de uma maneira geral".[79] Isso abria espaço para o PJ. Começa a crescer a figura de Dallagnol que, com o projeto das "10 Medidas Contra a Corrupção", lançado em 20 de março de 2015, forneceu uma proposta de carta-programa ao seu "partido". Dallagnol explicou que o desejo de "oferecer à sociedade os instrumentos que a aproximassem do sonho de um país mais justo, com menos impunidade e corrupção" justificava fazer uma campanha em favor do projeto.[80] A decisão de patrocinar um projeto de lei de iniciativa popular, com o recolhimento de assinaturas, foi tomada pelos procuradores entre junho e julho, e cresceu junto com a mobilização para a segunda demonstração antigovernista, em agosto de 2015.[81] Ao final, o projeto recebeu mais de 2,3 milhões de adesões e foi remetido ao Congresso Nacional em 29 de março de 2016, às vésperas do impeachment.

O PJ agora tinha além de um líder — Moro —, um programa (as "10 Medidas") e apoio de massa. A acolhida congressual do projeto, que em essência propõe um endurecimento da legislação penal, com redução do espaço para recursos que aumentam as chances do acusado, aproximou objetivamente o PJ da extrema direita. O deputado Eduardo Bolsonaro (PSC-SP), filho do também deputado e pré-candidato presidencial Jair Bolsonaro, transformou-se no principal defensor das "10 Medidas" em Brasília. Foi Eduardo quem apresentou, em dezembro de 2016, o mandado de segurança ao STF contra a tramitação do projeto na Câmara, alegando que tinha havido distorção da essência da proposta na votação de 30 de novembro. Em 14 de dezembro, o ministro Luiz Fux, do STF, concedeu liminar a Eduardo Bolsonaro, fazendo com que a proposta fosse reexaminada pela Câmara.

A posição de Eduardo Bolsonaro segue a tendência dos movimentos de direita que surgiram na esteira das mobilizações pelo impeachment, como o Vem Pra Rua e o Movimento Brasil Livre (MBL), de tomarem as "10 Medidas Contra a Corrupção" como bandeira própria. A esquerda, em contraponto, considerou, de modo geral, que as medidas incluíam "propostas que agridem a Constituição Federal ao suprimir garantias e direitos constitucionais", conforme manifestou o deputado Paulo Teixeira (PT-SP).[82] As medidas tenderiam a atingir os pobres, cuja dificuldade para se defender, apontada pelo ministro do STF Luís Roberto Barroso, aumentaria. Observou-se, ao longo da atuação da Lava Jato, uma polarização entre direita e esquerda, com o alinhamento entre o PJ e a direita.

Em suma, independentemente de qual tenha sido a intenção original dos agentes que montaram e executaram a Lava Jato, de forma objetiva a operação criminalizou Lula e o PT, incidindo na crise do impeachment como a vanguarda togada do antilulismo, mobilizando e radicalizando a classe média de modo a garantir maioria parlamentar para derrubar Dilma, como se verá no Ato II deste capítulo. Mas, para chegar a esse ponto, teve que desmontar um esquema de corrupção histórico, conforme será discutido a seguir, produzindo, simultaneamente, um inédito efeito republicano.

O EFEITO REPUBLICANO DA LAVA JATO

O problema, para partidos e correntes do campo da esquerda, é que as descobertas da Lava Jato foram efetivamente estarrecedoras. O testemunho de Costa revelou que as diretorias da Petrobras eram loteadas por três partidos que apoiavam os governos Lula e Dilma (PT, PMDB e PP). Não se chegava ao cargo de diretor sem o apoio de uma agremiação, explicou. Ao ser indicado para determinado setor, o nomeado se comprometia a "ajudar" as legendas que o haviam colocado lá. A ajuda consistiria em combinar, com o "cartel" das empreiteiras que faziam as obras, um percentual sobre cada contrato, que iria para os partidos correspondentes. Em troca, o cartel colocava no valor do contrato, além do sobrepreço de 3% destinado aos partidos, acréscimo para as próprias empresas. Haveria, portanto, nos orçamentos aprovados, um desvio constante de recursos públicos, dividido entre o cartel e os partidos, resultante de superfaturamento. Segundo o depoimento de Costa, a Diretoria de Abastecimento, dirigida por ele, "ajudaria" o PP e o PMDB do Senado; Jorge Zelada, na Diretoria Internacional, "ajudaria" o PMDB da Câmara; Renato Duque, na Diretoria de Serviços, "ajudaria" o PT.

É difícil avaliar o montante superfaturado que a Lava Jato desvendou. A Petrobras informou em abril de 2015 ter uma estimativa de perdas de 6 bilhões de reais entre 2004 e 2012.[83] Segundo relatório da PF divulgado no final de 2015, a soma já era calculada em 20 bilhões de reais, de 2004 a 2014, e poderia chegar à monumental cifra de 42 bilhões de reais se consideradas 27 empresas e um sobrepreço de até 20%.[84] A Lava Jato recuperou 1,5 bilhão de reais até o fim de 2017.[85] Perry Anderson lembra que, dado o crescimento da Petrobras nos governos do PT, "a construção de novas refinarias petrolíferas, poços, plataformas, complexos petroquímicos oferecia vastas oportunidades para retribuições".[86] Em setembro de 2010, a Petrobras se tornara a quarta maior empresa do mundo em valor de mercado, acima de Microsoft, Wal-Mart e General Electric.[87]

O depoimento de Costa explicitava aquilo de que, segundo Dallagnol, se falava "há décadas", ou seja, que a corrupção se alastrava pelas "grandes obras", mas nunca houvera um testemunho direto de quem operava o esquema.[88] E isso veio à tona justamente quando o PT governava o Brasil. No auge do mensalão, em julho de 2005, Lula dissera sobre o caixa dois: "O que o PT fez, do ponto de vista eleitoral, é o que é feito no Brasil sistematicamente".[89] Da mesma maneira que o mensalão pode ser entendido como a punição exemplar da prática corriqueira do caixa dois, o petrolão foi o inédito desbaratamento do esquema de corrupção que sempre envolvera as estatais. Tanto em um caso como em outro, o lulismo pagou o preço de participar do modus vivendi tradicional da política brasileira.

Uma síntese desse modus vivendi surgiu no depoimento de colaboração premiada prestado à Lava Jato em junho de 2016 por Sérgio Machado, ex-presidente da Transpetro e ex-senador pelo PSDB do Ceará (ver capítulo 5), que devolveu 75 milhões de reais aos cofres da Petrobras.[90] De acordo com ele, o esquema de propina, isto é, o pagamento sistemático aos partidos pelas empresas que prestam serviços ao Estado, constituía o modo de financiamento da política no Brasil havia décadas. "Desde 1946, o sistema funciona da seguinte forma: você tem os políticos, que indicam as pessoas para os cargos. Você tem, do outro lado, as empresas, que pegam projetos e querem ganhar mais vantagens, e você tem no meio a pessoa que está administrando [a estatal]."[91] Em 1946, a democracia se tornou de massas (ver capítulo 4), as campanhas ficaram caras e, simultaneamente, havia obras de infraestrutura que representavam possibilidade de negócios.

Machado afirma que a Petrobras, a partir de sua fundação, em 1953, sempre teve papel central no esquema. O ex-senador acompanha o assunto há tempos, pois seu pai ingressou no antigo PSD (Partido Social Democrático) em 1946 e foi, sucessivamente, deputado estadual, federal e ministro de Viação e Obras Públicas, ficando na Câmara até ser sucedido pelo filho, em 1991.[92] Pedro Corrêa, outro político nordestino, confirma a longevidade do sistema. "Qual interesse que a gente tinha em colocar um diretor na Petrobras? O interesse que a gente tinha era fazer ele prestar serviço ao empresário para ele dar retorno para gente em recurso."[93] Pernambucano, Corrêa foi eleito deputado federal por seu estado desde 1978 a 2006, e ocupou o cargo de presidente do PP, o partido que sucedeu a Arena. Preso em 2015 pela ligação com Paulo Roberto Costa, Corrêa afirmou, na colaboração premiada, que participava de propinas desde 1978.

Ao longo de quase trinta anos, Corrêa indicou pessoas para cargos no Inamps, na Anvisa e no Denatran, entre outros, sempre com a expectativa de que o contato com empresários resultasse em valores para o partido.[94] O "esquema" vem, na realidade, desde o Império, acrescenta Corrêa. "O meu trisavô paterno foi presidente do parlamentarismo imperial, foi primeiro-ministro do Brasil. Foi presidente do Banco do Brasil, senador, presidente da província do Maranhão e de São Paulo. Já naquela época existia e existia porque o sujeito para se eleger era complicado."[95] Corrêa é personagem, portanto, que também conhece o riscado.

O historiador Pedro Henrique Campos[96] entende que a prática de pagamento de propinas "se consolida" na ditadura de 1964.[97] Campos mostra a relação antiga e íntima entre as empreiteiras fisgadas pela Lava Jato e o Estado. Lembra que a Camargo Corrêa, que depois viria a ser "a maior empreiteira da ditadura", nasce em São Paulo em 1939, tendo como um dos fundadores o cunhado do ex-governador Ademar de Barros. A Odebrecht surge na Bahia em 1944, e na sua "memória se gaba de ter contratos com a Petrobras desde os anos 1950". A Mendes Júnior foi fundada em 1953, em Minas Gerais, por um ex-funcionário da Secretaria de Viação, que "começa a ver que pode ganhar muito dinheiro do outro lado do balcão".[98]

Jorge Luz, um lobista paraense de 73 anos, preso pela Lava Jato em fevereiro de 2017, constitui outra evidência da longevidade do sistema, pois, tendo se tornado lobista na Petrobras durante o governo Figueiredo (1979-85),[99] ainda atuava até ser preso. Segundo reportagem do *Valor Econômico*, Luz seria o criador do "modelo de relacionamento mantido pela Petrobras com empresas e fornecedores nas últimas décadas, que dispensava licitações e priorizava a adoção de cartas-convite pelas empresas interessadas em conquistar contratos", confirmando a hipótese de Campos, segundo a qual a relação antiga entre empreiteiras e Estado se consolida na ditadura.

Referindo-se ao período pós-redemocratização, o empresário Ricardo Semler, ligado ao PSDB, em artigo publicado em 2014, explicava que, nos anos 1970, era impossível vender equipamentos para a Petrobras sem pagamento de propina.[100] Restabelecidos os civis no poder, nada mudou. Semler conta que a sua empresa voltou a tentar vender para a Petrobras nos anos 1980 e 1990, encontrando a mesma situação anterior. "Não há no mundo dos negócios quem não saiba disso."[101] Nestor Cerveró, ex-diretor da estatal, afirmou que o governo Fernando Henrique Cardoso recebeu 100 milhões de dólares de propina apenas na compra, pela Petrobras, da petrolífera argentina Pérez Companc, em 2002.[102]

São indícios de que o "esquema" veio de antes da República, dá um salto em 1945, se consolida na ditadura e permanece nos governos da redemocratização. O problema é que o PT foi criado *justamente para combater esse velho sistema*. O partido, segundo Lula, surgiu "para não ser igual aos outros",[103] e a Lava Jato usou métodos jamais sonhados para demonstrar que o PT havia se desvirtuado da intenção original. Em 14 de novembro de 2014, uma sexta-feira, ocorreu a sétima fase da operação, denominada "Juízo Final". Foram presos 23 donos e altos executivos de oito empreiteiras: OAS, Camargo Corrêa, Mendes Júnior, Engevix, Galvão Engenharia, UTC, Iesa e Queiroz Galvão.[104] Pela primeira vez, tantos dirigentes de empresas "foram levados juntos para a cadeia numa operação policial".[105] Mais adiante, em junho de 2015, os colossos da construção pesada, Odebrecht e Andrade Gutierrez, teriam os seus dirigentes máximos também aprisionados.

Marcelo Odebrecht, o presidente do quarto maior grupo brasileiro à época (atrás de Itaú, Bradesco e J&F), permaneceu dois anos e meio preso no Paraná. Fez colaboração premiada dentro de uma decisão coletiva da empresa em que 77 executivos se tornaram delatores junto com ele. Nono homem mais rico do Brasil, "com uma fortuna estimada em mais de R$ 13 bilhões", Marcelo "era o representante empresarial do momento que se convencionou chamar de Brasil Grande", segundo jornalistas que escreveram a sua biografia.[106] Preso na mesma data, Otávio Marques de Azevedo, presidente do conglomerado Andrade Gutierrez e braço direito do proprietário Sergio Andrade, ficou sete meses detido. Na delação de Marcelo a Moro, em 2016, o empresário diria que havia "negociado" com o PT valores "que, acumulados, entre 2008 e 2015, acabaram sendo de R$ 300 milhões".[107] Na delação de Azevedo, ele afirma que, entre 2009 e 2014, a Andrade Gutierrez doou perto de 100 milhões de reais ao PT, dos quais 40 milhões seriam de propina.[108] As denúncias atingiram, igualmente, políticos do PSDB. Marcelo e outros executivos da Odebrecht disseram ter acertado o repasse de 50 milhões de reais a Aécio Neves apenas em 2007 (20 milhões viriam da Andrade).[109] Sete delatores da Odebrecht relataram que José Serra teria pedido 32 milhões de reais em propina entre 2004 e 2010.[110] Outro ex-executivo da Odebrecht afirmou que Geraldo Alckmin recebera 10 milhões de reais entre 2010 e 2014.[111]

Conforme escreveu *El País*, a sensação era de que a Lava Jato acabara "com a impunidade histórica dos milionários do Brasil".[112] A mencionada reportagem do jornal espanhol traz duas frases emblemáticas do ministro Luís Roberto Barroso a respeito da justiça de classe que vigorava até então. Na primeira, Barroso diz: "Para ir preso no Brasil, é preciso ser muito pobre e muito mal defendido". Na segunda, afirma: "O sistema é seletivo, é um sistema de classe. Quase um sistema de castas". Em consequência, a prisão dos empreiteiros teve duplo efeito. Conseguiu entusiástico apoio da opinião pública e desarmou os que criticavam a Lava Jato por ter repassado informações que prejudicavam Dilma na eleição de 2014. Como chamar de antipetista uma operação que mandava plutocratas para o presídio? A Lava Jato ainda levaria para trás das grades outros bilionários conhecidos, como André Esteves, do banco BTG Pactual, Eike Batista, do grupo EBX, e Joesley Batista, da J&F.

O PJ dera um nó no PT, colocando a ideia de *igualdade perante a lei* contra o partido que deveria representar a bandeira da igualdade no cenário político. Isso explica que ministros do STF atuantes no apoio à Lava Jato, como Zavascki, Cármen Lúcia, Rosa Weber, Fux, Fachin e Barroso, tenham sido nomeados por

Lula ou Dilma. O compromisso do PT com a igualdade estava sendo usado contra o próprio partido. Ao prender diretores e gerentes das diretorias de Serviços e Internacional da Petrobras, a operação começou a obter um dos seus principais trunfos: a recuperação do dinheiro desviado. Ficou famoso o caso de um gerente da Diretoria de Serviços da Petrobras que, em março de 2015, para obter redução da pena, decidiu recolocar nos cofres da estatal nada menos que 97 milhões de dólares depositados no exterior (300,7 milhões de reais à época), 70 milhões dos quais recebidos como propina e os outros 27 milhões referentes aos rendimentos financeiros da quantia. Se um funcionário de segundo escalão dispunha de tal fortuna para devolver, quem poderia duvidar que o esquema existia?

Empoderado pelas revelações estonteantes, Moro desencadeou a ofensiva contra o PT. Em abril de 2015, ordenou a prisão do tesoureiro petista João Vaccari Neto e do ex-líder do partido na Câmara André Vargas. Vaccari foi condenado, em tempo recorde (já em setembro), por lavagem de dinheiro, associação criminosa e corrupção, a quinze anos de prisão. Moro afirmou, na sentença, ter documentos que demonstrariam a veracidade das afirmações feitas pelos delatores, isto é, comprovantes de pagamentos ao PT, nos valores por eles citados nas delações, mas, conforme citado, em junho de 2017 o TRF4 considerou as provas insuficientes.[113]

O ex-ministro e ex-presidente do partido José Dirceu foi preso na manhã de 3 de agosto de 2015, uma segunda-feira, por agentes da PF. Um mês e meio depois da detenção, Moro acatou denúncia formulada pelo MPF, segundo a qual parte das propinas pagas pela Engevix teria ido parar no bolso do ex-ministro. Os advogados de Dirceu argumentaram, sem sucesso, que o réu "foi colocado neste papel [...] sem que nenhuma investigação ou elemento de prova verdadeiramente autônomo às declarações dos delatores fosse averiguado". Em maio do ano seguinte, Moro condenou Dirceu a 23 anos de prisão. Em março de 2017, condenou-o a mais onze anos por corrupção e lavagem de dinheiro. Em setembro, o TRF4 confirmou a condenação. Dirceu ficou preso dois anos, até maio de 2017, quando, por decisão da segunda turma do STF, foi autorizado à reclusão domiciliar provisória.

Em novembro de 2015, seria a vez do líder do governo Dilma no Senado, Delcídio do Amaral. Pela primeira vez na história, um senador era preso na vigência de seu mandato. A justificativa era de que Delcídio fora gravado em uma conversa sobre possível ajuda pecuniária para tirar da prisão o ex-diretor da Petrobras Nestor Cerveró, que negociava a sua delação premiada. Em fevereiro de 2016, a Lava Jato prendeu João Santana, o publicitário encarregado das campanhas de Lula e Dilma desde 2006. Em 4 de março, seria a vez do próprio ex-presidente Lula ser levado para depor sob condução coercitiva, numa espécie de prisão por algumas horas. Em julho de 2017, Moro condenaria Lula a nove anos e seis meses de prisão por corrupção passiva e lavagem de dinheiro no caso do tríplex do Guarujá.[114]

Se alguém tinha dúvidas de que, para a Lava Jato, Lula sempre tinha sido o alvo, Deltan Dallagnol as dissipou em coletiva de imprensa organizada em setembro de 2016, na qual apresentou o ex-presidente como chefe da "propinocracia", — termo que remete à "cidade da propina" (*Tangentopoli*) da Mãos Limpas italiana. Em uma das telas da exposição em PowerPoint de Dallagnol, Lula aparecia no centro de catorze bolas às quais estava ligado por flechas que apontavam para ele. Nelas estava escrito: "perpetuação criminosa no poder", "maior beneficiado", "mensalão", "pessoas próximas no mensalão", "pessoas próximas na Lava Jato", "enriquecimento ilícito", "governabilidade corrompida", "petrolão + propinocracia", "depoimentos", "José Dirceu", "vértice comum", "expressividade", "poder de decisão" e "reação de Lula".

Embora as denúncias indicassem o psdb no mínimo tão envolvido quanto o pt no modus vivendi tradicional, próceres tucanos, com exceção de Aécio Neves, tiveram pouco prejuízo com a Lava Jato.[115] José Serra e Geraldo Alckmin, citados em delações, seguiam intocados, até o encerramento da escrita deste livro. Aécio Neves, denunciado pela Procuradoria-Geral da República depois de gravado pelo empresário Joesley Batista com um pedido de 2 milhões de reais em março de 2017, foi absolvido pelo Senado, ao contrário de Delcídio, que foi cassado e preso por dois meses, até fazer delação premiada. Aécio manteve o mandato e ainda teve força, como presidente do psdb, para destituir o presidente interino da legenda, Tasso Jereissati, em novembro de 2017.

O pmdb foi atingido pela Lava Jato, mas apenas quando o impeachment de Dilma tinha sido decidido e, portanto, o efeito político antilulista da operação já havia se consumado. Quatro importantes pemedebistas foram presos: o ex-presidente da Câmara Eduardo Cunha, o ex-governador do Rio de Janeiro Sérgio Cabral, o ex-presidente da Câmara Henrique Eduardo Alves e o ex-ministro Geddel Vieira Lima. Acusado em agosto de 2015 por corrupção passiva e lavagem de dinheiro — a pgr pediu que fosse obrigado a devolver 80 milhões de dólares[116] —, Cunha foi afastado do cargo em maio de 2016, quase três semanas depois do impeachment, para que o seu afastamento não evitasse o de Dilma. Preso e condenado a quinze anos de prisão por corrupção, lavagem de dinheiro e evasão de divisas em junho de 2017, teve pedido o aumento de pena pelo mpf para 386 anos no começo de 2018.

Cabral foi preso em novembro de 2016 e condenado, em primeira instância, a 87 anos de prisão por corrupção passiva e lavagem de dinheiro. O mp estima que ele tenha comandado um esquema que ocultou 100 milhões de dólares em paraísos fiscais.[117] Quando a escrita deste livro era concluída, no verão de 2018, o ex-governador fora transferido, algemado e acorrentado, para um presídio no Paraná. Henrique Alves, preso em junho de 2017, teve um pedido de 78 anos de prisão pelo MPF em janeiro de 2018, em um dos casos no qual está envolvido. De acordo com os procuradores que o acusaram, ele seria um "criminoso em série" e faria "da política e da vida pública um caminho para a vida delituosa".[118] Geddel foi preso em setembro de 2017, depois que a PF encontrou 51 milhões de reais em espécie guardados em um apartamento de Salvador cedido ao ex-ministro. A Operação Tesouro Perdido, que investigava fraudes em liberações de empréstimo na CEF, da qual, como vimos, Geddel tinha sido vice-presidente entre 2011 e 2013, informou que era a maior apreensão de dinheiro vivo da história.

Joesley Batista negociou diretamente com a PGR e gravou Michel Temer em março de 2017 numa conversa com indícios comprometedores de desvios em encontro fora do expediente, na residência vice-presidencial. Acusado por corrupção, formação de quadrilha e obstrução da Justiça, Temer foi "julgado" pela Câmara dos Deputados em 2 de agosto e 25 de outubro do mesmo ano. Por ser um especialista no modus vivendi da velha política brasileira, conseguiu votos suficientes para derrotar (por 263 votos a 227 na primeira vez, e por 251 votos a 233 na segunda) as denúncias no plenário, apesar do forte alinhamento de parte da mídia, a começar pelas Organizações Globo (que deu a primeira notícia da gravação), com a tese da Procuradoria-Geral. Quando a redação deste livro se fechava, Temer seguia na Presidência da República. Vale registrar que a classe média mobilizada em 2015 e 2016 para pedir o impedimento de Dilma e a prisão de Lula não foi à rua pedir o seu afastamento.

Diante da avalanche da Lava Jato, os partidos repetiram *ad nauseam* que só haviam recebido recursos legais (declarados ao TSE), deixando sem explicação, por exemplo, o significado das cifras "voluntariamente" devolvidas por intermediários. Seria mentira que dinheiro advindo de superfaturamento fora destinado aos partidos? Os supostos desvios eram responsabilidade dos funcionários, sem ligações políticas? O que de fato acontecera? Nenhum dos partidos apresentou explicações convincentes.

Em certo momento, esboçou-se, no PT e no PSDB, uma reação semelhante à de 2005. Afirmava-se que tinha ocorrido doação de recursos não declarados por parte das empresas, porém não oriundos de desvios de dinheiro público, o que caracterizaria um crime menor, o de caixa dois. A tese, esposada pelo ex-ministro Márcio Thomaz Bastos, morto no final de 2014, e também pelo ex-presidente Fernando Henrique Cardoso, não foi em frente, ficando como balão de ensaio.[119] O PT rascunhou resposta alternativa, arguindo que haveria alguns casos isolados de enriquecimento pessoal, e que era necessário separá-los dos que agiram para financiar campanhas.[120] O argumento não prosperou, e as acusações da Lava Jato de que o PT estaria profundamente envolvido com o velho "esquema" na Petrobras criaram uma zona de silêncio no interior do lulismo. No final, o partido optou, no seu 6º Congresso, realizado em junho de 2017, por não se pronunciar diretamente, limitando-se a manifestar ser "indispensável superar a adaptação do Partido ao 'modus vivendi' da política tradicional no Brasil".[121] Reconhecia, assim, implicitamente, que a velha política, com seu esquema enraizado na corrupção, havia contaminado o terreno da esquerda, mas sem dar uma explicação cabal e apontar perspectivas de mudança. Os profundos problemas políticos daí decorrentes assombrarão o campo popular por muitos anos.

Da mesma maneira, em programa do horário partidário gratuito, em agosto de 2017, o PSDB ensaiou um mea-culpa. O partido afirmou que "acabamos aceitando como natural o fisiologismo, que é a troca de favores individuais e vantagens pessoais em detrimento da verdadeira necessidade do cidadão brasileiro". Nem PT nem PSDB deram explicações específicas sobre a Lava Jato, evitando entrar a fundo nos fatos para mostrar o que verdadeiramente se passou e o que seria feito para que não voltasse a ocorrer. Os três principais partidos do sistema brasileiro ficaram sem resposta à altura do revelado.

Em resumo, a Lava Jato revelou um esquema de corrupção na Petrobras e adjacências, remontando a eras geologicamente profundas da política brasileira. A partir desse ponto de vista, sejam quais forem as motivações de seus agentes, a operação teve efeito nitidamente republicano. O PT, porém, como agremiação do governo e do campo da esquerda, foi de longe o que pagou o maior preço, representado pelo impeachment de Dilma e a condenação de Lula.* A dificuldade de prestar esclarecimentos evidenciou o confronto com um dilema histórico: é possível participar de instituições corrompidas sem corromper-se? Duas peças do quebra-cabeça se encaixavam de maneira complexa: a contradição da Lava Jato, ao mesmo tempo facciosa *e* republicana, enganchava na contradição do PT, criado para mudar as instituições *e* engolido por elas.

ATO II: TEMER DÁ O ARREMATE

Retomemos o fio dos acontecimentos. A semana de 25 de novembro a 2 de dezembro de 2015, quando se precipita a tempestade acumulada desde outubro, envolve um enigma. Na quarta-feira, dia 25, Delcídio do Amaral, preso em flagrante ao ser gravado em 4 de novembro oferecendo 50 mil reais por mês à família de Nestor Cerveró caso o ex-diretor da Petrobras optasse por não fazer delação premiada, envolvia Lula, pois o mencionava na tentativa de obstruir a justiça.[122] Na mesma quarta-feira, Rui Falcão, presidente do PT, emite nota surpreendente. Em lugar do

---

* Às vésperas deste livro ser impresso (7 de abril), o ex-presidente Lula foi preso em razão da sentença proferida por Sergio Moro.

tradicional protesto contra as arbitrariedades da Lava Jato, Falcão diz que o partido "não se julga obrigado a qualquer gesto de solidariedade" com Delcídio, uma vez que "nenhuma das tratativas atribuídas ao senador tem qualquer relação com sua atividade partidária, seja como parlamentar ou como simples filiado".[123]

No final de novembro de 2015, a *Folha de S.Paulo* publicaria uma pesquisa segundo a qual a corrupção passara a ser considerada, pela primeira vez na série utilizada, o principal problema do país (ver gráfico 1). Segundo o Datafolha, até junho de 2013, o índice de preocupação com o assunto, desde os anos 1990, girava em torno de 5%. Em junho de 2013, passa a 11%, ficando estacionado até fevereiro de 2015, quando sobe para 21%. Daí por diante continua a crescer até atingir 34% em novembro de 2015.[124] Jessé Souza considera que "desde o mensalão, o divisor de águas entre quem era culto e informado e quem era inculto e mal informado passa a ser percebido pela maior ou menor sensibilidade ao tema da 'corrupção' do Estado".[125] A observação é compatível com a ideia de que as mobilizações de junho de 2013, quando duplica o número dos que dão prioridade ao assunto, em alguma medida repercutiu o julgamento da Ação Penal 470. A Lava Jato, contudo, elevaria a corrupção a um estágio de massa, triplicando a quantidade de entrevistados que a colocava no topo da lista. Era uma mudança importante.

Na terça seguinte, Falcão volta a se manifestar, agora em mensagem dirigida aos petistas da Câmara: "Confio em que nossos deputados, no Conselho de Ética, votem pela admissibilidade" do processo contra Cunha.[126] O partido tentava se dissociar da corrupção, mas com isso acabava a trégua que Lula custara tanto para construir. De acordo com Kennedy Alencar, o PT avaliava que "se Cunha aceitar o pedido de impeachment, a iniciativa nasceria manchada pela marca da chantagem e da retaliação".[127] Dilma, em tese a maior interessada em um acordo que a

GRÁFICO 1
EVOLUÇÃO DA CORRUPÇÃO COMO PRINCIPAL PROBLEMA SOCIAL (EM %)

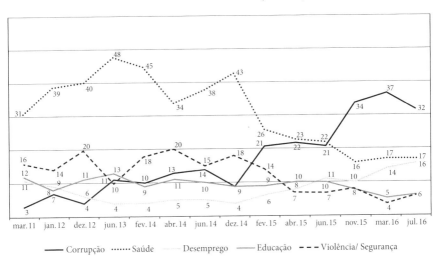

Fonte: Datafolha/PO813867, 14 e 15 jul. 2016.

salvasse do impedimento, se mantinha em posição dúbia. Ao trocar o ministério, dois meses antes, havia optado pelo pragmatismo. O seu chefe da Casa Civil, Jaques Wagner, negociava hora a hora com o presidente da Câmara para evitar o pior. Segundo o ex-secretário de Imprensa, a presidente dizia a Wagner: "Quem cede a chantagista uma vez tem que ceder sempre. Você vai ver aonde isso vai dar".[128] No entanto, se aceitara negociar com Cunha, não tinha optado por ceder?

"Dilma achava que cedo ou tarde Cunha deflagraria o processo contra ela", afirma Rodrigo de Almeida.[129] Talvez achasse que era melhor se preparar para a briga no plenário, mas tentava adiar o momento, pois precisava aprovar novas metas fiscais para 2015 no Congresso de modo a evitar ser "acusada de desrespeitar a Lei de Responsabilidade Fiscal, o que poderia servir de justificativa para um eventual impeachment"[130] pela segunda vez. Mas e Lula? Depois do esforço para uma composição, por que cederia às pressões da base petista ou às hesitações de Dilma? Lula sabia que, autorizado o impeachment por Cunha, as chances de barrá-lo seriam mínimas. A ruptura com Cunha pode ter sido um dos raros momentos em que Lula perdeu o controle do PT. Quando soube da decisão, o ex-presidente deu uma declaração irônica: "*Eles* devem saber o que estão fazendo".[131] Há quem enxergue aí o reflexo de um momento de fragilidade do ex-presidente, tendo em vista o cerco da Lava Jato, com perda de influência sobre o partido.

O fato é que na tarde da quarta-feira, dia 2 de dezembro, o Congresso Nacional aprovou, por 314 votos a 99 na Câmara e 46 votos a dezesseis no Senado, a autorização para o registro de um déficit de até 119,9 bilhões de reais em 2015.[132] Dilma havia conseguido ultrapassar o perigo que a espreitava fazia meses. No começo da noite, entretanto, Cunha cumpriu a promessa de retaliar e reagiu ao tuíte de Falcão, anunciando que havia autorizado a tramitação do pedido impetrado por Reale Jr., Bicudo e Paschoal. No dia anterior, antes do recado de Falcão, o presidente da Câmara comunicara a Temer que arquivaria os pedidos de impeachment.[133] Diante da mudança de postura do PT, alega que, apesar da decisão do Congresso, que acabara de aprovar mudança da meta fiscal, Dilma havia editado os seis decretos de crédito suplementar *antes* da decisão congressual, desrespeitando, portanto, a lei orçamentária da época.[134]

Depois de meses suspenso, o duelo Dilma-Cunha retomava numa chave "matar e morrer". Como nos filmes de faroeste, talvez percebendo que cairia de qualquer modo, Cunha decidiu levar Dilma junto, calculando que, posteriormente, teria algum benefício em nome dos "serviços prestados" ao antilulismo. No Twitter, postou que atendia à "voz das ruas".[135] Contudo, de imediato, a decisão caiu mal na opinião pública, conforme previa o PT. A figura do deputado inspirava antipatia generalizada e, quando a incerteza domina, fenômenos de magnetismo e repulsão pessoal adquirem peso. O desgaste imagético de Cunha e a fragilidade do argumento em favor do impeachment fizeram com que a manifestação em apoio ao gesto de Cunha, realizada em 13 de dezembro, fosse um fiasco. Em compensação, a passeata "não vai ter golpe", em São Paulo, realizada 72 horas depois, foi um sucesso, superando, pela única vez em todo o processo, a contraparte. Nove siglas, representando 301 deputados, tinham se posicionado contra o impeachment em setembro,[136] e a presidente só precisava de 172 parlamentares dispostos a *não votar* contra ela. Pairava a impressão, trompe l'oeil, de que o impeachment nascera morto.

Sob o comando de Michel Temer e o concurso inestimável da Lava Jato, de 13 de dezembro a 13 de março, entretanto, quando protestos torrenciais selariam o destino de Dilma, as engrenagens do golpe parlamentar se puseram em funcionamento, criando uma conexão inesperada entre o clientelismo e a Lava Jato. A *lettre-doléance* enviada por Temer a Dilma em 7 de dezembro explicitava a contrarrevolução em marcha. A missiva, subestimada à época, inclusive por este autor, dizia muito mais do que parecia. Temer fazia uma revisão do relacionamento com a presidente em que misturava, propositadamente para confundir, questões fulcrais e episódicas, mas justificando com razões de Estado a traição que cometeria contra a mandatária eleita. Ricardo III não faria melhor.

Temer começa por destacar que sempre tivera plena ciência da "absoluta desconfiança da senhora e do seu entorno em relação a mim e ao PMDB". Em seguida, lembra que a aliança para a reeleição foi aprovada por apenas 60% da convenção do PMDB, "porque era eu o candidato à reeleição à Vice". A queixa de Temer era procedente. Com efeito, no ensaio republicano do primeiro mandato, Dilma agiu contra o PMDB, como vimos no capítulo 5. A presidente tentou diminuir o papel do pemedebismo no arranjo lulista. Certamente sabia de acusações que a sociedade só veio a conhecer após a denúncia de Rodrigo Janot, divulgada em setembro de 2017. Segundo o procurador-geral, Temer liderava um grupo formado por Cunha, Padilha, Moreira Franco, Alves, Geddel e Rodrigo Loures, que supostamente teria recebido ao menos 587 milhões de reais de propina.[137] Dilma pode ter sido inábil, mas o propósito era proteger o erário público.

Em seguida, o vice mira no segundo mandato. Indica que, apesar da desconfiança, ele havia ajudado a aprovar o ajuste fiscal em maio (ver capítulo 6), numa votação apertada, em que faz questão de contar os oito votos que conseguiu do DEM, os seis do PSB e os três do PV, numa vitória por 22 sufrágios. Também era verdade: como vimos, Temer vendia facilidades para as dificuldades que Cunha criava, num jogo casado. O vice prossegue: no entanto, "jamais eu ou o PMDB fomos chamados para discutir formulações econômicas ou políticas", e o "programa 'Uma Ponte para o Futuro', aplaudido pela sociedade, cujas propostas poderiam ser utilizadas para recuperar a economia e resgatar a confiança, foi tido como manobra desleal".[138] Temer estava certo mais uma vez. Sem apoio do pemedebismo, Dilma não conseguiria fazer a virada à direita que ensaiou no final de 2014, cujas consequências lógicas encontravam-se na "ponte para o futuro". A presidente, indecisa quanto ao rumo a tomar, recusava-se a entregar o poder correspondente à importância *objetiva* que o partido havia adquirido.

Cumpria-se naquele momento, item a item, a previsão de Luiz Felipe de Alencastro, em artigo verdadeiramente profético publicado na *Folha de S.Paulo* em 2009. Nele, o historiador e cientista político alertava para o risco de uma presidente que nunca havia disputado um voto ter um vice "que maneja todas as alavancas do Congresso e da máquina partidária pemedebista". Para justificar a qualificação, bastou a Alencastro puxar a biografia de Temer: deputado federal havia 22 anos, presidente do partido fazia oito, presidente da Câmara por duas vezes. O PMDB, dizia o articulista, "sendo há mais de duas décadas o maior partido político brasileiro, jamais logrou eleger o presidente da República. Daí a sede com que vai ao pote ditando regras ao PT e a sua candidata à Presidência". *Lida a carta de Temer à luz do artigo de Alencastro, entende-se que eclodia em dezembro de 2015 uma mina enterrada no piso do Palácio do Planalto no segundo mandato de Lula.*

Para completar, Alencastro advertia que, transformada "a ocupante do Alvorada em refém do morador do Palácio do Jaburu", poderia acontecer que "Temer tire do colete uma proposta que avançou alguns anos atrás. O voto, num Congresso aos seus pés, de uma emenda constitucional instaurando o parlamentarismo".[139] Conforme vimos no capítulo 5, foi exatamente esse o curinga que Temer e Serra tentaram sacar da manga. A razão é simples: no Brasil, o presidencialismo permite, a cada quatro anos, que o campo popular faça maioria, levando ao Planalto agentes potencialmente adversos aos interesses dominantes, tanto os da burguesia quanto os do clientelismo, como Dilma evidenciara. O parlamentarismo acabaria com essa incerteza, submetendo o governo ao crivo constante do partido de classe média e do partido do interior na Câmara. Some-se o parlamentarismo à "Ponte para o futuro" e se verá que Temer tinha um *projeto completo*. Sua meta não era apenas a de tapar um buraco ocasionado pela crise, como fez Itamar Franco em 1992 ou mesmo José Sarney em 1985, mas sim alterar a natureza do regime nascido da Constituição de 1988. Não era uma mudança de governo, era uma mudança de regime político e social que se planejava.

Vistas em retrospectiva, as ações de Temer de agosto de 2015 em diante — a declaração sobre a necessidade de alguém que unificasse o país, a recusa em continuar na articulação política do governo, a fala aos empresários sobre a inviabilidade de Dilma chegar ao fim do mandato, a parceria com José Serra, o lançamento da "Ponte para o futuro" e a *lettre-doléance* — constituem um roteiro coerente. A vitória de Dilma em 2010 e 2014, e a de Haddad em 2012 expressavam a potência eleitoral de Lula e do lulismo, que tinham conseguido eleger dois quadros de fora do âmbito dos políticos profissionais para cargos-chave.[140] O impeachment queria dar uma prova de que o campo popular é incapaz de governar, despedaçando essa construção.

EPÍLOGO

Dilma atravessou o réveillon dizendo saber ter sido 2015 "um ano difícil", mas com esperança de que 2016 fosse melhor. Era um sonho de verão. No final de fevereiro, a cruzada cívica para exorcizar o lulismo soou os clarins com a prisão de João Santana, e a vanguarda togada traria o *fiat* que faltava ao impeachment. A principal acusação contra o publicitário era de ter recebido 7,5 milhões de dólares no exterior de um lobista com acesso à Petrobras. De acordo com o jornalista Luiz Maklouf Carvalho, Santana era "do círculo mais íntimo do poder — a meia dúzia de outros assessores que a presidente ouve mais".[141] Para outras fontes, chegou a ser *o* mais influente, juntamente com Aloizio Mercadante. Os meios de comunicação afirmavam que Santana iria reconhecer o recebimento de recursos irregulares fora do Brasil, para se "livrar de acusações mais graves".[142] Dada a importância do prisioneiro e a gravidade das denúncias, a repercussão midiática religou a classe média na voltagem elevada do petrolão.

Desde meados de 2015, a Lava Jato orientava as ruas. Em junho, o dono da UTC, Ricardo Pessoa, espécie de "secretário--executivo" do cartel de empresas que negociava com a Petrobras, segundo o jornalista Vladimir Netto, havia "revelado aos investigadores que Vaccari se referia às propinas como 'pixuleco'", termo que se difundiu e passou a apelidar os bonecos de Lula vestido de presidiário que infestaram os protestos anti-Dilma a partir de 16 de agosto de 2015.[143] Lula seria, daí em diante, envolvido em diversas denúncias, tornando-se réu em sete processos, cada vez mais no centro das investigações. Referindo-se aos protestos de 2015, Luciana Tatagiba et al. escreveram: "Não parece possível afirmar que os participantes estejam na rua unidos pela defesa de um projeto político de contornos claros [...]. O que os une, desde 2007, é a luta contra o PT e contra a corrupção, a partir de um discurso que associa os governos petistas ao mau uso da máquina pública. *O contexto de denúncia e julgamento do 'Mensalão' do PT (de 2005 a 2012) e as denúncias de corrupção envolvendo a Petrobras (durante as eleições de 2014) contribuíram fortemente para alimentar esse sentimento*".[144] A prisão de Santana reativava a indignação e preparava os protestos marcados para 13 de março de 2016.

Na quinta-feira, dia 3 de março, emerge na *IstoÉ*, novamente em edição extraordinária de meio de semana, como a *Veja* de outubro de 2014, a delação do ex-senador Delcídio do Amaral. Tal como Youssef um ano e meio antes, Delcídio relatava que Dilma e Lula conheciam o esquema de desvios na Petrobras. Seguiu-se cobertura televisiva monumental do conteúdo da revista. Telejornais dedicaram edições extraordinariamente longas para detalhar as acusações, como se a segurança nacional estivesse em perigo. Na mesma noite, foram acrescentadas ao noticiário extensas reportagens sobre os supostos imóveis irregulares de Lula no Guarujá e em Atibaia. Algumas horas depois, o ex-presidente foi buscado, às seis da manhã, em seu apartamento de São Bernardo do Campo e conduzido coercitivamente para depor no Aeroporto de Congonhas, na zona sul de São Paulo. A fase Aletheia (busca da verdade) da Lava Jato mobilizara duzentos policiais, parte deles, ao menos, em uniformes de selva e portando submetralhadoras.[145]

A condução coercitiva é uma "excepcionalidade",[146] a ser usada em caso de a pessoa chamada não comparecer para depor, o que não era o caso, pois Lula não havia sido intimado. O uso da condução coercitiva sem intimação prévia faz parte das medidas de exceção que setores do Judiciário autorizaram, implícita ou explicitamente, à Lava Jato, mas a condução de Lula foi criticada pelo ministro Marco Aurélio Mello, do STF: "Só se conduz coercitivamente, ou, como se dizia antigamente, debaixo de vara, o cidadão que resiste e não comparece para depor. E o Lula não foi intimado".[147] O modus operandi foi o que o ex-ministro Nelson Jobim chamou de "ação-espetáculo": "Vão pegar um sujeito em um apartamento e aparece gente com metralhadora, helicóptero. Tudo isso faz parte daquilo que hoje nós chamaríamos de ação-espetáculo, ou seja, a espetacularização de todas as condutas".[148]

Moro se expôs a críticas por ter autorizado a condução coercitiva, teve que emitir nota se justificando, mas o episódio provocou a comoção de massa necessária à decisiva manifestação de 13 de março. A semiprisão de Lula criou uma espécie de estado de emergência comunicacional, como sucede com acontecimentos de dimensão extraordinária — guerras, catástrofes naturais etc. O traslado para Congonhas, filmado de todos os ângulos; as acusações contra o ex-presidente expostas maciçamente, multiplicando a carga informativa da delação de Delcídio; a acusação relativa ao apartamento no Guarujá, sublinhando o enriquecimento pessoal; tudo isso compunha o clima. Durante a manhã, enquanto Lula depunha no aeroporto e grupos lulistas e antilulistas se enfrentavam no saguão, a TV seguia pisando e repisando as denúncias que poderiam levar o ex-presidente a ficar preso. Criou-se a tensão típica dos momentos em que as crises coagulam. Por que Lula foi levado para Congonhas? Seria transferido para Curitiba? Estaria preso?

Finalmente, terminado o interrogatório, por volta do meio-dia, o ex-presidente foi liberado e fez um pronunciamento de quarenta minutos no Diretório Nacional do PT, transmitido na íntegra e ao vivo pela GloboNews, que vinha dedicando a programação ao tema desde a manhã do dia anterior. "Se quiseram matar a jararaca, não fizeram direito, pois não bateram na cabeça, bateram no rabo, porque a jararaca está viva", discursou Lula. A frase transmitia, em tom popular e compreensível, o centro do problema: o objetivo era matá-lo politicamente, e ele se afirmava vivo, ainda que machucado, disposto a confrontar os que queriam tirá-lo da cena pública "a pauladas".

Havia meses, Lula insistia que a Lava Jato tinha que ser combatida com vigor.[149] Enquanto na política e na economia os esforços eram pela acomodação, aqui prevalecia o enfrentamento, como fica claro na conversa telefônica que teve com Dilma após ser liberado de Congonhas (que a PF gravou e Moro divulgou doze dias mais tarde): "Nós temos uma Suprema Corte totalmente acovardada, nós temos um Superior Tribunal de Justiça totalmente acovardado, um Parlamento totalmente acovardado, somente nos últimos tempos é que o PT e o PCdoB [...] acordaram e começaram a brigar".[150] Lula sabia que com a Lava Jato não havia arreglo.

Na véspera da condução coercitiva, diante da ofensiva que poderia levar Lula à prisão, Dilma aceita substituir Cardozo, o único do seu círculo próximo que restara, colocando o procurador baiano Wellington Lima e Silva no Ministério da Justiça. Lima e Silva acabou impedido pelo STF de assumir, uma vez que a Constituição de 1988 veda a procuradores concursados exercer outra função pública. Foi substituído pelo subprocurador-geral da República Eugênio Aragão (também indicado por Jaques Wagner), que havia entrado no MP em 1987. Aragão recebe a incumbência de trocar a chefia da PF em trinta dias. Atropelado pelo impeachment, não teve tempo de fazê-lo, mas em entrevista ao jornalista Luis Nassif deixou o seu recado. Afirma que as "10 Medidas Contra a Corrupção" correspondiam a um "fetichismo penal" e conclui: "O direito penal usado como instrumento de política é fascista".[151]

A condução coercitiva de Lula precipita os acontecimentos porque, com isso, a Lava Jato deixa claro que não aceitaria conciliação, alternativa que a maioria dos empresários, excluída a Fiesp, parecia ainda acalentar. O plano de Nelson Barbosa, que vimos no capítulo 6, com teto de gastos e reforma da Previdência, indica que Dilma entendera a mensagem empresarial e estava disposta a ceder. Mas a Lava Jato implode o acordo. Dez grandes empresários ouvidos pela *Folha de S.Paulo* depois da condução coercitiva de Lula afirmam que, em função dos desdobramentos da Lava Jato, precisava haver impeachment, do contrário a economia continuaria à deriva. Segundo o jornal, "com os indícios de caixa dois na campanha de reeleição e as acusações do senador Delcídio do Amaral de que Dilma manobrou para interferir na Lava Jato", os empresários começaram a achar que o impeachment era inevitável. "A presidente perdeu a pouca capacidade de governar que lhe restou", dizia na reportagem Lawrence Pih, fundador do Moinho Pacífico e um dos primeiros empresários a apoiar o PT na década de 1980.[152]

A ofensiva continua na terça-feira, dia 8, quando Moro condena Marcelo Odebrecht a dezenove anos de prisão. Na quinta-feira, procuradores paulistas pedem a prisão preventiva de Lula, alegando que ele poderia destruir provas e tumultuar o processo relativo ao apartamento do Guarujá. Embora a petição não tenha sido aceita, a publicidade em torno da tentativa reforça a mobilização que ocorreria 72 horas depois. A pressão sobre setores recalcitrantes do PSDB e do PMDB aumenta. Na famosa conversa gravada entre Sérgio Machado e Romero Jucá, o segundo afirma ser necessário "mudar o governo para estancar essa sangria" das investigações. Responde Machado: "É um acordo, botar o Michel, num grande acordo nacional", e Jucá complementa: "Com o Supremo, com tudo". Machado: "Com tudo, aí parava tudo". Jucá: "É. Delimitava onde está, pronto".[153]

Jucá conta a Machado que Renan Calheiros ainda resiste ao impeachment. Em um gesto de desagravo à condução coercitiva, Renan havia oferecido um café da manhã na quarta-feira, 9, em sua residência ao ex-presidente. Trinta senadores da base governista prestigiaram o encontro. Na frente da casa, diante dos repórteres e fotógrafos, rodeado pelos senadores, Renan presenteia Lula com uma Constituição, e declara: "As investigações precisam avançar, mas no devido processo legal". Completa: "A [entrega da] Constituição foi para simbolizar esse momento importante, em que precisamos garantir a Constituição, a liberdade de expressão, a presunção de inocência e o devido processo legal".[154]

O impeachment significa entregar o poder a Temer, e "Michel é Eduardo Cunha", diz Jucá, por isso Renan resiste. Jucá contra-argumenta com Machado que "Eduardo Cunha está morto", o que o próprio Cunha percebera em dezembro, como vimos. "Tem que ser um boi de piranha, pegar um cara, e a gente passar e resolver, chegar do outro lado da margem", diz Jucá.[155] Cunha foi o boi de piranha.

Renan manterá uma posição ambígua até a última hora, só decidindo votar a favor do impeachment na derradeira sessão de 31 de agosto, ainda assim articulando a manutenção dos direitos políticos para Dilma. Em outro telefonema gravado por Machado em março, Sarney relata as resistências dentro do PSDB, porque tucanos ainda não queriam passar o poder a Temer. Jucá diz a Machado que Aécio gostaria de uma nova eleição, mas os interlocutores concordam que o tucano já não ganharia um pleito direto naquele momento. "Nenhum político desse tradicional ganha", conclui Jucá.[156] O remédio é apoiar o impeachment, argumenta o senador por Roraima.

As manifestações do dia 13 de março, com 500 mil pessoas na avenida Paulista — mais do que o dobro do verificado um ano antes e as maiores ocorridas na história política de São Paulo —, e em outras 25 capitais, iriam empurrar os políticos hesitantes. Conforme lembra Jessé Souza, tinha havido "protestos maciços em março, abril e agosto de 2015 […] em mais de duzentas cidades do país",[157] porém no "fantástico 13 de março de 2016" houvera um salto de qualidade. Lá, fez-se "questão de procurar e mostrar a presença nas manifestações de pessoas de cor mais escura e de origem popular, ainda uma pequena minoria, para provar que o protesto abrangia todas as classes".[158] Dessa vez, chegando a 326 municípios com 3,6 milhões (segundo as PMs) nas ruas, alcançava-se um patamar decisivo.[159] A pólvora fora acesa.

Como movimento de massa, o antilulismo reunia componentes heterogêneos. A base maior é a classe média tradicional, mas o PJ conseguira revestir de linguagem igualitária a reação aos avanços integradores do lulismo, o que permitia a adesão de setores da metade inferior da distribuição. Segundo o Datafolha, no dia 13 de março em São Paulo, um terço do público tinha renda familiar mensal até 5 salários mínimos.[160] Joaquim Barbosa plasmara, em 2012, o lema *da igualdade perante a lei*. Moro colocou o slogan em prática, fazendo, no imaginário, Lula equivaler a Marcelo Odebrecht, como poderosos que precisavam ser submetidos à prisão, de maneira a provar que no Brasil a lei era igual para todos.

Dallagnol, por sua vez, acrescentou uma visão "punitivista" ao igualitarismo judiciário de Barbosa e Moro. O punitivismo de Dallagnol ampliava o alcance do PJ, pois lhe dava uma dimensão prospectiva e não somente retrospectiva. Enquanto a aplicação da justiça funciona como vingança contra os que roubam, o punitivismo, partindo da crença de que o Brasil é o país da impunidade, considera que por meio de punições duras se podem resolver os problemas sociais. Dallagnol faz o seguinte raciocínio: suponhamos que a corrupção desvie 200 bilhões de reais ao ano no Brasil (5% do PIB, estimativa da ONU e do Fórum Econômico Mundial para a perda com corrupção em diversos países do mundo). Com esses recursos, seria possível construir, em um ano, dez escolas em cada município ou 7 mil novos hospitais ou colocar um contingente dez vezes maior de policiais nas ruas.[161] Este último item, sobretudo, fala de problema candente no período lulista: segurança pública.

O punitivismo se liga à exigência popular de combate duro à criminalidade. O aumento da insegurança, por razões pouco claras, acompanhou a ascensão do lulismo. A taxa de homicídios cresceu 11% entre 2005 e 2015.[162] Com a diminuição da pobreza, esperava-se queda da violência, mas ocorreu o contrário, sendo que a elevação do homicídio se verificou exatamente nas regiões mais beneficiadas — a saber, o Norte e o Nordeste. O aumento da insegurança explica, ao menos em parte, a subida da candidatura presidencial do deputado de extrema direita Jair Bolsonaro, mantendo-se na segunda colocação das pesquisas quando a escrita deste livro era encerrada (início de 2018). Bolsonaro propunha medidas extremas, como armar a população "de bem" para combater os criminosos. Como vimos, a defesa do punitivismo justifica o fato de as "10 Medidas Contra a Corrupção" terem sido encampadas pelo deputado Eduardo Bolsonaro.[163]

Discursos que "brotam de uma lógica protofascista"[164] tinham sido detectados na década de 1980 pelo sociólogo Antônio Flávio Pierucci no janismo e no malufismo em São Paulo. Pierucci mostrara a ligação entre o voto em Jânio e Maluf e a rejeição aos direitos humanos, vistos como política que protegia os bandidos, em contexto igualmente de aumento do "sentimento generalizado de insegurança". O ressentimento da classe média baixa contra os privilégios dos que, por serem ricos, conseguem se proteger da violência oriunda da periferia, que "mora ao lado" da classe média baixa, gerava um repúdio ao estilo de vida das "camadas de alta renda e elevados níveis de escolaridade" que vivia "do outro lado da cidade".[165] Isso explica por que na energia desencadeada pelo antilulismo se desdobraram posições antagônicas às liberdades comportamentais e artísticas que correspondem ao éthos dos setores modernizados da sociedade, típicos da classe média tradicional.

As contradições internas da frente única antilulista, que a intensa atuação da Lava Jato levara às ruas, chegariam ao ápice depois do golpe parlamentar, com as denúncias contra Temer, provocando um racha em 2017. Mas voltemos ao impeachment. "Desde o dia 4 de março, uma sucessão de episódios que revelam a articulação íntima entre mídia e Judiciário foi, aos poucos, convencendo parte expressiva dos brasileiros a participar dos protestos deste domingo — e, com isso, impor uma solução final à crise política que abala o Brasil", escreveram duas críticas de mídia no próprio 13 de março, a mesma data que, com sinal oposto, foi decisiva para o golpe de 1964.[166]

Os "camisas amarelas" levaram milhares de bonecos infláveis de Lula presidiário, o pixuleco, para as avenidas.[167] Embora o objetivo imediato fosse o impeachment, depois da publicidade dos dias anteriores, muitos foram incensar Moro e reforçar o pedido de prisão do ex-presidente. De acordo com a *Folha de S.Paulo*, um "mapa das redes sociais feito para o governo indicou disparada de adesões aos atos de 13 de março após a condução coercitiva de Lula".[168] Levantamento do Datafolha contou 96% dos participantes do protesto na Paulista achando que Moro agira bem ao autorizar a condução coercitiva do ex-presidente.[169]

A fixação dos manifestantes na figura de Lula — embora o impeachment fosse o móvel imediato — revela que a unidade daquele bloco heterogêneo era o antilulismo. Para eles, o ex-presidente representava aquele que, por ter apoio popular, podia instalar um regime criminoso no Brasil. Na prática, se estava levando a coligação liderada por Temer ao poder, com as consequências vistas um ano depois, quando Joesley Batista divulgou as suas gravações por meio de *O Globo* — mas não importava, o relevante era inviabilizar o lulismo. De acordo com analistas, na GloboNews a "cobertura sem intervalos, ao longo de doze horas, com a entrada de correspondentes em todo o país e a imagem das pessoas chegando nas manifestações de domingo foi fator decisivo para que muitas pessoas se somassem aos protestos contra Lula e Dilma".[170] Ao final da jornada, Moro, deixando de lado qualquer isenção, pede aos políticos "que [...] ouçam a voz das ruas", afirmando que "não há futuro com a corrupção sistêmica que destrói nossa democracia, nosso bem-estar econômico e nossa dignidade como país".[171]

A faísca aparecera, e o impeachment ganhou momentum. Os editoriais dos três principais diários o refletem. Segundo a *Folha de S.Paulo*, depois da manifestação era "difícil imaginar as saídas possíveis, ou minimamente aceitáveis para o conjunto da população, que ainda restem aos estrategistas do PT e do governo federal".[172] *O Globo* afirma que "os milhões de manifestantes de domingo [...] forçam uma definição sobre o futuro de uma presidente acuada em palácio".[173] *O Estado de S. Paulo* nem esperou o ato acontecer, anunciando as suas conclusões na manhã de domingo: "A maioria dos brasileiros, conforme atestam há tempos as pesquisas de opinião, exige que a petista Dilma Rousseff deixe a Presidência da República. A oportunidade de expressar concretamente essa demanda e, assim, impulsionar a máquina institucional responsável por destituí-la, conforme prevê a Constituição, será oferecida hoje, nas manifestações populares programadas Brasil afora".[174]

Depois de 13 de março, Dilma decide colocar Lula na Casa Civil. Já entregara a condução política, abrira mão do fiel escudeiro Cardozo e se prontificava a ceder o próprio Palácio. O foro privilegiado protegeria Lula em caso de tentativa de prisão, e o ex-presidente faria diretamente o trabalho de atrair o número mínimo de deputados necessários para que o plenário da Câmara não impedisse Dilma. Na quarta-feira, dia 16, no final da manhã, o Planalto divulga que Lula será nomeado ministro. No final da tarde, em nova intervenção, Moro divulga uma gravação de conversa ocorrida entre Lula e Dilma na hora do almoço, na qual a presidente afirma que estava enviando um "papel pra gente ter ele, e só usa em caso de necessidade, que é o termo de posse". A oposição acusa Dilma de fazer obstrução de justiça, interpretando o diálogo como confissão de que Lula pretendia o foro privilegiado para escapar da prisão. O Planalto responde que o objetivo era ter o termo assinado, caso Lula não pudesse comparecer à cerimônia de posse no dia seguinte, por motivo de doença de Marisa Letícia em São Paulo.

Zavascki considerou a ação de Moro duplamente ilegal, pois a interceptação foi feita depois do horário determinado para as diligências de busca e apreensão e, além do mais, envolvia autoridade com foro privilegiado, a presidente da República, e não podia ser divulgada. Segundo Zavascki, "a divulgação pública das conversações telefônicas interceptadas, nas circunstâncias em que ocorreu, comprometeu o direito fundamental à garantia de sigilo, que tem assento constitucional".[175] Moro teve que pedir desculpas e se explicar pela segunda vez em quinze dias. Mas Teori não o afastou do caso. Na prática, Moro mostrou que podia intervir na cena política, usando recursos a que só o Judiciário tem acesso. A judicialização extremada se consumava.

Além da conversa com Dilma, Moro deu publicidade a inúmeros diálogos de Lula com outros personagens, nos quais ele manifesta críticas ao funcionamento das instituições, personalidades públicas etc. A enorme cobertura da mídia produziu um segundo momento de "emergência comunicacional", com protestos diante do Palácio do Planalto e na avenida Paulista em que se pede a renúncia de Dilma. Na quinta-feira, Lula chega a tomar posse, em cerimônia no Planalto, mas o ministro Gilmar Mendes, do STF, decide acatar ação impetrada pelo PSDB e pelo PPS e suspende a posse, entendendo que visaria "impedir o cumprimento de ordem de prisão de juiz de primeira instância". O presidente do tribunal, Ricardo Lewandowski, não intervém (poderia ter levado o assunto ao plenário). Moro havia conseguido novamente: por meio da divulgação do diálogo entre Lula e Dilma, impedira que Lula se tornasse ministro-chefe da Casa Civil. A vanguarda togada dava xeque ao rei.

Na sexta-feira, dia 18, após a posse frustrada, Lula fala em um ato com quase 100 mil pessoas na avenida Paulista. Apesar de a esquerda ter comparecido em peso, as camadas populares permaneceram indiferentes. O lulismo não preparara a sua base para a contrarrevolução, pois isso implicaria abrir um confronto que estava fora de sua receita conciliatória. A manifestação antilulista do dia 13 fora cinco vezes maior que a lulista do dia 18, como se os "camisas amarelas" representassem o povo. A pesquisa Datafolha publicada no dia mostrava que 68% da população defendia o impeachment. Fiel ao mandamento conciliador — "dobro, mas não quebro" —, Lula afirmou, na Paulista, ser preciso "restabelecer a paz".[176]

Já que as ruas estavam perdidas, restavam os corredores da Câmara. Na composição da Comissão Especial do Impeachment, em 8 de dezembro, a oposição obtivera 272 votos e o governo 199. Em tese, a bancada pró-impeachment precisava de mais setenta votos para tirar Dilma do Planalto, e o governo tinha os 172 necessários para mantê-la. Temer e Serra entram em campo. Serra conversava com o velho aliado Kassab e emissários de Temer, com Marcos Pereira, presidente do PRB.[177] Lula faz o mesmo. Monta um QG no hotel Golden Tulip e vai à luta parlamentar. Conversou pessoalmente com oitenta deputados. Era preciso superar em 30% a votação de Chinaglia um ano antes. O problema era que o bloco de esquerda (PT, PDT, PCdoB e PSOL) reunia apenas 95 cadeiras e, ainda por cima, cerca de um terço da bancada do PDT acabou ficando contra Dilma. A pequena Rede, em diversas oportunidades alinhada com a esquerda, também se dividiu: dois votaram contra e dois a favor do impedimento (gráfico 2). Como a oposição (PSDB, DEM, SD e PPS) estava unânime, todos os seus 102 representantes votaram contra Dilma. Os sufrágios faltantes para bloquear o impeachment precisavam ser buscados, então, no setor clientelista, com cerca de trezentos parlamentares. O blocão (PMDB, PP, PTB, PRB e PR), com nada menos que 196 deputados, e o PSD, com 37, seriam os alvos preferenciais. Restavam, ainda, oito pequenas siglas (PHS, PMB, PSC, PTN, PEN, PROS, PTdoB e PV), com 47 cadeiras a serem cortejadas.

A tratativa com o PSB foi decepcionante. Apesar de Lula ter procurado pessoalmente o senador Fernando Bezerra Coelho (PSB-PE), ex-ministro da Integração Nacional de Dilma, na esperança de capturar pelo menos seis votos da bancada socialista[178] — conseguiu três (ver no gráfico 2 como votou cada partido). O PSD, por sua vez, foi representativo de como agiram os aliados conservadores do lulismo. Permaneceu no governo até 72 horas antes da votação e no plenário dedicou 29 votos a retirar Dilma. O líder da legenda, Gilberto Kassab, não ficou sequer um mês fora do ministério. Renunciou em 15 de abril à pasta das Cidades, sob Dilma, para retornar na de Ciência, Tecnologia e Comunicações, com Temer, em 12 de maio. O PP agiu do mesmo modo. Permaneceu no governo até a última semana, mas 38 dos seus 45 deputados votaram contra a presidente. Em troca, ganharam de Temer os ministérios da Saúde, da Agricultura e a presidência da CEF. O fenômeno da traição sistemática, que ocorrera com Chinaglia, voltava a amaldiçoar Dilma.

GRÁFICO 2
IMPEACHMENT DILMA — COMO VOTARAM OS DEPUTADOS DE CADA PARTIDO (EM NÚMEROS ABSOLUTOS)

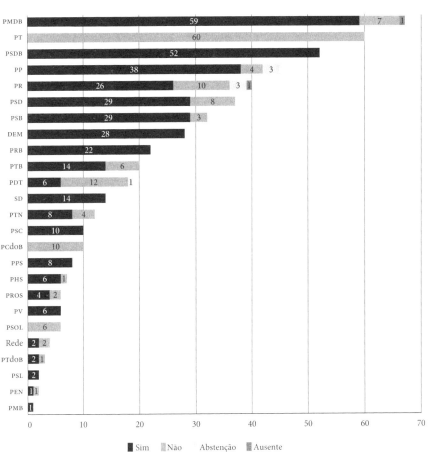

Fonte: Portal EBC.

O PRB, que se afastara do governo no meio da confusa nomeação de Lula, foi mais coerente. O presidente Pereira nem sequer aceitou o encontro com o ex-presidente da República, e todos os 22 deputados da sigla votaram a favor do impedimento. Pereira virou ministro do Desenvolvimento, Indústria e Comércio de Temer. O PTB teve uma pequena ala dilmista, mas o presidente Roberto Jefferson, autor da denúncia que deflagrou o mensalão, trabalhou ativamente pelo impeachment, garantindo catorze dos vinte votos petebistas.[179]

O PR se dividiu, e quase 30% da bancada votou contra o impedimento (dez de 36 deputados). O empresário Joesley Batista diz ter sido procurado pelo deputado João Bacelar (PR-BA) uma semana antes da votação com um pedido de 150 milhões de reais para comprar trinta deputados por 5 milhões cada. "Foi uma situação constrangedora. Eu disse: [...] Trinta eu não dou conta de comprar. Compra cinco lá por minha conta." Segundo Joesley, assim foi feito, e cinco votos a favor de Dilma teriam sido obtidos por 3 milhões cada.[180]

Consta que Lula planejava conseguir 35 pemedebistas contra o impeachment.[181] Segundo Cunha, antes da decisão oficial do PMDB a favor do impedimento, em 29 de março, Lula conversou com ele na casa de Joesley em São Paulo.[182] No dia seguinte, Lula esteve com Temer.[183] Mas tudo que conseguiu com o PMDB foi negociar a permanência do filho de Jader Barbalho, Helder, à frente da Secretaria de Portos, e garantir os sufrágios da mulher e da ex-mulher de Barbalho, Simone Morgado e Elcione Barbalho, ambas deputadas, a favor de Dilma. Apenas outros cinco parlamentares pemedebistas ajudaram a presidente: os ministros Marcelo Castro (PI) e Celso Pansera (RJ), o líder da bancada, Leonardo Picciani (RJ), João Marcelo Souza (MA, filho do senador João Alberto, ligado a Sarney), Aníbal Gomes (CE), que não compareceu, e Valtenir Pereira (MT), que, advogado, declarou ter votado de acordo com a própria consciência, por razões jurídicas.[184] Segundo Westin, Dilma teria ficado chocada com o caso de Mauro Lopes (PMDB-MG, ministro da Aviação Civil). "A presidente havia exonerado Lopes apenas para que ele reassumisse o mandato de deputado e votasse contra o impeachment, para logo reintegrá-lo ao governo."[185] Lopes, entretanto, chega ao plenário e vota *a favor* do impedimento. Muitos, como ele, prometeram *pessoalmente* à presidente que votariam contra o impeachment e fizeram o contrário diante do microfone.

Cinco dias antes da votação, levantamento da *Folha de S.Paulo* indicava 265 a favor do impeachment, e o do *Estado de S. Paulo*, 285, quando seriam necessários 342.[186] É possível também que os deputados estivessem aumentando o valor do voto no balcão de negócios. Nos últimos momentos, Lula e Dilma procuraram pessoalmente deputados isolados do baixo clero do Norte e Nordeste. No fim, o saldo foi negativo para o lulismo: conseguiram apenas 137 votos contra o impeachment, um a mais do que Chinaglia tivera um ano antes. Além disso, o esforço concentrado daquele mês resultou só em sete abstenções e duas ausências, que ajudaram a presidente. Faltaram 26 para o lulismo manter-se à frente do Executivo.

Em 11 de abril, uma segunda-feira, Temer difundira pelo WhatsApp, como se fosse engano, uma fala de treze minutos, antecipando o que diria no caso de o impeachment ser aprovado. Na forma de pronunciamento oficial, chamando Dilma de "senhora presidente", afirma que desde março se recolhera para não parecer estar à frente da campanha pró-impedimento, sendo que na verdade estava. Feita a falsa ressalva, defende um governo de "salvação nacional", para tirar o Brasil da crise e retomar o crescimento anterior a Dilma. Nota que haverá necessidade de sacrifícios, mas diz que a mera mudança pode trazer investimentos nacionais e estrangeiros. "O que aconteceu nos últimos tempos foi um descrédito no nosso país e o descrédito é o que leva à ausência do crescimento, à ausência do desenvolvimento, que faz retomar a inflação", explicou.

Ao lado do restabelecimento das boas relações com a "iniciativa privada", Temer se compromete a manter o Bolsa Família, o

Pronatec, o Fies e o Prouni. Garante que as reformas trabalhista e previdenciária seriam fruto de amplo diálogo com os trabalhadores e o povo.[187] O "falso pronunciamento verdadeiro" tocava nos pontos-chave e apresentava o programa que fora longamente preparado. Dilma se confessou "chocada" com a "farsa do vazamento", mas até o fim parece ter ficado em dúvida sobre o papel de Temer no processo que chegava a seu termo, acreditando que estava sendo derrubada por Cunha. "Os golpistas podem ter chefe e vice-chefe assumidos; não sei direito qual é o chefe, qual é o vice-chefe. Um deles é a mão, não tão invisível assim, que conduz com desvio de poder e abusos inimagináveis o processo de impeachment; o outro esfrega as mãos e ensaia a farsa do vazamento de um pretenso discurso de posse", disse a presidente em resposta a Temer.[188]

Segundo a delação do doleiro Lúcio Funaro, Temer e Cunha trabalhavam "diariamente" pelo impeachment.[189] Funaro conta que recebeu mensagem de Cunha alguns dias antes da votação, pedindo dinheiro para comprar votos a favor do impeachment. O doleiro teria disponibilizado 1 milhão de reais. Um dos supostamente comprados, segundo o depoimento, teria sido Aníbal Gomes, do PMDB do Ceará, por 200 mil reais. Curiosamente, o deputado não compareceu à votação, favorecendo Dilma.[190] O impeachment obteve 367 sufrágios: exatamente a soma dos votos de Cunha mais os de Júlio Delgado na disputa pela presidência da Câmara um ano antes. A coligação antilulista, formada pelo PMDB somado ao blocão e ao PSDB, se consolidara e vencera com folga.

Autorizado o processo pela Câmara, caberia ao Senado aceitá-lo ou não. Em caso positivo, Dilma ficaria afastada por até 180 dias, enquanto era julgada. Em caso negativo, o processo seria arquivado. Em 12 de maio, com o quórum de 78 presentes, Dilma precisava do apoio de 39 senadores para permanecer no Planalto. Só 22 o fizeram, repetindo, conforme se esperava, o desempenho da Câmara. A frente antilulista juntou 55 votos: ex-ministros, como Edison Lobão e Fernando Bezerra Coelho, votaram contra Dilma; aliados próximos como Eduardo Braga, líder e ministro até pouco tempo, e Jader Barbalho, cujo filho permanecera nos Portos, se ausentaram. Cristovam Buarque, com biografia à esquerda, votou pelo afastamento. Renan não votou.

Naquele dia melancólico, Michel Temer assumiria a Presidência da República. O sonho rooseveltiano acabava com o lulismo aos pedaços, e o velho Brasil voltava à tona. O futuro da contrarrevolução que chegava ao poder naquela tarde foge ao escopo deste livro. Dificuldades econômicas e a ruptura com o Partido da Justiça em junho de 2017, em função da denúncia de Joesley Batista contra Temer, dividiram a coligação que o levou ao Planalto, deixando em aberto a continuidade do novo regime. Mas essa já é outra história.

Conclusão
Dois passos adiante, zigue-zague e queda

Esta última seção procura oferecer uma breve síntese dos principais achados da pesquisa. Em benefício da fluência, os elementos empíricos que sustentam as conclusões foram omitidos. Recomenda-se, enfaticamente, que o leitor se remeta ao corpo do livro para avaliar o embasamento de cada uma delas. Para entender por que a presidência Dilma começou de maneira tão auspiciosa e terminou com o lulismo aos pedaços, é preciso separar em duas etapas a trajetória de 2011 a 2016. A primeira fase, que vai até meados de 2013, é marcada por altos índices de popularidade da presidente em sua tentativa de realizar os ensaios desenvolvimentista e republicano. Fruto da maioria lulista consolidada desde 2006, a ex-titular da Casa Civil tinha ganhado a eleição presidencial de 2010 no embalo de um "sonho rooseveltiano", projeção ideológica nascida do sucesso dos dois mandatos de Luiz Inácio Lula da Silva (2003-10), e procurava acelerar os tempos do lulismo.

No intuito de executar os ensaios desenvolvimentista e republicano, a mandatária, no entanto, afastou-se bastante das orientações ministradas pelo próprio Lula. Em consequência, o período

Dilma desequilibrou duas vigas estruturantes do arranjo lulista: a relação com o capital financeiro e com o que denomino "partido do interior" (PMDB). O capital financeiro constituía uma das duas coalizões — a rentista — cuja dinâmica Lula arbitrou nos seus mandatos (a outra era a coalizão produtivista). O partido do interior conformou a principal aliança política do governo lulista a partir de 2007, razão pela qual o presidente do PMDB, Michel Temer, converteu-se em vice-presidente da República.

Entre o segundo semestre de 2011 e o final de 2012, os desenvolvimentistas liderados por Dilma conseguiram implantar o que ficou conhecido como "nova matriz econômica", cujo eixo era a redução dos juros para financiar a produção. Embora o crescimento do PIB tenha sido baixo em 2012, seguindo a tendência mundial, houve alguma reação em 2013. A partir de abril daquele ano, contudo, o BC, em desacordo com a nova matriz, iniciou um longo ciclo de alta dos juros que, na prática, minou o projeto de reindustrialização do país.

Contudo, a insistência de Dilma nas políticas de desenvolvimento permitiram continuar a melhora da condição de vida dos muito pobres e a ascensão dos pobres à situação de nova classe trabalhadora, processos que haviam começado no período Lula. Não houve *erradicação da pobreza*, uma vez que os antigos miseráveis se tornavam "novos pobres", mas ao final de 2014 a perspectiva de ter um país *sem miséria*, lema escolhido para aquele mandato, efetivamente despontou no horizonte. Para isso, entretanto, a economia precisava continuar a crescer. O crescimento não só permitiria alcançar uma situação em que a miséria se tornasse residual, como também diminuir o número de pobres, que ainda representavam quase um quarto da população.

A redução da pobreza durante o lulismo foi menos significativa do que a da miséria, porque se trata de uma *longa escada*. À medida que os pobres subiam um degrau, chegando à condição de novos trabalhadores, eram substituídos por novos pobres, ex-miseráveis que também haviam subido um degrau. A passagem direta da miséria para o setor intermediário, aquele em que a pobreza é substituída, no mínimo, por uma vida modesta, mas digna, deve ter acontecido apenas em casos minoritários. A imagem do miserável levado diretamente à condição média, embora estatisticamente encontrável, corresponde mais ao universo da propaganda do que ao da realidade.

Não obstante, a significativa expansão do emprego para postos de base com carteira assinada, puxando os pobres (não os miseráveis), em geral jovens, para o status de empregados com direitos, fez uma diferença social relevante. Grande parte desses jovens trabalhadores, contudo, foi absorvida pelo setor de serviços, com baixos salários e rotatividade crescente. E, ao contrário dos seus pais, a nova geração tinha acesso ao ensino médio, que tendeu a se universalizar. Por meio do Prouni, da expansão do Fies e do ensino superior público, o governo federal oferecia, também, cada vez mais chance ao jovem trabalhador de chegar à universidade.

Por outro lado, a frustração de obter um diploma universitário e não ter o que fazer com ele, dadas as características do mercado de trabalho, começou a emergir.[1] Assim, o lulismo gerava a expectativa de que acelerasse o próprio passo, para que o mercado absorvesse a nova classe trabalhadora em condições mais parecidas às da classe trabalhadora organizada, gerada no período da industrialização (1930-80). Diz Tocqueville: "Não é sempre indo de mal a pior que se cai em revolução. Acontece, na maioria das vezes, que um povo que suportara sem se queixar, e como se não as sentisse, as leis mais opressivas, rejeite-as violentamente assim que seu peso diminui".[2] O ensaio desenvolvimentista de Dilma procurava responder, também, a esse problema crucial.

Na vereda política, o ensaio republicano tirou do PMDB múltiplos e importantes recursos. O mais importante, porém, ocorreu no começo de 2012, quando Dilma demitiu da Petrobras os três diretores da estatal que, dois anos depois, apareceriam implicados no escândalo da Lava Jato. Pela capacidade de alavancagem envolvida, a mudança na Petrobras foi a pedra de toque do ensaio republicano, como a queda dos juros o foram do ensaio desenvolvimentista.

Em resposta, o partido do interior, particularmente a sua fração atuante na Câmara dos Deputados, dedicou-se a preparar um cerco para quando a presidente estivesse enfraquecida. O impeachment de 2016 confirmou o dito segundo o qual a vingança é um prato que se come frio, pois começou a ser articulado pelo PMDB da Câmara muito tempo antes de sua execução.

Nesse processo, o inimigo mais visível de Dilma foi Eduardo Cunha. A trajetória do então deputado, desde a nomeação para a presidência da Telerj durante o governo Collor (1990-2) até o pedido do Ministério Público de 386 anos de prisão por corrupção passiva e ativa, prevaricação e lavagem de dinheiro no começo de 2018,[3] é uma das mais fascinantes da galeria de personagens da velha política brasileira. Seria preciso ter mão de escritor para narrar a ascensão irresistível do homem que chegou a Brasília em 2003 e, em uma década, galgou sucessivamente os postos de presidente da Comissão de Constituição e Justiça da Câmara, líder do PMDB e presidente da Casa.[4] O financiamento das campanhas dos colegas era a especialidade de Cunha, conseguindo reunir ao redor de si, talvez, nada menos que duas centenas de seguidores na Câmara. A montagem de Cunha tinha sido denunciada por Ciro Gomes em 2009, mas nada foi feito para detê-la até Dilma chegar ao Planalto.

A segunda fase do período Dilma começa em junho de 2013. Depois das potentes manifestações daquele mês, a presidente perde apoio na sociedade. Em poucos dias, a sua aprovação cai de 57% para 30%, nunca mais voltando ao patamar anterior. Junho somou insatisfações diferentes e funcionou como apito da panela de pressão sobre o lulismo. A nova classe trabalhadora desejava romper o teto de ascensão social que a bloqueava numa condição melhor que a anterior, mas longe de ser satisfatória. A classe média tradicional engajava-se na hostilidade à corrupção e ao inchaço do Estado que, supostamente, favoreceriam o desvio de recursos públicos para finalidades de aparelhamento político. A encruzilhada de junho desorientou Dilma. Embalada pelo sonho rooseveltiano, a presidente parecia esperar um reconhecimento universal, como o de Lula em 2010, o que seria impossível nas condições vigentes. O "milagre" lulista fora sustentado pela fase de alto crescimento mundial e pelo boom do preço das commodities. A crise mundial de 2008 havia anunciado o fim desse ciclo, que, no entanto, só se plasmou três anos depois. Em 2012, o crescimento da China caiu pela metade em relação a 2007, arrastando para baixo a América do Sul. Acabava a "década de prosperidade" na qual a região tinha sido bafejada por considerável "*viento de cola*", nas palavras do economista franco-argentino Carlos Quenan.[5] O lulismo e os demais governos "heterodoxos"[6] da região tinham navegado numa zona de conforto. Coincidiu de justamente no primeiro ano do primeiro governo Lula terminar "a fase de crises monetárias e financeiras que alcançou sua máxima expressão com a queda da economia argentina em 2001-2".[7]

O "sonho rooseveltiano" que elegeu Dilma em 2010 sustentava-se na expansão internacional, aproveitada de maneira exemplar por Lula. Em 2011, no entanto, começava uma era difícil e estranha, pois o capitalismo global havia se tornado "ingovernável", gerando "fenômenos patológicos dos tipos mais diversos", de acordo com o sociólogo Wolfgang Streeck.[8] A nova configuração trouxe dificuldades para o conjunto de governos progressistas da região. No Brasil, o ensaio desenvolvimentista ocasionou uma campanha contra o "intervencionismo estatal", que acabou por ganhar a adesão dos industriais, ironicamente os principais beneficiários da "intervenção", e da classe média. Dilma reconheceu, depois do impeachment, que avaliou mal a possibilidade de adesão dos empresários a um projeto nacional de desenvolvimento.

Junho prenunciava uma polarização de classes. Greves pipocando e lucratividade em baixa esquentavam a chapa do lulismo. A crença equivocada de ser capaz de diluir o conflito levou Dilma a se referir ao precariado como "nova classe média", em lugar de tentar atraí-lo para o campo popular. Apenas uma estratégia voltada para unificar a classe trabalhadora poderia criar bases que sustentassem a transformação apontada pelos ensaios desenvolvimentista e republicano. Em entrevista posterior, Dilma argumentou que o empregado do setor de serviços não se considerava parte da "classe trabalhadora", e sim da "classe média". Sociologicamente, podia ter razão. Em termos políticos, porém, essa concepção empurrava a nova classe trabalhadora para os braços do adversário, o PSDB, o partido da classe média.

Na Câmara dos Deputados, o enfraquecimento da presidente impulsionava o "blocão", agrupamento no qual Cunha ia reunindo os descontentes com cada espanada da faxina republicana. É sabido que, quando a Presidência da República se enfraquece, o fisiologismo fica forte e pode se desencadear uma agitação de tipo golpista (renúncia, impedimento etc.). Assim, o farol amarelo do impeachment começara a piscar já em 2014. Nessas circunstâncias, a falta de experiência política pesou sobre Dilma, que, zigue zagueante, se isolou cada vez mais. Tendo contra si a classe média, bem como o partido do interior, a presidente dependia por completo do campo popular, de acordo com a tríade que rege a política brasileira desde 1945 (segundo procurei mostrar no intermezzo histórico deste livro). Ela não poderia, portanto, trair o único aliado do qual dispunha, o que a deixaria completamente só. No entanto, em reflexo oposto ao que tivera em 2011, quando lutara para cumprir as promessas de campanha, em 2014, Dilma decide ceder à pressão da burguesia para abjurar do desenvolvimentismo, que ela prometera manter na campanha da reeleição. Na mesma noite da vitória, deixa vazar para a imprensa que buscaria um ministro da Fazenda no setor financeiro, negando frontalmente as palavras solenes que pronunciara ao longo da disputa. Em consequência, a expressão "estelionato eleitoral" ficou gravada a ferro na Dilma da fase 2.

O súbito isolamento da presidente acendeu a tentação golpista no PSDB, uma assombração que ronda o partido da classe média por sua dificuldade para ganhar eleições presidenciais, uma vez estabelecido o realinhamento dos pobres com o partido popular. Unido aos pemedebistas Michel Temer e Eduardo Cunha, o tucano José Serra, um dos políticos mais competentes de sua geração, compôs o trio que organizou a derrubada de Dilma. Mas o PSDB, enquanto partido, dividido entre vários projetos, entre eles o de provocar eleições antecipadas, não conseguiu tomar a frente do impeachment, embora tenha dado contribuições decisivas para ele. Na prática, Temer foi o artífice ao mesmo tempo decidido e escorregadio da queda de Dilma. O vice-presidente desenvolveu uma bizarra ambiguidade, que lhe permitia estar nos dois lados (pró-impeachment e anti-impeachment) simultaneamente, mostrando que a política brasileira, às vezes, ultrapassa as leis da física. O curioso estratagema de Temer consistia em declarar em público que ora o impeachment era impensável, ora que Dilma não chegaria ao final do mandato. Apesar de um tanto ridícula e caricata, a letalidade da tática revelou-se superior à de Cunha, que abriu o caminho a tiros, queimou-se e foi parar na prisão, ou à de Serra, afastado do ambicionado ministério da Fazenda às vésperas da chegada ao poder. Enquanto isso, Temer organizava friamente a coalizão golpista, conquistando aos poucos a confiança do PSDB, do empresariado e da classe média para galgar o gabinete do terceiro andar do Planalto.

Diante do perigo iminente, Lula sugeriu a Dilma fazer concessões logo depois da reeleição. A presidente recusou, insistindo em se confrontar com o PMDB na Câmara dos Deputados. Foi o momento de maior afastamento entre Lula e Dilma, esticando uma corda que começara a dividi-los em 2011. Quando Lula sinalizou, em 2012, que estava disposto a ser candidato em 2014, Dilma fez que não ouviu, pois estava no auge dos seus ensaios. Por que insistiu em se reeleger depois que as condições se deterioraram em 2013-4? Vaidade? Avaliação equivocada de que poderia inverter a tendência e retomar os projetos originais? Tema para futuros pesquisadores.

A vitória de Cunha para presidente da Câmara, em 1º de fevereiro de 2015, contra o candidato do governo, praticamente selou o destino de Dilma. A presidente da República sobreviverá ao último ano acuada no Planalto, sob a sombra do impeachment. No momento em que o pacto entre PSDB e PMDB estivesse pronto, a lâmina desceria sobre o pescoço da mandatária. Talvez Dilma tivesse a crença secreta de que a Lava Jato, correndo por outro trilho, derrubasse Cunha da Presidência da Câmara antes que ele pudesse tirá-la do Planalto. Como tinha se adiantado à Lava Jato, desbaratando o centro nervoso da corrupção na Petrobras, ela não percebeu que a operação liderada por Sergio Moro objetivamente se concentraria no lulismo e Cunha seria preservado até que ela caísse. A possível confiança de Dilma na salvação via Lava Jato se apoiava também na rejeição de uma parte do empresariado a Cunha. Com efeito, quando Cunha rompe publicamente com Dilma, em julho de 2015, e passa a usar a Câmara para torpedear o ajuste fiscal, há um movimento da burguesia para sustentar a presidente, o que adia por quase um semestre o pacto fundamental entre PMDB e PSDB para derrubá-la. Só que, mantendo o zigue-zague que iniciara em 2014, Dilma tenta várias manobras econômicas erráticas e sai do processo mais isolada do que entrou. Encalacrada, procura Lula em outubro de 2015, quando já era tarde demais.

A presidente se viu, então, diante de um dilema excruciante. Para sobreviver, precisava ceder às pressões do PMDB e arriscava-se a ser jogada na vala comum da política clientelista que tanto combatera. Mas teimando em resistir, permitiria, ao cair, um retrocesso nacional de tamanho imprevisível. Max Weber escreveu que "quem deseje dedicar-se à política" deveria tomar consciência de certos "paradoxos éticos", pois "se compromete com potências diabólicas que atuam com toda a violência".[9] Em outras palavras, lidar com demônios faz parte das obrigações daquele que tem a política como vocação, mas isso não diminui o drama envolvido nas semanas que marcaram o final de 2015.

Aberta a comporta pela aceitação do processo de impeachment em 2 de dezembro de 2015, Temer e Cunha trabalharam "diariamente" pelo impeachment, segundo o depoimento de um operador próximo. Lula e Dilma fizeram o corpo a corpo para o time contrário. Mas o enorme contingente clientelista do blocão estava fechado em derrubar a presidente (embora uma parte dele lhe prometesse até a última hora o voto para evitar o impeachment). O ensaio republicano cobrava o seu preço, e a hora de comer o prato frio da vingança se aproximava.

A Lava Jato foi decisiva na propagação das ondas antilulistas que arremaatariam o impedimento. Sintonizada por meio da mídia, a classe média se mobilizou desde março de 2015 em função dos chamamentos de Curitiba. Moro virou o herói das manifestações de rua de abril e agosto. Nelas, as reivindicações foram afunilando para duas: impedimento de Dilma e prisão de Lula. Em fevereiro de 2016, com a prisão de João Santana, a delação de Delcídio do Amaral, a condução coercitiva de Lula, a condenação de Marcelo Odebrecht e a divulgação de conversas telefônicas do ex-presidente, a Lava Jato radicaliza o processo. Na decisiva manifestação de 13 de março de 2016, os 3,6 milhões de pessoas que se manifestaram em 326 municípios recobriram o golpe parlamentar de um apoio social decisivo para o sucesso da empreitada.

O movimento Não Vai Ter Golpe chegou a organizar passeatas de alguma envergadura, mas a superioridade quantitativa das manifestações pró-impeachment era visível. A fórmula do senador Romero Jucá (PMDB-RR) do "acordo nacional", "com o Supremo, com tudo" para derrubar a presidente acabou vencedora. No dia 17 de abril, os impedicionistas conseguiram 25 votos além dos necessários para afastar Dilma. O Senado, previsivelmente, confirmou a sentença da Câmara em 12 de maio e 31 de agosto.

Ziguezagueante, incompreensível, intempestiva, a Dilma da segunda fase esmaeceu a imagem da Dilma da fase 1. Este livro procurou resgatar as peças de 2011-2, sem omitir as de 2015-6, para que o período fosse apreciado no todo. A presidente da primeira etapa buscou acelerar o lulismo, mas não teve bases para sustentar os avanços que suscitou. Acabou, assim, por abrir a porta para um ciclo regressivo de longo curso. Segundo Trótski: "O desenvolvimento de uma nação historicamente atrasada conduz, necessariamente, a uma combinação original das diversas fases do *processus* histórico. A órbita descrita toma, em seu conjunto, um *caráter irregular, complexo, combinado*".[10] A periferia avança "aos saltos", conclui.[11] Foi um deles que a presidente indicada por Lula ensaiou na primeira etapa do período, caindo no abismo da segunda.

A contraposição a interesses poderosos para dar ao Estado os meios de realizar a integração das partes tocou no nervo da questão nacional. A intenção de remover obstáculos postos ao crescimento e eliminar a dependência em relação ao partido do interior provocou reações fatais. Dilma subestimou o vulcão sobre o qual estava sentada, talvez acreditando na força mágica de uma presidência imperial. O desenvolvimento "irregular" do capitalismo no

Brasil faz com que as camadas "modernas" procurem perpetuar a exclusão da parte "atrasada" para que o sistema continue a funcionar como sempre o fez. A especificidade brasileira está em que o setor minoritário da sociedade é *amplo o suficiente para, em determinados momentos, impor vetos*. Este é o significado objetivo das manifestações antilulistas de massa entre 2015 e 2016.

As contradições furaram o sonho ideológico da integração rooseveltiana sem confronto, *pois a reação fez questão de radicalizar*. O vendaval que se gestava desde 2003 ganhou potência, ajudado pelos acertos e erros da ex-presidente. No fim, arrastou a mandatária, despedaçou o lulismo e vai levando o Brasil para antes do ponto de partida. Quando a ressaca cessar, o quebra-cabeça precisará começar a ser remontado.

Notas

INTRODUÇÃO: DO SONHO ROOSEVELTIANO AO PESADELO GOLPISTA [pp. 11-35]

1. Paul Krugman, *A consciência de um liberal*. Rio de Janeiro: Record, 2010, p. 14.

2. Ibid., p. 10.

3. "Dilma toma posse, promete erradicar pobreza e mudar sistema tributário", G1, 1 jan. 2011. Disponível em: <http://g1.globo.com/politica/posse-de-dilma/noticia/2011/01/dilma-e-empossada-presidente-da-republica.html>. Acesso em: 7 jan. 2018.

4. Marcelo Neri, *A nova classe média: O lado brilhante da base da pirâmide*. São Paulo: Saraiva, 2011, p. 73.

5. "Taxa de desemprego em 2010 é a menor em oito anos", *Veja*, 27 jan. 2011. Disponível em: <https://veja.abril.com.br/economia/taxa-de-desemprego-em-2010-e-a-menor-em-oito-anos/>. Acesso em: 13 fev. 2018.

6. "Participação na renda nacional cresceu 14% entre 2004 e 2010, diz IPEA", Agência Brasil, 5 ago. 2011. Disponível em: <https://cut.org.br/noticias/participacao-do-trabalho-na-renda-nacional-cresceu-14-entre-2004-e-2010-diz-ipea-6186/>. Acesso em: 26 fev. 2018.

7. "Obama diz que Lula é 'o político mais popular da Terra'", UOL, 2 abr. 2009. Disponível em: <https://economia.uol.com.br/ultnot/2009/04/02/ult4294u2430.jhtm>. Acesso em: 15 jan. 2018.

8. "Acima das expectativas, Lula encerra mandato com melhor avaliação da história", Datafolha, 20 dez. 2010. Disponível em: <http://datafolha.folha.uol.com.br/opiniaopublica/2010/12/1211078-acima-das-expectativas-lula-encerra mandato-com-melhor-avaliacao-da-historia.shtml>. Acesso em: 15 jan. 2018.

9. Ricardo Batista Amaral, *A vida quer é coragem*. Rio de Janeiro: Sextante, 2011, p. 301.

10. Bruno Villas Bôas e Gustavo Patu, "PIB do Brasil cai 3,8%, o pior resultado desde 1990", *Folha de S.Paulo*, 3 mar. 2016. Disponível em: <http://www1.folha.uol.com.br/mercado/2016/03/1745810-pib-cai-38-em-2015-o-pior-resultado-desde-1996.shtml>. Acesso em: 15 jan. 2018.

11. Lucas Vettorazzo, "Desemprego atinge 11,2% em abril e renda real do trabalhador recua 3,3%", *Folha de S.Paulo*, 31 maio 2016. Disponível em: <http://www1.folha.uol.com.br/mercado/2016/05/1776652-desemprego-nacional-atinge-112-no-trimestre-encerrado-em-abril-diz-ibge.shtml>. Acesso em: 15 jan. 2018.

12. Hanrrikson de Andrade, "Pnad 2015 aponta aumento do desemprego e queda na renda de ricos e pobres", UOL, 25 nov. 2016. Disponível em: <https://economia.uol.com.br/noticias/redacao/2016/11/25/pnad-2015-aponta-aumento-do-desemprego-e-queda-na-renda-de-ricos-e-pobres.htm>. Acesso em: 15 jan. 2018.

13. Cássia Almeida, Lucianne Carneiro, Daiane Costa, Thays Lavor e Daniel Gullino, "Mais 3,6 milhões de brasileiros entram na pobreza, mostra PNAD", *O Globo*, 26 nov. 2016. Disponível em: <https://oglobo.globo.com/economia/mais-36-milhoes-de-brasileiros-entram-na-pobreza-mostra-pnad-20545635>. Acesso em: 8 jan. 2018.

14. Para a série histórica de apoio ao PT, usei os números do Datafolha. "Preferência por PT é mais alta desde a campanha de Dilma", Datafolha, 27 jun. 2017. Disponível em: <http://datafolha.folha.uol.com.br/opiniaopublica/2017/06/1896380-preferencia-por-pt-e-mais-alta-desde-campanha-de-reeleicao-de-dilma.shtml>. Acesso em: 15 jan. 2018.

15. "Íntegra do discurso de Dilma após impeachment", G1, 31 ago. 2016. Disponível em: <http://g1.globo.com/politica/processo-de-impeachment-de-dilma/noticia/2016/08/integra-do-discurso-de-dilma-apos-impeachment.html>. Acesso em: 27 jan. 2017.

16. Norberto Bobbio, Nicola Matteucci, Gianfranco Pasquino (Orgs.), *Dicionário de política*. Brasília: UnB, 1995, p. 546.

17. "Senado cassa mandato de Dilma; Congresso dará posse efetiva a Temer", *Folha de S.Paulo*, 31 ago. 2016. Disponível em: <http://www1.folha.uol.

com.br/poder/2016/08/1808784-senado-cassa-mandato-de-dilma-congresso-dara-posse-efetiva-a-temer.shtml>. Acesso em: 15 fev. 2018.

18. Gabriel Mascarenhas, Mariana Haubert, Gustavo Uribe, "Temer diz já ter os votos para ser confirmado presidente", *Folha de S.Paulo*, 25 ago. 2016. Disponível em: <http://www1.folha.uol.com.br/poder/2016/08/1806664-temer-diz-ja-ter-os-votos-para-ser-confirmado-presidente.shtml>. Acesso em: 27 fev. 2018.

19. Comunicação oral em seminário do Centro de Estudos de Cultura Contemporânea (Cedec), USP, 8 ago. 2015.

20. "Nem Dilma nem Temer", *Folha de S.Paulo*, editorial de primeira página da edição de domingo, 3 abr. 2016. Disponível em: <http://www1.folha.uol.com.br/opiniao/2016/04/1756924-nem-dilma-nem-temer.shtml>. Acesso em: 22 mar. 2018.

21. Sobre a ideia de golpe parlamentar, ver Wanderley Guilherme dos Santos, *A democracia impedida: O Brasil no século XXI* (Rio de Janeiro: FGV, 2017). Sobre os pretextos legais para o impeachment de Dilma, ver Raimundo Rodrigues Pereira, *O impeachment de Dilma: A história do golpe parlamentar que tirou a presidente do comando do Poder Executivo do país* (São Paulo: Manifesto, 2017).

22. Bruno Lupion, "O gênio está solto, e não será fácil controlá-lo, diz pesquisador de impeachments na América Latina", *Nexo*, 24 abr. 2016. Disponível em: <https://www.nexojornal.com.br/entrevista/2016/04/24/O-g%C3%AAnio-est%C3%A1-solto-e-n%C3%A3o-ser%C3%A1-f%C3%A1cil-control%C3%A1-lo-diz-pesquisador-de-impeachments-na-Am%C3%A9rica-Latina>. Acesso em: 17 abr. 2017.

23. Kathryn Hochstetler, "Repensando o presidencialismo: Contestações e quedas de presidentes na América do Sul", *Lua Nova*, n. 72, 2007. Disponível em: <http://www.scielo.br/pdf/ln/n72/a02n72.pdf>. Acesso em: 13 fev. 2018.

24. Karl Marx, *O 18 de Brumário de Luís Bonaparte*. São Paulo: Boitempo, 2011, p. 29.

25. Sobre o conceito de classe, ver André Singer, *Os sentidos do lulismo: Reforma gradual e pacto conservador* (São Paulo: Companhia das Letras, 2012), pp. 22-8. Lá, em síntese, sustento que a inspiração principal dessas análises vem da obra de Karl Marx, mas não de maneira exclusiva. A fórmula de Marx no *18 de Brumário* é: "Eu demonstro como a *luta de classes* na França criou as circunstâncias e condições que permitiram a um personagem medíocre e grotesco desempenhar o papel do herói". Karl Marx, op. cit., p. 18.

26. Karl Marx e Friedrich Engels, *Manifesto comunista*. São Paulo: Boitempo, 2010, p. 40.

27. Ver, a respeito, Robert Castel, *El ascenso de las incertidumbres: Trabajo, protecciones, estatuto del individuo*. Buenos Aires: Fondo de Cultura Económica, 2010.

28. Ver Francisco de Oliveira, "Política numa era de indeterminação: Opacidade e reencantamento"; id., "O momento Lênin", em F. de Oliveira e C. S. Rizek (Orgs.), *A era da indeterminação* (São Paulo: Boitempo, 2007). A penetração dos termos "esquerda" e "direita", que procurei descrever em André Singer, *Esquerda e direita no eleitorado brasileiro* (São Paulo: Edusp, 2000), tem a ver com o ciclo de reinvenção da política analisado por Chico de Oliveira.

29. Herbert Marcuse, Prólogo a K. Marx, *O 18 de Brumário de Luís Bonaparte*, op. cit., p. 14.

30. André Singer, *Os sentidos do lulismo*, op. cit.; e A. Singer e I. Loureiro (Orgs.), *As contradições do lulismo: A que ponto chegamos?* São Paulo: Boitempo, 2016.

31. Caio Prado Jr., *Formação do Brasil contemporâneo* (São Paulo: Companhia das Letras, 2011). Veja-se, por exemplo, a p. 365, quando Prado afirma que no setor que se mantém à margem da escravidão, "a inorganização é [...] a regra".

32. Ver Roberto Schwarz, *Ao vencedor as batatas* (São Paulo: Duas Cidades, 1977); id., *Um mestre na periferia do capitalismo: Machado de Assis* (São Paulo, Duas Cidades, 1990).

33. Celso Furtado, *Formação econômica do Brasil*. São Paulo: Companhia das Letras, 2007, p. 221.

34. José de Souza Martins, *A política do Brasil: Lúmpen e místico*. São Paulo: Contexto, 2011, p. 37.

35. Karl Marx, *O 18 de Brumário*, op. cit., pp. 142-3 (grifo meu).

36. André Singer, *O sentido do lulismo?*, op. cit., pp. 76-8. O texto de referência é Paul Singer, *Dominação e desigualdade: Estrutura de classes e repartição da renda no Brasil* (Rio de Janeiro: Paz e Terra, 1981).

37. Antonio Gramsci, *Cadernos do cárcere, volume 5: O Risorgimento. Notas sobre a história da Itália* (ed. e trad. de Luiz Sérgio Henriques; coed. de Carlos Nelson Coutinho e Marco Aurélio Nogueira). Rio de Janeiro: Civilização Brasileira, 2002, pp. 42- 3 (grifo meu).

38. Ibid., p. 49.

39. Ibid., p. 48.

40. Francisco de Oliveira, *Crítica à razão dualista/ O ornitorrinco*. São Paulo: Boitempo, 2003, p. 38.

41. Id., "O momento Lênin", em F. de Oliveira e C. S. Rizek (Orgs.), *A era da indeterminação*, op. cit., p. 258 (grifo meu).

42. Ibid. (grifo meu).

43. Roberto Schwarz, *Sequências brasileiras: Ensaios*. São Paulo: Companhia das Letras, 1999, p. 96.

44. Francisco de Oliveira, *Crítica à razão dualista/ O ornitorrinco*, op. cit., pp. 132-6. Em "O ornitorrinco" e no "Prefácio com perguntas", de Roberto Schwarz, ambos no referido volume, talvez se encontre o ponto de partida teórico para fazer o balanço estrutural do período em que o lulismo dirigiu o país.

45. Barrington Moore, *Los orígenes sociales de la dictadura y de la democracia: El señor y el campesino en la formación del mundo moderno*. Barcelona: Península, 1973.

46. Francisco de Oliveira, *Crítica à razão dualista/ O ornitorrinco*, op. cit., p. 132.

47. Ouvi formulação semelhante há muitos anos de Otavio Frias Filho. Ignoro se, depois disso, o autor a publicou. Recentemente a reencontrei na pena de Fernando Haddad: "O Brasil, por sua vez, é um país fortemente estratificado: a desigualdade sempre foi a marca da nossa sociedade. Somos um misto de sociedade de 'castas' com meritocracia. O indivíduo pode, por esforço e talento próprios, mudar de casta sem reencarnar — mas a posição relativa das 'castas' há de ser mantida". Fernando Haddad, "Vivi na pele o que aprendi nos livros", *piauí*, n. 129, jun. 2017.

48. "Brasil tem o maior número de domésticas do mundo, diz OIT", G1, 9 jan. 2013. Disponível em: <http://g1.globo.com/concursos-e-emprego/noticia/2013/01/brasil-tem-o-maior-numero-de-domesticas-do-mundo-diz-oit.html>. Acesso em: 14 jan. 2018.

49. Francisco de Oliveira, *Crítica à razão dualista/ O ornitorrinco*, op. cit., p. 131.

50. Ibid., p. 100.

51. A ideia de "partidos reais do sistema tripartite no Brasil" aparece em Francisco de Oliveira, *Collor: A falsificação da ira* (Rio de Janeiro: Imago, 1992), p. 107.

52. O assunto será retomado adiante, mas convém destacar, desde já, a contribuição de Fábio Wanderley Reis, cujo conceito de "síndrome do Flamengo" é útil para entender essa dinâmica. Ver capítulo 4.

53. Ver Karl Polanyi, *A grande transformação: As origens da nossa época*. Rio de Janeiro: Elsevier, 2000.

54. André Singer, op. cit.

55. Ricardo Bielschowsky, *Pensamento econômico brasileiro: O ciclo ideológico do desenvolvimentismo*. Rio de Janeiro: Contraponto, 1995, p. 7.

56. Utilizei os livros de Vivaldo Barbosa, *O pensamento político: Do iluminismo aos nossos dias: Entre individualismo e comunidade* (Rio de Janeiro: Revan, 2010), Cicero Romão Resende de Araujo, *A forma da República: Da constituição mista ao Estado* (São Paulo: Martins Fontes, 2013) e Renato Janine Ribeiro,

A república (São Paulo: Publifolha, 2001) para construir esta síntese provisória, cuja elaboração adequada requereria um tempo de que não dispus, conforme advirto adiante.

57. Spread é a taxa adicional de risco cobrada no mercado financeiro, ou a diferença entre o custo de captação do dinheiro pelos bancos no mercado e os juros cobrados pelos bancos nos empréstimos aos clientes. Ver Paulo Sandroni, *Dicionário de economia* (São Paulo: Best Seller, 1989), p. 298.

58. "Em 2013, Dilma anunciou luz mais barata; hoje diz que é preciso pagar mais", UOL, 11 ago. 2015. Disponível em: <https://economia.uol.com.br/noticias/redacao/2015/08/11/em-2013-dilma-anunciou-luz-mais-barata-hoje-diz-que-e-preciso-pagar-mais.htm>. Acesso em: 11 jan. 2018.

59. Paulo Skaf, Artur Henrique e Paulo Pereira da Silva, "Um acordo pela indústria brasileira", *Folha de S.Paulo*, 26 maio 2011, p. A3.

60. Flávia Albuquerque, "Desconto na conta de luz vai gerar economia anual de R$ 31,5 bilhões de reais, diz Fiesp", Agência Brasil, 24 jan. 2013. Disponível em: <https://economia.uol.com.br/noticias/redacao/2013/01/24/desconto-na-conta-de-luz-vai-gerar-economia-anual-de-r-315-bilhoes-diz-fiesp.htm>. Acesso em: 14 fev. 2018.

61. Celso Rocha de Barros, "O estilo Dilma na hora H", *piauí*, n. 72, set. 2012. Disponível em: <http://piaui.folha.uol.com.br/materia/o-estilo-dilma-na-hora-h/>. Acesso em: 14 fev. 2018.

62. Julianna Granjeia, "Em comício de Haddad, Dilma responde Serra e diz que 'está metendo o bico na eleição' de São Paulo", UOL, 1 out. 2012. Disponível em: <https://eleicoes.uol.com.br/2012/noticias/mobile/2012/10/01/em-comicio-de-haddad-dilma-responde-serra-e-diz-que-esta-metendo-o-bico-na-eleicao-de-sao-paulo.htm>. Acesso em: 14 fev. 2018.

63. Rubens Figueiredo, "A 'espiral do silêncio' e a escalada da insatisfação", em R. Figueiredo (Org.), *Junho de 2013: A sociedade enfrenta o Estado*. São Paulo: Summus, 2014, p. 23.

64. Marcos Lisboa, "Outra história", *piauí*, n. 131, ago. 2017, p. 30.

65. Eugênio Bucci, *A forma bruta dos protestos: Das manifestações de junho de 2013 à queda de Dilma Rousseff em 2016*. São Paulo: Companhia das Letras, 2016, p. 141. Por outro lado, um assunto que mereceria pesquisa é o fato de a Operação Lava Jato ter se concentrado sobre uma área que tinha sido objeto de ação saneadora de Dilma Rousseff.

66. José Eustáquio Diniz, "Pnad 2015: Aumento da pobreza e crescimento da geração nem-nem-nem", 5 dez. 2016. Disponível em: <http://blogacritica.blogspot.com.br/2016/12/PNAD-2015-aumento-da-pobreza-e.html>. Acesso em: 9 jan. 2018.

67. María Martín, "Marcelo Neri: 'Após a crise política e econômica, já antevemos a crise social'", *El País*, 11 abr. 2016. Disponível em: <https://brasil.elpais.com/brasil/2016/04/05/economia/1459884081_486535.html>. Acesso em: 31 jul. 2016.

68. Carlos Madeiro, "Mesmo com alta do desemprego, Bolsa Família reduz 485 mil beneficiários em 3 anos", UOL, 2 mar. 2017. Disponível em: <https://noticias.uol.com.br/cotidiano/ultimas-noticias/2017/03/02/mesmo-com-crise-bolsa-familia-reduz-485-mil-beneficiarios-em-3-anos.htm>. Acesso em: 1 ago. 2017.

69. Daniel Silveira, "Número de desempregados cresce 38% em 2015, maior alta da história", G1, 25 nov. 2016. Disponível em: <http://g1.globo.com/economia/noticia/2016/11/numero-de-desempregados-cresce-38-em-2015-maior-alta-da-historia.html>. Acesso em: 8 jan. 2018.

70. "Número de trabalhadores com carteira assinada cresce 59,6% no Brasil em 12 anos, diz IBGE", Portal Brasil, 29 jan. 2015. Disponível em: <http://www.brasil.gov.br/economia-e-emprego/2015/01/numero-de-trabalhadores-com-carteira-assinada-cresce-59-6-no-brasil-em-12-anos-diz-ibge>. Acesso em: 16 fev. 2018.

71. João Pedro Caleiro, "Crise empurra 3,7 milhões de volta para fora da classe C", Exame.com, 12 jan. 2016. Disponível em: <https://exame.abril.com.br/economia/crise-empurra-milhoes-de-volta-para-fora-da-classe-c/>. Acesso em: 8 jan. 2018.

72. Valdo Cruz, Sofia Fernandes e Flávia Foreque, "Em encontro do Conselhão, Barbosa defende teto de gastos públicos", *Folha de S.Paulo*, 28 jan. 2016. Disponível em: <http://www1.folha.uol.com.br/mercado/2016/01/1734606-em-encontro-do-conselhao-barbosa-defende-teto-de-gastos-publicos.shtml>. Acesso em: 17 jan. 2018.

73. Wellton Máximo, "Barbosa: Proposta de reforma da Previdência será enviada no primeiro semestre", Agência Brasil, 21 dez. 2015. Disponível em: <http://agenciabrasil.ebc.com.br/economia/noticia/2015-12/proposta-de-reforma-da-previdencia-sera-enviada-no-primeiro-semestre-diz>. Acesso em: 17 jan. 2018.

74. Walter Benjamin, *Magia e técnica, arte e política: Ensaios sobre literatura e história da cultura*. São Paulo: Brasiliense, 1994, p. 224.

75. Brasilio Sallum Jr., *O impeachment de Fernando Collor: Sociologia de uma crise*. São Paulo: Ed. 34, 2015.

PARTE I: OS DRAMAS DO PRIMEIRO MANDATO

1. CUTUCANDO ONÇAS COM BASES CURTAS [pp. 39-76]

1. Ver Guido Mantega, "O primeiro ano da nova matriz econômica", *Valor Econômico*, 19 dez. 2012, p. F3.

2. Deve-se registrar que Sampaio Jr. considera todo o "desenvolvimentismo" atual muito aquém das formulações antigas em matéria de radicalidade, não sendo aceitável utilizar o velho nome. Plínio de Arruda Sampaio Jr., "Desenvolvimentismo e neodesenvolvimentismo: Tragédia e farsa", *Revista Serviço Social e Sociedade*, v. 112, out./ dez. 2012. Disponível em: <http://www.scielo.br/scielo.php?pid=S0101-66282012000400004&script=sci_arttext>. Acesso em: 10 jul. 2015. Sampaio Jr. afirma que "é impossível imaginar brechas para mudanças parciais que possam provocar transformações substanciais no padrão de desenvolvimento da economia brasileira sem uma profunda e radical ruptura com a institucionalidade vigente".

3. Pedro Paulo Zahluth Bastos, "A economia política do novo-desenvolvimentismo e do social desenvolvimentismo", *Economia e Sociedade*, v. 21, n. esp., pp. 779-810, dez. 2012; Cornel Ban, "Brazil's Liberal Neo-Developmentalism: New Paradigm or Edited Orthodoxy?", *Review of International Political Economy*, v. 20, n. 2, 2013; Luiz Carlos Bresser-Pereira, "Reflexões sobre o novo desenvolvimentismo e o desenvolvimentismo clássico", *Revista de Economia Política*, v. 36, n. 2, 2016. Para Bresser, o social-desenvolvimentismo não teria formulado uma teoria nova, permanecendo no campo do desenvolvimentismo clássico, com forte tendência a favor do consumo imediato.

4. Ver, por exemplo, Laura Carvalho, "O bebê, a água e a bacia", *Folha de S.Paulo*, 7 ago. 2015, p. A24.

5. "Defender o crescimento é defender a boa gestão fiscal [...]. A contabilidade criativa e as pedaladas fiscais não foram obra de economistas defensores do novo desenvolvimentismo", escreveram Felipe Salto e Nelson Marconi, "O novo emplasto Brás Cubas", *Folha de S.Paulo*, 30 ago. 2015. Disponível em: <http://www1.folha.uol.com.br/fsp/ilustrissima/231235-o-novo-emplasto-bras-cubas.shtml>. Acesso em: 15 fev. 2018.

6. "Brasil entrou no novo ciclo econômico do social-desenvolvimentismo", Valor Online, 6 set. 2007. Disponível em: <http://oglobo.globo.com/economia/brasil-entrou-no-novo-ciclo-economico-do-social-desenvolvimentismo-avalia-mantega-4156829>. Acesso em: 1 ago. 2015.

7. Ricardo Bielschowsky, op. cit., p. 7.

8. Pedro Cezar Dutra Fonseca, "Prejuízo conceitual", *Folha de S.Paulo*, 6 mar. 2016, Ilustríssima, p. 4.

9. Franklin Serrano e Ricardo Summa afirmam que a taxa média anual de investimento da administração pública foi de –1% entre 2011 e 2014, e a taxa de investimento real média de investimento das empresas estatais foi de –2,7% no mesmo período. Franklin Serrano e Ricardo Summa, "Demanda agregada e desaceleração do crescimento econômico brasileiro de 2011 a 2014", Center for Economic and Policy Research, ago. 2015, p. 24. Disponível em: <http://cepr.net/documents/Brazil-2015-08-PORTUGUESE.pdf>. Acesso em: 11 mar. 2018.

10. Retirei a expressão "ativismo estatal" de Cornel Ban, op. cit., p. 23, usando-a porém de maneira livre, sem relação com o argumento do autor. É possível que a nova matriz tenha sido, na prática, uma mistura de elementos do social-desenvolvimentismo e do novo-desenvolvimentismo.

11. Nicolau Maquiavel, *O príncipe*. São Paulo: Penguin Companhia, 2010, p. 97.

12. Leda Paulani, "Alta dos juros atende só ao mercado e sacrifica população", *Folha de S.Paulo*, 5 jun. 2015, p. A13.

13. Deve-se registrar que, para uma parte dos economistas, a restrição orçamentária foi excessiva nessa fase e determinou o curso ulterior da nova matriz. Mantega, contudo, afirma que "foi muito importante a elevação do resultado primário de 2011 para dar respaldo à redução de juros". Guido Mantega, op. cit. Mais tarde, porém, o ex-ministro parece ter se arrependido do tamanho do ajuste.

14. Dieese, "A crise econômica mundial e as turbulências recentes", *Nota técnica*, n. 104, ago. 2011. Disponível em: <www.dieese.org.br/notatecnica/2011/notaTec104CriseEconomica.pdf>. Acesso em: 12 jun. 2015.

15. Em outubro de 2017, os níveis da economia mundial ainda eram menores do que os pré-crise de 2008. Ver Cristiane Barbieri, "O mundo volta a crescer. E agora?", *Valor Econômico*, 20 out. 2017, Caderno Eu &.

16. Marcio Pochmann, "Seis anos após início da crise, economia mundial segue fragilizada", Rede Brasil Atual, 6 fev. 2015. Disponível em: <http://www.redebrasilatual.com.br/blogs/blog-na-rede/2015/02/restricoes-ao-crescimento-482.html>. Acesso em: 12 jun. 2015.

17. Ver, a respeito, André Singer, *Os sentidos do lulismo*, op. cit., p. 160.

18. "A recaída da crise internacional ocorrida a partir do segundo semestre de 2011 teve severo impacto sobre a atividade econômica. Nesse quadro, abriu-se a oportunidade de avançarmos definitivamente na queda dos juros, sem colocar em risco a inflação e ainda diminuindo os impactos da crise externa sobre o Brasil." Guido Mantega, op. cit.

19. Tenta-se aqui uma síntese de centenas de iniciativas tomadas pelo governo no período. Apenas o Plano Brasil Maior, política industrial lançada em agosto de 2011, previa 287 medidas em sua versão original, segundo César Mattos, "O que é o Plano Brasil Maior?", Instituto Braudel, 23 out. 2013. Disponível em: <http://www.brasil-economia-governo.org.br/2013/10/23/o-que-e-o-plano-brasil-maior/>. Acesso em: 1 ago. 2015.

20. Guido Mantega, op. cit.

21. Dados do Banco Central disponíveis em: <http://www.bcb.gov.br/?copomjuros>. Acesso em: 14 jul. 2014. Para comparação com 1986, ver *Folha de S.Paulo*, 30 dez. 2012, p. A6. A Selic é "a taxa de juros equivalente à taxa referencial […] para títulos federais". Ver: <http://idg.receita.fazenda.gov.br/orientacao/tributaria/pagamentos-e-parcelamentos/taxa-de-juros-selic#Taxaselic>. Acesso em: 11 mar. 2018.

22. Para os dados de juros reais, ver Paulo Donizetti de Souza, "Taxa real de juros é a menor da história, mas mercado ainda pressiona por alta", Rede Brasil Atual, 18 abr. 2013. Disponível em: <http://www.redebrasilatual.com.br/blogs/blog-na-rede/2013/04/taxa-real-ainda-e-a-menor-da-historia-mas-mercado-ainda-pressiona-por-alta>. Acesso em: 14 jul. 2015.

23. Dieese, "A inflação e os juros", *Nota técnica*, n. 122, abr. 2013. Disponível em: <http://www.dieese.org.br/notatecnica/2013/notaTec122inflacao.pdf>. Acesso em: 15 jul. 2015.

24. "O governo, para sustentar essa política, precisou realizar empréstimos diretos ao banco, que montaram a mais de R$ 400 bilhões através da emissão de títulos públicos." Ernani Teixeira Torres Filho, "A crise do BNDES: Como evitar a sua desmontagem", Instituto Lula, 26 fev. 2018. Disponível em: <http://www.institutolula.org/a-crise-do-bndes-como-evitar-sua-desmontagem>. Acesso em: 11 mar. 2018.

25. "Programa de sustentação do investimento terá mais R$ 50 milhões em 2014", Portal Brasil, 31 dez. 2013. Disponível em: <http://www.brasil.gov.br/economia-e-emprego/2013/12/programa-de-sustentacao-do-investimento-tera-mais-r-50-milhoes-em-2014>. Acesso em: 1 ago. 2015. Por lapso de revisão, o título saiu errado, mas a notícia, corretamente, afirma que "o governo federal ampliou o limite de financiamentos subvencionáveis pela União em *R$ 50 bilhões*" (grifo meu).

26. Dieese, "A indústria de eletroeletrônicos no Brasil", 2012, p. 3. Disponível em: <http://www.cnmcut.org.br/midias/arquivo/184-diagnostico-eletroeletronico.pdf>. Acesso em: 15 fev. 2018.

27. "BNDES pretende investir R$ 597 bi na indústria até 2015", *Veja*, 19 abr. 2012. Disponível em: <http://veja.abril.com.br/noticia/economia/bndes-pretende-investir-r-597-bi-na-industria-ate-2015/>. Acesso em: 15 fev. 2018.

28. "Essa brincadeira nos custa R$ 25 bilhões por ano", diria mais tarde o ministro Levy. Alexandro Martello, "'Brincadeira' da desoneração se mostrou 'extremamente cara', diz Levy", G1, 27 fev. 2015. Disponível em: <http://g1.globo.com/economia/noticia/2015/02/brincadeira-da-desoneracao-se-mostrou-extremamente-cara-diz-levy.html>. Acesso em: 15 fev. 2018.

29. Guido Mantega, op. cit. Os social-desenvolvimentistas foram críticos à medida, atribuindo à "desoneração fiscal de mais de 100 bilhões concedida pelo governo às grandes empresas", com poucos resultados, parte das causas do desequilíbrio fiscal que seria combatido pelo ajuste de Levy. "Manifesto desafia ajuste em 'Dia D' no Congresso", Brasil 247, 20 maio 2015. Disponível em: <http://www.brasil247.com/pt/247/economia/181671/Manifesto-desafia-ajuste-em-'Dia-D'-no-Congresso.htm>. Acesso em: 15 fev. 2018.

30. "Conta de luz será 16,2% a 28% menor, mas Dilma diz que pode cair mais em março", UOL, 11 set. 2012. Disponível em: <http://economia.uol.com.br/ultimas-noticias/redacao/2012/09/11/conta-de-luz-sera-162-a-28-menor-mas-dilma-diz-que-pode-cair-mais-em-marco.jhtm>. Acesso em: 14 ago. 2015.

31. Conforme assinala o economista Luiz Gonzaga Belluzzo, "o modelo elétrico brasileiro é todo financeirizado". Anna Beatriz Anjos e Glauco Farias, "Belluzzo: A regra da economia de hoje é 'o povo que se lixe'", 21 jan. 2015. Disponível em: <http://www.revistaforum.com.br/blog/2015/01/belluzzo-regra-da-economia-de-hoje-e-o-povo-que-se-lixe/>. Acesso em: 16 ago. 2015.

32. Declaração do executivo Kristian Falnes, do Fundo Skagen. "Fundo norueguês reduz participação na Eletrobras, e compara Brasil com Venezuela", UOL, 27 nov. 2012. Disponível em: <http://economia.uol.com.br/noticias/redacao/2012/11/27/fundo-noruegues-reduz-participacao-na-eletrobras-e-compara-brasil-com-venezuela.htm>. Acesso em: 14 ago. 2015. Agradeço a Ricardo Mendes Ribeiro por ter me chamado a atenção para o papel catalisador no meio empresarial da reforma no setor elétrico.

33. "Não é exagero dizer que o Brasil estava viciado em juros altos e câmbio valorizado." Guido Mantega, op. cit.

34. Rafael Fagundes Cagnin et al., "A gestão macroeconômica do governo Dilma (2011 e 2012)", *Novos Estudos*, v. 97, p. 175, nov. 2013.

35. Júlia Borba, "Gestão Dilma decide elevar imposto de 100 itens importados", *Folha de S.Paulo*, 5 set. 2012. Disponível em: <http://www1.folha.uol.com.br/fsp/mercado/64612-gestao-dilma-decide-elevar-imposto-de-100-itens-importados.shtml>. Acesso em: 7 jul. 2015.

36. Sebastião C. Velasco e Cruz, *Empresariado e Estado na transição brasileira: um estudo sobre a economia política do autoritarismo (1974-1977)*. Campinas; São Paulo: Ed. da Unicamp; Fapesp, 1995, p. 36.

37. Ibid., p. 46.
38. Ibid., pp. 73-4.
39. Luiz Carlos Bresser-Pereira, "O governo Dilma frente ao 'tripé macroeconômico' e à direita liberal e dependente", *Novos Estudos*, v. 95, p. 10, mar. de 2013.
40. Luiz Carlos Bresser-Pereira, op. cit. Mais tarde, em função da piora das condições políticas e econômicas, o dólar voltou a subir, chegando a 3,40 reais no final de julho de 2015, mas o contexto já era outro.
41. Ricardo Carneiro, "Navegando a contravento", em R. Carneiro, P. Baltar, e F. Sarti (Orgs.), *Para além da política econômica: Crescimento, desaceleração e crise no experimento desenvolvimentista*. São Paulo: Ed. Unesp, 2018 [no prelo].
42. Ligia Guimarães, "Para professor da Unicamp, ajuste em meio à recessão é contraproducente", *Valor Econômico*, 6 ago. 2015. Disponível em: <http://jornalggn.com.br/noticia/para-professor-da-unicamp-ajuste-em-meio-a-recessao-e-contraproducente>. Acesso em: 15 ago. 2015.
43. Ricardo Carneiro, op. cit., p. 30.
44. Para a ideia de pacto conservador, ver André Singer, *Os sentidos do lulismo*, op. cit., cap. 4.
45. Sobre as diferentes fases dos governos Lula, ver André Singer, op. cit., esp. pp. 148-55.
46. Alexandro Martello, "'Spread' dos bancos é elevado frente a outras economias, diz Fazenda", G1, 13 fev. 2012. Disponível em: <http://g1.globo.com/economia/noticia/2012/02/spread-dos-bancos-e-elevado-frente-outras-economias-diz-fazenda.html>. Acesso em: 11 jul. 2015.
47. Id., "Queda do 'spread' bancário é determinação de Dilma, diz Tombini", G1, 28 fev. 2012. Disponível em: <http://g1.globo.com/economia/seu-dinheiro/noticia/2012/02/queda-do-spread-bancario-e-determinacao-de-dilma-diz-tombini.html>. Acesso em: 11 jul. 2015.
48. "Spreads são um absurdo e serão reduzidos, diz Mantega", Agência Estado, 13 mar. 2012. Disponível em: <http://g1.globo.com/economia/noticia/2012/03/spreads-sao-um-absurdo-e-serao-reduzidos-diz-mantega.html>. Acesso em: 11 jul. 2015.
49. Priscilla Mendes, "Para facilitar crédito, Dilma defende diminuição do 'spread' bancário", G1, 3 abr. 2012. Disponível em: <http://g1.globo.com/economia/noticia/2012/04/para-facilitar-credito-dilma-defende-diminuicao-do-spread-bancario.html>. Acesso em: 11 jul. 2015.
50. Toni Sciarretta, "Sob pressão de Dilma, BB diminui juros", *Folha de S.Paulo*, 5 abr. 2012. Disponível em: <http://www1.folha.uol.com.br/fsp/mercado/35397-sob-pressao-de-dilma-bb-diminui-juros.shtml>. Acesso em: 11 jul. 2015.

51. Wellton Máximo, "Febraban apresenta sugestões para reduzir inadimplência e spread", Agência Brasil, 10 abr. 2012. Disponível em: <http://memoria.ebc.com.br/agenciabrasil/noticia/2012-04-10/febraban-apresenta-sugestoes-para-reduzir-inadimplencia-e-spread>. Acesso em: 11 jul. 2015.

52. Alexandro Martello, "Bancos privados têm margem para reduzir juros, diz Mantega", G1, 12 abr. 2012. Disponível em: <http://g1.globo.com/economia/seu-dinheiro/noticia/2012/04/bancos-tem-margem-para-reduzir-juros-diz-mantega.html>. Acesso em: 15 fev. 2018.

53. Sheila D'Amorim e Toni Sciarretta, "Bancos recuam e preparam juro menor", *Folha de S.Paulo*, 18 abr. 2012, p. B1.

54. "Em fala do Dia do Trabalhador, Dilma diz que bancos têm 'lógica perversa'", G1, 30 abr. 2012. Disponível em: <http://g1.globo.com/economia/noticia/2012/04/dilma-critica-altas-taxas-de-juros-e-diz-que-bancos-tem-logica-perversa.html>. Acesso em: 15 fev. 2018.

55. "Avaliação da presidente Dilma", pesquisa Datafolha realizada em 18 e 19 de abril de 2012. Chamamos aqui de "aprovação" a soma dos eleitores que qualificaram o mandato como ótimo ou bom.

56. "Em fala do Dia do Trabalhador, Dilma diz que bancos têm 'lógica perversa'", G1, 30 abr. 2012.

57. Fernando Rodrigues e Valdo Cruz, "Mantega quer que bancos baixem juros em até 40%", *Folha de S.Paulo*, 27 maio 2015, p. A4.

58. Raquel Landim, "Mantega diz que juros do cartão de crédito são 'escorchantes'", *O Estado de S. Paulo*, 15 set. 2012. Disponível em: <http://economia.estadao.com.br/noticias/negocios,mantega-diz-que-juros-do-cartao-de-credito-sao-escorchantes,126913e>. Acesso em: 11 jul. 2015.

59. Fabíola Glenia, "Sob pressão, bancos reduzem juros; veja as taxas médias cobradas", G1, 29 set. 2012. Disponível em: <http://g1.globo.com/economia/seu-dinheiro/noticia/2012/09/sob-pressao-bancos-reduzem-juros-veja-taxas-medias-cobradas.html>. Acesso em: 12 jun. 2015. Dois dos três maiores bancos privados em atuação no Brasil tiveram queda de lucros em 2012 em relação a 2011: Itaú Unibanco (7% a menos) e Santander (5% a menos). O Bradesco teve alta de 3%. Ver: <http://exame.abril.com.br/negocios/noticias/os-13-maiores-lucros-dos-bancos-brasileiros-em-2012>. Acesso em: 6 ago. 2015. Levando em conta os ganhos dos três maiores bancos de capital aberto (Banco do Brasil, Itaú e Bradesco), 2012 interrompeu uma série de quinze anos em que os lucros aumentavam de ano para ano, segundo estudo da consultoria Economatica. Ver: <http://g1.globo.com/economia/negocios/noticia/2013/03/2012-interrompe-sequencia-de-15-anos-de-lucro-crescente-de-bancos.html>. Acesso em: 6 ago. 2015.

60. Miriam Leitão, "Alta desconfortável", *O Globo*, 7 fev. 2013. Disponível em: <http://blogs.oglobo.globo.com/miriam-leitao/post/alta-desconfortavel-485606.html>. Acesso em: 28 fev. 2015.

61. "Mantega mostra-se menos preocupado com a inflação que Tombini", Reuters, 8 fev. 2013. Disponível em: <https://oglobo.globo.com/economia/mantega-mostra-se-menos-preocupado-com-inflacao-que-tombini-7523402>. Acesso em: 15 fev. 2018.

62. Danilo Macedo, "Presidenta Dilma diz que é contra combate à inflação com redução do crescimento", Agência Brasil, 27 mar. 2013. Disponível em: <http://www.ebc.com.br/noticias/politica/2013/03/presidenta-dilma-diz-que-e-contra-combate-a-inflacao-com-reducao-do>. Acesso em: 15 fev. 2018.

63. Ver André Singer, "Vaivém", *Folha de S.Paulo*, 30 mar. 2013, p. 2.

64. Darlan Alvarenga, "'A inflação vai cair no Brasil', diz Guido Mantega", G1, 25 abr. 2013. Disponível em: <http://g1.globo.com/economia/noticia/2013/04/inflacao-vai-cair-no-brasil-diz-mantega.html>. Acesso em: 31 jul. 2015. Alexandro Martello, "BC sobe juro para 14,25% ao ano e indica manutenção no futuro", G1, 29 jul. 2015. Disponível em: <http://g1.globo.com/economia/noticia/2015/07/na-7-alta-seguida-juro-sobe-para-1425-ao-ano-maior-nivel-desde-2006.html>. Acesso em: 16 ago. 2015.

65. Ver André Singer, "O que querem os empresários?", *Folha de S.Paulo*, 24 ago. 2013, p. A2, artigo em que foi possível registrar os recuos no calor da hora.

66. Fábio Amato, "Inflação faz Copom elevar a Selic a 7,5%, primeira alta desde 2011", G1, 17 abr. 2013. Disponível em: <http://g1.globo.com/economia/noticia/2013/04/inflacao-faz-copom-elevar-selic-75-primeira-alta-desde-2011.html>. Acesso em: 16 fev. 2018.

67. Fernando Nogueira da Costa, "Dossiê Petrobras", 4 mar. 2014. Disponível em: <https://fernandonogueiracosta.wordpress.com/2014/03/04/dossie-petrobras-2013/>. Acesso em: 16 fev. 2018.

68. Guido Mantega: "Fizemos o aperto em 2011 supondo que a economia mundial já estava em recuperação. Em 2011 puxamos o freio, dizendo: a gente faz um ajuste e depois retoma. Só que, quando foi retomar, no segundo semestre de 2011, já tinha começado a crise europeia". Cristina Alves, Sergio Fadul, Regina Alvarez e Cristiane Bonfanti, "Infraestrutura vai fazer Brasil crescer por uma década", *O Globo*, 15 set. 2013, p. 31.

69. João Fellet, "Dilma critica 'Economist' por sugerir demissão de Mantega", BBC Brasil, 7 dez. 2012. Disponível em: <http://www.bbc.com/portuguese/noticias/2012/12/121207_dilma_rousseff_economist_jf.shtml>. Acesso em: 17 jul. 2017.

70. "'Financial Times' põe em xeque 'intervencionismo' brasileiro", BBC Brasil, 26 mar. 2013. Disponível em: <http://www.bbc.co.uk/portuguese/noticias/2013/03/130326_intervencionismo_brasil_ft_press_rw>. Acesso em: 29 maio 2015.

71. Cristiano Romero, "Ata do Copom deve falar em pressão de demanda", *Valor Econômico*, 25 abr. 2013. Disponível em: <http://www.valor.com.br/valor-investe/casa-das-caldeiras/3100102/ata-do-copom-deve-falar-em-pressao-de-demanda>. Acesso em: 13 jun. 2015.

72. "Has Brazil Blown It?", *The Economist*, 28 set. 2013. Disponível em: <http://www.economist.com/news/leaders/21586833-stagnant-economy-bloated-state-and-mass-protests-mean-dilma-rousseff-must-change-course-has>. Acesso em: 16 ago. 2015.

73. Luís Guilherme Barrucho, "O Brasil corre o risco de ter sua classificação de crédito rebaixada?", BBC Brasil, 13 nov. 2013. Disponível em: <http://www.bbc.com/portuguese/noticias/2013/11/131112_rebaixamento_rating_brasil_lgb>. Acesso em: 11 mar. 2018.

74. Deco Bancillon, "'Intervencionismo do governo é nocivo ao país', diz diretor do Goldman Sachs", *Correio Braziliense*, 5 dez. 2013. Disponível em: <http://www.correiobraziliense.com.br/app/noticia/economia/2013/12/05/internas_economia,401790/intervencionismo-do-governo-e-nocivo-ao-pais-diz-diretor-do-goldman-sach.shtml>. Acesso em: 17 jul. 2017.

75. Henrique Meirelles, "Debate sem censura", *Folha de S.Paulo,* 5 jan. 2014, p. A2.

76. Ibid..

77. Luiz Carlos Mendonça de Barros, "Brasil: um ajuste clássico", *Folha de S.Paulo*, 27 jul. 2014, p. B10.

78. André Singer, *Os sentidos do lulismo*, op. cit., pp.155-68, 200-21. Ver também Bresser-Pereira, que fala em uma coalizão "financeiro-rentista", "formada pela alta e média burguesia rentista e pelos financistas", cujo objetivo seria sempre manter um alto nível de taxa de juros. Luiz Carlos Bresser-Pereira, "Governo, empresários e rentistas", *Folha de S.Paulo*, 2 dez. 2013, p. A14.

79. "Estudo inédito revela desconcentração da indústria no país", Agência de Notícias CNI. Disponível em: <http://www.portaldaindustria.com.br/agenciacni/noticias/2014/11/estudo-inedito-da-cni-revela-desconcentracao-da-industria-no-pais/>. Acesso em: 12 jul. 2015.

80. Alvaro Bianchi, *Um ministério dos industriais: A Federação das Indústrias do Estado de São Paulo na crise das décadas de 1980 e 1990*. Campinas: Ed. Unicamp, 2010, pp. 254-5.

81. "CUT e Força perdem terreno no movimento sindical brasileiro", Agência Estado, 20 jul. 2014. Disponível em: <http://www.gazetadopovo.com.br/economia/cut-e-forca-perdem-terreno-no-movimento-sindical-brasileiro-eb4imzlhjx4g91gcj4riylk5q>. Acesso em: 12 jul. 2015.

82. Fiesp, CUT, Força Sindical, Sindicato dos Metalúrgicos do ABC, Sindicato dos Metalúrgicos de São Paulo, *Brasil do diálogo, da produção e do emprego. Acordo entre trabalhadores e empresários pelo futuro da produção e emprego*. São Paulo, maio 2011. Disponível em: <http://www.smabc.org.br/Interag/temp_img/%7B810B756E-4C7F-460D-936B-3E53A6382B94%7D_Brasil%20do%20Dialogo%20HIGH%20QUALITY.pdf>. Acesso em: 12 jul. 2015.

83. Ibid., p. 28.

84. Ibid., p. 14.

85. Ibid., p. 15.

86. Governo Federal, Brasil Maior, Plano 2011-2014, p. 10. Disponível em: <http://www.abdi.com.br/Estudo/Plano%20Brasil%20Maior%20-%20FINAL.pdf>. Acesso em: 15 fev. 2018.

87. Mino Carta, "Dilma e o destino", *CartaCapital*, 4 jan. 2013. Disponível em: <http://www.cartacapital.com.br/politica/dilma-e-o-destino/>. Acesso em: 30 jan. 2015 (grifos meus).

88. A reforma trabalhista aprovada pelo Congresso em 2017 corresponde aos objetivos adotados pela CNI em 2012.

89. "Paraguai oferece vantagens competitivas para setor têxtil, destaca diretor do Departamento de Relações Internacionais e Comércio Exterior da Fiesp", Portal Fiesp, 3 abr. 2013. Disponível em: <http://www.fiesp.com.br/noticias/paraguai-oferece-vantagens-competitivas-para-setor-textil-destaca-diretor-do-departamento-de-relacoes-internacionais-e-comercio-exterior-da-fiesp/>. Acesso em: 30 jul. 2015 (grifos meus).

90. Artur Henrique, "Os lucros, a ganância, a usura e a cegueira", *CartaCapital*, 1 maio 2013. Disponível em: <http://www.cartacapital.com.br/politica/os-lucros-a-ganancia-a-usura-e-a-cegueira-3894.html>. Acesso em: 29 jul. 2015.

91. Paulo Skaf, "Do que o Brasil precisa", Portal Fiesp, 24 jul. 2013. Disponível em: <http://www.fiesp.com.br/noticias/no-diario-de-s-paulo-artigo-de-paulo-skaf-fala-sobre-as-manifestacoes-em-todo-o-pais/>. Acesso em: 30 jul. 2015.

92. CUT Nacional, "11 de julho: Manifestação nacional", 8 jul. 2013. Disponível em: <http://cut.org.br/noticias/11-de-julho-manifestacao-nacional-1845/>. Acesso em: 9 ago. 2015.

93. Claudia Safatle, "Dilma agirá para abrandar a desconfiança de empresários", *Valor Econômico*, 7 out. 2013, primeira página.

94. Hugo Cilo e Gabriel Baldocchi, "A voz do dono", *IstoÉ Dinheiro*, n. 878, 15 ago. 2014, p. 34.

95. Mariana Branco, "Presidente da CNI pede política econômica rumo à estabilidade", Agência Brasil, 5 nov. 2014. Disponível em: <http://agenciabrasil.ebc.com.br/economia/noticia/2014-11/presidente-da-cni-pede-politica-economica-rumo-estabilidade>. Acesso em: 21 jun. 2015.

96. Marcos Piccin e Valter Pomar, "Entrevista exclusiva: Dilma Rousseff sem censura, ou quase", *Esquerda Petista*, 12 jun. 2017, p. 9. Disponível em: <https://www.revistaforum.com.br/dilma-fomos-ingenuos-em-relacao-aos-meios-de-comunicacao/>. Acesso em: 18 jul. 2017 (grifos meus).

97. Haddad considera que Dilma havia comprado uma agenda equivocada, "elaborada em parte na Fiesp", envolvendo "desonerações, redução da tarifa de energia elétrica, swap cambial, administração de preços públicos". Fernando Haddad, "Vivi na pele o que aprendi nos livros", *piauí*, n. 129, p. 37, jun. 2017.

98. "Importante no PIB, investimento de empresas cai há 6 trimestres seguidos", UOL, 27 mar. 2015. Disponível em: <http://economia.uol.com.br/noticias/redacao/2015/03/27/importante-no-pib-investimento-de-empresas-cai-ha-6-trimestres-seguidos.htm>. Acesso em: 2 ago. 2015.

99. Camilla Veras Mota e Lucinda Pinto, "Para Mantega, não dá para falar que Brasil está em recessão", *Valor Econômico*, 29 ago. 2014. Disponível em: <http://www.valor.com.br/brasil/3673532/para-mantega-nao-da-para-falar-que-brasil-esta-em-recessao>. Acesso em: 30 ago. 2015.

100. Marcos de Moura e Souza, "Dilma diz que PSDB quer 'trazer de volta recessão e desemprego'", *Valor Econômico*, 30 maio 2014. Disponível em: <http://www.valor.com.br/politica/3569748/dilma-diz-que-psdb-quer-trazer-de-volta-recessao-e-desemprego>. Acesso em: 29 ago. 2015.

101. Alexandro Martello, "Mantega diz que política econômica segue mesmo sem ele em 2º mandato", G1, 2 out. 2014. Disponível em: <http://g1.globo.com/economia/noticia/2014/10/mantega-diz-que-politica-economica-segue-mesmo-sem-ele-em-2-mandato.html>. Acesso em: 30 ago. 2015.

102. Luiza Villaméa, "'Uma coisa irracional', diz Bresser sobre o antipetismo", *Brasileiros*, n. 88, nov. 2014. Disponível em: <http://www.bresserpereira.org.br/papers/interviews/2014/14.11.Revista-Brasileiros.pdf>. Acesso em: 5 jun. 2015.

103. Sebastião Velasco e Cruz, "Burguesia e empresariado no Brasil: Viagem a um passado distante e o caminho de volta", Mimeo, 2017, p. 4.

104. Armando Boito Jr., "Governos Lula: A nova burguesia nacional no poder", em A. Boito Jr. e A. Galvão (Orgs.), *Política e classes sociais no Brasil dos anos 2000*. São Paulo: Alameda, 2012, p. 77.

105. Nicos Poulantzas, *As classes sociais no capitalismo de hoje*. Rio de Janeiro: Zahar, 1975, p. 77.
106. Armando Boito Jr., op. cit., p. 77.
107. Id., "As bases políticas do neodesenvolvimentismo", *12º Fórum Econômico da FGV*, 2012.
108. Ibid., pp. 69-70.
109. Armando Boito Jr., "O lulismo é um tipo de bonapartismo? Uma crítica às teses de André Singer", *Crítica Marxista*, v. 37, 1º sem. 2013, p. 175.
110. Ibid., p. 179.
111. Sebastião Velasco e Cruz, op. cit., p. 10.
112. Armando Boito Jr., op. cit.
113. Comunicação oral, Cenedic, 26 jun. 2015.
114. Guilherme Mello, "Percalços da transformação monetária e a nova contrarrevolução liberal conservadora", Mimeo, Fundação Perseu Abramo, out.-nov. 2013.
115. Marcos Piccin e Valter Pomar, op. cit., p. 8.
116. Ibid., p. 9.
117. Luiz Carlos Bresser-Pereira, "Governo, empresários e rentistas", *Folha de S.Paulo*, 2 dez. 2013, p. A14.
118. Ibid.
119. Laís Alegretti, "Custo pressionou indústria em 2012 e reduziu margem de lucro", Agência Estado, 14 mar. 2013. Disponível em: <http://economia.estadao.com.br/noticias/geral,custo-pressionou-industria-em-2012-e-reduziu-margem-de-lucro,147198e>. Acesso em: 29 maio 2015. Sobre 2013 e 2014, ver: <http://www.portaldaindustria.com.br/cni/imprensa/2014/03/1,34219/custos-sobem-menos-e-industria-recupera-em-2013-parte-da-reducao-da-margem-de-lucro.html>; e <http://www.portaldaindustria.com.br/cni/imprensa/2015/04/1,60059/custos-da-industria-em-2014-foram-puxados-por-gastos-com-a-producao-e-capital-de-giro.html>. Acessos em: 22 ago. 2015.
120. Luiz Carlos Bresser-Pereira, *A construção política do Brasil: Sociedade, economia e Estado desde a Independência*. São Paulo: Ed. 34, 2014, p. 369.
121. Fernando Rugitsky, "Do ensaio desenvolvimentista à austeridade: uma leitura kaleckiana", em L. M. Belluzzo e P. P. Z. Bastos (Orgs.), *Austeridade para quem?: Balanço e perspectivas do governo Dilma Rousseff*. São Paulo: Carta Maior; Friedrich Ebert Stiftung, 2015.
122. Ibid. O desemprego caiu de 5,3% em 2010 para 4,3% em 2014 (medida pelo IBGE em dezembro de cada ano).
123. Dieese, "Balanço das greves em 2012", *Estudos e Pesquisas*, n. 66, maio 2013. Disponível em: <http://www.dieese.org.br/balancodasgreves/2012/estPesq66balancogreves2012.pdf>. Acesso em: 29 jul. 2015.

124. Dieese, "Balanço das greves em 2013", *Estudos e Pesquisas*, n. 79, dez. de 2013.

125. Ruy Braga, comunicação pessoal, Cenedic, 26 jun. 2015.

126. Dados do IBGE em Bruno Villas Bôas, "Desemprego nas metrópoles sobe a 6,9% em junho, maior taxa desde 2010", *Folha de S.Paulo,* 23 jul. 2015. Disponível em: <http://www1.folha.uol.com.br/mercado/2015/07/1659358-desemprego-nas-metropoles-sobe-a-69-em-junho-maior-taxa-desde-2010.shtml>. Acesso em: 27 fev. 2016. Cálculo meu a partir do salário médio real em 6 jan. 2011 e 11 jan. 2014.

127. Fernando Henrique Cardoso, "Sem disfarce nem miopia", *O Estado de S. Paulo*, 3 mar. 2013, p. A2.

128. Fernando Henrique Cardoso, "Mudar o rumo", *O Globo*, 5 jan. 2014, p. 13.

129. Sebastião Velasco e Cruz, op. cit., p. 16.

130. Serge Halimi, "As potências redesenham o mundo", *Le Monde Diplomatique Brasil*, n. 83, pp. 10-1, jun. 2014; Raoul Marc Jennar e Renaud Lambert, "Descobrindo o tratado", *Le Monde Diplomatique Brasil*, n. 84, p. 11, jul. 2014.

131. Raoul Marc Jennar e Renaud Lambert, op. cit.

132. Convém notar, também, a aproximação entre Rússia e China no contexto do reordenamento global.

133. Ibid.

134. Wolf Jäcklein, "… e dez ameaças aos europeus", *Le Monde Diplomatique Brasil*, n. 84, p. 13, jul. 2014.

135. Pedro Passos, "O Brasil não pode ser uma ilha", *Folha de S.Paulo*, 17 jan. 2014. Disponível em: <http://www1.folha.uol.com.br/colunas/pedropassos/2014/01/1398869-o-brasil-nao-pode-ser-uma-ilha.shtml>. Acesso em: 6 jun. 2015.

136. Eliane Oliveira, "Mercosul é 'corpo sem espírito' e foco deve ser EUA, diz Mangabeira Unger", *O Globo*, 9 maio 2015. Disponível em: <http://oglobo.globo.com/economia/mercosul-corpo-sem-espirito-foco-deve-ser-eua-diz-mangabeira-unger-16105668>. Acesso em: 6 jun. 2015.

137. "Armando ao 247: 'EUA são grande oportunidade'", Brasil 247, 14 jan. 2015. Disponível em: <http://www.brasil247.com/pt/247/economia/166612/Armando-ao-247-%27EUA-s%C3%A3o-grande-oportunidade%27.htm>. Acesso em: 6 jun. 2015.

138. O cientista político Danilo Martuscelli tem alertado para esse fator. Comunicação pessoal, 4 jan. 2016.

139. Patrícia Campos Mello, "Indústria brasileira propõe firmar acordo de livre-comércio com os EUA", *Folha de S.Paulo*, 14 nov. 2013. Disponível em: <http://

www1.folha.uol.com.br/mercado/2013/11/1371141-industria-brasileira-propoe-firmar-acordo-de-livre-comercio-com-eua.shtml>. Acesso em: 13 ago. 2015.

140. Ibid. (grifo meu).

141. Plínio de Arruda Sampaio Jr., "2013: o gato subiu no telhado". *Jornal dos Economistas* (Conselho Regional de Economia do Rio de Janeiro), n. 282, jan. 2013. Disponível em: <http://www.corecon-rj.org.br/anexos/2A711BDBBB1D03044FA0D5320DCA068C.pdf>. Acesso em: 7 ago. 2015.

142. Apesar de ter ganhos com a desvalorização da moeda nacional, o agronegócio, segundo Bresser-Pereira, também se alinharia com o antidesenvolvimentismo. De acordo com o ex-ministro, para aumentar a desvalorização do real a ponto de "que a taxa de câmbio se aproxime do nível de equilíbrio industrial", os exportadores de commodities acabariam por ser obrigados a aceitar um imposto variável sobre as suas exportações, para evitar o excesso de entrada de moeda estrangeira. "O poder dos exportadores de commodities tem impedido que se imponha" essa alternativa, segundo o autor. Ver Luiz Carlos Bresser-Pereira, "O governo Dilma frente ao 'tripé macroeconômico' e à direita liberal e dependente", *Novos Estudos*, n. 95, p. 11, mar. 2013.

143. Antônio Delfim Netto, "Voltarão os investimentos?", *Valor Econômico*, 4 fev. 2012, p. A11.

144. Ver, a respeito, "Revista 'Economist' faz crítica à 'contabilidade criativa' do Brasil", G1, 18 jan. 2013. Disponível em: <http://g1.globo.com/economia/noticia/2013/01/revista-economist-faz-critica-contabilidade-criativa-do-brasil.html>. Acesso em: 12 set. 2015.

145. Fernando Henrique Cardoso, *Empresário industrial e desenvolvimento econômico no Brasil*. São Paulo: Difel, 1964, p. 186.

2. ERRADICAÇÃO DA MISÉRIA, NOVA POBREZA E NOVA CLASSE TRABALHADORA [pp. 77-98]

1. "'Houve mobilidade social. Mas a desigualdade social não foi reduzida. Agravou-se.' Entrevista especial com Waldir Quadros", *Revista IHU-On Line*, 11 maio 2016. Disponível em: <http://www.ihu.unisinos.br/entrevistas/554856-qhouve-mobilidade-social-mas-a-desigualdade-social-nao-foi-reduzida-agravouq-entrevista-especial-com-waldir-quadros>. Acesso em: 7 jan. 2018.

2. Sergei S. Dillon Soares, "O ritmo na queda da desigualdade no Brasil é aceitável?", *Revista de Economia Política*, v. 30, n. 3, pp. 369-70, jul.-set. 2010.

3. Claudia Safatle, João Borges e Ribamar Oliveira, *Anatomia de um desas-*

tre: *Os bastidores da crise econômica que mergulhou o país na pior recessão de sua história*. São Paulo: Portfolio-Penguin, 2016, pp. 249-50.

4. Eduardo Costa Pinto, Luiz Filgueiras e Reinaldo Gonçalves, "Governo Dilma, PT, esquerda e impeachment: Três interpretações da conjuntura econômica e política". Disponível em: <http://www.ie.ufrj.br/images/pesquisa/publicacoes/discussao/2015/TD_IE_015_2015_PINTO_FILGUEIRAS_GONALVES.pdf>. Acesso em: 27 fev. 2017.

5. Programa de Governo Dilma Rousseff 2014, "Mais mudanças, mais futuro". Proposta de programa feita pelo PT aos partidos aliados e movimentos sociais. Disponível em: <http://www.pt.org.br/wp-content/uploads/2014/07/Prog-de-Governo-Dilma-2014-INTERNET1.pdf>. Acesso em: 25 jan. 2018.

6. Marcio Pochmann, *A vez dos intocáveis no Brasil*. São Paulo: Fundação Perseu Abramo, 2014, p. 57.

7. Luiz Dulci, *Um salto para o futuro: Como o governo Lula colocou o Brasil na rota do desenvolvimento* (São Paulo: Fundação Perseu Abramo, 2013, p. 12). Embora não cite, Dulci deve referir-se ao número apurado por Marcelo Neri, op. cit., p. 27: "Olhando mais para cima e para o alto da distribuição, cerca de 39,6 milhões ingressaram nas fileiras da chamada nova classe média (classe C) entre 2003 e 2011 (59,8 milhões desde 1993)".

8. Tânia Monteiro e Rafael Moraes Moura, "Dilma anuncia fim da 'miséria cadastrada' e PT vê reeleição 'sem pedras no caminho'", *O Estado de S. Paulo*, 20 fev. 2013. Disponível em: <http://politica.estadao.com.br/noticias/eleicoes,dilma-anuncia-fim-da-miseria-cadastrada-e-pt-ve-reeleicao-sem-pedras-no-caminho-imp-,999067>. Acesso em: 27 fev. 2017.

9. Zona de vulnerabilidade e acesso a objetos não estritamente necessários são expressões de Robert Castel, op. cit.

10. Waldir Quadros, "A evolução da estrutura social brasileira: Notas metodológicas", *Texto para Discussão*, Instituto de Economia da Unicamp, n. 147, nov. 2008, p. 12.

11. Id., "2009 a 2012: Heterodoxia impulsiona melhorias sociais", *Texto para Discussão*, Instituto de Economia da Unicamp, n. 230, maio 2014, p. 2.

12. Id., "O encolhimento da classe média brasileira", *Carta Social e do Trabalho*, n. 5, set. 2006-abr. 2007. Quadros faz a mensuração pela renda declarada do indivíduo que trabalha, tomando como base o salário mínimo de 2004. Disponível em: <http://cesit.net.br/wp/wp-content/uploads/2014/11/Carta05.pdf>. Acesso em: 16 jul. 2017.

13. Amaury de Souza e Bolívar Lamounier, *A classe média brasileira: Ambições, valores e projetos de sociedade*. Rio de Janeiro: Elsevier, 2010, p. 25.

14. Fábio Amato, "Número de pobres no Brasil pode estar subestimado, aponta TCU", G1, 10 set. 2014. Disponível em: <http://g1.globo.com/politica/noticia/2014/09/numero-de-pobres-no-brasil-pode-estar-subestimado-aponta-tcu.html>. Acesso em: 16 mar. 2018. Na mesma data, a linha de corte para a pobreza foi fixada em 154 reais mensais per capita.

15. Rafael Osorio, "Desigualdade e pobreza", *Nota Técnica*, 22, IPEA, dez. 2015, p. 10. Disponível em: <http://www.ipea.gov.br/portal/images/stories/PDFs/nota_tecnica/151230_nota_tecnica_pnad2014.pdf>. Acesso em: 12 jul. 2017.

16. Sonia Rocha, *Transferências de renda no Brasil: O fim da pobreza?* Rio de Janeiro: Elsevier, 2013.

17. De acordo com o IBGE, entretanto, a curva se inverteu e a população extremamente pobre voltou a subir em 2015. Ver Rodolfo Costa, "Extrema pobreza volta a crescer no Brasil, aponta IBGE", *Correio Braziliense*, dez. 2016. Disponível em: <http://www.correiobraziliense.com.br/app/noticia/economia/2016/12/02/internas_economia,559690/extrema-pobreza-volta-a-crescer-no-brasil-apos-seis-anos-aponta-ibge.shtml>. Acesso em: 14 mar. 2017. Segundo o IBGE, a quantidade de famílias que sobreviviam com rendimento per capita inferior a 25% do salário mínimo subiu de 8% em 2014 para 9,2% em 2015.

18. Waldir Quadros, "Paralisia econômica, retrocesso social e eleições", *Carta Social e do Trabalho*, n. 30, abr.-jun. 2015. Disponível em: <http://www.cesit.net.br/wp-content/uploads/2015/12/CartaSocial-30.pdf>. Acesso em: 3 jan. 2017.

19. Tereza Campello, Tiago Falcão e Patricia Vieira da Costa (Orgs.), *O Brasil sem miséria*. Brasília: MDS, 2014, p. 261. As informações a seguir foram extraídas dessa publicação.

20. Ibid., pp. 268, 272.

21. Fábio Amato, "Número de pobres pode estar subestimado no Brasil", G1, 10 set. 2014. Disponível em: <http://g1.globo.com/politica/noticia/2014/09/numero-de-pobres-no-brasil-pode-estar-subestimado-aponta-tcu.html>. Acesso em: 27 fev. 2017.

22. Marcio Pochmann, op. cit., p. 57; Waldir Quadros, "2009 a 2012: heterodoxia impulsiona melhorias sociais", *Texto para Discussão*, Instituto de Economia da Unicamp, n. 230, maio 2014, p. 12, tabela 23. Disponível em: <www.eco.unicamp.br/docprod/downarq.php?id=3344&tp=a>. Acesso em: 13 mar. 2017. O número absoluto de pobres foi calculado por mim a partir da soma das porcentagens da Massa Trabalhadora (25,1%) e dos Miseráveis (7,4%) constantes da tabela 23 de Quadros sobre a população total, segundo o IBGE (196,9 milhões).

23. Jessé Souza, *A radiografia do golpe: Entenda como e por que você foi enganado*. Rio de Janeiro: LeYa, 2016, p. 76.

24. Ibid.

25. Disponível em: <www.pt.org/bancada-do-pt-na-camara-celebra-os-36-anos-de-historia-do-partido/>. Acesso em: 13 jul. 2017.

26. Carlos Alberto Bello, "Percepções sobre pobreza e Bolsa Família", em A. Singer e I. Loureiro (Orgs.), p. 158.

27. Sonia Rocha, *Pobreza no Brasil: Afinal, de que se trata?* Rio de Janeiro: FGV, 2003, p. 175.

28. Ruy Braga, *A rebeldia do precariado: Trabalho e neoliberalismo no Sul global*. São Paulo: Boitempo, 2017, p. 107.

29. Marcos Piccin e Valter Pomar, op. cit.

30. Ibid.

31. Wanderley Guilherme dos Santos, op. cit., p. 182 (grifo meu).

32. Marcelo Neri, op. cit., p. 27.

33. Ibid., p. 95.

34. A classe C em 2014 teria abrangido 113,5 milhões. Ver Marta Sfredo, "Economista que cunhou a expressão 'nova classe média' diz que jovens são as grandes vítimas da crise", *Zero Hora*, 20 jul. 2017. Disponível em: <http://zh.clicrbs.com.br/rs/opiniao/colunistas/marta-sfredo/noticia/2017/07/economista-que-cunhou-a-expressao-nova-classe-media-diz-que-jovens-sao-as-grandes-vitimas-da-crise-9846907.html#showNoticia=akApN1hsxv82oTkyMzk0NDQ2MzQ4MjIyNDY0eCxumTuxNzA4MjAzoTA3oDu4oDM3NcpbRDY5MjgxoDI5NjcyoDYxMDQwNjR+S2hmZlxLvk1IdGzifwzMUH4=>. Acesso em: 31 jul. 2017.

35. Marcelo Neri, op. cit., p. 82.

36. Salário mínimo de 2011: 545 reais.

37. O Datafolha, por exemplo, costuma dividir o eleitorado nas seguintes faixas de renda familiar mensal: até dois salários mínimos, de dois a cinco salários mínimos, cinco a dez salários mínimos, mais de dez salários mínimos.

38. Waldir Quadros, "2009 a 2012: Heterodoxia impulsiona melhorias sociais", p. 2.

39. Ruy Braga, *A política do precariado: Do populismo à hegemonia lulista*. São Paulo: Boitempo, 2012, p. 182.

40. Ibid., p. 207.

41. Ver Ruy Braga, "Terra em transe: O fim do lulismo e o retorno da luta de classes", em A. Singer e I. Loureiro, op. cit.

42. Marcio Pochmann, *Nova classe média?: O trabalho na base da pirâmide social brasileira*. São Paulo: Boitempo, 2012, p. 27.

43. Id., "Políticas públicas e situação social na primeira década do século XXI", em E. Sader (Org.), *10 anos de governos pós-neoliberais no Brasil: Lula e Dilma*. São Paulo: Boitempo, 2013, p. 156.

44. "Número de trabalhadores com carteira assinada cresce 59,6% no Brasil em 12 anos, diz IBGE", Portal Brasil, 29 jan. 2015. Disponível em: <http://www.brasil.gov.br/economia-e-emprego/2015/01/numero-de-trabalhadores-com-carteira-assinada-cresce-59-6-no-brasil-em-12-anos-diz-ibge>. Acesso em: 16 fev. 2018.

45. Ruy Braga, op. cit., p. 79.

46. Marilena Chaui, "Uma nova classe trabalhadora", em E. Sader (Org.), op. cit., p. 130.

47. Ricardo Antunes, "Afinal, quem é a classe trabalhadora hoje?", *Estudos do Trabalho*, ano 2, n. 3, p. 8, 2008. Disponível em: <http://www.estudosdotrabalho.org/5RicardoAntunes.pdf>. Acesso em: 13 jul. 2017.

48. Fernando Henrique Cardoso, "O papel da oposição", *Interesse Nacional*, ano 4, n. 13, abr./jun. 2011.

49. Ruy Braga, op. cit., p. 70.

50. Sobre "espírito do Sion" e "espírito do Anhembi", ver André Singer, *Os sentidos do lulismo*, op. cit., cap. 3.

51. Seymour Martin Lipset, *O homem político*. Rio de Janeiro: Zahar, 1967, p. 270.

52. Marcos Piccin e Valter Pomar, op. cit.

53. Marcio Pochmann, *A vez dos intocáveis*, op. cit., p. 112.

54. Daniela Amorim e Idiana Tomazelli, "Em dois anos, setor industrial fecha mais de 200 mil postos de trabalho", *O Estado de S. Paulo*, 29 dez. 2013. Disponível em: <http://economia.estadao.com.br/noticias/geral,em-dois-anos-setor-industrial-fecha-mais-de-200-mil-postos-de-trabalho-imp-,1113229>. Acesso em: 15 jul. 2017.

55. Ver o estudo coordenado por Jessé Souza, *Os batalhadores brasileiros: Nova classe média ou nova classe trabalhadora?* Belo Horizonte: Ed. UFMG, 2010.

56. Fundação Perseu Abramo, *Percepções e valores políticos na periferia de São Paulo*. Disponível em: <https://fpabramo.org.br/publicacoes/wp-content/uploads/sites/5/2017/05/Pesquisa-Periferia-FPA-040420172.pdf>. Acesso em: 15 jul. 2017.

3. A ENCRUZILHADA DE JUNHO [pp. 99-127]

1. "Popularidade de Dilma cai 27 pontos após protestos", *Folha de S.Paulo*, 29 jun. 2013. Disponível em: <http://www1.folha.uol.com.br/poder/2013/06/1303541-popularidade-de-dilma-cai-27-pontos-apos-protestos.shtml>. Acesso em: 27 jan. 2018.

2. Vinicius Torres Freire, "Anos 2010 são uma viagem ao fundo do abismo sórdido", *Folha de S.Paulo*, 8 mar. 2017. Disponível em: <http://www1.folha.uol.com.br/colunas/viniciustorres/2017/03/1864539-viagem-ao-fundo-do-abismo-sordido.shtml>. Acesso em: 29 jan. 2018.

3. Ricardo Carneiro, op. cit., p. 14.

4. André Singer, "Enigma popular", *Folha de S.Paulo*, 6 jul. 2013, p. A2.

5. Ricardo Carneiro, op. cit.

6. Monica Baumgarten de Bolle, *Como matar a borboleta-azul: uma crônica da era Dilma*. Rio de Janeiro: Intrínseca, 2016, p. 146.

7. Luiz Antonio Cintra, "Brasil, caro pra chuchu", *CartaCapital*, n. 751, p. 26, 5 jun. 2013.

8. Tobias Abse, "Itália: uma nova agenda", em P. Anderson e P. Camiller, *Um mapa da esquerda na Europa Ocidental*. Rio de Janeiro: Contraponto, 1996, p. 98.

9. Dalmo Dallari, "As transmissões ao vivo do STF", Observatório da Imprensa, 22 jan. 2014. Disponível em: <http://jornalggn.com.br/noticia/as-transmissoes-ao-vivo-do-stf-por-dalmo-dallari>. Acesso em: 17 fev. 2018.

10. Para uma listagem das questões que incomodavam a classe média, ver Rubens Figueiredo, op. cit., pp. 34-8.

11. André Singer, "Desemprego e manifestações", *Folha de S.Paulo*, 27 jul. 2013, p. A2.

12. Raymond Aron, *Main Currents in Sociological Thought*. Nova York: Anchor, 1968, v. 1, p. 270.

13. Eu mesmo utilizei a expressão em coluna de jornal. Ver André Singer, "Flores de inverno", *Folha de S.Paulo*, 3 ago. 2013, p. A2.

14. Karl Marx, *O 18 de Brumário de Luís Bonaparte*, op. cit., p. 35 (grifo meu).

15. "Onda de protestos atingiu pelo menos 353 municípios no país", Estadão Conteúdo, 30 jun. 2013. Disponível em: <http://ultimosegundo.ig.com.br/brasil/2013-06-30/onda-de-protestos-atingiu-pelo-menos-353-municipios-no-pais.html>. Acesso em: 9 jan. 2018.

16. Movimento Passe Livre — São Paulo, "Não começou em Salvador, não vai terminar em São Paulo", em Ermínia Maricato et al., *Cidades rebeldes*. São Paulo: Boitempo, 2013, p. 17.

17. O MPL organizou manifestações nos dias 6, 10, 11 e 13 de junho em São Paulo para reivindicar a revogação do aumento da tarifa de 3 reais para 3,20 reais. Houve também duas pequenas manifestações no Rio de Janeiro nos dias 6 e 10 de junho.

18. Fernando Haddad, op. cit., p. 34.

19. A menos que assinalado, os números de manifestantes correspondem à avaliação da imprensa, segundo apareceram na *Folha de S.Paulo* e em *O Globo*. Tais avaliações são sempre controversas. Utilizo-as apenas como referência.

20. Informação do Datafolha. Participantes reportam a impressão de número bem maior.

21. "Após protestos, aprovação de Alckmin e Haddad cai", *Folha de S.Paulo*, 1 jul. 2013. Disponível em: <http://www1.folha.uol.com.br/poder/2013/07/1304076-apos-protestos-aprovacao-de-alckmin-e-haddad-cai.shtml>. Acesso em: 17 fev. 2018.

22. Elena Judensnaider et al., *Vinte centavos: A luta contra o aumento*. São Paulo: Veneta, 2013, p. 24.

23. Sérgio Cabral era então o governador do estado do Rio de Janeiro.

24. A revogação dos aumentos aconteceu também no Rio de Janeiro e em dezenas de outras cidades.

25. "Movimento Passe Livre anuncia que não vai mais convocar protestos", *O Globo*, 21 jun. 2013. Disponível em: <https://oglobo.globo.com/brasil/movimento-passe-livre-anuncia-que-nao-vai-mais-convocar-protestos-8766919>. Acesso em: 17 fev. 2018.

26. A PEC 37 seria derrubada na Câmara dos Deputados por 430 votos a favor e 9 contrários três dias depois, conforme Nathalia Passarinho e Fabiano Costa, "Câmara derruba PEC que tentava limitar o poder de investigação do MP", G1, 25 jun. 2013). Disponível em: <http://g1.globo.com/politica/noticia/2013/06/camara-derruba-pec-que-tentava-limitar-o-poder-de-investigacao-do-mp.html>. Acesso em: 8 jan. 2018.

27. Armando Boito Jr., "O impacto das manifestações de junho na política nacional", *Brasil de Fato*, 2 ago. 13. Disponível em: <https://www.brasildefato.com.br/node/15386/>. Acesso em: 16 mar. 2018.

28. Ruy Braga, "Sob a sombra do precariado", em Ermínia Maricato et al., *Cidades rebeldes*, op. cit., p. 82.

29. O conjunto de dados aqui analisados foi extraído das seguintes fontes: duas pesquisas realizadas pelo Datafolha em São Paulo, capital, nas manifestações da avenida Paulista nos dias 17 de junho (766 entrevistas, com margem de erro de quatro pontos percentuais para mais e para menos) e 20 de junho (551 entrevistas, com margem de erro de quatro pontos percentuais para mais ou para menos). A primeira foi consultada em: <http://media.folha.uol.com.br/datafolha/2013/06/19/contagaem-manifestacao-lgo-da-batata.pdf>. Acesso em: 17 fev. 2018; a segunda foi consultada na *Folha de S.Paulo*, 22 jun. 2013, p. C6. Fora de São Paulo, foi usada a pesquisa realizada na manifestação do Rio de Janeiro no dia 20 de junho de 2013 pela empresa Plus Marketing, com 498 entrevistas entre 16h e 20h30 e seleção aleatória por intervalo de tempo com manifestantes acima de quinze anos. A margem de erro foi de 4,2 pontos percentuais.

Foi utilizada também pesquisa nacional realizada pelo Ibope nas manifestações do dia 20 de junho de 2013 com 2002 entrevistas em oito cidades: São Paulo, Rio de Janeiro, Belo Horizonte, Porto Alegre, Recife, Fortaleza, Salvador e Brasília. As entrevistas foram feitas com manifestantes acima de catorze anos, e a margem de erro foi de dois pontos percentuais para mais e para menos. Disponível em: http://g1.globo.com/brasil/noticia/2013/06/veja-integra-da-pesquisa-do-ibope-sobre-os-manifestantes.html>. Acesso em: 27 jan. 2018. Por fim, foi utilizada pesquisa feita em Belo Horizonte na manifestação do dia 22 de junho de 2013 pelo Instituto Innovare, com 409 entrevistas de cinco minutos e margem de erro de cinco pontos percentuais para mais ou para menos. Disponível em: <http://www.innovarepesquisa.com.br>. Acesso em 22 set. 2013. Agradeço a Antonio David por ter me alertado para a existência da pesquisa do Ibope, assim como aos institutos Plus Marketing e Innovare pelo envio dos respectivos relatórios.

30. Segundo a socióloga Helena Abramo, o grupo de dezesseis a 24 anos "é o que vem se tornando convenção, no Brasil, para abordagem demográfica sobre juventude, pois corresponde ao arco de tempo em que, de modo geral, ocorre o processo relacionado à transição para a vida adulta". Helena Wendel Abramo, "Condição juvenil no Brasil contemporâneo", em H. W. Abramo e P. P. M. Branco (Orgs.), *Retratos da juventude brasileira: Análises de uma pesquisa nacional*. São Paulo: Fundação Perseu Abramo/ Instituto Cidadania, 2005, p. 45.

31. Na divisão proposta por Amauri de Souza e Bolívar Lamounier em *A classe média brasileira*, op. cit., pp. 18-9, a passagem apenas pelo ensino fundamental seria característica dos 54% que compõem as duas camadas de base da sociedade, que eles chamam, respectivamente, de classe trabalhadora e classe baixa.

32. Sarah, Fernandes; "Número de brasileiros com ensino superior aumenta mais de quatro vezes em dez anos", Rede Brasil Atual, 28 jun. 2012. Disponível em: <http://www.redebrasilatual.com.br/educacao/2012/06/numero-de-brasileiros-com-ensino-superior-aumenta-mais-de-quatro-vezes-em-10-anos>. Acesso em: 17 fev. 2018.

33. Dado calculado a partir do censo de 2010 do IBGE.

34. Sarah Fernandes, "Em dez anos, Prouni já formou 400 mil profissionais. Metade é negra", Rede Brasil Atual, 20 maio 2014. Disponível em: <http://www.redebrasilatual.com.br/educacao/2014/05/em-10-anos-prouni-ja-formou-400-mil-profissionais-metade-sao-negros-7657.html>. Acesso em: 17 fev. 2018. Até o final de 2013, o Prouni havia formado 217 mil profissionais na região Sudeste e 400 mil no total.

35. Souza e Lamounier, op. cit., p. 25.

36. Não disponho do número de diplomados em universidade nas manifestações de São Paulo.

37. Demétrio Weber, "Brasil tem 6,7 milhões de universitários", *O Globo*, 17 out. 2012. Disponível em: <https://oglobo.globo.com/sociedade/educacao/brasil-tem-67-milhoes-de-universitarios-6423216>. Acesso em: 26 set. 2013.

38. Ver o capítulo anterior e Souza e Lamounier, op. cit., pp. 19 a 21, para quem a posse de diploma de nível médio caracteriza a classe média baixa numa distribuição em quatro posições.

39. Em particular, a composição apurada no Rio foi surpreendente, pois *34% teriam apenas até um salário mínimo de renda familiar mensal*. Convém, em todo caso, manter o resultado carioca em separado, por ser muito diferente dos demais.

40. Matheus Pimentel, "O que muda no Fies. E qual a história desse fundo de educação", *Nexo*, 9 jul. 2017. Disponível em: <https://www.nexojornal.com.br/expresso/2017/07/09/O-que-muda-no-Fies.-E-qual-%C3%A9-a-hist%C3%B3ria-desse-fundo-de-educa%C3%A7%C3%A3o>. Acesso em: 17 mar. 2018.

41. Ver Waldir Quadros, "A evolução da estrutura social brasileira: Notas metodológicas", *Texto para Discussão*, n. 147, Instituto de Economia da Unicamp, nov. 2008. Trata-se de uma aproximação grosseira com a renda familiar, pois o significado desta vai depender, evidentemente, do tamanho da família, dado que não possuímos. Mas declarar uma renda familiar de até cinco salários mínimos implica que o membro mais bem situado da família não estará muito além das ocupações descritas acima, as quais, na avaliação de 2006, tinham ao redor desse teto de remuneração.

42. Ver Souza e Lamounier, op. cit., p. 164.

43. Embora o dado deva ser visto com cuidado, pelas razões já mencionadas, cabe dizer que a Plus Marketing encontrou 88% dos manifestantes do Rio na faixa até cinco salários mínimos.

44. Gustavo Venturi, "PT 30 anos: Crescimento e mudanças na preferência partidária", *Perseu*, ano 4, n. 5, p. 204, 2010.

45. Demétrio Weber, "Brasil tem 6,7 milhões de universitários", *O Globo*, 17 out. 2012. Disponível em: <https://oglobo.globo.com/sociedade/educacao/brasil-tem-67-milhoes-de-universitarios-6423216>. Acesso em: 27 jan. 2018.

46. Movimento Passe Livre — São Paulo, op. cit., p. 13.

47. Ibid., p. 18.

48. Ibid., p. 14.

49. Coletivo DAR e Desinformémonos, "Pablo Ortellado: Experiência do MPL é 'aprendizado para o movimento autônomo não só do Brasil como do mundo'", 10 set. 2013. Disponível em: <http://coletivodar.org/pablo-ortellado-experiencia-do-mpl-e-aprendizado-para-o-movimento-autonomo-nao-so-do-brasil-como-do-mundo/>. Acesso em: 17 fev. 2018.

50. Depoimentos de participantes dão conta de que a manifestação de 17 de junho em São Paulo talvez tenha sido maior que a da quinta-feira, dia 20, embora no resto do país houvesse sido diferente.

51. A entrevista pode ser vista em: <http://www.brasil247.com/pt/247/video/105798/>.

52. Ver Ruy Braga, "Sob a sombra do precariado", em Ermínia Maricato et al., *Cidades rebeldes*, op. cit.

53. Ver Caetano Patta da Porciuncula e Barros, *Contestando a ordem: Um estudo de caso com secundaristas da Zona Leste paulistana*. São Paulo: FFLCH/USP, 2017 (Mestrado em Ciência Política).

54. A pronunciada queda na aprovação dos governos, percebida pelas pesquisas de opinião realizadas no final de junho, confirmam isso.

55. "Atos bloqueiam cinco estradas paulistas, e trânsito chega a 10 km", *Folha de S.Paulo*, 20 jun. 2013, p. C8.

56. Ver André Singer, "O alerta das metrópoles", *Folha de S.Paulo*, 29 out. 2012, Caderno Especial Eleições, p. 2. Escaparam da tendência à derrota da situação Rio de Janeiro, Belo Horizonte e Porto Alegre, nos quais havia baixo desemprego naquele momento.

57. Ermínia Maricato, "É a questão urbana, estúpido!", em id., *Cidades rebeldes*, op. cit. p. 24.

58. Sobre a importância dada à internet, é sintomática a entrevista do sociólogo Manuel Castells a respeito dos acontecimentos de junho. Ver Daniela Mendes, "Dilma é a primeira líder mundial a ouvir as ruas", *IstoÉ*, n. 2276, 28 jun. 2013.

59. Ronald Inglehart e Christhian Welzel, *Modernização, mudança cultural e democracia*. São Paulo: Francis, 2009, p. 130.

60. André Lara Resende, "O mal-estar contemporâneo", *Valor Econômico*, 5 jul. 2013.

61. Ibid.

62. Marcos Coimbra, "O sentido das manifestações", *CartaCapital*, 7 jul. 2013. Disponível em: <http://democraciapolitica.blogspot.com.br/2013/07/o-sentido-das-manifestacoes-por-marcos.html>. Acesso em: 17 fev. 2018.

63. Ricardo Antunes e Ruy Braga, "Os dias que abalaram o Brasil", *Revista de Políticas Públicas*, n. esp., p. 45, jul. 2014. Disponível em: <http://www.redalyc.org/pdf/3211/321131273004.pdf>. Acesso em: 17 fev. 2018.

64. Henrique Costa, "O presente e o futuro das jornadas de junho", *Carta Maior*, 11 ago. 2013. Disponível em: <https://www.cartamaior.com.br/?/Editoria/Politica/O-presente-e-o-futuro-das-jornadas-de-junho/4/28321>. Acesso em: 24 set. 2013.

65. André Barrocal, "Arno não é mais uma Brastemp", *CartaCapital*, n. 759, p. 37, 31 jul. 2013.

66. "Dilma corta R$ 44 bi do Orçamento, mas preserva saúde, educação e programas sociais", Rede Brasil Atual, 20 fev. 2014. Disponível em: <http://www.redebrasilatual.com.br/economia/2014/02/dilma-corta-r-44-bi-do-orcamento-mas-preserva-saude-educacao-e-programas-sociais-9023.html>. Acesso em: 17 fev. 2018.

67. "Dilma sanciona sem vetos lei que destina royalties para educação e saúde", UOL, 9 set. 2013. Disponível em: <https://educacao.uol.com.br/noticias/2013/09/09/dilma-sanciona-lei-que-destina-royalties-para-educacao-e-saude.htm>. Acesso em: 29 jan. 2018.

68. Priscilla Mendes, Fabiano Costa e Nathalia Passarinho, "Dilma propõe 5 pactos e plebiscito para constituinte da reforma política", G1, 24 jun. 2013. Disponível em: <http://g1.globo.com/politica/noticia/2013/06/dilma-propoe-5-pactos-e-plebiscito-para-constituinte-da-reforma-politica.html>. Acesso em: 18 jan. 2018.

69. "Dilma perde pontos na corrida eleitoral e não venceria em 1º turno", Datafolha, 1 jul. 2013. Disponível em: <http://datafolha.folha.uol.com.br/opiniao publica/2013/07/1304303-dilma-perde-pontos-na-corrida-eleitoral-e-nao-venceria-em-1-turno.shtml>. Acesso em: 29 jun. 2018.

70. Pablo Ortellado e Esther Solano, "Nova direita nas ruas?", *Perseu*, ano 7, n. 11, pp. 177-8, fev. 2016.

INTERMEZZO HISTÓRICO

4. TRÊS PARTIDOS BRASILEIROS [pp. 131-58]

1. Note-se, quanto à fragmentação, que, enquanto os três maiores partidos de 1945 somados dominavam 80% da Câmara em 1962, os três maiores só controlavam 41% da Casa depois da eleição de 2014.

2. De acordo com Perry Anderson, o Brasil "possui o mais frágil sistema partidário do continente" e isso cria um dilema insolúvel para o Poder Executivo. Perry Anderson, "Crisis in Brazil", *London Review of Books*, v. 38, n. 8, abr. 2016. Para a versão em português, traduzida pelo Blog da Boitempo, ver: <http://esquerdasocialista.com.br/perry-anderson-crise-no-brasil/>. Acesso em: 29 jan. 2018.

3. Mariana Sanches, "Brasil tem 34 partidos em formação, além dos 35 atuais", *O Globo*, 7 ago. 2016, pp. 8-9; Bolívar Lamounier, "Um breve exercício de cidadania", *O Estado de S. Paulo*, 31 jul. 2016, p. 2.

4. Flávia Tavares, "Scott Mainwaring: 'Protestos podem revigorar a democracia'", *Época*, 15 mar. 2015. Disponível em: <http://epoca.globo.com/tempo/noticia/2015/03/bscott-mainwaring-bprotestos-podem-revigorar-democracia.html>. Acesso em: 26 jul. 2017.

5. Sérgio Buarque de Holanda, *Raízes do Brasil*. Rio de Janeiro; José Olympio, 1971, p. 137.

6. "Sob este aspecto, poder-se-ia dizer que o presente livro constitui [...] uma 'história dos brasileiros no seu desejo de ter uma literatura'." Antonio Candido, *Formação da literatura brasileira* (*momentos decisivos*). Belo Horizonte: Itatiaia, 2000, p. 25.

7. Maria do Carmo Campello de Souza, *Estado e partidos políticos no Brasil (1930-1964)*. São Paulo: Alfa-Ômega, 1976, p. xxiv.

8. Antonio Gramsci, *Cadernos do cárcere, volume 3: Maquiavel. Notas sobre o Estado e a política* (ed. e trad. de Carlos Nelson Coutinho; coed. de Luiz Sérgio Henriques e Marco Aurélio Nogueira). Rio de Janeiro: Civilização Brasileira, 2012, p. 89.

9. Philip Converse, *Of Time and Partisan Stability*, cf. Antônio Lavareda, *A democracia nas urnas*. Rio de Janeiro: Rio Fundo/ Iuperj, 1991, p. 124.

10. Jairo Nicolau, "Partidos na República de 1946: Velhas teses, novos dados", *Dados*, v. 47, n. 1, p. 8, 2004. Disponível em: <http://www.scielo.br/scielo.php?script=sci_arttext&pid=S0011-52582004000100003&lng=en&nrm=iso&tlng=pt.>. Acesso em: 17 fev. 2018. Nicolau apresenta um bom levantamento bibliográfico a respeito.

11. Wanderley Guilherme dos Santos, *Horizonte do desejo: Instabilidade, fracasso coletivo e inércia social*. Rio de Janeiro: FGV, 2006, p. 56.

12. Olavo Brasil de Lima Jr., *Partidos políticos brasileiros: A experiência federal e regional: 1945-64*. Rio de Janeiro: Graal, 1983, p. 55.

13. Wanderley Guilherme dos Santos, *Governabilidade e democracia natural*. Rio de Janeiro: FGV, 2007, p. 44.

14. Victor Nunes Leal, *Coronelismo, enxada e voto*: O município e o regime representativo no Brasil. 7. ed. São Paulo: Companhia das Letras, 2012.

15. Fábio Wanderley Reis, *Mercado e utopia: Teoria política e sociedade brasileira*. São Paulo: Edusp, 2000, p. 307.

16. Antonio Candido, *Um funcionário da monarquia: Ensaio sobre o segundo escalão*. Rio de Janeiro: Ouro sobre Azul, 2007, p. 12.

17. É mister assinalar que a literatura diverge a respeito do papel que cumpriram os partidos excluídos da tríade principal, com autores que lhes atribuem maior ou menor importância. Ver Gláucio Soares, *Sociedade e política no Brasil* (São Paulo: Difel, 1973); Olavo Brasil de Lima Jr., op. cit.

18. Maria Victoria Benevides, *A UDN e o udenismo: Ambiguidades do liberalismo brasileiro, 1945-1965*. Rio de Janeiro: Paz e Terra, 1981.
19. Gláucio Soares, op. cit., p. 198.
20. Ver Benevides, op. cit., p. 234; Gláucio Soares, op. cit., p. 130.
21. Angela de Castro Gomes, *A invenção do trabalhismo*. Rio de Janeiro: FGV, 2005, p. 267.
22. Maria Celina d'Araujo, *Sindicatos, carisma e poder: O PTB de 1945-65*. Rio de Janeiro: FGV, 1996.
23. Alzira Alves de Abreu et al. (Orgs.), *Dicionário histórico-biográfico brasileiro pós-1930*. Rio de Janeiro: FGV/CPDOC, 2001, p. 4654.
24. Aziz Simão, "O voto operário em São Paulo", *Revista Brasileira de Estudos Políticos*, v. 1, n. 1, p. 140, 1956: "Para os provenientes das zonas rurais, a possibilidade de viver na Capital do Estado e as disposições legais sobre o trabalho e a assistência social apresentaram-se como dádivas inesperadas e recebidas de uma só vez, graças ao governo do chefe do PTB".
25. Gláucio Soares, *Sociedade e política no Brasil*, op. cit., p. 198.
26. Antônio Lavareda, op. cit., pp. 137, 153.
27. Francisco Weffort, *O populismo na política brasileira*. Rio de Janeiro: Paz e Terra, 1978.
28. Sobre o caráter antioperário da UDN, ver Paul Singer, "A política das classes dominantes", em O. Ianni (Org.), *Política e revolução social no Brasil* (Rio de Janeiro: Civilização Brasileira, 1965), pp. 72-8.
29. Ver, a respeito, Francisco Weffort, op. cit., p. 24.
30. Lucia Hippolito, *De raposas e reformistas: O PSD e a experiência democrática brasileira, 1945-64*. Rio de Janeiro: Paz e Terra, 1985, p. 37.
31. Ibid., p. 94: "A longa e penosa tramitação do projeto da Petrobras [...] demonstrou que o grande interlocutor do governo no Congresso é a UDN. [...] O PSD se omite"; p. 97: "[...] O Memorial dos coronéis e a subsequente demissão de João Goulart do Ministério do Trabalho [...] não suscitaram qualquer reação relevante por parte das lideranças pedessistas mais expressivas"; p. 229: "Os três deputados do PSD (Gustavo Capanema, Ulysses Guimarães e Martins Rodrigues) votaram contra a emenda de reforma agrária do PTB, ajudando a derrotá-la na Comissão Especial da Câmara dos Deputados e, assim, selando a sua sorte, em 13 de maio de 1963".
32. Maria do Carmo Campello de Souza, op. cit., p. 191.
33. Gláucio Soares, op. cit., p. 154.
34. Ibid., p. 189.

35. Francisco Weffort, op. cit., p. 54.

36. Barry Ames, *The Deadlock of Democracy in Brazil*. Ann Arbor: The University of Michigan Press, 2001, p. 63. Ames define como "autorrepresentação" aquela de um grupo econômico no qual o deputado tem interesse pessoal, por ser, por exemplo, proprietário de empresa etc.

37. Wanderley Guilherme dos Santos, "Velhas teses, novos dados: Uma análise metodológica", *Dados*, v. 47, n. 4, p. 736, 2004.

38. Em novembro de 1963, seis deputados do PSD do Maranhão passaram para o PTB e "pela primeira vez, desde 1946, o PSD perdia a maioria na Câmara dos Deputados". Ver Lucia Hippolito, op. cit., p. 227.

39. Ver, entre outros, Antônio Lavareda, op. cit.; Jairo Nicolau, "Partidos na República de 1946: Uma réplica metodológica", *Dados*, v. 48, n. 3, p. 595, 2005.

40. Elio Gaspari, *A ditadura derrotada* (São Paulo: Companhia das Letras, 2003), p. 458, registra que "[...] Geisel achava que podia oferecer à oposição uma eleição relativamente livre". O assunto é controverso. Continuou a haver uma série de restrições, conforme relata Carlos Estevam Martins, "O balanço da campanha", em F. H. Cardoso e B. Lamounier (Orgs.), *Os partidos e as eleições no Brasil* (Rio de Janeiro: Paz e Terra, 1975). Franco Montoro afirmava, entretanto, que "o MDB foi beneficiado em sua campanha pelo clima de liberdade assegurado pelo governo" (Carlos Estevam Martins, op. cit., p. 92). Martins conclui que ocorreram as duas coisas simultaneamente: persistência de pressões sobre a oposição, mas um certo ambiente de tolerância à campanha oposicionista.

41. Maria D'Alva Kinzo, *Oposição e autoritarismo: Gênese e trajetória do MDB (1966-1979)*. São Paulo: Vértice, 1988, p. 162.

42. Bolívar Lamounier, "Comportamento eleitoral em São Paulo: Passado e presente", em F. H. Cardoso e B. Lamounier (Orgs.), op. cit.

43. Fábio Wanderley Reis, *Mercado e utopia*, op. cit., p. 323.

44. Id., "A Revolução é a geral cooptação", *Dados*, n. 14, 1977.

45. Bolívar Lamounier, "O voto em São Paulo, 1970-1978", em B. Lamounier (Org.), *Voto de desconfiança: Eleições e mudança política no Brasil: 1970-1979*. Petrópolis: Vozes, 1980.

46. Maria D'Alva Kinzo, op. cit., pp. 154-5.

47. Não confundir com o que vimos chamando de "partido popular" como categoria interpretativa do fenômeno iniciado com o PTB e continuado com o MDB.

48. Em 2003 surgiria um novo PP (Partido Progressista) como redenominação do Partido Progressista Brasileiro (1995), que por sua vez foi herdeiro do Partido Progressista Reformador (1993), originado da fusão entre o PDS (ver

adiante) e o Partido Democrata Cristão. O PP de 2003 nada tem a ver com o de 1980. Caberia pensar, isto sim, se o PDS, depois da saída do PFL, não se converteu, sob a liderança de Paulo Maluf, numa ressurreição do velho ademarismo. De todo modo, o PP atual é o herdeiro da antiga Arena.

49. Margareth Keck, *PT, a lógica da diferença: O Partido dos Trabalhadores na construção da democracia brasileira*. São Paulo: Ática, 1991; Barry Ames, op. cit., p. 27.

50. Maria Tereza Sadek, "A interiorização do PMDB nas eleições de 1986 em São Paulo", em M. T. Sadek (Org.), *Eleições/1986*. São Paulo: Vértice/ Idesp, 1989, p. 70.

51. Luiz Carlos Bresser-Pereira, *Pactos políticos: Do populismo à redemocratização*. São Paulo: Brasiliense, 1985, esp. p. 147.

52. Frances Hagopian, *Traditional Politics and Regime Change in Brazil*. Cambridge: Cambridge University Press, 1996, p. 230 (tradução livre).

53. "Hoje, é doloroso reconhecer, o PMDB está se transformando em um grande partido republicano, da República Velha, com uma cara diferente em cada estado, conforme o rosto dos seus governadores", disse Fernando Henrique no discurso perante o Senado em que se despediu do partido. *Jornal de Brasília*, 22 jun. 1988, p. 5. Disponível em: <http://www2.senado.leg.br/bdsf/bitstream/handle/id/120133/06_30jun88%20-%200437.pdf?sequence=3>. Acesso em: 17 mar. 2018.

54. Fernando Henrique Cardoso, *A arte da política: A história que vivi*. Rio de Janeiro: Civilização Brasileira, 2006, p. 131.

55. Mário Covas, discurso no Senado em 28 jun. 1989. Disponível em: <http://tucano.org.br/historia/choque-do-capitalismo>. Acesso em: 17 mar. 2018.

56. Fernando Henrique Cardoso, *A arte da política*, op. cit., p. 131.

57. André Singer, "Collor na periferia: A volta por cima do populismo?", em B. Lamounier (Org.), *De Geisel a Collor: O balanço da transição* (São Paulo: Sumaré, 1990). Lá, procurei mostrar como os bairros paulistanos de classe média tradicional aderiram a Covas já em 1989.

58. Timothy Power, *A social democracia no Brasil e no mundo*. Porto Alegre: Mercado Aberto, 1997, p. 18.

59. Francisco de Oliveira, "Política numa era de indeterminação: Opacidade e reencantamento", em F. de Oliveira e C. S. Rizek (Orgs.), *A era da indeterminação*, op. cit., p. 23.

60. André Singer, *Esquerda e direita no eleitorado brasileiro: A identificação ideológica nas disputas presidenciais de 1989 e 1994* (São Paulo: Edusp, 2000); e Id., *Os sentidos do lulismo*, op. cit., p. 60.

61. Antônio Flávio Pierucci, *Ciladas da diferença*. São Paulo: Ed. 34, 1999.

62. David Samuels e Cesar Zucco, "Lulismo, Petismo, and the Future of Brazilian Politics", *Journal of Politics in Latin America*, v. 6, n. 3, 2012. Disponível em: <https://journals.sub.uni-hamburg.de/giga/jpla/article/view/796/797>. Acesso em: 18 fev. 2018.

63. André Singer, *Os sentidos do lulismo*, op. cit.

64. Fernando Henrique Cardoso, *A arte da política,* op. cit., p. 236.

65. Bolívar Lamounier*, Depois da transição: Democracia e eleições no governo Collor* (São Paulo: Loyola, 1991), pp. 95-6. Lamounier indica que, em um contexto de "fragmentação acentuada", o PMDB restava como único partido propriamente de centro.

66. Para a penetração do PMDB no interior, ver Nelson Rojas de Carvalho, *E no início eram as bases: Geografia política do voto e comportamento legislativo no Brasil* (Rio de Janeiro: Revan, 2003), esp. pp. 137-9. Sobre os *"rural bosses"*, ver Barry Ames, op. cit., p. 20.

67. Lúcia Avelar e Fernão Dias de Lima, "Lentas mudanças: O voto e a política tradicional". *Lua Nova*, n. 49, 2000, p. 215.

68. Rojas de Carvalho, op. cit., p. 174.

69. Avelar e Lima, op. cit., p. 196. Para o conceito de "política tradicional", ver Frances Hagopian, op. cit.

70. Cálculos realizados a partir de dados recolhidos em Étore Medeiros e Bruno Fonseca, "As bancadas do Senado", Agência Pública, 2 jun. 2016. Disponível em: <http://apublica.org/2016/06/truco-as-bancadas-do-senado/>. Acesso em: 20 jun. 2017.

71. Ibid. O forte apoio da bancada ruralista a Michel Temer quando da apreciação das licenças para processá-lo em 2017 confirma o vínculo detectado por meu cálculo.

72. O governismo do PMDB, realçado também por Marcos Nobre, *Imobilismo em movimento: Da abertura democrática ao governo Dilma* (São Paulo: Companhia das Letras, 2013), p. 14, e a autorrepresentação, conceito de Barry Ames, op. cit., constituem referências que ajudam a entender o fenômeno.

73. Jairo Nicolau, *Representantes de quem?: Os (des)caminhos do seu voto da urna à Câmara dos Deputados*. Rio de Janeiro: Zahar, 2017, p. 117.

74. Perry Anderson, op. cit., p. 7.

75. Alzira Alves de Abreu et al. (Orgs.), *Dicionário histórico-biográfico brasileiro pós-1930*, op. cit., p. 5291.

76. Karl Marx, *O 18 de Brumário de Luís Bonaparte*, op. cit., p. 36.

77. Roberto Schwarz, *Ao vencedor as batatas*, op. cit., p. 17.

PARTE II: AS TRAGÉDIAS DO IMPEACHMENT

5. UMA VITÓRIA DE PIRRO [pp. 161-94]

1. "Dilma vence com margem apertada e promete diálogo", *Folha de S.Paulo*, 27 out. 2014, Caderno Eleições, p. 1.
2. O economista Waldir Quadros confirmou que, embora os dados agregados não o registrassem, a diminuição do ritmo de crescimento começava a afetar a empregabilidade já em 2014. Comunicação oral, Unicamp, 16 set. 2015.
3. "PT e PMDB elegem novamente as maiores bancadas", Câmara Notícias, 6 out. 2014. Disponível em: <http://www2.camara.leg.br/camaranoticias/noticias/POLITICA/475427-PT-E-PMDB-ELEGEM-NOVAMENTE-AS-MAIORES-BANCADAS.html>. Acesso em: 18 fev. 2018.
4. Adam Przeworski, "Ama a incerteza e serás democrata", *Novos Estudos*, n. 9, jul. 1984.
5. Jamil Chade, "Lava Jato ganha principal prêmio anticorrupção", *O Estado de S. Paulo*, 3 dez. 2016. Disponível em: <http://politica.estadao.com.br/noticias/geral,lava-jato-ganha-principal-premio-anti-corrupcao,10000092336>. Acesso em: 20 dez. 2017.
6. "Dilma diz que Marina quer governar com banqueiros", *Folha de S. Paulo*, 10 set. 2014, p. A4.
7. Severino Motta, "Por crítica de Lula, TSE tira tempo de Dilma na TV", *Folha de S.Paulo*, 22 out. 2014, Eleições, p. 5.
8. Vladimir Netto, *Lava Jato: O juiz Sergio Moro e os bastidores da operação que abalou o Brasil*. Rio de Janeiro: Primeira Pessoa, 2016, caderno de fotos.
9. Andreza Matais, Vera Rosa e Beatriz Bulla, "PSDB de Aécio Neves pede auditoria na votação", *O Estado de S. Paulo*, 30 out. 2014. Disponível em: <http://politica.estadao.com.br/noticias/geral,psdb-de-aecio-neves-pede-auditoria-na-votacao,1585755>. Acesso em: 22 dez. 2017.
10. Leonardo Avritzer, *Impasses da democracia no Brasil*. Rio de Janeiro: Civilização Brasileira, 2016, p. 113.
11. Juarez Guimarães, "O PSDB virou um partido golpista?", *Carta Maior*, 9 dez. 2014. Disponível em: http://www.cartamaior.com.br/?/Editoria/Politica/O-PSDB-virou-um-partido-golpista-/4/32392. Acesso em: 26 jul. 2017.
12. A manifestação ocorreu em São Paulo, capital, num sábado, 6 de dezembro de 2014. Ver: <https://www.youtube.com/watch?v=P3bBd_Xz3Xk>. Acesso em: 7 out. 2017.
13. Fernando Haddad, op. cit., p. 37.

14. Ricardo Mendonça, "Aécio lidera corrida pela Presidência, mostra pesquisa", *Folha de S.Paulo*, 19 dez. 2015. Disponível em: <http://www1.folha.uol.com.br/poder/2015/12/1721235-aecio-lidera-corrida-pela-presidencia-mostra-pesquisa.shtml>. Acesso em: 14 out. 2017.

15. Javier Martín del Barrio, "José Serra: 'O impeachment não resolve a crise'", *El País*, 31 mar. 2016. Disponível em: <https://brasil.elpais.com/brasil/2016/03/31/politica/1459425091_262218.html>. Acesso em: 14 out. 2017.

16. Nathalia Passarinho, "PSDB pede a TSE cassação de Dilma e posse de Aécio como presidente", G1, 18 dez. 2014. Disponível em: <http://g1.globo.com/politica/noticia/2014/12/psdb-pede-tse-cassacao-de-dilma-e-posse-de-aecio-como-presidente.html>. Acesso em: 3 set. 2017.

17. Fernanda Wenzel, "'Fofocagem', diz Gilmar Mendes sobre divulgação das ligações para Aécio", *Folha de S.Paulo*, 23 out. 2017. Disponível em: <http://www1.folha.uol.com.br/poder/2017/10/1929444-fofocagem-diz-gilmar-mendes-sobre-divulgacao-das-ligacoes-para-aecio.shtml>. Acesso em: 29 jan. 2018.

18. Luiza Pollo, "Ação no TSE era para 'encher o saco' do PT, disse Aécio a Joesley", *O Estado S. Paulo*, 20 maio 2017. Disponível em: <http://politica.estadao.com.br/blogs/coluna-do-estadao/acao-no-tse-era-para-encher-o-saco-do-pt-disse-aecio-a-joesley/>. Acesso em: 7 out. 2017.

19. No fim a causa instaurada pelo PSDB só seria julgada pelo TSE em junho de 2017.

20. No dia 1º de novembro de 2014, um sábado, houve pequenas manifestações de rua em favor do impeachment em São Paulo, Curitiba, Manaus e Brasília.

21. "Tucano critica pedido de impeachment de Dilma e é hostilizado", Congresso em Foco, 4 nov. 2014. Disponível em: <http://congressoemfoco.uol.com.br/noticias/tucano-pede-que-apoiadores-de-impeachment-deixem-o-psdb/>. Acesso em: 12 ago. 2017.

22. Afonso Benites, "O governo está tão fraco que dá margem a pedido de impeachment", *El País*, 9 mar. 2015. Disponível em: <https://brasil.elpais.com/brasil/2015/03/08/politica/1425847048_032453.html>. Acesso em: 13 out. 2013.

23. Fernando Haddad, op. cit., p. 37.

24. Citado em André Singer, "Golpe branco", *Folha de S.Paulo*, 18 abr. 2015, p. A2 (grifos meus).

25. João Villaverde, *Perigosas pedaladas: Os bastidores da crise que abalou o Brasil e levou ao fim do governo Dilma Rousseff*. São Paulo: Geração, 2016, p. 105.

26. "Parecer de Reale Jr. descarta impeachment de Dilma", Rede Brasil Atual, 21 maio 2015. Disponível em: <https://www.cartacapital.com.br/blogs/

parlatorio/parecer-de-reale-junior-descarta-impeachment-de-dilma-416.html>. Acesso em: 23 dez. 2017.

27. Gabriela Guerreiro, "PSDB dá mais prazo para jurista elaborar pedido de impeachment de Dilma", *Folha de S.Paulo*, 22 abr. 2015. Disponível em: <http://www1.folha.uol.com.br/poder/2015/04/1619833-psdb-da-mais-prazo-para-jurista-elaborar-pedido-de-impeachment-de-dilma.shtml>. Acesso em: 9 fev. 2018.

28. Jefferson Puff, "Jurista do PSDB diz que estratégia mudou, mas fim é o mesmo: tirar Dilma", BBC Brasil, 26 maio 2015. Disponível em: <http://www.bbc.com/portuguese/noticias/2015/05/150525_entrevista_reale_peticao_jp>. Acesso em: 9 fev. 2018.

29. "Valor revelou medidas de 2015 que sustentam pedido de impeachment", *Valor Econômico*, 17 abr. 2016. Disponível em: <http://www.valor.com.br/politica/4527447/valor-revelou-medidas-de-2015-que-sustentam-pedido-de-impeachment>. Acesso em: 18 fev. 2018.

30. Ibid.

31. Eduardo Cucolo, "Dilma mantém 'pedaladas fiscais' em 2015 mesmo sob contestação do TCU", *Folha de S.Paulo*, 22 jun. 2015. Disponível em: <http://www1.folha.uol.com.br/mercado/2015/06/1645916-reprovadas-pelo-tcu-pedaladas-com-bancos-continuam-a-ocorrer-em-2015.shtml>. Acesso em: 18 fev. 2018.

32. *Valor Econômico*, op. cit.

33. Gustavo Uribe e Débora Álvares, "Fundador do PT apresenta pedido de impeachment de Dilma Rousseff", *Folha de S.Paulo*, 1 set. 2015. Disponível em: <http://www1.folha.uol.com.br/poder/2015/09/1676296-fundador-do-pt-apresentara-pedido-de-impeachment-de-dilma.shtml>. Acesso em: 18 fev. 2018.

34. Mônica Bergamo, "Michel Temer e José Serra já atuam em dobradinha política", *Folha de S.Paulo*, 6 ago. 2015. Disponível em: <http://m.folha.uol.com.br/colunas/monicabergamo/2015/08/1665033-michel-temer-e-jose-serra-ja-atuam-em-dobradinha-politica.shtml>. Acesso em: 23 dez. 2017.

35. Id., "Temer conversa com governadores que são contra impeachment de Dilma", *Folha de S.Paulo*, 11 dez. 2015. Disponível em: <http://www1.folha.uol.com.br/colunas/monicabergamo/2015/12/1717554-temer-conversa-com-governadores-que-sao-contra-impeachment-de-dilma.shtml>. Acesso em: 23 dez. 2017.

36. Daniela Lima, "Tucanos pressionam PMDB a assumir liderança do impeachment", *Folha de S.Paulo*, 19 set. 2015. Disponível em: <http://www1.folha.uol.com.br/poder/2015/09/1683770-tucanos-pressionam-pmdb-a-assumir-lideranca-do-impeachment.shtml>. Acesso em: 19 fev. 2018.

37. Guilherme Dearo, "PSDB articula impeachment com Temer nos bastidores", Exame.com, 19 set. 2015. Disponível em: <https://exame.abril.com.br/brasil/psdb-articula-impeachment-com-temer-nos-bastidores/>. Acesso em: 8 out. 2017.

38. Adriano Ceolin, "'Não vejo Temer conspirando', diz Serra", O *Estado de S. Paulo*, 19 set. 2015. Disponível em: <http://politica.estadao.com.br/noticias/geral,nao-vejo-temer-conspirando--diz-serra,1765434>. Acesso em: 22 dez. 2017.

39. Daniel Haidar, "Em jantar, senador José Serra diz que impeachment de Dilma é certo", *Época*, 5 out. 2015. Disponível em: <http://epoca.globo.com/tempo/expresso/noticia/2015/10/em-jantar-senador-jose-serra-diz-que-impeachment-de-dilma-e-certo.html>. Acesso em: 19 fev. 2018.

40. Mansueto de Almeida, Marcos de Barros Lisboa e Samuel Pessôa, "O ajuste inevitável ou o país que ficou velho antes de se tornar desenvolvido". Disponível em: <https://mansueto.files.wordpress.com/2015/07/o-ajuste-inevitc3a1vel-vf_2.pdf>. Acesso em: 27 dez. 2017.

41. Pedro Venceslau, "Alckmin esfria ímpeto de tucanos por impeachment", *O Estado de S. Paulo*, 11 ago. 2015. Disponível em: <http://politica.estadao.com.br/noticias/geral,alckmin-esfria-impeto-de-tucanos-por-impeachment--imp-,1741651>. Acesso em: 23 dez. 2017.

42. "Impeachment com razão frágil arrisca a democracia, acredita Alckmin", *Folha de S.Paulo*, blog Painel, 21 set. 2015. Disponível em: <http://painel.blogfolha.uol.com.br/2015/09/21/impeachment-com-razao-fragil-arrisca-a-democracia-acredita-alckmin/>. Acesso em: 23 dez. 2017.

43. Fernando Haddad, op. cit., p. 37.

44. Daniela Lima, "Serra afirma que fará o possível para ajudar um eventual governo Temer", *Folha de S.Paulo*, 7 dez. 2015. Disponível em: <http://www1.folha.uol.com.br/poder/2015/12/1715763-farei-o-possivel-para-ajudar-um-eventual-governo-temer-diz-serra.shtml>. Acesso em: 29 jan. 2018.

45. Pedro Venceslau e André Ítalo Rocha, "Depois de encontro com Temer, Alckmin diz que impeachment não é golpe", *O Estado de S. Paulo*, 8 dez. 2015. Disponível em: <http://politica.estadao.com.br/noticias/geral,depois-de-encontro-com-temer--alckmin-diz-que-impeachment-nao-e-golpe,10000004182>. Acesso em: 23 dez. 2017.

46. Daniela Lima, "Após reunião, PSDB unifica discurso a favor do impeachment da Dilma", *Folha de S.Paulo*, 10 dez. 2015. Disponível em: <http://www1.folha.uol.com.br/poder/2015/12/1717654-apos-reuniao-psdb-unifica-discurso-bra-favor-do-impeachment-de-dilma.shtml>. Acesso em: 7 out. 2017.

47. Alberto Bombig, "'Temer deve descartar reeleição e compor equipe surpreendente'", *O Estado de S. Paulo*, 21 mar. 2016. Disponível em: <http://politi-

ca.estadao.com.br/noticias/geral,temer-deve-descartar-reeleicao-e-compor-equipe-surpreendente,10000022359>. Acesso em: 29 jan. 2018.

48. Pedro Venceslau, "Apoio de José Serra a eventual governo de Temer divide tucanos", *O Estado de S. Paulo*, 21 mar. 2016. Disponível em: <http://politica.estadao.com.br/noticias/geral,apoio-de-jose-serra-a-eventual-governo-de-temer-divide-tucanos,10000022514>. Acesso em 28 mar. 2018.

49. Gustavo Uribe e Valdo Cruz, "De olho em 2018, ministeriáveis Serra e Meirelles devem lutar por espaço", *Folha de S.Paulo*, 1 maio 2016. Disponível em: <http://www1.folha.uol.com.br/poder/2016/05/1766534-com-serra-e-meirelles-temer-quer-nomear-dois-candidatos-a-presidencia.shtml>. Acesso em: 23 dez. 2017.

50. Isabela Leite e Roney Domingos, "PSDB fecha posição a favor do impeachment após reunião em SP", G1, 8 abr. 2016. Disponível em: <http://g1.globo.com/sao-paulo/noticia/2016/04/governadores-e-liderancas-do-psdb-se-reunem-em-sao-paulo.html>. Acesso em: 14 out. 2017.

51. O trabalho que, até aqui, procurou elaborar elementos dessa relação é o de Marcos Nobre, op. cit.

52. Perry Anderson, "Crisis in Brazil", *London Review of Books*, v. 38, n. 8, abr. 2016. Para a versão em português, citada aqui, traduzida pelo Blog da Boitempo, ver: <http://esquerdasocialista.com.br/perry-anderson-crise-no-brasil/>. Acesso em: 29 jan. 2018.

53. Fernando Henrique Cardoso, *A arte da política* op. cit., p. 236.

54. Marcos Nobre, op. cit., pp. 12-3.

55. Kennedy Alencar e Fernando Rodrigues, "PMDB de FHC vence, mas Itamar ganha sobrevida", *Folha de S.Paulo*, 10 set. 2001. Disponível em: <http://www1.folha.uol.com.br/fsp/brasil/fc1009200102.htm>. Acesso em: 12 nov. 2017.

56. Fernando Henrique Cardoso, *Diários da Presidência, 1997-1998* (São Paulo: Companhia das Letras, 2016), p. 167 (grifo meu). Ver também Gil Alessi, "Em livro, FHC descreve pressão de Temer por cargos: algo 'cheira mal'", *El País*, 17 maio 2016. Disponível em: <https://brasil.elpais.com/brasil/2016/05/16/politica/1463431194_132375.html>. Acesso em: 29 mar. 2013.

57. Safatle et al., op. cit., p. 56.

58. Daniela Pinheiro, "O consultor", *piauí*, n. 16, jan. 2008.

59. "PMDB formaliza apoio ao governo Lula", Diário OnLine, 27 maio 2003. Disponível em: <http://www.dgabc.com.br/Noticia/182992/pmdb-formaliza-apoio-ao-governo-lula>. Acesso em: 21 dez. 2017.

60. Gerson Camarotti e Bernardo de la Peña, *Memorial do escândalo: Os bastidores da crise e da corrupção no governo Lula*. São Paulo: Geração, 2005, p. 91.

61. Fernando Rodrigues e Raymundo Costa, "Com PMDB, Lula tem maioria para a aprovaçao de reformas", *Folha de S.Paulo*, 15 maio 2003. Disponível em: <http://www1.folha.uol.com.br/fsp/brasil/fc1505200302.htm>. Acesso em: 21 dez. 2017.

62. "Sarney declara apoio à candidatura Lula já no 1º turno", Reuters, 27 ago. 2002. Disponível em: <https://noticias.uol.com.br/inter/reuters/2002/08/27/ult27u25290.jhtm>. Acesso em: 8 out. 2017.

63. "Líder do governo diz que Sarney fez 'um discurso de pai' no Senado", *Folha de S.Paulo*, 20 mar. 2002. Disponível em: <http://www1.folha.uol.com.br/folha/brasil/ult96u30389.shtml>. Acesso em: 18 mar. 2018.

64. O PP, por sua vez, ocupou o Ministério das Cidades no lugar de um dirigente histórico do PT, Olívio Dutra.

65. Natuza Nery, "Cúpula do PMDB censura Renan e Sarney e desliga novos ministros", Reuters, 6 jul. 2005. Disponível em: <https://noticias.uol.com.br/ultnot/reuters/2005/07/06/ult27u49886.jhtm>. Acesso em: 27 ago. 2016.

66. Expedito Filho, "Eduardo Cunha e seu método toma-lá-dá-cá", (26 mar. 2008. Disponível em: <https://www2.senado.leg.br/bdsf/bitstream/handle/id/342253/noticia.htm?sequence=1>. Acesso em: 6 set. 2017.

67. Elvira Lobato, "O PMDB e o fundo de pensão", 17 fev. 2009. Disponível em: <https://www1.folha.uol.com.br/fsp/opiniao/fz1702200906.htm>. Acesso em: 29 jan. 2018.

68. Daniel Isaia, "Cerveró diz que repassou propina a senadores do PMDB para ficar no cargo", Agência Brasil, 24 nov. 2016. Disponível em: <http://agenciabrasil.ebc.com.br/politica/noticia/2016-11/cervero-diz-que-repassou-propina-senadores-do-pmdb-para-ficar-no-cargo>. Acesso em: 18 mar. 2018.

69. Kennedy Alencar, "Temer virou vice contra a vontade de Lula" (12 jan. 2010). Disponível em: <http://www1.folha.uol.com.br/fsp/poder/po1206201020.htm>. Acesso em: em 3 set. 2017.

70. Fernando Henrique Cardoso, *Diários da Presidência, 1995-1996*. São Paulo: Companhia das Letras, 2015, p. 507.

71. Marcos Piccin e Valter Pomar, op. cit., p. 12.

72. "Ciro bate em Cunha...", *Veja*, 15 dez. 2009. Disponível em: <http://veja.abril.com.br/blog/radar/ciro-bate-em-cunha-8230/>. Acesso em: 12 nov. 2017.

73. Adriano Ceolin, "PMDB encolhe no governo Dilma", iG, 27 jan. 2012. Disponível em: <http://ultimosegundo.ig.com.br/politica/dilma-fecha-cerco-contra-pmdb/n1597600497777.html>. Acesso em: 9 set. 2017.

74. Vivaldo Barbosa, op. cit., p. 149.

75. Cicero Romão Resende de Araujo, op. cit., pp. 1-2.
76. Renato Janine Ribeiro, op. cit., p. 51.
77. Maria Lima e Gerson Camarotti, "PMDB de olho em 77,3 bi", *O Globo*, 6 jan. 2011. Disponível em: <https://oglobo.globo.com/politica/pmdb-de-olho-em-773-bi-2841705>. Acesso em: 12 fev. 2018.
78. João Pedroso de Campos, "Cunha mantinha mapa de cargos do PMDB nos governos Lula e Dilma", *Veja*, 26 jul. 2017. Disponível em: <https://veja.abril.com.br/politica/cunha-mantinha-mapa-de-cargos-do-pmdb-nos-governos-lula-e-dilma/>. Acesso em: 12 fev. 2018.
79. Sandro Lima, "Diretor-geral do Dnocs pede exoneração após denúncia", G1, 26 jan. 2012. Disponível em: <http://g1.globo.com/politica/noticia/2012/01/diretor-geral-do-dnocs-pede-demissao-apos-denuncia.html>. Acesso em: 12 fev. 2018.
80. Egídio Serpa, "Dnocs: PMDB desafia Dilma", *Diário do Nordeste*, 26 jan. 2012. Disponível em: <http://blogs.diariodonordeste.com.br/egidio/politica/dnocs-pmdb-desafia-dilma/>. Acesso em: 12 fev. 2018.
81. Tido por parte da imprensa como ligado a José Sarney, Decat negava "peremptoriamente" a filiação.
82. Cristian Klein, Josette Goulart e Claudia Schuffner, "Seis meses depois, Furnas só trocou de presidente", *Valor Econômico*, 25 jul. 2011. Disponível em: <http://www.valor.com.br/politica/201465/seis-meses-depois-furnas-so-trocou-de-presidente>. Acesso em: 12 fev. 2018.
83. Christina Lemos e Mariana Londres, "Dilma tira afilhado de Sarney e põe técnico na Eletrobras", R7, 7 fev. 2011. Disponível em: <http://noticias.r7.com/blogs/christina-lemos/2011/02/07/dilma-tira-afilhado-de-sarney-e-poe-tecnico-na-eletrobras/>. Acesso em: 12 fev. 2018.
84. Helena Chagas, "Como e por que Dilma botou Graça na Petrobras", 13 abr. 2017. Disponível em: <http://osdivergentes.com.br/helena-chagas/como-e-por-que-dilma-botou-graca-na-petrobras/>. Acesso em: 10 jan. 2018.
85. Adriana Vasconcelos, Gerson Camarotti e André de Souza, "Dilma deve tirar mais cargos do PMDB e situação fica tensa", *O Globo*, 26 jan. 2012. Disponível em: <https://oglobo.globo.com/brasil/dilma-deve-tirar-mais-cargos-do-pmdb-situacao-fica-tensa-3773892>. Acesso em: 12 fev. 2018.
86. Isabel Braga e Cristiane Jungblut, "Chinaglia substitui Vaccarezza na liderança da Câmara", *O Globo*, 13 mar. 2012. Disponível em: <https://oglobo.globo.com/brasil/chinaglia-substitui-vaccarezza-na-lideranca-da-camara-4296085>. Acesso em: 3 set. 2017.

87. Edson Sardinha, "Nos jornais: Lula dá aval a Dilma e defende 'novas práticas políticas'", Congresso em Foco, 17 mar. 2012. Disponível em: <http://congressoemfoco.uol.com.br/noticias/nos-jornais-lula-da-aval-a-boa-luta-de-dilma-com-base/?utm_source=feedburner&utm_medium=feed&utm_campaign=Feed%3A+congresso+(Congresso+em+Foco)>. Acesso em: 12 fev. 2018.

88. Catia Seabra e Natuza Nery, "Lula teme que Dilma se isole da base governista", *Folha de S.Paulo*, 20 jul. 2011, p. A8. Disponível em: <http://www1.folha.uol.com.br/fsp/poder/po2007201103.htm>. Acesso em: 18 mar. 2018.

89. Vera Rosa, "Lula teme que 'faxina' deixe Dilma dependente do PMDB", *O Estado de S. Paulo*, 24 jul. 2011. Disponível em: <http://brasil.estadao.com.br/noticias/geral,lula-teme-que-faxina-deixe-dilma-dependente-do-pmdb-imp-,749183>. Acesso em: 10 set. 2017.

90. Matheus Pichonelli, "Câmara aprova novo Código Florestal", *CartaCapital*, 25 maio 2011. Disponível em: <https://www.cartacapital.com.br/politica/com-impasse-e-sob-pressao-governo-testa-forcas-em-nova-tentativa-de-votar-codigo-florestal>. Acesso em: 16 set. 2017.

91. "Entenda a compra da refinaria de Pasadena pela Petrobras", G1, 20 mar. 2014. Disponível em: <http://g1.globo.com/economia/noticia/2014/03/entenda-compra-da-refinaria-de-pasadena-pela-petrobras.html>. Acesso em: 5 set. 2017.

92. Fabiano Costa e Nathalia Passarinho, "Maioria do PMDB na Câmara assina pedido de CPI da Petrobras", G1, 24 maio 2013. Disponível em: <http://g1.globo.com/politica/noticia/2013/05/maioria-do-pmdb-na-camara-assina-pedido-de-cpi-da-petrobras.html?keepThis=true&TB_iframe=true&height=400&width=800&caption=G1+%26gt%3B+Pol%C3%ADtica>. Acesso em: 6 set. 2017. Valdo Cruz, "Henrique Alves diz ao Planalto que não vai instalar CPI da Petrobras", *Folha de S.Paulo*, 25 maio 2013. Disponível em: <http://www1.folha.uol.com.br/poder/2013/05/1284735-henrique-alves-diz-ao-planalto-que-nao-vai-instalar-cpi-da-petrobras.shtml>. Acesso em: 7 set. 2013.

93. Marcos Nobre, op. cit., p. 141.

94. Márcio Falcão e Dimmi Amora, "Governo consegue aprovar MP dos Portos após 22h de votação", *Folha de S.Paulo*, 16 maio 2013. Disponível em: <http://www1.folha.uol.com.br/poder/2013/05/1279553-apos-22-horas-governo-consegue-aprovar-mp-dos-portos.shtml>. Acesso em: 3 set. 2017. O processo expôs "um racha entre PT e PMDB com troca de acusações", escreveram os repórteres.

95. André Barrocal, "O porto inseguro", *CartaCapital*, 1 ago. 2016. Disponível em: <https://www.cartacapital.com.br/revista/912/o-porto-inseguro>. Acesso em: 22 dez. 2017.

96. Ibid.

97. "Cunha ameaça 'crise atrás de crise'", Brasil 247, 19 maio 2013. Disponível em: <https://www.brasil247.com/pt/247/poder/102348/Cunha-amea%C3%A7a-'crise-atr%C3%A1s-de-crise'.htm>. Acesso em: 3 set. 2017.

98. "PMDB faz enquete para decidir sobre apoio federal à reeleição de Dilma", Conjuntura On-Line, 23 jul. 2013. Disponível em: <http://www.conjunturaonline.com.br/noticia/politica/pmdb-faz-enquete-para-decidir-sobre-apoio-federal-a-reeleicao-de-dilma>. Acesso em: 3 set. 2017.

99. Cristiane Bonfanti, "Geddel Vieira Lima pede exoneração pelo Twitter", O Globo, 26 dez. 2013. Disponível em: <https://oglobo.globo.com/brasil/geddel-vieira-lima-pede-exoneracao-pelo-twitter-11158613>. Acesso em: 5 set. 2017.

100. Flávio Costa e Felipe Amorim, "Como funcionava o esquema de corrupção que desviou milhões de reais da Caixa", UOL, 22 jun. 2017. Disponível em: <https://noticias.uol.com.br/politica/ultimas-noticias/2017/06/22/como-funcionava-o-esquema-de-corrupcao-que-desviou-milhoes-da-caixa.htm>. Acesso em: 19 jan. 2018.

101. Edson Sardinha, "Câmara derrota Dilma e cria comissão da Petrobras", Congresso em Foco, 11 mar. 2014. Disponível em: <http://congressoemfoco.uol.com.br/noticias/camara-derrota-dilma-e-cria-comissao-da-petrobras/>. Acesso em: 23 set. 2017.

102. Janio de Freitas, "Black blocão", Folha de S.Paulo, 27 fev. 2014. Disponível em: <http://www1.folha.uol.com.br/fsp/poder/154137-black-blocao.shtml>. Acesso em: 26 ago. 2017. O mesmo número de deputados reunidos no blocão, cerca de 250, foi o que depois salvou Michel Temer em agosto e outubro de 2017.

103. Edson Sardinha, "Líder do PMDB ameaça tirar apoio a Dilma", Congresso em Foco, 4 mar. 2014. Disponível em: <http://congressoemfoco.uol.com.br/noticias/lider-do-pmdb-ameaca-com-retirada-de-apoio-a-dilma/>. Acesso em: 27 ago. 2017.

104. Bruna Borges, "Mesmo com dissidentes, PMDB aprova apoio a Dilma nas eleições", UOL, 10 jun. 2014. Disponível em: <https://noticias.uol.com.br/politica/ultimas-noticias/2014/06/10/mesmo-com-ala-dissidente-pmdb-aprova-apoio-a-dilma-nas-eleicoes.htm>. Acesso em: 7 set. 2017.

105. Segundo o jornalista Raymundo Costa (Valor Econômico, 8 abr. 2014), Lula teria advertido Dilma de que a CPI da Petrobras poderia ter efeitos mortais e deveria ser evitada a qualquer preço. Ver: <https://www.esmaelmorais.com.br/2014/04/lula-faz-promessa-a-dilma-vamos-ganhar-com-voce/>. Acesso em: 7 set. 2017.

106. Gabriela Guerreiro, "Com boicote da oposição, Senado instala CPI da Petrobras", *Folha de S.Paulo*, 14 maio 2014. Disponível em: <http://www1.folha.uol.com.br/poder/2014/05/1454205-com-boicote-da-oposicao-senado-instala-cpi-da-petrobras.shtml>. Acesso em: 7 set. 2017. Cerca de quinze dias antes, começara a funcionar uma CPI sobre a Petrobras no Senado, com aval do Planalto, que tinha mais controle sobre aquela Casa. Os problemas, para o governo, estavam, sobretudo, na Câmara.

107. "Renan deve convocar sessão sobre Petrobras, diz senador", Exame.com, 6 maio 2014. Disponível em: <https://exame.abril.com.br/brasil/renan-deve-convocar-sessao-sobre-petrobras-diz-senador/>. Acesso em: 2 fev. 2018.

108. Andreza Matais e Fábio Fabrini, "Dilma apoiou compra de refinaria em 2006; agora culpa 'documentos falhos'", *O Estado de S. Paulo*, 19 mar. 2014. Disponível em: <http://politica.estadao.com.br/noticias/eleicoes,dilma-apoiou-compra-de-refinaria-em-2006-agora-culpa-documentos-falhos-imp-,1142397>. Acesso em: 6 set. 2017. Gabriela Guerreiro e Márcio Falcão, "Oposição quer comissões para apurar negócios", *Folha de S.Paulo*, 20 mar. 2014, p. A8.

109. Ricardo della Coletta, "Eduardo Cunha diz ter apoio da bancada para concorrer à presidência da Câmara", *O Estado de S. Paulo*, 29 dez. 2014. Disponível em: <http://politica.estadao.com.br/noticias/geral,eduardo-cunha-diz-ter-apoio-da-bancada-para-concorrer-a-presidencia-da-camara,1584957>. Acesso em: 11 nov. 2017.

110. Ricardo della Coletta e Daiene Cardoso, "Câmara derruba decreto de conselho popular de Dilma", *O Estado de S. Paulo*, 28 dez. 2014. Disponível em: <http://politica.estadao.com.br/noticias/geral,camara-derruba-decreto-de-conselho-popular-de-dilma,1584579>. Acesso em: 8 set. 2017.

6. DILMA POR ELA MESMA [pp. 195-219]

1. Daniel Camargos e Marcelo Fonseca, "Dilma esquece promessas de campanha e adota 'pacote de maldades'", *Estado de Minas*, 25 jan. 2015. Disponível em: <https://www.em.com.br/app/noticia/politica/2015/01/25/interna_politica,611295/a-candidata-versus-a-presidente.shtml>. Acesso em: 5 jan. 2018.

2. "Janot critica gestão da Petrobras e sugere demissão de diretores", G1, 9 dez. 2014. Disponível em: <http://g1.globo.com/politica/operacao-lava-jato/noticia/2014/12/janot-sugere-demissao-de-diretores-da-petrobras.html>. Acesso em: 15 nov. 2017.

3. Todas as informações a respeito da composição da Câmara dos Deputados foram extraídas de "Nova composição do Congresso é a mais conservadora

desde 1964", Agência Brasil, 5 jan. 2015. Disponível em: <http://www.valor.com.br/politica/3843910/nova-composicao-do-congresso-e-mais-conservadora-desde-1964>. Acesso em: 20 mar. 2018.

4. Dilma: "[Cunha] controlava 157 caras na Câmara. Ele financiou 157 parlamentares!". Marcos Piccin e Valter Pomar, op. cit., p. 12. Em outro momento, Cunha teria afirmado que sustentava uma bancada de duzentos deputados (ver capítulo 7).

5. Lula "defendia a ideia de que Dilma se aproximasse de Cunha antes da votação para a presidência da Câmara. No pragmatismo de Lula, era melhor vencer com Eduardo Cunha do que ser derrotado por ele". Claudia Safatle et al., op. cit., p. 289.

6. As orientações de Lula foram recompostas a partir de relatos jornalísticos e informações do autor. Ver Ricardo Westin, *A queda de Dilma: Os bastidores do impeachment da presidente que desprezou as lições políticas de Maquiavel* (São Paulo: Universo dos Livros, 2017), p. 127. Raymundo Costa, "Jaques Wagner pode assumir a Petrobras", *Valor Econômico*, 31 out. 2014. Disponível em: <http://www.valor.com.br/politica/3759914/jaques-wagner-pode-assumir-petrobras>. Acesso em: 8 set. 2017. Kennedy Alencar, "Lula sugere Meirelles na Fazenda e Barbosa no Planejamento", 6 nov. 2014. Disponível em: <http://www.blogdokennedy.com.br/lula-sugere-meirelles-na-fazenda-e-barbosa-no-planejamento/>. Acesso em: 8 set. 2017. Ricardo Galhardo e Elizabeth Lopes, "'Dilma faz agora o que deveria ter feito em novembro', diz Lula sobre reforma ministerial", *O Estado de S. Paulo*, 30 set. 2015. Disponível em: <http://politica.estadao.com.br/noticias/geral,dilma-faz-agora-o-que-deveria-ter-feito-em-novembro-diz-lula,1771951>. Acesso em: 8 set. 2017. Fernando Rodrigues, "Dilma cede a Lula, tira Mercadante e coloca Jaques Wagner na Casa Civil", 30 set. 2015. Disponível em: <https://fernandorodrigues.blogosfera.uol.com.br/2015/09/30/dilma-cede-a-lula-tira-mercadante-e-coloca-jaques-wagner-na-casa-civil/>. Acesso em: 23 set. 2015.

7. Luiz Maklouf Carvalho, *João Santana: Um marqueteiro no poder*. Rio de Janeiro: Record, 2015, p. 220.

8. Sobre a relação entre Dilma e Trabuco, ver Rodrigo de Almeida, *À sombra do poder: Bastidores da crise que derrubou Dilma Rousseff* (São Paulo: LeYa, 2016), p. 78.

9. Karin Salomão, "Dos 43 maiores bancos do mundo, 3 são do Brasil. Veja lista", Exame.com, 13 set. 2016. Disponível em: <https://exame.abril.com.br/negocios/dos-43-maiores-bancos-do-mundo-3-sao-do-brasil-veja-lista/>. Acesso em: 31 jan. 2018.

10. "Lula se compara a Messi e Cristiano Ronaldo", *Fórum*, 18 ago. 2017. Disponível em: <https://www.revistaforum.com.br/2017/08/18/lula-se-compara-messi-e-cristiano-ronaldo/>. Acesso em: 28 out. 2017.

11. Rodrigo de Almeida, op. cit., p. 144.

12. Fernando Henrique Cardoso, *A arte da política*, op. cit., p. 245.

13. Ibid., p. 240.

14. Ibid., p. 245.

15. Fernando Rugitsky, op. cit., p. 135.

16. Simone Iglesias, "No primeiro mandato, Dilma recebeu somente 15 dos 594 parlamentares", *O Globo*, 9 nov. 2014. Disponível em: <https://oglobo.globo.com/brasil/no-primeiro-mandato-dilma-recebeu-somente-15-dos-594-parlamentares-14512018>. Acesso em: 31 jan. 2018.

17. Chico de Gois e Simone Iglesias, *O lado B dos candidatos*. Rio de Janeiro: LeYa, 2014.

18. Ibid.

19. "Dilma pode reverter impeachment, mas paga pela falta de diálogo, diz Costa", UOL, 18 abr. 2016. Disponível em: <https://noticias.uol.com.br/politica/ultimas-noticias/2016/04/18/dilma-pode-reverter-impeachment-mas-paga-pela-falta-de-dialogo-diz-costa.htm>. Acesso em: 31 jan. 2018.

20. Severino Motta, "Cardozo rebate Janot e diz não haver indícios contra diretores da Petrobras", *Folha de S.Paulo*, 9 dez. 2014. Disponível em: <http://www1.folha.uol.com.br/poder/2014/12/1559798-cardozo-rebate-janot-e-diz-nao-haver-indicios-contra-diretores-da-petrobras.shtml>. Acesso em: 15 nov. 2017.

21. Samantha Lima, "Lucro da Petrobras cai 38% no terceiro tri; balanço não traz perdas com desvios", *Folha de S.Paulo*, 28 jan. 2015. Disponível em: <http://www1.folha.uol.com.br/mercado/2015/01/1581560-apos-dois-adiamentos-petrobras-divulga-balanco-sem-baixas-por-corrupcao.shtml>. Acesso em: 14 nov. 2017.

22. "Nunca me dei bem com Cerveró e Paulo Roberto", diria Dilma mais tarde. Ver Aray Nabuco, Lúcia Rodrigues, Nina Fideles e Rogério Tomaz Jr., "Dilma Rousseff: O mapa do golpe", *Caros Amigos*, 20 mar. 2017. Disponível em: <http://carosamigos.com.br/index.php/grandes-entrevistas/9502-o-mapa-do-golpe>. Acesso em: 29 mar. 2018.

23. Simone Iglesias e Geralda Doca, "Declaração sobre Petrobras tirou ministério de Moreira Franco", *O Globo*, 7 jan. 2015. Disponível em: <https://oglobo.globo.com/brasil/declaracao-sobre-petrobras-tirou-ministerio-de-moreira-franco-14983358>. Acesso em: 24 set. 2017.

24. Rodrigo de Almeida, op. cit., p. 43.

25. Ricardo Westin, op. cit., p. 135.
26. Chico de Gois e Luiza Damé, "No primeiro ano de Dilma, aprovação alta e sete demitidos", *O Globo*, 29 dez. 2011. Disponível em: <https://oglobo.globo.com/brasil/no-primeiro-ano-de-dilma-aprovacao-alta-sete-demitidos-3536779>. Acesso em: 31 jan. 2018.
27. Claudia Safatle et al., op. cit., p. 295.
28. Lauro Jardim, "O que aconteceu?", *O Globo*, 24 set. 2017, p. 2.
29. Liev Trótski, *A história da Revolução Russa*. Rio de Janeiro: Saga, 1967, p. 31.
30. Bela Megale, "Delator vai detalhar suposta compra de deputados pró Cunha", *Folha de S.Paulo*, 9 ago. 2017. Disponível em: <http://www1.folha.uol.com.br/poder/2017/08/1908337-delator-vai-detalhar-suposta-compra-de-deputados-pro-cunha.shtml>. Acesso em: 31 jan. 2018.
31. Daniel Carvalho, "Às vésperas da eleição na Câmara, PT tenta atrair apoio de PP, PR e PRB", Estadão Conteúdo, 29 jan. 2015. Disponível em: <http://atarde.uol.com.br/politica/noticias/1656238-as-vesperas-de-eleicao-na-camara-pt-tenta-atrair-apoio-de-pp-pr-e-prb>. Acesso em: 23 set. 2017.
32. Ricardo Westin, op. cit., p. 63
33. Rodrigo de Almeida, op. cit., p. 108.
34. Simone Iglesias, "Dilma aposta em Kassab e Cid Gomes para garantir apoio no Congresso", *O Globo*, 3 jan. 2015. Disponível em: <https://oglobo.globo.com/brasil/dilma-aposta-em-kassab-cid-gomes-para-garantir-apoio-no-congresso-14961108>. Acesso em: 23 set. 2017.
35. Fernando Rodrigues, "Eduardo Cunha ganhou 49 votos com traições; Arlindo Chinaglia perdeu 44", 1 fev. 2015. Disponível em: <https://fernandorodrigues.blogosfera.uol.com.br/2015/02/01/eduardo-cunha-ganhou-49-votos-com-traicoes-arlindo-chinaglia-perdeu-44/>. Acesso em: 23 set. 2017.
36. Beatriz Bulla, "Supremo mantém lei 'anti-Kassab' que dificulta fusão de partidos", *O Estado de S. Paulo*, 30 nov. 2015. Disponível em: <http://politica.estadao.com.br/noticias/geral,stf-mantem-lei-anti-kassab-que-dificulta-fusao-de-partidos,1772107>. Acesso em: 23 set. 2017.
37. Ricardo Westin, op. cit., p. 76. Motta, segundo Westin, tinha na sua folha de pagamento a filha de Cunha, que prestaria serviços de marketing. Ver, também, Leonel Rocha, "Investigada, filha de Cunha festeja São João na casa de Hugo Motta", 24 jun. 2016. Disponível em: </http://congressoemfoco.uol.com.br/noticias/investigada-filha-de-cunha-festeja-sao-joao-na-casa-de-hugo-motta/>. Acesso em: 4 abr. 2018.
38. Chico de Gois, "Em março, Cunha negou em CPI que tivesse conta no exterior", *O Globo*, 1 out. 2015. Disponível em: <https://oglobo.globo.com/

brasil/em-marco-cunha-negou-em-cpi-que-tivesse-conta-no-exterior-17663514>. Acesso em: 7 set. 2017. Nathalia Passarinho e Fernanda Calgaro, "Na CPI da Petrobras, Cunha recebe elogios de governistas e da oposição", G1, 12 mar. 2015. Disponível em: <http://g1.globo.com/politica/noticia/2015/03/depoimento-de-eduardo-cunha-na-cpi-da-petrobras-vira-ato-de-desagravo.html>. Acesso em: 6 set. 2017.

39. Aray Nabuco, Lúcia Rodrigues, Nina Fideles e Rogério Tomaz Jr., op. cit.

40. Ibid.

41. Fábio Fabrini, Breno Pires e Carla Araújo, "Temer comandou reunião de acerto de propina de US$ 40 milhões, afirma delator", *O Estado de S. Paulo*, 12 abr. 2017. Disponível em: <http://politica.estadao.com.br/blogs/fausto-macedo/temer-comandou-reuniao-de-acerto-de-propina-de-us-40-milhoes-afirma-delator/>. Acesso em: 2 set. 2017.

42. "Plenário analisa requerimento para convocação do ministro Cid Gomes", Câmara Notícias, 4 mar. 2015. Disponível em: <http://www2.camara.leg.br/camaranoticias/NOTICIAS/POLITICA/482731-PLENARIO-ANALISA-REQUERIMENTO-PARA-CONVOCACAO-DO-MINISTRO-CID-GOMES.html>. Acesso em: 23 nov. 2017.

43. Vera Rosa et al., "Após bate-boca na Câmara, Cid Gomes deixa Ministério da Educação", *O Estado de S. Paulo*, 18 mar. 2017. Disponível em: <http://politica.estadao.com.br/noticias/geral,apos-bate-boca-na-camara-cid-gomes-deixa-ministerio-da-educacao,1653526>. Acesso em: 9 set. 2017.

44. Beatriz Souza, "Lula sobe o tom e cobra de Dilma mudanças no governo", 24 mar. 2015. Disponível em: <http://exame.abril.com.br/brasil/lula-aumenta-o-tom-com-dilma-e-cobra-mudancas-no-governo/>. Acesso em: 7 set. 2017.

45. Alexandre Galvão, "Em ataque no Twitter, Geddel diz que Dilma 'apanha como mulher de malandro'", Bahia Notícias, 27 mar. 2015. Disponível em: <http://www.bahianoticias.com.br/noticia/169726-em-ataque-no-twitter-geddel-diz-que-dilma-039-apanha-como-mulher-de-malandro-039.html>. Acesso em: 9 set. 2017.

46. Eduardo Cucolo, Márcio Falcão e Ranier Bragon, "Câmara aprova terceirização para todas as atividades de empresas", *Folha de S.Paulo*, 8 abr. 2015. Disponível em: <http://www1.folha.uol.com.br/mercado/2015/04/1614118-camara-aprova-terceirizacao-para-todas-as-atividades-de-empresas.shtml>. Acesso em: 9 set. 2017.

47. "Pesquisa da Fiesp mostra que a maioria aprova a lei da terceirização", Estadão Conteúdo, 6 abr. 2015. Disponível em: <https://dcomercio.com.br/categoria/leis-e-tributos/pesquisa-da-fiesp-mostra-que-a-maioria-aprova-a-lei-da-

terceirizacao>. Acesso em: 25 dez. 2017. "Terceirização não pode comprometer direitos dos trabalhadores, diz presidenta", Portal Brasil, 9 abr. 2015. Disponível em: <http://www.brasil.gov.br/economia-e-emprego/2015/04/terceirizacao-nao-pode-comprometer-direitos-dos-trabalhadores-diz-presidenta>. Acesso em: 25 dez. 2017.

48. Gustavo Uribe, "É equívoco Dilma assumir pauta do PT sobre terceirização, diz Cunha", *Folha de S.Paulo*, 1 maio 2015. Disponível em: <http://www1.folha.uol.com.br/poder/2015/05/1623643-e-equivoco-dilma-assumir-pauta-do-pt-sobre-terceirizacao-diz-cunha.shtml>. Acesso em: 25 dez. 2017.

49. André Barrocal, "Cunha, Fiesp e Globo bancam terceirização na Câmara", *CartaCapital*, 24 abr. 2015. Disponível em: <https://www.cartacapital.com.br/politica/cunha-fiesp-e-globo-bancam-terceirizacao-na-camara-1418.html>. Acesso em: 25 dez. 2017.

50. Marcos Piccin e Valter Pomar, op. cit., p. 12. Dilma refere-se ao símbolo da campanha "Não vou pagar o pato", lançada pela Fiesp em setembro de 2015 contra o aumento de impostos. Para marcar o lançamento da campanha, a entidade instalou um pato amarelo inflável de doze metros de altura em frente ao Congresso Nacional. Depois utilizado nas manifestações em favor do impeachment, virou símbolo do movimento para derrubar Dilma.

51. "Delator acusa Cunha de pedir US$ 5 milhões em propina", *CartaCapital*, 16 jul. 2015. Disponível em: <https://www.cartacapital.com.br/blogs/parlatorio/delator-acusa-cunha-de-pedir-5-milhoes-de-dolares-em-propina-assista-2773.html>. Acesso em: 4 fev. 2018.

52. "Delator relata pedido de propina de Cunha, que o desafia a provar", G1, 16 jul 2015. Disponível em: <http://g1.globo.com/politica/operacao-lava-jato/noticia/2015/07/delator-relata-pedido-de-propina-de-cunha-que-o-desafia-provar.html>. Acesso em: 4 fev. 2008.

53. Diego Escosteguy, "Moro queria destruir a elite política. Conseguiu", *Época*, n. 1006, 2 out. 2017, p. 33.

54. Tales Faria, "Pouco antes de anunciar rompimento, Cunha cobrou do governo a exoneração de Janot", blog Além da Notícia, 17 jul. 2015. Disponível em: <http://talesfaria.ig.com.br/index.php/2015/07/17/pouco-antes-de-anunciar-rompimento-cunha-cobrou-do-governo-a-exoneracao-de-janot/>. Acesso em: 4 fev. 2018.

55. Fernando Calgaro, Nathalia Passarinho e Lucas Salomão, "Eduardo Cunha anuncia rompimento com o governo e diz que é 'oposição'", G1, 17 jul. 2015. Disponível em: <http://g1.globo.com/politica/noticia/2015/07/eduardo-cunha-anuncia-rompimento-politico-com-o-governo-dilma.html>. Acesso em: 25 jul. 2017.

56. Ibid.

57. "Aprovação a governo Dilma Rousseff cai, e reprovação a petista dispara", Datafolha, 9 fev. 2015. Disponível em: <http://datafolha.folha.uol.com.br/opiniaopublica/2015/02/1587329-aprovacao-a-governo-dilma-rousseff-cai-e-reprovacao-a-petista-dispara.shtml>. Acesso em: 11 nov. 2017. "Recorde, rejeição a Dilma chega a 65%", Datafolha, 22 jun. 2015. Disponível em: <http://datafolha.folha.uol.com.br/opiniaopublica/2015/06/1646136-recorde-rejeicao-a-dilma-atinge-65.shtml>. Acesso em: 17 jan. 2018.

58. Luiz Gonzaga de Mello Belluzzo e Pedro Paulo Zahluth Bastos (Orgs.), *Austeridade para quem?: Balanço e perspectivas do governo Dilma Rousseff*. São Paulo: Carta Maior/ Friedrich Ebert Stiftung, 2015, p. 5.

59. Gustavo Patu e Eduardo Cucolo, "Recessão econômica atual deve ser a pior da história do Brasil", 12 mar. 2016. Disponível em: <http://www1.folha.uol.com.br/mercado/2016/03/1749299-recessao-economica-atual-deve-ser-a-pior-da-historia-do-brasil.shtml>. Acesso em: 21 fev. 2018.

60. Luísa Melo, "Recessão brasileira acabou no fim de 2016, diz Comitê da FGV que estuda ciclos econômicos", G1, 30 out. 2017. Disponível em: <https://g1.globo.com/economia/noticia/recessao-brasileira-acabou-no-fim-de-2016-diz-comite-da-fgv-que-estuda-ciclos-economicos.ghtml>. Acesso em: 19 nov. 2017.

61. Rodrigo de Almeida, op. cit., p. 50.

62. Agnese Marra, "Lula da Silva: 'Nadie sabe cuidar como yo del pueblo necesitado'", *El Mundo*, 22 out. 2017. Disponível em: <http://www.elmundo.es/internacional/2017/10/22/59ea217be2704e65468b462b.html>. Acesso em: 12 nov. 2017.

63. Ribamar Oliveira, "Emprego", em B. Lamounier e R. Figueiredo (Orgs.), *A era FHC: Um balanço*. São Paulo: Cultura, 2002, pp. 107, 111. "PIB de 1996 e 1999 são revisados para baixo", G1, 21 mar. 2007. Disponível em: <http://g1.globo.com/Noticias/Economia_Negocios/0,,AA1495867-9356,00.html>. Acesso em: 20 jan. 2017.

64. Miriam Leitão, *A verdade é teimosa: Diários da crise que adiou o futuro*. Rio de Janeiro: Intrínseca, 2017, p. 16.

65. "Brasil foi vítima de estelionato eleitoral, diz procurador do TCU", *Veja*, 2 maio 2016. Disponível em: <http://veja.abril.com.br/politica/brasil-foi-vitima-de-estelionato-cleitoral-diz-procurador-do-tcu/>. Acesso em: 16 ago. 2017.

66. Marina Dias, "Temer diz que país precisa de alguém 'capaz de reunificar a todos' na crise", *Folha de S.Paulo*, 5 ago. 2015. Disponível em: <http://www1.folha.uol.com.br/poder/2015/08/1664881-temer-faz-apelo-publico-por-unidade-e-diz-que-crise-pode-se-agravar.shtml>. Acesso em: 25 jul. 2017.

67. "Firjan e Fiesp divulgam nota de apoio a apelo de Temer por união política", G1, 6 ago. 2015. Disponível em: <http://g1.globo.com/economia/noticia/2015/08/firjan-e-fiesp-divulgam-nota-de-apoio-apelo-de-temer-por-uniao.html>. Acesso em: 13 out. 2016.

68. Vinicius Torres Freire, "Lula 3, governo provisório", *Folha de S.Paulo*, 1 out. 2015. Disponível em: <http://m.folha.uol.com.br/colunas/viniciustorres/2015/10/1688739-lula-3-governo-provisorio.shtml?mobile>. Acesso em: 21 fev. 2018.

69. Jorge Bastos Moreno, *Ascensão e queda de Dilma Rousseff: Tuítes sobre os bastidores do governo petista e o diário da crise que levou à sua ruína*. São Paulo: Globo, 2017, p. 196.

70. David Friedlander e Toni Sciarreta, "Para presidente do Bradesco, crise é grave e solução exige 'grandeza'", *Folha de S.Paulo*, 8 ago. 2015. Disponível em: <http://www1.folha.uol.com.br/fsp/mercado/228777-vamos-ter-que-consertar-este-aviao-em-pleno-voo.shtml>. Acesso em: 12 out. 2017.

71. David Friedlander, "Não há motivos para tirar Dilma do cargo, diz presidente do Itaú Unibanco", *Folha de S.Paulo*, 23 ago. 2015. Disponível em: <http://www1.folha.uol.com.br/mercado/2015/08/1672332-nao-ha-motivos-para-tirar-dilma-do-cargo-diz-presidente-do-itau-unibanco.shtml>. Acesso em: 1 out. 2017.

72. Tatiana Vaz, "É preciso fechar Lula, Temer e FHC numa sala, diz Abilio", Exame.com, 4 set. 2015. Disponível em: <https://exame.abril.com.br/negocios/e-preciso-fechar-dilma-temer-e-fhc-numa-sala-diz-abilio/>. Acesso em: 13 out. 2017.

73. Chico de Gois, "Mercadante reconhece erros do governo, elogia PSDB e propõe 'acordo suprapartidário'", *O Globo*, 5 ago. 2015. Disponível em: <https://oglobo.globo.com/brasil/mercadante-reconhece-erros-do-governo-elogia-psdb-propoe-acordo-suprapartidario-17090785>. Acesso em: 13 out. 2017. Daniela Lima, Marina Dias e Ricardo Balthazar, "Lula busca FHC para discutir crise e conter impeachment", *Folha de S.Paulo*, 23 jul. 2015. Disponível em: <http://www1.folha.uol.com.br/poder/2015/07/1659238-lula-busca-fhc-para-discutir-crise-e-conter-impeachment.shtml>. Acesso em: 24 set. 2017.

74. "Manipulação do Congresso ultrapassa limites", *O Globo*, 7 ago. 2015. Disponível em: <https://oglobo.globo.com/opiniao/manipulacao-do-congresso-ultrapassa-limites-17109534>. Acesso em: 12 out. 2017.

75. "Dono da Globo: Dilma vai cumprir mandato até 2018", Brasil 247, 9 ago. 2015. Disponível em: <https://www.brasil247.com/pt/247/midiatech/192172/Dono-da-Globo-Dilma-vai-cumprir-mandato-at%C3%A9-2018.htm>. Acesso em: 26 dez. 2017.

76. Bernardo Mello Franco, "Renan, Serra e Aécio discutem impeachment de Dilma em jantar", *Folha de S.Paulo*, 6 ago. 2015. Disponível em: <http://www1.folha.uol.com.br/poder/2015/08/1665174-renan-serra-e-aecio-discutem-impeachment-de-dilma-em-jantar.shtml>. Acesso em: 12 out. 2017.

77. Kennedy Alencar, "Levy está 'isolado' e ajuste é 'rudimentar', avalia Aécio", 28 ago. 2015. Disponível em: <http://www.blogdokennedy.com.br/levy-esta-isolado-e-ajuste-e-rudimentar-avalia-aecio/>. Acesso em: 12 out. 2017.

78. Senado Federal, "Agenda Brasil". Disponível em: <https://www12.senado.leg.br/institucional/presidencia/noticia/AgendaBrasil_1208.pdf>. Acesso em: 12 out. 2017.

79. Claudia Safatle, "Proposta de Orçamento prevê déficit em 2016, pela 1ª vez na história", *Valor Econômico*, 30 ago. 2015. Disponível em: <http://www.valor.com.br/brasil/4202096/proposta-de-orcamento-preve-deficit-em-2016-pela-1-vez-na-historia>. Acesso em: 26 dez. 2017.

80. Ibid.

81. Henrique Mendes, "Presidente do PT diz que defende volta da CPMF para financiar saúde", 12 jun. 2015. Disponível em: <http://g1.globo.com/bahia/noticia/2015/06/presidente-do-pt-diz-que-defende-volta-da-cpmf-para-financiar-saude.html>. Acesso em: 5 abr. 2018.

82. Catia Seabra, Marina Dias e João Pedro Pitombo, "Com aval de Dilma, ministro da Saúde discute volta da CPMF", *Folha de S.Paulo*, 12 jun. 2015. Disponível em: <http://www1.folha.uol.com.br/poder/2015/06/1641223-com-aval-de-dilma-ministro-da-saude-discute-volta-da-cpmf.shtml>. Acesso em: 9 nov. 2017.

83. Rodrigo de Almeida, op. cit., p. 78: "A recriação da CPMF não era vista com bons olhos por Levy".

84. Safatle et al., op. cit., p. 285.

85. Daniela Lima e Thais Arbex, "É difícil o governo resistir com prestígio tão baixo, diz Temer", *Folha de S.Paulo*, 4 set. 2015. Disponível em: <http://www1.folha.uol.com.br/fsp/poder/231835-e-dificil-o-governo-resistir-com-prestigio-tao-baixo-diz-temer.shtml>. Acesso em: 24 set. 2017.

86. Alexa Salomão e Ricardo Grinbaum, "Empresários se reúnem em apoio a Levy", *O Estado de S.Paulo*, 4 set. 2015. Disponível em: <http://economia.estadao.com.br/noticias/geral,empresarios-fazem-jantar-de-apoio-a-levy,1756695>. Acesso em: 26 dez. 2017.

87. "O presidente da Confederação Nacional da Indústria (CNI), Robson Andrade, chamou a ideia de 'absurda'. A Federação do Comércio de São Paulo definiu como 'retrocesso'." Ver Rodrigo de Almeida, op. cit., p. 79.

88. Adriano Brito, Mariana Schreiber e Ruth Costas, "Pacote de ajuste é vis-

to com cautela pelo mercado e desagrada movimentos sociais", BBC Brasil, 14 set. 2015. Disponível em: <http://www.bbc.com/portuguese/noticias/2015/09/150914_medidas_reacao_ru>. Acesso em: 26 dez. 2017.

89. Ibid.

90. "Barbosa: proposta de reforma da Previdência terá 8 pontos centrais", Folhapress, 17 fev. 2016. Disponível em: <http://www.valor.com.br/politica/4439858/barbosa-proposta-de-reforma-da-previdencia-tera-8-pontos-centrais>. Acesso em: 2 fev. 2018.

91. Antônio Augusto de Queiroz, "Novo ataque aos servidores", Congresso em Foco, 24 mar. 2016. Disponível em: <http://congressoemfoco.uol.com.br/opiniao/colunistas/novo-ataque-aos-servidores-no-plano-de-auxilio-aos-estados/>. Acesso em: 9 fev. 2018.

92. Ibid.

7. LULA, LAVA JATO E TEMER NA BATALHA FINAL [pp. 220-85]

1. Kennedy Alencar, "Dilma sinaliza troca de Mercadante por Wagner", 30 set. 2015. Disponível em: <http://www.blogdokennedy.com.br/dilma-sinaliza-troca-de-mercadante-por-wagner/>. Acesso em: 3 set. 2017.

2. Ricardo Westin, op. cit., pp. 134-5.

3. Rodrigo de Almeida, op. cit., pp. 90-1.

4. Ibid., p. 92.

5. Ibid., p. 89.

6. "Quem são os líderes da 'tropa de choque' que blinda Cunha na Câmara", BBC Brasil, 10 dez. 2015. Disponível em: <http://noticias.terra.com.br/brasil/quem-sao-os-lideres-da-tropa-de-choque-que-blinda-cunha-na-camara,657fc8a941ca05f2cdd3d5da1e5fd3f809fewf07.html>. Acesso em: 3 fev. 2018.

7. "Cotado para assumir Ministério da Saúde, Manoel Júnior aconselhou Dilma a renunciar", O Globo, 24 set. 2015. Disponível em: <https://oglobo.globo.com/brasil/cotado-para-assumir-ministerio-da-saude-manoel-junior-aconselhou-dilma-renunciar-17589773>. Acesso em: 17 nov. 2017.

8. Diego Escosteguy, "As provas da JBS", Época, 29 jul. 2017. Disponível em: <http://epoca.globo.com/politica/noticia/2017/07/provas-da-jbs-trecho.html>. Acesso em: 30 dez. 2017.

9. Raimundo Rodrigues Pereira, *O impeachment de Dilma: A história do golpe parlamentar que tirou a presidente do comando do Poder Executivo do país*. São Paulo: Manifesto, 2017, p. 15.

10. Constituição da República Federativa do Brasil, art. 85, inciso VI.
11. João Villaverde, op. cit., p. 174.
12. Ibid., p. 172.
13. Raimundo Rodrigues Pereira, op. cit., p. 25.
14. Ibid., p. 27.
15. Ibid., pp. 25-6.
16. Ibid., p. 26.
17. Ricardo Westin, op. cit., p. 135.
18. Vera Rosa e Adriano Ceolin, "Lula pede a deputados do PT que deem 'trégua' para Eduardo Cunha", *O Estado de S. Paulo*, 16 out. 2015. Disponível em: <http://politica.estadao.com.br/noticias/geral,lula-pede-ao-pt-tregua-para-cunha--imp-,1780636>. Acesso em: 27 dez. 2017.
19. Vera Rosa e Tânia Monteiro, "Por Dilma, Lula aciona PT em busca de acordo para salvar mandato de Cunha", *O Estado de S. Paulo*, 14 dez. 2015. Disponível em: <http://politica.estadao.com.br/noticias/geral,por-dilma-lula-aciona-pt-em-busca-de-acordo-para-salvar-mandato-de-cunha,1779797>. Acesso em: 27 dez. 2017.
20. No campo da neutralidade da presidente em relação às investigações, existe a controvertida questão do suposto aviso de Dilma a João Santana, em fevereiro de 2016, de que o publicitário seria preso pela Lava Jato. O ex-assessor presidencial mencionou a existência do alerta quando, uma vez preso, desejava fazer acordo de delação premiada. José Eduardo Cardozo respondeu que nem ele nem Dilma tinham "informações privilegiadas sobre as investigações" e que o relato seria improcedente. Ver Marina Dias, Bela Megale, "Dilma me alertou sobre prisão, diz Santana para tentar destravar delação", *Folha de S.Paulo*, 27 jan. 2017. Disponível em: <http://www1.folha.uol.com.br/poder/2017/01/1853789-dilma-alertou-sobre-prisao-diz-santana-para-tentar-destravar-delacao.shtml>. Acesso em: 21 mar. 2018
21. Marina Dias e Gustavo Uribe, "Em jantar com Temer, Cunha diz que 'nada mudou' sobre o impeachment", *Folha de S.Paulo*, 20 out. 2015. Disponível em: <http://www1.folha.uol.com.br/poder/2015/10/1696355-em-jantar-com-temer-cunha-diz-que-nada-mudou-sobre-impeachment.shtml>. Acesso em: 28 out. 2017. Ler, também, Diego Escosteguy, "O drama que mudou o país", *Época*, 6 set. 2016. Disponível em: <http://epoca.globo.com/tempo/especial-impeachment/noticia/2016/09/o-drama-que-mudou-o-pais.html>. Acesso em: 28 out. 2017.
22. Júnia Gama, "Deputado do PT diz que economia é mais urgente que cassar Cunha", *O Globo*, 21 nov. 2015. Disponível em: <https://oglobo.globo.

com/brasil/deputado-do-pt-diz-que-economia-mais-urgente-que-cassar-cunha-18106758>. Acesso em: 27 dez. 2017.

23. Kennedy Alencar, "Dilma pagará conta se salvar Cunha", 2 dez. 2015. Disponível em: <http://www.blogdokennedy.com.br/dilma-pagara-conta-se-salvar-cunha/>. Acesso em: 5 fev. 2018.

24. Tânia Monteiro, "Prisão de Bumlai leva preocupação ao Planalto", *O Estado de S. Paulo*, 24 nov. 2017. Disponível em: <http://politica.estadao.com.br/noticias/geral,prisao-de-bumlai-leva-preocupacao-ao-planalto,10000002820>. Acesso em: 29 dez. 2017.

25. Joice Hasselmann, *Sérgio Moro: A história do homem por trás da operação que mudou o Brasil*. São Paulo: Universo dos Livros, 2016, p. 117.

26. Flávia Tavares, "Um revés coletivo para o PT", *Época*, n. 1012, pp. 44-6, 13 nov. 2017.

27. Wanderley Guilherme dos Santos, *A democracia impedida: O Brasil no século XXI*. Rio de Janeiro: FGV, 2017, p. 181.

28. Ruan de Sousa Gabriel, "Marcus Melo: 'A melhor reforma política foi feita pela Lava-Jato'", *Época*, 30 maio 2016. Disponível em: <http://epoca.globo.com/tempo/noticia/2016/05/marcus-melo-melhor-reforma-politica-foi-feita-pela-lava-jato.html>. Acesso em: 3 ago. 2017.

29. Ruy Fausto, *Caminhos da esquerda: Elementos para uma reconstrução*. São Paulo: Companhia das Letras, 2017, p. 34.

30. "425 políticos de 26 partidos são citados na delação da Odebrecht", Estadão Conteúdo, 16 abr. 2017. Disponível em: <https://epocanegocios.globo.com/Brasil/noticia/2017/04/epoca-negocios-415-politicos-de-26-partidos-sao-citados.html>. Acesso em: 21 mar. 2018.

31. José María Maravall, "The Rule of Law as a Political Weapon", em J. M. Maravall e A. Przeworski (Orgs.), *Democracy and the Rule of Law*. Cambridge: Cambridge University Press, 2003, p. 262 (tradução livre).

32. Ver Ernani Rodrigues de Carvalho, "Em busca da judicialização da política no Brasil: Apontamentos para uma nova abordagem", *Revista de Sociologia e Política*, n. 23, p. 116, nov. 2004.

33. Luiz Werneck Vianna et al., *A judicialização da política e das relações sociais no Brasil*. Rio de Janeiro: Revan, 1999, p. 258.

34. John B. Thompson, *O escândalo político: Poder e visibilidade na era da mídia*. Petrópolis: Vozes, 2002, p. 199.

35. Ibid.

36. Perry Anderson e Patrick Camiller (Orgs.), *Um mapa da esquerda na Europa Ocidental*. Rio de Janeiro: Contraponto, 1996, p. 10.

37. John B. Thompson, op. cit., p. 93 (grifo meu).

38. Ver o relato do procurador em Deltan Dallagnol, *A luta contra a corrupção*. Rio de Janeiro: Primeira Pessoa, 2017.

39. Paulo Moreira Leite, *A outra história da Lava-Jato: Uma investigação necessária que se transformou numa operação contra a democracia*. São Paulo: Geração, 2015, p. 128.

40. Sergio Fernando Moro, "Considerações sobre a operação *mani pulite*", *Revista CEJ*, n. 26, jul.-set. 2004. Disponível em: <https://www.conjur.com.br/dl/artigo-moro-mani-pulite.pdf>. Acesso em: 4 fev. 2018.

41. "Prisão preventiva prolongada é tortura pós-moderna, afirma presidente do IAB", Consultor Jurídico, 4 maio 2017. Disponível em: <https://www.conjur.com.br/2017-mai-04/prisao-preventiva-prolongada-tortura-pos-moderna-iab>. Acesso em: 2 dez. 2017.

42. "'Lava Jato' não precisa seguir regras de casos comuns, decide TRF4", Consultor Jurídico, 23 set. 2016. Disponível em: <https://www.conjur.com.br/2016-set-23/lava-jato-nao-seguir-regras-casos-comuns-trf>. Acesso em: 4 fev. 2018 (grifos meus).

43. Sergio Fernando Moro, op. cit., p. 59.

44. Deltan Dallagnol, op. cit., p. 6 (grifo meu).

45. José Maschio, "Janene era 'braço do mensalão', diz advogado", *Folha de S.Paulo*, 11 mar. 2006. Disponível em: <http://www1.folha.uol.com.br/fsp/brasil/fc1103200609.htm>. Acesso em: 4 ago. 2017. Em um dos seus depoimentos, Pedro Corrêa, ex-presidente do PP afirma, em função dessa busca de recursos nas estatais, que o mensalão e o petrolão são uma coisa só.

46. Vladimir Netto, *Lava Jato: O juiz Sergio Moro e os bastidores da operação que abalou o Brasil*. Rio de Janeiro: Primeira Pessoa, 2016, p. 30.

47. Deltan Dallagnol, op. cit., p. 24.

48. Ibid., p. 78.

49. Mônica Bergamo, "Joaquim, o anti-herói", *Folha de S.Paulo*, 7 out. 2012. Disponível em: <http://www1.folha.uol.com.br/fsp/poder/70604-joaquim-o-anti-heroi.shtml>. Acesso em: 21 mar. 2018.

50. Tobias Abse, "Itália: uma nova agenda", em P. Anderson e P. Camiller, op. cit., p. 99.

51. Ver Igor Gielow, "Juízes da Mãos Limpas viraram atores políticos, diz historiador italiano", 29 ago. 2017. Disponível em: <http://www1.folha.uol.com.br/poder/2017/08/1913844-juizes-da-maos-limpas-viraram-atores-politicos-diz-historiador.shtml>. Acesso em: 26 nov.2017.

52. Ver, a respeito, Nuno Ribeiro, "Garzón, o homem sem medo", *Público*,

27 abr. 2010. Disponível em: <https://www.publico.pt/2010/04/27/jornal/garzon-o-homem-sem-medo-19245952>. Acesso em: 26 nov. 2017.

53. Thais Bilenky e José Marques, "Lula lidera, e 2º lugar tem empate de Bolsonaro e Marina, diz Datafolha", *Folha de S.Paulo*, 26 jun. 2017. Disponível em: <http://www1.folha.uol.com.br/poder/2017/06/1895987-lula-lidera-e-2-lugar-tem-empate-de-bolsonaro-e-marina-diz-datafolha.shtml>. Acesso em: 8 ago. 2017.

54. John B. Thompson, op. cit., p. 59 (grifo meu).

55. Em Paulo Moreira Leite, op. cit., p. 9.

56. Andrey Borges de Mendonça, "A colaboração premiada e a nova Lei do Crime Organizado", *Custos Legis, A revista eletrônica do Ministério Público Federal*, v. 4, 2013, p. 2. O autor do artigo seria incorporado à força-tarefa do Ministério Público da Lava Jato em Curitiba. Ver Deltan Dallagnol, op. cit., p. 59.

57. Joelmir Tavares, "Joesley diz que Cardozo se arrependeu de lei contra organizações criminosas", *Folha de S.Paulo*, 29 set. 2017. Disponível em: <http://www1.folha.uol.com.br/poder/2017/09/1922878-joesley-diz-que-cardozo-se-arrependeu-de-lei-contra-organizacoes-criminosas.shtml>. Acesso em: 3 dez. 2017.

58. Jailton de Carvalho, "Força-tarefa diz a Raquel Dodge que Lava-Jato já recuperou R$ 4 bilhões", *O Globo*, 9 out. 2017. Disponível em: <https://oglobo.globo.com/brasil/forca-tarefa-diz-raquel-dodge-que-lava-jato-ja-recuperou-4-bilhoes-21927318>. Acesso em: 4 dez. 2017.

59. Petrobras, "Somos uma das doze maiores empresas de petróleo do mundo", 28 nov. 2014. Disponível em: <http://www.petrobras.com.br/fatos-e-dados/somos-uma-das-doze-maiores-empresas-de-petroleo-do-mundo.htm>. Acesso em: 3 dez. 2017.

60. Deltan Dallagnol, op. cit., p. 72.

61. Joaquim de Carvalho, "Exclusivo: Como Sergio Moro emparedou Teori e o STF para consolidar seu poder", *Diário do Centro do Mundo*, 26 jun. 2017. Disponível em: <http://www.diariodocentrodomundo.com.br/exclusivo-como-sergio-moro-emparedou-teori-e-o-stf-para-consolidar-seu-poder-por-joaquim-de-carvalho/>. Acesso em: 3 dez. 2017.

62. Wilson Tosta, "'Tenentes de toga comandam essa balbúrdia jurídica', afirma cientista político", *O Estado de S. Paulo*, 20 dez. 2016. Disponível em: <http://politica.estadao.com.br/noticias/geral,tenentes-de-toga-comandam-essa-balburdia-juridica-afirma-cientista-politico,10000095549>. Acesso em: 3 dez. 2017.

63. Perry Anderson, "Crisis in Brazil", *London Review of Books*, v. 38, n. 8, abr. 2016. Para versão em português, citada aqui, ver: <http://esquerdasocialista.com.br/perry-anderson-crise-no-brasil/>. Acesso em: 23 jul. 2017.

64. Julia Duailibi, "Delegados da Lava Jato exaltam Aécio e atacam PT na rede", *O Estado de S. Paulo*, 13 nov. 2014. Disponível em: <http://politica.estadao.com.br/noticias/geral,delegados-da-lava-jato-exaltam-aecio-e-atacam-pt-na-rede,1591953>. Acesso em: 24 jul. 2017.

65. Todas as informações foram extraídas da reportagem citada na nota anterior.

66. Mario Cesar Carvalho, "Ex-diretor da Petrobras entrega políticos em delação premiada", *Folha de S.Paulo*, 5 set. 2014. Disponível em: <http://www1.folha.uol.com.br/poder/2014/09/1511678-ex-diretor-da-petrobras-entrega-politicos-em-delacao-premiada.shtml>. Acesso em: 8 ago. 2017 (grifo meu).

67. Nathalia Passarinho, "Juiz nega vazamento e defende 'transparência' na fala de Costa", G1, 10 out. 2014. Disponível em: <http://g1.globo.com/politica/operacao-lava-jato/noticia/2014/10/juiz-nega-vazamento-e-defende-transparencia-na-fala-de-costa.html>. Acesso em: 24 jul. 2017.

68. Ver Paulo Moreira Leite, op. cit., p. 93.

69. Severino Motta, "Prisões vão levar executivos a abrir o jogo, diz procurador", *Folha de S.Paulo*, 17 nov. 2014. Disponível em: <http://www1.folha.uol.com.br/poder/2014/11/1549171-prisoes-vao-levar-executivos-a-abrir-o-jogo-diz-procurador.shtml>. Acesso em: 24 jul. 2017.

70. Flávio Ferreira e Mario Cesar Carvalho, "Diretoria da Siemens sabia de suborno, diz delator", *Folha de S.Paulo*, 11 fev. 2014. Disponível em: <http://www1.folha.uol.com.br/poder/2014/02/1410345-diretoria-da-siemens-sabia-de-suborno-afirma-delator.shtml>. Acesso em: 21 fev. 2018.

71. Mario Cesar Carvalho e Flavio Ferreira, "Alstom pagou R$ 32 bi em suborno, diz ex-executivo", *Folha de S.Paulo*, 19 mar. 2014. Disponível em: <http://www1.folha.uol.com.br/poder/2014/03/1427548-alstom-pagou-r-32-mi--em-suborno-diz-ex-executivo.shtml>. Acesso em: 21 mar. 2018.

72. Sobre a ideia de sistema de mídia, ver André Singer, "Mídia e democracia no Brasil", *Revista USP*, n. 48, dez.-jan.-fev. 2000-2001, p. 61.

73. "Uma reafirmação de princípios republicanos", *O Globo*, Editorial, 5 mar. 2016. Disponível em: <https://www.brasil247.com/pt/247/midiatech/219791/Em-editorial-turbinado-Globo-exalta-ca%C3%A7a-a-Lula.htm>. Acesso em: 30 dez. 2017.

74. "Vitimização", *Folha de S.Paulo*, Editorial, 5 mar. 2017, p. A2.

75. "Os males que Lula faz", *O Estado de S. Paulo*, Editorial, 5 mar. 2016, p. A2. Disponível em: <http://opiniao.estadao.com.br/noticias/geral,os-males-que-lula-faz,10000019674>. Acesso em: 23 mar. 2018.

76. Henrique Santana, "Ortellado: '200 mil pessoas de classe média mobili-

zadas é extremamente assustador'", *Vaidapé*, 20 mar. 2015. Disponível em: <http://vaidape.com.br/2015/03/entrevista-com-pablo-ortellado/>. Acesso em: 3 dez. 2017.

77. Vladimir Netto, op. cit., p. 168.
78. Ibid., p. 171.
79. Pablo Ortellado e Esther Solano, "Nova direita nas ruas? Uma análise do descompasso entre manifestantes e os convocantes dos protestos antigoverno de 2015", *Perseu*, ano 7, n. 11, p. 171, fev. 2016.
80. Deltan Dallagnol, op. cit., p. 197.
81. Ibid., p. 209.
82. Paulo Teixeira, "É nosso dever aperfeiçoar o combate à corrupção", Brasil 247, 28 nov. 2016. Disponível em: <https://www.brasil247.com/pt/colunistas/pauloteixeira/267666/%C3%89-nosso-dever-aperfei%C3%A7oar-o-combate-%C3%A0-corrup%C3%A7%C3%A3o.htm>. Acesso em: 9 ago. 2017.
83. "Petrobras calcula em R$ 6,2 bi as perdas com corrupção; entenda a conta", UOL, 22 abr. 2018. Disponível em: <https://economia.uol.com.br/noticias/redacao/2015/04/22/petrobras-calcula-em-r-62-bi-as-perdas-com-corrupcao-entenda-a-conta.htm>. Acesso em: 4 fev. 2018.
84. André Guilherme Vieira, "Desvios de dinheiro na Petrobras podem chegar a R$ 42 bilhões, diz PF", *Valor Econômico*, 12 nov. 2015. Disponível em: <http://www.valor.com.br/politica/4313280/desvios-de-dinheiro-na-petrobras-podem-chegar-r-42-bilhoes-diz-pf>. Acesso em: 4 dez. 2017.
85. "Total recuperado com Lava Jato é de cerca de R$ 1,5 bi, diz Petrobras", Estadão Conteúdo, 7 dez. 2017. Disponível em: <https://epocanegocios.globo.com/Brasil/noticia/2017/12/total-recuperado-com-lava-jato-e-de-cerca-de-r-15-bilhao-diz-petrobras.html>. Acesso em: 6 fev. 2018.
86. Perry Anderson, op. cit., p. 9.
87. Silvana Mautone, "Com a capitalização, Petrobras passa a ser a quarta maior empresa do mundo", UOL, 24 nov. 2010. Disponível em: <https://economia.uol.com.br/noticias/redacao/2010/09/24/petrobras-deve-ficar-entre-as-cinco-maiores-empresas-do-mundo.htm>. Acesso em: 23 jul. 2017. Ver também, Perry Anderson, op. cit.
88. Deltan Dallagnol, op. cit., p. 90.
89. "Lula diz que caixa 2 eleitoral é prática comum", Terra, 17 jul. 2005. Disponível em: <http://noticias.terra.com.br/brasil/crisenogoverno/interna/0,,OI594936-EI5297,00-Lula+diz+que+caixa+2+eleitoral+e+pratica+comum.html>. Acesso em: 4 fev. 2018.
90. Mario Cesar Carvalho e Wálter Nunes, "Dinheiro recuperado na Ope-

ração Lava Jato cai 90%", *Folha de S.Paulo*, 3 jan. 2018. Disponível em: <http://www1.folha.uol.com.br/poder/2018/01/1947642-dinheiro-recuperado-na-operacao-lava-jato-cai-90.shtml>. Acesso em: 6 fev. 2018.

91. Gabriel Mascarenhas, Márcio Falcão e Rubens Valente, "Maioria das doações de empresas é fruto de corrupção, diz Machado", *Folha de S.Paulo*, 16 jun. 2016. Disponível em: <http://www1.folha.uol.com.br/poder/2016/06/1782492-maioria-das-doacoes-de-empresas-e-resultado-de-corrupcao-diz-machado.shtml>. Acesso em: 21 jan. 2018.

92. Alzira Alves de Abreu et al. (Orgs.), op. cit., pp. 3384-5.

93. Bela Megale, "Condenado, Pedro Corrêa diz que política se fazia com corrupção e compra de votos", *O Globo*, 7 jan. 2018. Disponível em: <https://oglobo.globo.com/brasil/condenado-pedro-correa-diz-que-politica-se-fazia-com-corrupcao-compra-de-votos-22262940>. Acesso em: 21 mar. 2018.

94. Fausto Macedo, Julia Affonso e Ricardo Brandt, "'Objetivo maior era manter os mandatos e o poder', diz Pedro Corrêa", *O Estado de S.Paulo*, 30 maio 2016. Disponível em: <http://politica.estadao.com.br/blogs/fausto-macedo/objetivo-maior-era-manter-os-mandatos-e-o-poder-diz-pedro-correa/>. Acesso em: 6 ago. 2017.

95. Bela Megale, op. cit.

96. Ver Pedro Henrique Pedreira Campos, *Estranhas catedrais: As empreiteiras brasileiras e a ditadura civil-militar, 1964-1988*. Niterói: Eduff, 2014.

97. Mariana Schreiber, "Pagamento de propinas por empreiteiras se consolidou durante ditadura, diz historiador", BBC Brasil, 16 dez. 2016. Disponível em: <http://www.bbc.com/portuguese/brasil-38337544>. Acesso em: 6 maio 2017.

98. Ibid.

99. André Guilherme Vieira e Marcos de Moura e Souza, "Jorge Luz é conhecido como o 'decano do lobby' no Brasil", *Valor Econômico*, 24 fev. 2017, p. A10. Disponível em: <https://www.pressreader.com/brazil/valor-econ%C3%B4mico/20170224/281689729585374>. Acesso em: 7 ago. 2017.

100. Ricardo Semler, "Nunca se roubou tão pouco", *Folha de S.Paulo*, 21 nov. 2014, p. 3.

101. Ibid.

102. Julia Affonso, Fausto Macedo e Ricardo Brandt, "Cerveró cita propina de US$ 100 milhões 'ao Governo FHC' na venda da Pérez Companc", *O Estado de S. Paulo*, 11 jan. 2016. Disponível em: <http://politica.estadao.com.br/blogs/fausto-macedo/cervero-cita-propina-de-us-100-milhoes-ao-governo-fhc-na-venda-da-perez-companc/>. Acesso em: 10 jan. 2018. Gil Alessi, "Lava Jato reabre escândalo do Governo FHC, que respinga em seu filho", *El País*, 5 jun. 2016.

Disponível em: <https://brasil.elpais.com/brasil/2016/06/03/politica/1464971152_968822.html>. Acesso em: 26 nov. 2017.

103. Roney Domingos, "Lula diz que PT foi criado 'para não ser igual aos outros'", G1, 30 abr. 2014. Disponível em: <http://g1.globo.com/politica/noticia/2014/04/lula-diz-que-pt-foi-criado-para-ser-diferente-dos-demais-partidos.html>. Acesso em: 4 fev. 2018.

104. Ibid.

105. Vladimir Netto, op. cit., p. 93.

106. Marcelo Cabral e Regiane Oliveira, *O príncipe: Uma biografia não autorizada de Marcelo Odebrecht*. Bauru: Astral Cultural, 2017, pp. 70, 74.

107. Ibid., p. 300.

108. Ricardo Brandt, Julia Affonso, Fausto Macedo e Fábio Serapião, "Metade dos R$ 100 mi da Andrade Gutierrez ao PT foi propina, aponta delator", *O Estado de S. Paulo*, 2 jul. 2016. Disponível em: <http://politica.estadao.com.br/blogs/fausto-macedo/metade-dos-quase-r-100-milhoes-que-andrade-gutierrez-deu-ao-pt-foi-propina-diz-ex-presidente/>. Acesso em: 4 fev. 2018.

109. Bela Megale e Mario Cesar Carvalho, "Odebrecht diz ter acertado repasse de R$ 50 milhões a Aécio", *Folha de S.Paulo*, 19 mar. 2017. Disponível em: <http://www1.folha.uol.com.br/poder/2017/03/1867833-odebrecht-diz-ter-acertado-repasse-de-r-50-milhoes-a-aecio.shtml>. Acesso em: 4 fev. 2018.

110. Felipe Pereira, "De dois em dois anos, Serra pedia propina à Odebrecht, dizem delatores", UOL, 12 abr. 2017. Disponível em: <https://noticias.uol.com.br/politica/ultimas-noticias/2017/04/12/de-dois-em-dois-anos-serra-batia-na-porta-da-odebrecht-para-pedir-propina-diz-delacao.htm>. Acesso em: 4 fev. 2018.

111. "Beneficiado com caixa 2, Alckmin era visto como potencial presidente pela Odebrecht, diz delator", UOL, 13 abr. 2017. Disponível em: <https://noticias.uol.com.br/politica/ultimas-noticias/2017/04/13/odebrecht-dava-dinheiro-a-alckmin-por-crer-que-ele-poderia-ser-presidente-diz-delator.htm>. Acesso em: 4 fev. 2018.

112. Gil Alessi, "Lava Jato acaba com a impunidade histórica dos milionários do Brasil", *El País*, 25 nov. 2015. Disponível em: <https://brasil.elpais.com/brasil/2015/11/06/politica/1446818979_229562.html>. Acesso em: 5 ago. 2017.

113. Mônica Bergamo, José Marques, Catia Seabra, "Tribunal reverte decisão de Moro e absolve Vaccari na Laja Jato", *Folha de S.Paulo*, 27 jun. 2017. Disponível em: <http://www1.folha.uol.com.br/poder/2017/06/1896437-joao-vaccari-neto-e-absolvido-em-segunda-instancia-da-lava-jato.shtml>. Acesso em: 22 jun. 2017.

114. "Moro condena Lula a 9 anos e meio de prisão", *CartaCapital*, 12 jul. 2017. Disponível em: <https://www.cartacapital.com.br/politica/moro-condena-lula-a-9-anos-e-meio-de-prisao>. Acesso em: 22 fev. 2018. Enquanto este livro era redigido, em 24 de janeiro de 2018, a 8ª Turma do Tribunal Federal da 4ª Região elevou a pena de Lula para doze anos e um mês.

115. Igor Gielow, "Líderes tucanos temem que o partido seja dizimado", *Folha de S.Paulo*, 13 abr. 2017. Disponível em: <http://www1.folha.uol.com.br/poder/2017/04/1875274-lideres-tucanos-temem-que-o-partido-seja-dizimado.shtml>. Acesso em: 4 dez. 2017.

116. Maíra Magro, "PGR denuncia Cunha por corrupção e pede devolução de US$ 80 milhões", *Valor Econômico*, 20 ago. 2015. Disponível em: <http://www.valor.com.br/politica/4188836/pgr-denuncia-cunha-por-corrupcao-e-pede-devolucao-de-us-80-milhoes>. Acesso em: 4 fev. 2018.

117. Chico Otávio e Juliana Castro, "Esquema de Cabral ocultou US$ 100 milhões, segundo MPF", *O Globo*, 26 jan. 2017. Disponível em: <https://oglobo.globo.com/brasil/esquema-de-cabral-ocultou-us-100-milhoes-segundo-mpf-20828112>. Acesso em: 4 fev. 2018.

118. Fabio Serapião, "Procuradoria pede 386 anos de prisão para Cunha e 78 anos para Henrique Alves", *O Estado de S. Paulo*, 16 jan. 2018. Disponível em: <http://politica.estadao.com.br/blogs/fausto-macedo/procuradoria-pede-386-anos-de-prisao-para-cunha-e-78-anos-para-henrique-alves/>. Acesso em: 4 fev. 2018.

119. Gil Alessi, "Em rara sintonia, nomes do PT e PSDB querem criar 'escalas de caixa 2'", *El País*, 14 mar. 2017. Disponível em: <https://brasil.elpais.com/brasil/2017/03/13/politica/1489437407_791636.html>. Acesso em: 4 fev. 2018.

120. Ricardo Galhardo, "Debate sobre corrupção deve ser adiado no PT", *O Estado de S. Paulo*, 22 abr. 2017. Disponível em: <http://politica.estadao.com.br/noticias/geral,debate-sobre-corrupcao-deve-ser-adiado-no-pt,70001747596>. Acesso em: 6 fev. 2018.

121. Partido dos Trabalhadores, *Resoluções aprovadas pelo 6º Congresso Nacional*. São Paulo, jul. 2017, p. 16. Disponível em: <http://www.pt.org.br/wp-content/uploads/2017/07/6-congresso-pt.pdf>. Acesso em: 7 ago. 2017.

122. Matheus Leitão, "Áudio: Ouça a gravação que embasou a prisão do senador Delcídio do Amaral", G1, 25 nov. 2015. Disponível em: <http://g1.globo.com/politica/blog/matheus-leitao/post/audio-ouca-gravacao-que-embasou-prisao-do-senador-delcidio-do-amaral.html>. Acesso em: 7 fev. 2018. Em setembro de 2017, o MP pediria a absolvição de Lula no caso. Letícia Casado, "Ministério Público pede absolvição de Lula e perda de benefícios de Delcídio",

Folha de S.Paulo, 1 set. 2017. Disponível em: <http://www1.folha.uol.com.br/poder/2017/09/1915016-ministerio-publico-pede-absolvicao-de-lula-e-perda-de-beneficios-de-delcidio.shtml?loggedpaywall>. Acesso em: 21 mar. 2018.

123. Marina Dias e Catia Seabra, "'Perplexo', Rui Falcão diz que PT não é obrigado a ser solidário com Delcídio", *Folha de S.Paulo*, 25 nov. 2015. Disponível em: <http://www1.folha.uol.com.br/poder/2015/11/1711078-perplexo-rui-falcao-diz-que-pt-nao-e-obrigado-a-ser-solidario-com-delcidio.shtml?loggedpaywall>. Acesso em: 5 fev. 2018. Na prática, o líder do partido no Senado, Humberto Costa (PE), defendeu a orientação de Falcão no plenário, mas nove dos onze senadores petistas, inclusive Costa, votam contra manter a prisão de Delcídio, aprovada pela grande maioria do Senado na mesma noite. Ver também: "Veja como votou cada senador sobre prisão de Delcídio do Amaral", UOL, 25 nov. 2015. Disponível em: <https://noticias.uol.com.br/politica/ultimas-noticias/2015/11/25/como-votou-cada-senador-sobre-prisao-de-delcidio-do-amaral.htm>. Acesso em: 5 fev. 2018.

124. Ricardo Mendonça, "Pela 1ª vez, corrupção é vista como maior problema do país, diz Datafolha", *Folha de S.Paulo*, 29 nov. 2015. Disponível em: <http://www1.folha.uol.com.br/poder/2015/11/1712475-pela-1-vez-corrupcao-e-vista-como-maior-problema-do-pais.shtml>. Acesso em: 9 ago. 2017.

125. Jessé Souza, op. cit., p. 84.

126. "Presidente do PT recomenda que petistas votem contra Cunha", *Folha de S.Paulo*, 1 dez. 2015. Disponível em: <http://www1.folha.uol.com.br/poder/2015/12/1713509-presidente-do-pt-recomenda-que-petistas-votem-contra-cunha.shtml>. Acesso em: 5 fev. 2018.

127. Kennedy Alencar, "Dilma pagará conta se salvar Cunha", 2 dez. 2015. Disponível em: <http://www.blogdokennedy.com.br/dilma-pagara-conta-se-salvar-cunha/>. Acesso em: 5 fev. 2018.

128. Rodrigo de Almeida, op. cit., p. 105.

129. Ibid.

130. Kennedy Alencar, op. cit.

131. Catia Seabra, "'Eles devem saber o que estão fazendo', diz Lula sobre ação de petistas", *Folha de S.Paulo*, 2 dez. 2017. Disponível em: <http://www1.folha.uol.com.br/poder/2015/12/1713977-eles-devem-saber-o-que-estao-fazendo-ironiza-lula-sobre-acao-de-petistas.shtml>. Acesso em: 2 dez. 2017 (grifo meu).

132. Mariana Haubert e Isabel Versiani, "Congresso aprova texto base da mudança da meta fiscal", *Folha de S.Paulo*, 2 dez. 2015. Disponível em: <http://www1.folha.uol.com.br/poder/2015/12/1714136-congresso-aprova-texto-base-da-mudanca-de-meta-fiscal.shtml>. Acesso em: 5 fev. 2018.

133. Fábio Góis, "Temer admite que Cunha só autorizou o impeachment porque petistas não o apoiaram na Câmara", Congresso em Foco, 16 abr. 2017. Disponível em: <http://congressoemfoco.uol.com.br/noticias/temer-admite-que-cunha-so-autorizou-impeachment-porque-petistas-nao-o-apoiaram-na-camara/>. Acesso em: 8 fev. 2018.

134. Felipe Amorim e Marina Motomura, "Eduardo Cunha aceita pedido de impeachment da oposição contra Dilma", UOL, 2 dez. 2015. Disponível em: <https://noticias.uol.com.br/politica/ultimas-noticias/2015/12/02/eduardo-cunha-impeachment.htm>. Acesso em: 5 fev. 2018.

135. Ibid.

136. Fernando Rodrigues, "Líderes de 9 partidos com 301 deputados fazem manifesto contra impeachment", 16 set. 2015. Disponível em: <https://fernandorodrigues.blogosfera.uol.com.br/2015/09/16/lideres-de-9-partidos-com-301-deputados-fazem-manifesto-contra-impeachment/>. Acesso em: 8 dez. 2017.

137. "Janot denuncia Temer sob acusação de organização criminosa e obstrução", *Folha de S.Paulo*, 14 set. 2017. Disponível em: <http://www1.folha.uol.com.br/poder/2017/09/1918472-janot-denuncia-temer-sob-acusacao-de-organizacao-criminosa-e-obstrucao.shtml>. Acesso em: 7 fev. 2018.

138. Valdo Cruz, Daniela Lima e Marina Dias, "Em carta, Temer acusa Dilma de mentir e sabotar o PMDB", *Folha de S.Paulo*, 7 dez. 2015. Disponível em: <http://www1.folha.uol.com.br/poder/2015/12/1716221-temer-escreve-carta-em-tom-de-desabafo-a-dilma.shtml>. Acesso em: 7 fev. 2018.

139. Luiz Felipe de Alencastro, "Os riscos do vice-presidencialismo", *Folha de S.Paulo*, 25 out. 2009. Disponível em: <http://www1.folha.uol.com.br/fsp/opiniao/fz2510200908.htm>. Acesso em: 7 fev. 2018.

140. Parte desse raciocínio foi exposto, em outros termos, por José Genoino e Fernando Haddad. Comunicação oral, Fundação Perseu Abramo, 18 dez. 2017.

141. Luiz Maklouf Carvalho, op. cit., p. 25

142. "Marqueteiro de Dilma vai admitir caixa 2 no exterior", *Folha de S. Paulo*, 24 fev. 2016, primeira página.

143. Vladimir Netto, op. cit., pp. 138, 192. As informações sobre a Camargo Corrêa foram extraídas da mesma publicação.

144. Luciana Tatagiba, Thiago Trindade e Ana Claudia Chaves Teixeira, "Protestos à direita no Brasil (2007-2015)", em S. Velasco et al. (Orgs.), *Direita, volver!: O retorno da direita e o ciclo político brasileiro*. São Paulo: Fundação Perseu Abramo, 2015, p. 198 (grifos meus).

145. Thiago Herdy, Renato Onofre e Cleide Carvalho, "Lava-Jato faz busca na casa de Lula e vê evidências de que petista é 'beneficiário de delitos'", *O Globo*, 4 mar. 2016. Disponível em: <https://oglobo.globo.com/brasil/lava-jato-faz-busca-na-casa-de-lula-ve-evidencias-de-que-petista-beneficiario-de-delitos-18802540>. Acesso em: 9 fev. 2018.

146. Alamiro Velludo Salvador Netto, "Condução coercitiva tem de ser usada de forma excepcional", *Folha de S.Paulo*, 21 dez. 2017. Disponível em: <http://www1.folha.uol.com.br/poder/2017/12/1945031-conducao-coercitiva-tem-de-ser-usada-de-forma-excepcional.shtml>. Acesso em: 5 fev. 2018.

147. Leandro Colon, Aguirre Talento, Johanna Nublat e Mario Cesar Carvalho, "Condução coercitiva de Lula foi decidida para evitar tumulto, diz Moro", *Folha de S.Paulo*, 4 mar. 2016. Disponível em: <http://www1.folha.uol.com.br/poder/2016/03/1746437-conducao-coercitiva-de-lula-foi-decidida-para-evitar-tumulto-diz-moro.shtml>. Acesso em: 5 fev. 2018.

148. Alexandra Martins, "'Biografia individual se faz na política, não no Judiciário', diz Nelson Jobim", *O Estado de S. Paulo*, 25 fev. 2017. Disponível em: <http://politica.estadao.com.br/noticias/geral,biografia-individual-se-faz-na-politica-nao-no-judiciario-diz-nelson-jobim,70001679896>. Acesso em: 22 mar. 2018.

149. Fernanda Krakovics e Washington Luiz, "Lula defende 'enfrentamento político da Lava-Jato'", *O Globo*, 29 jun. 2015. Disponível em: <https://oglobo.globo.com/brasil/lula-defende-enfrentamento-politico-da-lava-jato-segundo-petista-16594370>. Acesso em: 6 jan. 2018.

150. Cleide Carvalho, Silvia Amorim e Thiago Herdy, "Lula disse a Dilma que STF está 'acovardado'", *O Globo*, 16 mar. 2016. Disponível em: <https://oglobo.globo.com/brasil/lula-disse-dilma-que-stf-esta-acovardado-18893256>. Acesso em: 31 dez. 2017.

151. Luis Nassif, "Uma entrevista-bomba com o novo ministro da Justiça Eugênio Aragão", 6 abr. 2016. Disponível em: <https://jornalggn.com.br/noticia/uma-entrevista-bomba-com-o-novo-ministro-da-justica-eugenio-aragao>. Acesso em: 10 dez. 2017.

152. David Friedlander, Julio Wiziack e Raquel Landim, "Com aumento da crise, empresários passam a defender a saída de Dilma", *Folha de S.Paulo*, 6 mar. 2016. Disponível em: <http://www1.folha.uol.com.br/mercado/2016/03/1746862-com-aumento-da-crise-empresarios-passam-a-defender-a-saida-de-dilma.shtml>. Acesso em: 14 out. 2017.

153. Rubens Valente, "Em diálogos gravados, Jucá fala em pacto para deter avanço da Lava Jato", *Folha de S.Paulo*, 23 maio 2016. Disponível em: <http://www1.folha.uol.com.br/poder/2016/05/1774018-em-dialogos-gravados-juca-

fala-em-pacto-para-deter-avanco-da-lava-jato.shtml?loggedpaywall>. Acesso em: 6 fev. 2018.

154. Mariana Haubert, "Em gesto crítico à Lava Jato, Renan dá Constituição de presente para Lula", 9 mar. 2016. Disponível em: <http://www1.folha.uol.com.br/poder/2016/03/1748039-em-gesto-critico-a-lava-jato-renan-da-constituicao-de-presente-a-lula.shtml>. Acesso em: 4 dez. 2017.

155. Rubens Valente, op. cit.

156. Ibid.

157. Jessé Souza, op. cit., pp. 123-4.

158. Ibid., p. 126.

159. Informações em Rodrigo de Almeida, op. cit., p. 182.

160. Felipe Bächtold, "Protesto cresce, mas manifestante mantém perfil de alta renda", *Folha de S.Paulo*, 14 mar. 2016. Disponível em: <http://www1.folha.uol.com.br/poder/2016/03/1749640-protesto-cresce-mas-manifestante-mantem-perfil-de-alta-renda.shtml>. Acesso em: 6 fev. 2018.

161. Deltan Dallagnol, op. cit., pp. 41-2.

162. Karina Trevizan, "Taxa de homicídios aumenta mais de 10% de 2005 a 2015", G1, 5 jun. 2017. Disponível em: <https://g1.globo.com/politica/noticia/taxa-de-homicidios-no-brasil-aumenta-mais-de-10-de-2005-a-2015.ghtml>. Acesso em: 10 dez. 2017.

163. "Ministro do STF manda projeto anticorrupção sair do Senado e voltar para a Câmara", UOL, 14 dez. 2016. Disponível em: <https://noticias.uol.com.br/politica/ultimas-noticias/2016/12/14/ministro-do-stf-manda-projeto-anicorrupcao-sair-do-senado-e-voltar-para-a-camara.htm>. Acesso em: 10 dez. 2017.

164. Antônio Flávio Pierucci, *Ciladas da diferença*. São Paulo: Ed. 34, 1999, p. 67.

165. Id., "A direita mora do outro lado da cidade". Disponível em: <http://www.anpocs.org.br/portal/publicacoes/rbcs_00_10/rbcs10_03.htm>. Acesso em: 10 dez. 2017.

166. Bia Barbosa e Helena Martins, "O papel da mídia nas manifestações de 13 de março", blog Intervozes, 14 mar. 2016. Disponível em: <https://www.cartacapital.com.br/blogs/intervozes/o-papel-da-midia-nas-manifestacoes-do-13-de-marco>. Acesso em: 10 dez. 2017. O comício da Central do Brasil, em 13 de março de 1964, foi o último grande ato do governo João Goulart, deposto pelas Forças Armadas em 31 de março daquele ano.

167. "Ato em SP atrai 500 mil pessoas, supera Diretas-Já e impulsiona impeachment", *Folha de S.Paulo*, 14 mar. 2016. Disponível em: <http://www1.folha.uol.com.br/poder/2016/03/1749633-ato-em-sp-atrai-500-mil-supera-diretas-ja-e-impulsiona-impeachment.shtml>. Acesso em: 10 dez. 2017.

168. Natuza Nery, "Quem vai?", *Folha de S.Paulo*, 8 mar. 2016, p. A4.

169. Felipe Bächtold, "Protesto cresce, mas manifestante mantém perfil de alta renda", *Folha de S.Paulo*, 14 mar. 2016. Disponível em: <http://www1.folha.uol.com.br/poder/2016/03/1749640-protesto-cresce-mas-manifestante-mantem-perfil-de-alta-renda.shtml>. Acesso em: 10 dez. 2017.

170. Bia Barbosa e Helena Martins, "Os atos pró-democracia e a narrativa do golpe na grande mídia", blog Intervozes, 21 mar. 2016. Disponível em: <https://www.cartacapital.com.br/blogs/intervozes/os-atos-pro-democracia-e-a-narrativa-do-golpe-na-grande-midia>. Acesso em: 10 dez. 2017.

171. Vladimir Netto, op. cit., p. 355.

172. "Recado cabal", *Folha de S.Paulo*, Editorial, 14 mar. 2016, p. A2. Disponível em: <http://www1.folha.uol.com.br/opiniao/2016/03/1749602-recado-cabal.shtml>. Acesso em: 22 mar. 2018.

173. "Um 'basta' das ruas a Dilma, Lula e PT", *O Globo*, 15 mar. 2016. Disponível em: <https://oglobo.globo.com/opiniao/um-basta-das-ruas-dilma-lula-pt-18875454>. Acesso em: 31 dez. 2017.

174. "Chegou a hora de dizer: basta!", *O Estado de S. Paulo*, Editorial, 13 mar. 2016, p. A3. Disponível em: <http://opiniao.estadao.com.br/noticias/geral,chegou-a-hora-de-dizer-basta,10000020896>. Acesso em: 22 mar. 2018.

175. Teori Zavascki, "Medida Cautelar na Reclamação 23.457 Paraná", 22 mar. 2016. Disponível em: <https://www.conjur.com.br/dl/lava-jato-grampos-ilegais-lula-dilma.pdf>. Acesso em: 6 fev. 2018.

176. "'Não vai ter golpe', discursa Lula em ato contra impeachment na Paulista", *Folha de S.Paulo*, 18 mar. 2016. Disponível em: <http://www1.folha.uol.com.br/poder/2016/03/1751592-a-espera-de-lula-manifestantes-pro-dilma-tomam-4-quadras-da-paulista.shtml>. Acesso em: 8 fev. 2018.

177. Kennedy Alencar, "PSDB ajuda Temer a buscar mais 70 votos na Câmara", 11 dez. 2015. Disponível em: <http://www.blogdokennedy.com.br/psdb-ajuda-temer-a-buscar-mais-70-votos-na-camara/>. Acesso em: 3 jan. 2018.

178. "Impeachment de Dilma: saiba como votou cada um dos partidos na Câmara", Portal EBC, 18 abr. 2017. Disponível em: <http://www.ebc.com.br/noticias/politica/2016/04/placar-do-impeachment-saiba-como-votaram-cada-um-dos-partidos-na-camara>. Acesso em: 1 jan. 2018.

179. Henrique Gomes Batista, "Armando Monteiro afirma que há divisão no PTB sobre apoio a governo", *O Globo*, 31 mar. 2016. Disponível em: <https://oglobo.globo.com/brasil/armando-monteiro-afirma-que-ha-divisao-no-ptb-sobre-apoio-governo-18991142>. Acesso em: 3 jan. 2018.

180. Carolina Brígido, "Dono da JBS diz que comprou votos de cinco deputados para tentar evitar impeachment de Dilma", *O Globo*, 19 maio 2017. Dispo-

nível em: <https://oglobo.globo.com/brasil/dono-da-jbs-diz-que-comprou-votos-de-cinco-deputados-para-tentar-evitar-impeachment-de-dilma-21367169>. Acesso em: 2 dez. 2017.

181. Vera Rosa, "Lula faz de hotel em Brasília 'QG da crise'", *O Estado de S. Paulo*, 3 abr. 2016. Disponível em: <http://politica.estadao.com.br/noticias/geral,lula-faz-de-hotel-em-brasilia-qg-da-crise,10000024517>. Acesso em: 2 dez. 2017.

182. Bruno Boghossian, "Cunha contradiz Joesley e diz que empresário discutiu impeachment com Lula", *Folha de S.Paulo*, 19 jun. 2017. Disponível em: <http://www1.folha.uol.com.br/poder/2017/06/1894086-cunha-diz-que-joesley-discutiu-impeachment-com-lula.shtml>. Acesso em: 2 dez. 2017.

183. Mariana Haubert, Gustavo Uribe e Daniela Lima, "Temer avisa Lula que PMDB aprovará saída do governo nesta terça", *Folha de S.Paulo*, 28 mar. 2016. Disponível em: <http://www1.folha.uol.com.br/poder/2016/03/1754822-temer-avisa-lula-que-pmdb-aprovara-saida-do-governo-na-terca.shtml>. Acesso em: 2 dez. 2017.

184. "Veja como deputados votaram no impeachment de Dilma, na PEC 241, na reforma trabalhista e na denúncia contra Temer", G1, 2 ago. 2017. Disponível em: <https://g1.globo.com/politica/noticia/veja-como-deputados-votaram-no-impeachment-de-dilma-na-pec-241-na-reforma-trabalhista-e-na-denuncia-contra-temer.ghtml>. Acesso em: 1 jan. 2018.

185. Westin, op. cit., pp. 159-60.

186. "Se a votação fosse hoje, impeachment teria aprovação de 72%, diz estatística", *Folha de S.Paulo*, 12 abr. 2016. Disponível em: <http://www1.folha.uol.com.br/poder/2016/04/1760093-se-votacao-fosse-hoje-impeachment-teria-aprovacao-de-72-diz-estatistica.shtml>. Acesso em: 2 jan. 2018. Afonso Benites, "O negociador Lula que tenta salvar o Governo Dilma do impeachment", *El País*, 12 abr. 2016. Disponível em: <https://brasil.elpais.com/brasil/2016/04/09/politica/1460166122_568182.html>. Acesso em: 2 jan. 2018.

187. Daniela Lima, "Temer divulga áudio em que fala como se impeachment estivesse aprovado", *Folha de S.Paulo*, 11 abr. 2016. Disponível em: <http://www1.folha.uol.com.br/poder/2016/04/1759725-temer-divulga-audio-em-que-fala-como-se-impeachment-estivesse-aprovado.shtml>. Acesso em: 8 fev. 2018.

188. Gustavo Uribe, "Dilma chama Temer e Cunha de 'chefes assumidos da conspiração'", *Folha de S.Paulo*, 12 abr. 2016. Disponível em: <http://www1.folha.uol.com.br/poder/2016/04/1760121-dilma-chama-temer-e-cunha-de-chefes-assumidos-da-conspiracao.shtml>. Acesso em: 8 fev. 2018.

189. Fabio Serapião e Fábio Fabrini, "Temer e Cunha tramavam 'diariamente' queda de Dilma, afirma delator", *O Estado de S. Paulo*, 13 set. 2017. Disponível em: <http://politica.estadao.com.br/blogs/fausto-macedo/temer-e-cunha-tramavam-diariamente-queda-de-dilma-diz-funaro/>. Acesso em: 1 jan. 2018.
190. "Cunha recebeu R$ 1 mi para 'comprar' votos do impeachment de Dilma, diz Funaro", *Folha de S.Paulo*, 14 out. 2017. Disponível em: <http://www1.folha.uol.com.br/poder/2017/10/1927138-cunha-recebeu-r-1-mi-para-comprar-votos-do-impeachment-de-dilma-diz-funaro.shtml>. Acesso em: 2 dez. 2017.

CONCLUSÃO: DOIS PASSOS ADIANTE, ZIGUE-ZAGUE E QUEDA [pp. 287-97]

1. Pesquisas de campo realizadas no período pelos pesquisadores Caetano Patta, Caio Marcondes, Camila Rocha, Henrique Costa, Maria Leticia Brito, Thais Pavez e Vinicius Valle, sob minha orientação, deixavam isso claro.
2. Alexis de Tocqueville, *O Antigo Regime e a Revolução*. São Paulo: Edipro, 2017, p. 181. Agradeço ao professor Gabriel Cohn por ter me alertado para o raciocínio de Tocqueville.
3. Camila Bomfim, "MPF quer pena de 386 anos de prisão para Eduardo Cunha e 78 anos para Henrique Eduardo Alves", G1, 16 jan. 2018. Disponível em: <https://g1.globo.com/politica/noticia/mpf-quer-pena-de-386-anos-de-prisao-para-eduardo-cunha-e-78-anos-para-henrique-eduardo-alves.ghtml>. Acesso em: 24 fev. 2018.
4. "A carreira política de Eduardo Cunha", G1, 7 jul. 2016. Disponível em: <http://g1.globo.com/politica/noticia/2016/07/trajetoria-de-eduardo-cunha.html>. Acesso em: 24 fev. 2018.
5. Carlos Quenan, "Performances económico-sociales de los gobiernos progresistas en América del Sur en los años 2000: Una evaluación preliminar", em C. Ominami (Org.), *Claroscuro de los gobiernos progresistas: ¿Fin de ciclo o proceso abierto?*. Santiago: Catalonia, 2017, p. 43.
6. Perry Anderson, "Crisis in Brazil", *London Review of Books*, v. 38, n. 8, 21 abr. 2016.
7. Carlos Quenan, op. cit., p. 43 (tradução livre).
8. Wolfgang Streeck, "O retorno do recalcado", *piauí*, n. 135, dez. 2017, pp. 44-5. A segunda citação é de Gramsci, conforme aparece no artigo de Streeck.
9. Max Weber, *Ciência e política: Duas vocações*. São Paulo: Cultrix, 1993, p. 120.
10. Liev Trótski, *A história da Revolução Russa*. Rio de Janeiro: Saga, 1967, p. 25 (grifos meus).
11. Ibid.

Referências bibliográficas

AB'SABER, Tales. *Dilma Rousseff e o ódio político*. São Paulo: Hedra, 2015.

ABRAMO, Helena Wendel; BRANCO, Pedro Paulo Martoni (Orgs.). *Retratos da juventude brasileira: Análises de uma pesquisa nacional*. São Paulo: Fundação Perseu Abramo/ Instituto Cidadania, 2005.

ABREU, Alzira Alves de et al. (Orgs.). *Dicionário histórico-biográfico brasileiro pós-1930*. Rio de Janeiro: FGV/ CPDOC, 2001.

ABSE, Tobias. "Itália: uma nova agenda". In: ANDERSON, Perry; CAMILLER, Patrick. *Um mapa da esquerda na Europa Ocidental*. Rio de Janeiro: Contraponto, 1996, pp. 65-108.

ALENCASTRO, Luiz Felipe de. "Os riscos do vice-presidencialismo". *Folha de S.Paulo*, 25 out. 2009. Disponível em: <http://www1.folha.uol.com.br/fsp/opiniao/fz2510200908.htm>. Acesso em: 7 fev. 2018.

ALMEIDA, Rodrigo de. *À sombra do poder: Bastidores da crise que derrubou Dilma Rousseff*. São Paulo: LeYa, 2016.

AMARAL, Ricardo Batista. *A vida quer é coragem: A trajetória de Dilma Rousseff, a primeira presidenta do Brasil*. São Paulo: Primeira Pessoa, 2011.

AMES, Barry. *The Deadlock of Democracy in Brazil*. Ann Arbor: The University of Michigan Press, 2001.

ANDERSON, Perry; CAMILLER, Patrick (Orgs.). *Um mapa da esquerda na Europa Ocidental*. Rio de Janeiro: Contraponto, 1996.

_____. "Crisis in Brazil". *London Review of Books*, v. 38, n. 8, pp. 15-22, abr. 2016.

ANTUNES, Ricardo. "Afinal, quem é a classe trabalhadora hoje?". *Estudos do Trabalho*, Marília, ano 2, n. 3, pp. 1-9, 2008. Disponível em: <www.estudosdotrabalho.org/5RicardoAntunes.pdf>. Acesso em: 13 jul. 2017.

_____; BRAGA, Ruy. "Os dias que abalaram o Brasil". *Revista de Políticas Públicas*, São Luís, n. esp., pp. 41-7, jul. 2014. Disponível em: <http://www.redalyc.org/pdf/3211/321131273004.pdf>. Acesso em: 17 fev. 2018.

ARANTES, Paulo. "Depois de junho a paz será total". In: _____. *O novo tempo do mundo: E outros estudos sobre a era da emergência*. São Paulo: Boitempo, 2014, pp. 353-460.

ARAUJO, Cicero Romão Resende de. *A forma da República: Da constituição mista ao Estado*. São Paulo: Martins Fontes, 2013.

ARON, Raymond. *Main Currents in Sociological Thought*. Nova York: Anchor, 1968. v. 1.

AUGUSTIN, Arno. "Os fatos são teimosos". *Revista Democracia Socialista*, São Paulo, n. 4, pp. 67-94, dez. 2016. Disponível em: <http://democraciasocialista.org.br/wp-content/uploads/2016/12/Revista-DS4-web-2.pdf>. Acesso em: 27 fev. 2018.

AVELAR, Lúcia; LIMA, Fernão Dias de. "Lentas mudanças: O voto e a política tradicional". *Lua Nova*, São Paulo, n. 49, pp. 195-223, 2000.

AVRITZER, Leonardo. *Impasses da democracia no Brasil*. Rio de Janeiro: Civilização Brasileira, 2016.

BAN, Cornel. "Brazil's Liberal Neo-Developmentalism: New Paradigm or Edited Orthodoxy?". *Review of International Political Economy*, v. 20, n. 2, pp. 1-34, 2013.

BARBOSA, Nelson; MARCONI, Nelson; PINHEIRO, Maurício Canêdo; CARVALHO, Laura (Orgs.). *Indústria e desenvolvimento produtivo no Brasil*. Rio de Janeiro: Elsevier/FGV, 2015.

BARBOSA, Vivaldo. *O pensamento político: Do iluminismo aos nossos dias: Entre individualismo e comunidade*. Rio de Janeiro: Revan, 2010.

BARROS, Celso Rocha de. "O estilo Dilma na hora H". *piauí*, n. 72, set. 2012. Disponível em: <http://piaui.folha.uol.com.br/materia/o-estilo-dilma-na-hora-h/>. Acesso em: 14 fev. 2018.

BASTOS, Pedro Paulo Zahluth. "A economia política do novo-desenvolvimentismo e do social desenvolvimentismo". *Economia e Sociedade*, Campinas, v. 21, n. esp., pp. 779-810, dez. 2012.

BELLO, Carlos Alberto. "Percepções sobre pobreza e Bolsa Família". In: SINGER, André; LOUREIRO, Isabel (Orgs.). *As contradições do lulismo: A que ponto chegamos?* São Paulo: Boitempo, 2016.

BELLUZZO, Luiz Gonzaga de Mello; BASTOS, Pedro Paulo Zahluth (Orgs.). *Austeridade para quem?: Balanço e perspectivas do governo Dilma Rousseff.* São Paulo: Carta Maior/ Friedrich Ebert Stiftung, 2015.

BENEVIDES, Maria Victoria. *A UDN e o udenismo: Ambiguidades do liberalismo brasileiro, 1945-1965.* Rio de Janeiro: Paz e Terra, 1981

BENJAMIN, Walter. *Magia e técnica, arte e política: Ensaios sobre literatura e história da cultura.* São Paulo: Brasiliense, 1994.

BIELSCHOWSKY, Ricardo. *Pensamento econômico brasileiro: O ciclo ideológico do desenvolvimentismo.* Rio de Janeiro, Contraponto, 1995.

_____. "Estratégia social-desenvolvimentista (2003-2014) e o ano 2015". IV Conferência Nacional do Fonacate, Brasília, jun. 2015. Disponível em: <http://www.fonacate.org.br/v2/public/web_disk/eventos/conferencia/ricardobielschowsky___brasiliajunho2015curtob.pdf>. Acesso em: 17 jan. 2017.

_____. "Três reflexões desenvolvimentistas". Centro Celso Furtado, Rio de Janeiro, jul. 2016. Disponível em: <http://www.centrocelsofurtado.org.br/arquivos/file/Tr%C3%AAs%20reflex%C3%B5es%20desenvolvimentistas%20-%20Ricardo%20Bielschowsky.pdf>. Acesso em: 11 jan. 2017.

BOBBIO, Norberto; MATTEUCCI, Nicola; PASQUINO, Gianfranco (Orgs.). *Dicionário de política.* Brasília: UnB, 1995.

BOITO JR., Armando. "Governos Lula: A nova burguesia nacional no poder". In: _____; GALVÃO, Andréa (Orgs.). *Política e classes sociais no Brasil dos anos 2000.* São Paulo: Alameda, 2012, pp. 67-104.

_____. "O lulismo é um tipo de bonapartismo? Uma crítica às teses de André Singer". *Crítica Marxista*, n. 37, 1º sem. 2013.

BOLLE, Monica Baumgarten de. *Como matar a borboleta-azul: Uma crônica da era Dilma.* Rio de Janeiro: Intrínseca, 2016.

BRAGA, Ruy. *A política do precariado: Do populismo à hegemonia lulista.* São Paulo: Boitempo, 2012.

_____. *A rebeldia do precariado: Trabalho e neoliberalismo no Sul global.* São Paulo: Boitempo, 2017.

_____. "Terra em transe: O fim do lulismo e o retorno da luta de classes". In: SINGER, André; LOUREIRO, Isabel (Orgs.). *As contradições do lulismo: A que ponto chegamos?* São Paulo: Boitempo, 2016, pp. 55-92.

BRESSER-PEREIRA, Luiz Carlos. *Pactos políticos: Do populismo à redemocratização.* São Paulo: Brasiliense, 1985.

_____. "O governo Dilma frente ao 'tripé macroeconômico' e à direita liberal e dependente". *Novos Estudos*, São Paulo, n. 95, pp. 5-14, mar. 2013.

BRESSER-PEREIRA, Luiz Carlos. *A construção política do Brasil: Sociedade, economia e Estado desde a Independência*. São Paulo: Ed. 34, 2014.

_____. "A quase estagnação brasileira e sua explicação novo-desenvolvimentista". In: BARBOSA, Nelson; MARCONI, Nelson; PINHEIRO, Maurício Canêdo; CARVALHO, Laura (Orgs.). *Indústria e desenvolvimento produtivo no Brasil*. Rio de Janeiro: Elsevier/ FGV, 2015, pp. 101-20.

_____. "Reflexões sobre o novo desenvolvimentismo e o desenvolvimentismo clássico". *Revista de Economia Política*, São Paulo, v. 36, n. 2, pp. 237-65, 2016.

_____. "Teoria novo-desenvolvimentista: Uma síntese". *Cadernos do Desenvolvimento*, Rio de Janeiro, v. 11, n. 19, pp. 145-65, jul.-dez. 2016.

BUARQUE DE HOLANDA, Sérgio. *Raízes do Brasil*. Rio de Janeiro: José Olympio, 1971.

BUCCI, Eugênio. *A forma bruta dos protestos: Das manifestações de junho de 2013 à queda de Dilma Rousseff em 2016*. São Paulo: Companhia das Letras, 2016.

CABRAL, Marcelo; OLIVEIRA, Regiane. *O príncipe: Uma biografia não autorizada de Marcelo Odebrecht*. Bauru: Astral Cultural, 2017.

CAGNIN, Rafael; PRATES, Daniela Magalhães; FREITAS, Maria Cristina de; NOVAIS, Luís Fernando. "A gestão macroeconômica no governo Dilma (2011 e 2012)". *Novos Estudos*, São Paulo, n. 97, pp. 169-85, nov. 2003.

CAMAROTTI, Gerson; DE LA PEÑA, Bernardo. *Memorial do escândalo: Os bastidores da crise e da corrupção no governo Lula*. São Paulo: Geração, 2005.

CAMPELLO, Tereza; FALCÃO, Tiago; COSTA, Patricia Vieira da (Orgs.). *O Brasil sem miséria*. Brasília: MDS, 2014.

CANDIDO, Antonio. *Formação da literatura brasileira* (*momentos decisivos*). Belo Horizonte: Itatiaia, 2000.

_____. *Um funcionário da monarquia: Ensaio sobre o segundo escalão*. Rio de Janeiro: Ouro sobre Azul, 2007.

CARDOSO, Fernando Henrique. *Empresário industrial e desenvolvimento econômico no Brasil*. São Paulo: Difel, 1964.

_____. *A arte da política: A história que vivi*. Rio de Janeiro: Civilização Brasileira, 2006.

_____. "O papel da oposição". *Interesse Nacional*, ano 4, n. 13, abr.-jun. 2011.

_____. *Diários da Presidência*. São Paulo: Companhia das Letras, 2015/ 2016. v. 1-2.

_____; LAMOUNIER, Bolívar (Orgs.). *Os partidos e as eleições no Brasil*. Rio de Janeiro: Paz e Terra, 1975.

CARNEIRO, Ricardo. "Navegando a contravento". In: _____; BALTAR, Paulo; SARTI, Fernando (Orgs.). *Para além da política econômica: Crescimento, desaceleração e crise no experimento desenvolvimentista*. São Paulo: Ed. Unesp, 2018 [no prelo].

CARVALHO, Ernani Rodrigues de. "Em busca da judicialização da política no Brasil: Apontamentos para uma nova abordagem". *Revista de Sociologia e Política*, Curitiba, n. 23, pp. 127-39, nov. 2004.

CARVALHO, Luiz Maklouf. *João Santana: Um marqueteiro no poder*. Rio de Janeiro: Record, 2015.

CARVALHO, Nelson Rojas de. *E no início eram as bases: Geografia política do voto e comportamento legislativo no Brasil*. Rio de Janeiro: Revan, 2003.

CASTEL, Robert. *El ascenso de las incertidumbres: Trabajo, protecciones, estatuto del individuo*. Buenos Aires: Fondo de Cultura Económica, 2010.

CHAUI, Marilena. "Uma nova classe trabalhadora". In: SADER, Emir (Org.). *10 anos de governos pós-neoliberais no Brasil: Lula e Dilma*. São Paulo: Boitempo, 2013, pp. 123-34.

D'ARAUJO, Maria Celina. *Sindicatos, carisma e poder: O PTB de 1945-65*. Rio de Janeiro: FGV, 1996.

DALLAGNOL, Deltan. *A luta contra a corrupção*. Rio de Janeiro: Primeira Pessoa, 2017.

DÓRIA, Palmério. *Honoráveis bandidos: Um retrato do Brasil na era Sarney*. São Paulo: Geração, 2012.

FAUSTO, Ruy. *Caminhos da esquerda: Elementos para uma reconstrução*. São Paulo: Companhia das Letras, 2017.

FIGUEIREDO, Rubens (Org.). *Junho de 2013: A sociedade enfrenta o Estado*. São Paulo: Summus, 2014.

FONSECA, Pedro Cezar Dutra et al. "O Brasil na Era Lula: Retorno ao desenvolvimentismo?". *Nova Economia*, Belo Horizonte, v. 23, n. 2, pp. 403-27, maio-ago. 2013.

_____. "Desenvolvimentismo: A construção do conceito". *Texto para Discussão*, Brasília, IPEA, n. 2103, 2015.

FURTADO, Celso. *Formação econômica do Brasil*. São Paulo: Companhia das Letras, 2007.

_____. *Brasil: A construção interrompida*. Rio de Janeiro: Paz e Terra, 1992.

GASPARI, Elio. *A ditadura derrotada*. São Paulo: Companhia das Letras, 2003.

GEORGES, Isabel; SANTOS, Yumi Garcia dos. *As novas políticas sociais brasileiras na saúde e na assistência: Produção local do serviço e relações de gênero*. Belo Horizonte: Fino Traço, 2016.

GOIS, Chico de; IGLESIAS, Simone. *O lado B dos candidatos*. Rio de Janeiro: LeYa, 2014.

GOMES, Angela de Castro. *A invenção do trabalhismo*. Rio de Janeiro: FGV, 2005.

GRAMSCI, Antonio. *Cadernos do cárcere, volume 3: Maquiavel. Notas sobre o Estado e a política*. Ed. e trad. de Carlos Nelson Coutinho. Coed. de Luiz Sérgio Henriques e Marco Aurélio Nogueira. Rio de Janeiro: Civilização Brasileira, 2012.

_____. *Cadernos do cárcere, volume 5: O Risorgimento. Notas sobre a história da Itália*. Ed. e trad. de Luiz Sérgio Henriques. Coed. de Carlos Nelson Coutinho e Marco Aurélio Nogueira. Rio de Janeiro: Civilização Brasileira, 2002.

GUIMARÃES, Juarez. "O PSDB virou um partido golpista?". *Carta Maior*, 9 dez. 2014. Disponível em: <http://www.cartamaior.com.br/?/Editoria/Politica/O-PSDB-virou-um-partido-golpista-/4/32392>. Acesso em: 26 jul. 2017.

HADDAD, Fernando. "Vivi na pele o que aprendi nos livros". *piauí*, n. 129, jun. 2017. Disponível em: <http://piaui.folha.uol.com.br/materia/vivi-na-pele-o-que-aprendi-nos-livros/>. Acesso em: 22 mar. 2018.

HAGOPIAN, Frances. *Traditional Politics and Regime Change in Brazil*. Cambridge: Cambridge University Press, 1996.

HASSELMANN, Joice. *Sérgio Moro: A história do homem por trás da operação que mudou o Brasil*. São Paulo: Universo dos Livros, 2016.

HIPPOLITO, Lucia. *De raposas e reformistas: O PSD e a experiência democrática brasileira, 1945-64*. Rio de Janeiro: Paz e Terra, 1985.

HOCHSTETLER, Kathryn. "Repensando o presidencialismo: Contestações e quedas de presidentes na América do Sul". *Lua Nova*, São Paulo, n. 72, pp. 9-46, 2007.

HOFFMANN, Rodolfo. "A desigualdade relevante não caiu de 2014 a 2015". Disponível em: <http://iepecdg.com.br/wp-content/uploads/2016/12/RH2015B.pdf>. Acesso em: 30 dez. 2016.

INGLEHART, Ronald; WELZEL, Christhian. *Modernização, mudança cultural e democracia*. São Paulo: Francis, 2009.

JUDENSNAIDER, Elena; LIMA, Luciana; POMAR, Marcelo; ORTELLADO, Pablo. *Vinte centavos: A luta contra o aumento*. São Paulo: Veneta, 2013.

KATZ, Claudio. *Neoliberalismo, neodesenvolvimentismo, socialismo*. São Paulo: Expressão Popular/ FPA, 2016.

KECK, Margareth. *PT, a lógica da diferença: O Partido dos Trabalhadores na construção da democracia brasileira*. São Paulo: Ática, 1991.

KINZO, Maria D'Alva. *Oposição e autoritarismo: Gênese e trajetória do MDB (1966-1979)*. São Paulo: Vértice, 1988.

KRUGMAN, Paul. *A consciência de um liberal*. Rio de Janeiro: Record, 2010.

LAHÓZ, André. "Renda e consumo". In: LAMOUNIER, Bolívar; FIGUEIREDO, Rubens. *A era FHC: Um balanço*. São Paulo: Cultura, 2002, pp. 71-99.

LAMOUNIER, Bolívar (Org.). *Voto de desconfiança: Eleições e mudança política no Brasil: 1970-1979*. Petrópolis: Vozes, 1980.

_____. *Depois da transição: Democracia e eleições no governo Collor*. São Paulo: Loyola, 1991.

_____; FIGUEIREDO, Rubens (Orgs.). *A era FHC: Um balanço*. São Paulo: Cultura, 2002.

LAVAREDA, Antônio. *A democracia nas urnas*. Rio de Janeiro: Rio Fundo/Iuperj, 1991.

LEAL, Victor Nunes. *Coronelismo, enxada e voto: O município e o regime representativo no Brasil*. São Paulo: Companhia das Letras, 2012.

LEITÃO, Miriam. *A verdade é teimosa: Diários da crise que adiou o futuro*. Rio de Janeiro: Intrínseca, 2017.

LIMA JR., Olavo Brasil de. *Partidos políticos brasileiros: A experiência federal e regional: 1945-64*. Rio de Janeiro: Graal, 1983.

LIPSET, Seymour Martin. *O homem político*. Rio de Janeiro: Zahar, 1967.

LISBOA, Marcos. "Outra história". *piauí*, n. 131, ago. 2017. Disponível em: <http://piaui.folha.uol.com.br/materia/outra-historia/>. Acesso em: 22 mar. 2018.

LUTTWAK, Edward. *Golpe de Estado: Um manual prático*. Rio de Janeiro: Paz e Terra, 1991.

MAQUIAVEL, Nicolau. *O príncipe*. São Paulo: Penguin Clássicos Companhia das Letras, 2010.

MARAVALL, José María. "The Rule of Law as a Political Weapon". In: _____; PRZEWORSKI, Adam (Orgs.). *Democracy and the Rule of Law*. Cambridge: Cambridge University Press, 2003, pp. 261-301.

MARCELINO, Paula. "Sindicalismo e neodesenvolvimentismo". *Tempo Social*, São Paulo, v. 29, n. 3, pp. 201-27, dez. 2017.

MARCUSE, Herbert. "Prólogo". In: MARX, Karl. *O 18 de Brumário de Luís Bonaparte*. São Paulo: Boitempo, 2011.

MARICATO, Ermínia et al. *Cidades rebeldes: Passe livre e as manifestações que tomaram as ruas do Brasil*. São Paulo: Boitempo, 2013.

MARTINS, José de Souza. *A política do Brasil: Lúmpen e místico*. São Paulo: Contexto, 2011.

MARX, Karl. *O 18 de Brumário de Luís Bonaparte*. São Paulo: Boitempo, 2011.

MARX, Karl; ENGELS, Friedrich. *Manifesto comunista*. São Paulo: Boitempo, 2010.

MENDONÇA, Andrey Borges de. "A colaboração premiada e a nova Lei do Crime Organizado". *Custos Legis, A Revista Eletrônica do Ministério Público Federal*, Rio de Janeiro, v. 4, pp. 1-38, 2013. Disponível em: <http://www.prrj.mpf.mp.br/sala-de-imprensa/publicacoes/custos-legis/a-colaboracao-premiada-e-a-nova-lei-do-crime-organizado-lei-12.850-2013/view>. Acesso em: 22 fev. 2018.

MERCADANTE, Aloizio. *Brasil, a construção retomada*. São Paulo: Terceiro Nome, 2010.

MOLLO, Maria de Lourdes Rollemberg; FONSECA, Pedro Cezar Dutra. "Desenvolvimentismo e novo-desenvolvimentismo: Razões teóricas e precisões conceituais". *Revista de Economia Política*, São Paulo, v. 33, n. 2, pp. 222-39, abr.-jun. 2013.

MOORE, Barrington. *Los orígenes sociales de la dictadura y de la democracia: El señor y el campesino en la formación del mundo moderno*. Barcelona: Península, 1973.

MOREIRA LEITE, Paulo. *A outra história da Lava-Jato: Uma investigação necessária que se transformou numa operação contra a democracia*. São Paulo: Geração, 2015.

MORENO, Jorge Bastos. *Ascensão e queda de Dilma Rousseff: Tuítes sobre os bastidores do governo petista e o diário da crise que levou à sua ruína*. São Paulo: Globo, 2017.

MORO, Sérgio Fernando. "Considerações sobre a operação *mani pulite*". *Revista CEJ*, Brasília, n. 26, pp. 56-62, jul.-set. 2004. Disponível em: <https://www.conjur.com.br/dl/artigo-moro-mani-pulite.pdf>. Acesso em: 4 fev. 2018.

NERI, Marcelo. *A nova classe média: O lado brilhante da base da pirâmide*. São Paulo: Saraiva, 2011.

NETTO, Vladimir. *Lava Jato: O juiz Sergio Moro e os bastidores da operação que abalou o Brasil*. Rio de Janeiro: Primeira Pessoa, 2016.

NICOLAU, Jairo. "Partidos na República de 1946: velhas teses, novos dados". *Dados*, Rio de Janeiro, v. 47, n. 1, pp. 85-129, 2004.

_____. *Representantes de quem?: Os (des)caminhos do seu voto da urna à Câmara dos Deputados*. Rio de Janeiro: Zahar, 2017.

NOBRE, Marcos. *Imobilismo em movimento: Da abertura democrática ao governo Dilma*. São Paulo: Companhia das Letras, 2013.

OLIVEIRA, Francisco de. *Collor: A falsificação da ira*. Rio de Janeiro: Imago, 1992.

_____. *Crítica à razão dualista/ O ornitorrinco*. São Paulo: Boitempo, 2003.

OLIVEIRA, Francisco de. "O momento Lênin". In: _____; RIZEK, Cibele S. (Orgs.). *A era da indeterminação*. São Paulo: Boitempo, 2007, pp. 257-88.

_____. "Política numa era de indeterminação: Opacidade e reencantamento". In: _____; RIZEK, Cibele S. (Orgs.). *A era da indeterminação*. São Paulo: Boitempo, 2007, pp. 15-45.

OMINAMI, Carlos (Org.). *Claroscuro de los gobiernos progresistas: ¿Fin de ciclo o proceso abierto?* Santiago: Catalonia, 2017.

ORTELLADO, Pablo; SOLANO, Esther. "Nova direita nas ruas? Uma análise do descompasso entre manifestantes e os convocantes antigoverno de 2015". *Perseu*, ano 7, n. 11, pp. 169-80, fev. 2016.

PAULANI, Leda. "Desenvolvimentismo, planejamento e investimento público nos cinco mil dias do lulismo". In: MARINGONI, Gilberto; MEDEIROS, Juliano (Orgs.). *Cinco mil dias: O Brasil na era do lulismo*. São Paulo: Boitempo/Fundação Lauro Campos, 2017, pp. 57-69.

PEREIRA, Raimundo Rodrigues. *O impeachment de Dilma: A história do golpe parlamentar que tirou a presidente do comando do Poder Executivo do país*. São Paulo: Manifesto, 2017.

PÉREZ-LIÑAN, Aníbal. *Juicio político al presidente y nueva instabilidade política en América Latina*. Buenos Aires: Fondo de Cultura Económica, 2009.

PICCIN, Marcos; POMAR, Valter. "Entrevista exclusiva: Dilma Rousseff sem censura, ou quase". Esquerda Petista, 12 jun. 2017. Disponível em: <https://www.revistaforum.com.br/dilma-fomos-ingenuos-em-relacao-aos-meios-de-comunicacao>. Acesso em: 18 jul. 2017.

PIERUCCI, Antônio Flávio. *Ciladas da diferença*. São Paulo: Ed. 34, 1999.

POLANYI, Karl. *A grande transformação: As origens da nossa época*. Rio de Janeiro: Elsevier, 2000.

PORCIUNCULA E BARROS, Caetano Patta da. *Contestando a ordem: Um estudo de caso com secundaristas da Zona Leste paulistana*. São Paulo: FFLCH/USP, 2017. (Mestrado em Ciência Política)

POULANTZAS, Nicos. *As classes sociais no capitalismo de hoje*. Rio de Janeiro: Zahar, 1975.

POWER, Timothy. *A social democracia no Brasil e no mundo*. Porto Alegre: Mercado Aberto, 1997.

PRADO JR., Caio. *Formação do Brasil contemporâneo*. São Paulo, Companhia das Letras, 2011.

PRZEWORSKI, Adam. "Ama a incerteza e serás democrata". *Novos Estudos*, São Paulo, n. 9, pp. 36-46, jul. 1984.

QUADROS, Waldir. "O encolhimento da classe média brasileira". *Carta Social e do Trabalho*, Campinas, n. 5, pp. 5-12, set. 2006/ abr. 2007. Disponível em: <http://cesit.net.br/wp/wp-content/uploads/2014/11/Carta05.pdf>. Acesso em: 16 fev. 2018.

_____. "A evolução da estrutura social brasileira: Notas metodológicas". *Texto para Discussão*, Campinas, Instituto de Economia da Unicamp, n. 147, nov. 2008.

_____. "2009 a 2012: Heterodoxia impulsiona melhorias sociais". *Texto para Discussão*, Campinas, Instituto de Economia da Unicamp, n. 230, maio 2014. Disponível em: <www.eco.unicamp.br/docprod/downarq.php?id=3344&tp=a>. Acesso em: 16 fev. 2018.

_____. "Paralisia econômica, retrocesso social e eleições". *Carta Social e do Trabalho*, Campinas, n. 30, pp. 2-13, abr.-jun. 2015. Disponível em: <http://www.cesit.net.br/wp-content/uploads/2015/12/CartaSocial-30.pdf>. Acesso em: 16 fev. 2018.

_____. "PNAD 2015: O retrocesso se explicita". *Texto para Discussão*, Campinas, Instituto de Economia da Unicamp, n. 286, fev. 2017. Disponível em: <http://www.cesit.net.br/wp-content/uploads/2017/02/TD286.pdf/>. Acesso em: 16 fev. 2018.

QUENAN, Carlos. "Performances económico-sociales de los gobiernos progresistas en América del Sur en los años 2000: Una evaluación preliminar". In: OMINAMI, Carlos (Org.). *Claroscuro de los gobiernos progresistas: ¿Fin de ciclo o proceso abierto?* Santiago: Catalonia, 2017, pp. 41-57.

REIS, Fábio Wanderley. "Classe social e opção partidária: As eleições de 1976 em Juiz de Fora". In: _____ (Org.). *Os partidos e o regime: A lógica do processo eleitoral brasileiro*. Rio de Janeiro: Centro Edelstein de Pesquisa Social, 2009, pp. 217-94.

_____. *Mercado e utopia: Teoria política e sociedade brasileira*. São Paulo: Edusp, 2000.

REIS, Marlon. *A República da propina*. São Paulo: Planeta, 2016.

RESENDE, André Lara. *Devagar e simples: Economia, Estado e vida contemporânea*. São Paulo: Companhia das Letras, 2015.

RIBEIRO, Renato Janine. *A república*. São Paulo: Publifolha, 2001.

ROCCA, Carlos Antonio; SANTOS JR., Lauro Modesto. "Redução da taxa de poupança e as empresas não financeiras 2010-2014". *Notas Cemec*, São Paulo, n. 1, pp. 1-18, fev. 2015.

ROCHA, Sonia. *Pobreza no Brasil: Afinal, de que se trata?* Rio de Janeiro: FGV, 2003.

RUGITSKY, Fernando. "Do ensaio desenvolvimentista à austeridade: Uma leitura kaleckiana". In: BELLUZZO, Luiz M.; BASTOS, Pedro Paulo Z. (Orgs.). *Austeridade para quem?: Balanço e perspectivas do governo Dilma Rousseff*. São Paulo: Carta Maior/ Friedrich Ebert Stiftung, 2015, pp. 131-8.

SADEK, Maria Tereza. "A interiorização do PMDB nas eleições de 1986 em São Paulo". In: _____ (Org). *Eleições/ 1986*. São Paulo: Vértice/ Idesp, 1989, pp. 67-88.

SAFATLE, Claudia; BORGES, João; OLIVEIRA, Ribamar. *Anatomia de um desastre: Os bastidores da crise econômica que mergulhou o país na pior recessão de sua história*. São Paulo: Portfolio-Penguin, 2016.

SALLUM JR., Brasilio. *O impeachment de Fernando Collor: Sociologia de uma crise*. São Paulo: Editora 34, 2015.

SALTO, Felipe; MARCONI, Nelson. "Ajuste pode ser feito sem cortar conquistas sociais importantes". *Folha de S.Paulo*, 30 ago. 2015. Disponível em: <http://www1.folha.uol.com.br/ilustrissima/2015/08/1674874-ajuste-pode-ser-feito-sem-cortar-conquistas-sociais-importantes.shtml>. Acesso em: 15 fev. 2018.

SAMPAIO JR., Plínio de Arruda. "Desenvolvimentismo e neodesenvolvimentismo: Tragédia e farsa". *Revista Serviço Social e Sociedade*, São Paulo, n. 112, pp. 672-88, out.-dez. 2012. Disponível em: <http://www.scielo.br/scielo.php?pid=S0101-66282012000400004&script=sci_arttext>. Acesso em: 22 mar. 2018.

SAMUELS, David; ZUCCO, Cesar. "Lulismo, Petismo, and the Future of Brazilian Politics". *Journal of Politics in Latin America*, Hamburgo, v. 6, n. 3, pp. 128-58, 2012. Disponível em: <https://journals.sub.uni-hamburg.de/giga/jpla/article/view/796/797>. Acesso em: 18 fev. 2018.

SANTOS, Wanderley Guilherme dos. "As eleições e o problema institucional". *Dados*, Rio de Janeiro, n. 14, pp. 164-210, 1977.

_____. *Horizonte do desejo: Instabilidade, fracasso coletivo e inércia social*. Rio de Janeiro: FGV, 2006.

_____. *Governabilidade e democracia natural*. Rio de Janeiro: FGV, 2007.

_____. *A democracia impedida: O Brasil no século XXI*. Rio de Janeiro: FGV, 2017.

SCHWARZ, Roberto. *Ao vencedor as batatas*. São Paulo: Duas Cidades, 1977.

_____. *Sequências brasileiras: Ensaios*. São Paulo: Companhia das Letras, 1999.

_____. *Um mestre na periferia do capitalismo: Machado de Assis*. São Paulo: Duas Cidades, 1990.

SERRANO, Franklin; SUMMA, Ricardo. "Demanda agregada e desaceleração do crescimento econômico brasileiro de 2011 a 2014". *Center for Economic and*

Policy Research, ago. 2015. Disponível em: <http://cepr.net/documents/Brazil-2015-08-PORTUGUESE.pdf>. Acesso em: 11 mar. 2018.

SERVAN-SCHREIBER, Jean-Louis. *Pourquoi les riches ont gagné*. Paris: Albin Michel, 2014.

SIMÃO, Aziz. "O voto operário em São Paulo". *Revista Brasileira de Estudos Políticos*, Belo Horizonte, v. 1, n. 1, pp. 130-41, 1956.

SINGER, André. "Collor na periferia: A volta por cima do populismo?". In: LAMOUNIER, Bolívar (Org). *De Geisel a Collor: O balanço da transição*. São Paulo: Sumaré, 1990, pp. 135-52.

_____. "Mídia e democracia no Brasil". *Revista USP*, São Paulo, v. 48, pp. 58-67, dez.-jan.-fev. 2000/1.

_____. *Esquerda e direita no eleitorado brasileiro: A identificação ideológica nas disputas de presidenciais de 1989 e 1994*. São Paulo: Edusp, 2000.

_____. *Os sentidos do lulismo: Reforma gradual e pacto conservador*. São Paulo: Companhia das Letras, 2012.

_____; LOUREIRO, Isabel (Orgs.). *As contradições do lulismo: A que ponto chegamos?* São Paulo: Boitempo, 2016.

SINGER, Paul. "A política das classes dominantes". In: IANNI, Octavio (Org.). *Política e revolução social no Brasil*. Rio de Janeiro: Civilização Brasileira, 1965, pp. 72-8.

_____. *Dominação e desigualdade: Estrutura de classes e repartição da renda no Brasil*. Rio de Janeiro: Paz e Terra, 1981.

SOARES, Gláucio. *Sociedade e política no Brasil*. São Paulo: Difel, 1973.

SOUZA, Amaury de; LAMOUNIER, Bolívar. *A classe média brasileira: Ambições, valores e projetos de sociedade*. Rio de Janeiro: Elsevier, 2010.

SOUZA, Jessé. *Os batalhadores brasileiros: Nova classe média ou nova classe trabalhadora?* Belo Horizonte: Ed. UFMG, 2010.

_____. *A radiografia do golpe: Entenda como e por que você foi enganado*. São Paulo: LeYa, 2016.

SOUZA, Maria do Carmo Campello de. *Estado e partidos políticos no Brasil (1930-1964)*. São Paulo: Alfa-Ômega, 1976.

STREECK, Wolfgang. "O retorno do recalcado". *piauí*, n. 135, dez. 2017. Disponível em: <http://piaui.folha.uol.com.br/materia/o-retorno-do-recalcado/>. Acesso em: 22 mar. 2018.

TAKEMOTO, Walter. *Tarifa, mobilidade e exclusão social*. São Paulo: Fundação Perseu Abramo, 2014.

TATAGIBA, Luciana; TRINDADE, Thiago; TEIXEIRA, Ana Claudia Chaves. "Protestos à direita no Brasil (2007-2015)". In: VELASCO E CRUZ, Sebastião;

KAYSEL, André; CODAS, Gustavo (Orgs.). *Direita, volver!: O retorno da direita e o ciclo político brasileiro.* São Paulo: Fundação Perseu Abramo, 2015, pp. 197-212.

THOMPSON, John B. *O escândalo político: Poder e visibilidade na era da mídia.* Petrópolis: Vozes, 2002.

TOCQUEVILLE, Alexis de. *O Antigo Regime e a Revolução.* São Paulo: Edipro, 2017.

TRÓTSKI, Liev. *A história da Revolução Russa.* Rio de Janeiro: Saga, 1967.

VELASCO E CRUZ, Sebastião. "Burguesia e empresariado no Brasil: Viagem a um passado distante e o caminho de volta". Mimeo, 2017.

VIANNA, Luiz Werneck; CARVALHO, Maria Alice Rezende de; MELO, Manuel Palacios Cunha; BURGOS, Marcelo Baumann. *A judicialização da política e das relações sociais no Brasil.* Rio de Janeiro: Revan, 1999.

VILLAVERDE, João. *Perigosas pedaladas: Os bastidores da crise que abalou o Brasil e levou ao fim do governo Dilma Rousseff.* São Paulo: Geração, 2016.

WEBER, Max. *Ciência e política: Duas vocações.* São Paulo: Cultrix, 1993.

WEFFORT, Francisco. *O populismo na política brasileira.* Rio de Janeiro: Paz e Terra, 1978.

WESTIN, Ricardo. *A queda de Dilma: Os bastidores do impeachment da presidente que desprezou as lições políticas de Maquiavel.* São Paulo: Universo dos Livros, 2017.

Índice onomástico

Abramo, Helena Wendel, 325*n*
Abreu, Kátia, 222
Abse, Tobias, 101, 238
Alckmin, Geraldo, 104-6, 152, 169, 175-6, 245, 255, 258
Alencar, José, 58-9
Alencar, Kennedy, 183, 220, 227, 262
Alencastro, Luiz Felipe de, 266-7
Alkmin, José Maria, 141
Almeida, Mansueto, 175
Almeida, Rodrigo de, 198, 221, 263
Alves, Garibaldi, 183-4
Alves, Henrique Eduardo, 178, 185, 187, 190, 193, 206, 208, 246, 258-9, 266
Alves, José Eustáquio Diniz, 29
Amaral, Delcídio do, 227-8, 245-6, 257-8, 261-2, 269-70, 272, 295, 362*n*
Ames, Barry, 142, 154
Anderson, Perry, 157, 177, 242, 251, 328*n*
Andrade, Paes de, 181
Andrade, Robson, 61, 71
Anselmo, Márcio, 243
Antunes, Ricardo, 93
Araujo, Cicero, 185
Aron, Raymond, 101
Avelar, Lúcia, 154
Avritzer, Leonardo, 167-8
Azevedo, Otávio Marques de, 254

Bacha, Edmar, 31
Barbalho, Elcione, 282
Barbalho, Helder, 222, 282
Barbalho, Jader, 222, 282, 285
Barbato, Humberto, 71
Barbosa, Joaquim, 236-8, 274
Barbosa, Nelson, 50, 202, 212-3, 219-20, 272
Barbosa, Vivaldo, 185
Barros, Ademar de, 253
Barros, Celso Rocha de, 27
Barros, Luiz Carlos Mendonça de, 56

383

Barroso, Luís Roberto, 226, 249, 255
Bastos, Márcio Thomaz, 260
Bastos, Pedro Paulo, 47, 211
Batista, Eike, 255
Batista, Joesley, 203, 222, 240, 245, 255, 258-9, 277, 282, 285
Bello, Carlos Alberto, 87
Belluzzo, Luiz Gonzaga, 211
Beloni, Douglas, 107
Benário, Olga, 15
Benevides, Maria Victoria, 137
Benjamin, Walter, 31
Bergamo, Mônica, 173
Bernardo, Paulo, 184
Berzoini, Ricardo, 192, 196, 220-1
Bianchi, Alvaro, 58
Bicudo, Hélio, 171-3, 176, 223, 264
Bielschowsky, Ricardo, 25, 40-1
Boito, Armando, 64-5
Bolsonaro, Eduardo, 249, 275
Bolsonaro, Jair, 14-5, 119, 249, 275
Borges, Andrey Mendonça, 239
Boulos, Guilherme, 218
Braga, Eduardo, 189, 222, 285
Braga, Ruy, 68, 91-4, 108
Bresser-Pereira, Luiz Carlos, 47, 63, 67-8, 306n, 313n, 318n
Brilhante Ustra, Carlos Alberto, 15
Buarque de Holanda, Sérgio, 133
Buarque, Cristovam, 285
Bucci, Eugênio, 29
Bueno, Edson, 217
Bumlai, José Carlos, 227, 245

Cabral, Sérgio, 106, 154, 182, 258
Café Filho, 141
Calheiros, Renan, 178, 180-1, 183, 192, 208, 216, 273, 285
Campos, Pedro Henrique, 253
Candido, Antonio, 133

Capanema, Gustavo, 330n
Cappello, Nina, 117-8
Cardoso, Fernando Henrique, 56, 58, 69, 74, 93, 95, 148-9, 151-3, 169, 171, 174, 176-81, 183-4, 198, 202, 209, 212-3, 215-6, 219, 224, 254, 260, 332n
Cardozo, José Eduardo, 200-1, 210, 220, 226, 240, 271, 278, 353n
Carneiro, Ricardo, 47-8, 100
Carta, Mino, 59
Carvalho, Gilberto, 201
Carvalho, Luiz Maklouf, 268
Castells, Manuel, 327n
Castelo Branco, Humberto de Alencar, 14
Castro, Marcelo, 222, 282
Cavaignac, Louis-Eugène, 102
Cerveró, Nestor, 183, 254, 257, 261
Chagas, Helena, 188
Chauí, Marilena, 93
Chinaglia, Arlindo, 182, 189, 200, 203-4, 280, 283
Chioro, Arthur, 217
Coelho, Fernando Bezerra, 280, 285
Collor, Fernando, 33, 150, 171, 184, 213, 290
Conde, Luís Paulo, 183
Converse, Philip, 135, 158
Corrêa, Pedro, 252
Costa, Henrique, 124
Costa, Humberto, 199, 362n
Costa, Paulo Roberto, 166, 188, 234, 237, 240-1, 243, 245-7, 250-2
Costa, Raymundo, 208, 342n
Covas, Mário, 148, 245
Craxi, Bettino, 231, 235
Cunha, Eduardo, 14, 30, 174, 176, 179, 182-4, 186-93, 195-6, 200, 202-7, 209-10, 213-6, 221-2, 225,

227, 246, 258, 263, 266, 273, 282, 284, 290, 293-5, 344*n*, 346*n*
Cunha, João Paulo, 180, 236

D'Araujo, Maria Celina, 138
Daiello, Leandro, 226
Dallagnol, Deltan, 120, 233, 235-7, 240-1, 243-4, 248, 251, 257, 274
Dallari, Dalmo, 101
De Bolle, Monica Baumgarten, 100
Decat, Flávio, 187
Delfim Netto, Antônio, 73
Delgado, Júlio, 203, 284
Di Pietro, Antonio, 233, 237-8
Dilma *ver* Rousseff, Dilma Vana
Diniz, Abilio, 215
Dirceu, José, 106, 179, 236-7, 245, 256-7
Donadon, Natan, 236
Dornelles, Francisco, 184
Dulci, Luiz, 79, 86, 90, 319*n*
Duque, Renato, 188, 250
Dutra, Eurico Gaspar, 138, 141
Dutra, Olívio, 339*n*
Dweck, Esther, 225

Esteves, André, 255

Fachin, Luiz Edson, 226, 255
Falcão, Rui, 217, 261-2, 264, 362*n*
Faoro, Raymundo, 187
Faria, Márcio, 206
Faria, Tales, 210
Farias, Paulo César, 184
Fausto, Ruy, 230
Felipe, Saraiva, 181
Feres Jr., João, 246
Fernandes, Florestan, 20
Ferreira, Murilo, 196
FHC *ver* Cardoso, Fernando Henrique
Figueiredo, João Batista, 146, 253

Fonseca, Pedro Cezar Dutra, 41
Foster, Graça, 188, 193, 196, 200-1, 205, 207
Franco, Itamar, 179, 267
Franco, Wellington Moreira, 179, 182, 184, 201, 266
Freire, Vinicius Torres, 99, 214
Freitas, Janio de, 192
Frias Filho, Otavio, 303*n*
Funaro, Lúcio, 284
Furtado, Celso, 18, 20
Fux, Luiz, 226, 249, 255

Garzón, Baltasar, 233, 237-8
Gaspari, Elio, 331*n*
Geisel, Ernesto, 46, 144, 331*n*
Geraldo, Zé, 227
Gerdau, Jorge, 217
Gois, Chico de, 199
Gomes, Aníbal, 282, 284
Gomes, Cid, 203-4, 207
Gomes, Ciro, 184, 200, 203, 290
González, Felipe, 232
Goulart, João, 14, 139, 330*n*, 365*n*
Gramsci, Antonio, 20, 134, 157
Graziano, Xico, 171
Guimarães, Juarez, 167-8
Guimarães, Ulysses, 145, 149-50, 178, 330*n*

Haddad, Fernando, 27, 103, 105, 171, 176, 268, 303*n*, 315*n*
Hagopian, Frances, 148
Henrique, Artur, 60
Hippolito, Lucia, 141
Hochstetler, Kathryn, 16

Iglesias, Simone, 199
Inglehart, Ronald, 122-3

385

Jäcklein, Wolf, 70
Janene, José, 236
Jango *ver* Goulart, João
Janot, Rodrigo, 206, 210, 213, 226, 243-4, 266
Jereissati, Tasso, 216-7, 258
Jobim, Nelson, 270
Jucá, Romero, 181, 189, 217, 272-3, 296

Kalecki, Michal, 68-9, 75
Kassab, Gilberto, 200, 203-5, 279-80
Katz, Richard, 135
Kirchheimer, Otto, 135
Knijnik, Elena Judensnaider, 105
Kubitschek, Juscelino, 141

Lages, Vinicius, 208
Lamounier, Bolívar, 81, 91, 111, 115, 144-5, 325n, 333n
Lando, Amir, 180-1
Lavareda, Antônio, 137, 142
Leal, Victor Nunes, 136
Leitão, Miriam, 52, 213
Leite, Paulo Moreira, 234
Levy, Joaquim, 29, 175, 197-8, 211-2, 217, 219, 224, 309n
Lewandowski, Ricardo, 15, 238, 279
Lima, Cássio Cunha, 216
Lima, Fernão Dias de, 154
Lima, Geddel Vieira, 178, 182, 191, 208, 246, 258-9, 266
Lipset, Seymour Martin, 96
Lisboa, Marcos, 28, 175
Lobão, Edison, 184, 285
Lopes, Anderson Bezerra, 241
Lopes, Mauro, 282
Lóssio, Luciana, 170
Loureiro, I., 34
Loures, Rodrigo, 266
Lúcia, Cármen, 226, 255

Lula *ver* Silva, Luiz Inácio Lula da
Lupi, Carlos, 187
Luz, Jorge, 253

Machado, Nelson, 181
Machado, Sérgio, 181, 188-9, 251-2, 272-3
Maciel, Leandro, 138
Maia, Marco, 189
Maia, Rodrigo, 223
Mainwaring, Scott, 133
Mair, Peter, 135
Maluf, Paulo, 184, 275, 332n
Mangabeira Unger, Roberto, 70
Manin, Bernard, 135
Mantega, Guido, 29, 39, 40, 43, 45, 48-55, 63, 195, 307n, 312n
Maquiavel, Nicolau, 42
Maravall, José María, 230
Marcondes, Alexandre, 138
Marcuse, Herbert, 18
Marena, Erika, 241-2
Maricato, Ermínia, 121
Marighella, Carlos, 15
Marinho, João Roberto, 216
Martins, Carlos Estevam, 331n
Martins, José de Souza, 19
Marx, Karl, 17-9, 21, 80, 92, 102, 157, 301n
Meirelles, Henrique, 43, 55-6, 59, 177, 196-8, 218-9
Mello, Guilherme, 66
Mello, Marco Aurélio, 270
Melo, Marcus André, 230
Mendes, Gilmar, 170, 279
Mercadante, Aloizio, 192, 196, 200-1, 208, 215, 220-1, 268
Monteiro, Armando, 70
Montoro, Franco, 173, 331n
Moore, Barrington, 21

Moraes, Sérgio, 14
Moreira, Luiz, 244
Moreno, Jorge, 214
Morgado, Simone, 282
Moro, Sergio, 29, 210, 228-9, 232-6, 240-1, 244, 248-9, 254, 256-7, 270-2, 274, 276-9, 294-5
Motta, Hugo, 205, 346*n*
Moura, Maria Thereza de Assis, 170
Murad, Jorge, 180

Nassif, Luis, 271-2
Negromonte, Mário, 186
Neri, Marcelo, 11, 78, 89-92, 95, 319*n*
Netto, Vladimir, 248, 269
Neves, Aécio, 126, 161, 163, 166-7, 169-70, 174, 176-7, 216, 238, 242-3, 245, 255, 258, 273
Neves, Tancredo, 140-1, 147
Nobre, Marcos, 178, 333*n*
Nonô, José Thomaz, 178
Novais, Pedro, 184, 186

Obama, Barack, 12
Odebrecht, Marcelo, 254, 272, 274, 295
Oliveira, Eunício, 181
Oliveira, Francisco de, 18, 20-1, 23, 149
Oliveira, Júlio Marcelo de, 213
Oliveira, Lucas Monteiro de, 117-8
Ortellado, Pablo, 117-8, 127, 247-8

Padilha, Alexandre, 184
Padilha, Eliseu, 179, 208, 266
Pansera, Celso, 223, 282
Paschoal, Janaina, 171-3, 223, 264
Passos, Pedro, 70, 217
Paula, Igor Romário de, 242
Paulani, Leda, 42, 66
Pereira, Francelino, 144

Pereira, Marcos, 279, 281-2
Pereira, Raimundo Rodrigues, 225
Pereira, Valtenir, 282
Pérez-Linãn, Aníbal, 16
Pessoa, Ricardo, 268
Pessôa, Samuel, 175
Picciani, Jorge, 222-3, 282
Pierucci, Antônio Flávio, 151, 275
Pih, Lawrence, 272
Pinochet, Augusto, 238
Pinto, Barreto, 138
Pochmann, Marcio, 79, 91, 97
Portugal, Murilo, 49-50
Poulantzas, Nicos, 64
Power, Timothy, 149
Prado Jr., Caio, 18
Prebisch, Raúl, 20
Prestes, Luís Carlos, 15

Quadros, Jânio, 275
Quadros, Waldir, 78, 80, 82-7, 90-1, 93, 96, 100-1, 113, 115, 334*n*
Queiroz, Antônio Augusto, 219
Quenan, Carlos, 291
Quércia, Orestes, 148, 180

Rabello, Kátia, 237
Reale Jr., Miguel, 171-3, 176, 223, 264
Rebelo, Aldo, 178, 181
Reis, Fábio Wanderley, 136, 144, 303*n*, 331*n*
Requião, Roberto, 180
Resende, André Lara, 122-3
Ribeiro, Renato Janine, 185
Ricardo III, rei da Inglaterra, 193, 265
Ricupero, Bernardo, 15-6
Rocha, Sonia, 82, 87
Rodrigues, Martins, 330*n*
Rondeau, Silas, 181
Rossetto, Miguel, 201

Rossi, Wagner, 184, 186
Rousseff, Dilma Vana, 11-6, 21, 24-32, 39-44, 46-53, 55-6, 59-63, 65-8, 70-9, 81, 83, 85, 88-90, 95-6, 99, 103, 106-7, 118, 125-6, 132, 152, 157, 161, 163, 166-7, 169-72, 174-7, 179, 182-228, 234, 236, 238-40, 242-8, 250, 255-9, 261-9, 271-3, 277-80, 282-5, 287-96, 315n, 344n, 348n, 353n
Rugitsky, Fernando, 68, 199

Sadek, Maria Tereza, 147
Safatle, Claudia, 60, 179, 188, 217
Salles, Pedro Moreira, 217
Sallum Jr., Brasilio, 33
Sampaio Jr., Plínio de Arruda, 71, 306n
Sampaio, Carlos, 171
Samuels, David, 152
Santana, João, 197, 201, 228-9, 245, 257, 268-9, 295, 353n
Santos, Wanderley Guilherme dos, 88, 135, 145, 229, 238
Sarney, José, 157, 178, 180-1, 183-4, 186, 188, 267, 273, 282
Sarney, Roseana, 180
Schwarz, Roberto, 18, 21, 158, 303n
Semler, Ricardo, 253
Serra, José, 27, 31, 168-9, 171, 173-6, 180, 203, 245, 255, 258, 267-8, 279, 293
Serrano, Franklin, 307n
Setubal, Roberto, 215
Sicupira, Beto, 217
Silva, Edinho, 216
Silva, Josué Gomes da, 217
Silva, Luiz Inácio Lula da, 12-4, 17, 21, 24-6, 30-1, 45, 48, 55-9, 77, 78, 92, 150-2, 157, 166-8, 172, 174, 178-84, 186-7, 189, 191-3, 196-8, 200-2, 208-9, 212, 215-6, 218, 220-2, 226-8, 236-7, 242-7, 250-1, 254, 256-7, 259, 261-2, 264, 267-74, 276-83, 287-8, 291, 294-6, 342n, 344n
Silva, Marina, 122, 126, 163, 166, 238
Silva, Marisa Letícia da, 278
Silva, Técio Lins e, 234
Silva, Wellington Lima e, 271
Silveira, Fabio, 54
Simão, Aziz, 138
Singer, André, 34, 150-1, 301n, 302n
Singer, Paul, 20
Skaf, Paulo, 27, 60, 209-10, 214
Soares, Gláucio, 137-8, 141-3, 149, 155, 157
Soares, Sergei, 86
Soares, Sergei Dillon, 78
Solano, Esther, 127, 247-8
Sousa, Amauri de, 81, 91, 111, 115, 325n
Sousa, Maria do Carmo Campello de, 134
Souza, Jessé, 85, 262, 274
Souza, João Alberto, 282
Souza, João Marcelo, 282
Steinbruch, Benjamin, 61
Stephanes, Reinhold, 182
Streeck, Wolfgang, 291
Summa, Ricardo, 307n
Suplicy, Marta, 173

Tatagiba, Luciana, 269
Tate, C. Neal, 230
Teixeira, Paulo, 249
Temer, Michel, 13-5, 31-2, 59, 157, 169-70, 173-84, 186, 189-92, 194, 196, 199, 201, 204-8, 210, 212, 214-5, 217, 220-3, 226-7, 259, 264-7, 273, 276-7, 279-80, 282-5, 288, 293, 295, 333n, 342n

Temporão, José Gomes, 182
Thompson, John, 231-2, 238
Tiririca, 14
Tocqueville, Alexis de, 102, 289
Tombini, Alexandre, 43, 48-9, 52
Trabuco, Luiz Carlos, 197-8, 214-5, 217
Trótski, Leon, 202, 296

Vaccarezza, Cândido, 189
Vaccari, João, 229, 245, 256, 269
Valério, Marcos, 237
Vallinder, Torbjörn, 230
Vargas, André, 245, 256
Vargas, Getúlio, 14, 138-42, 245
Vargas, Pepe, 200, 203, 208
Velasco e Cruz, Sebastião, 46, 63, 65, 69
Venturi, Gustavo, 115
Vianna, Luiz Werneck, 231, 242

Vilela, Maguito, 180
Vitral, Carina, 218

Wagner, Jaques, 196, 220-1, 227, 263, 271
Weber, Max, 17, 295
Weber, Rosa, 226, 236, 255
Weffort, Francisco, 139, 141
Westin, Ricardo, 201, 203, 221, 226, 282, 346*n*

Youssef, Alberto, 167, 234-7, 243-5, 247, 269

Zavascki, Teori, 226, 240-1, 243, 255, 278
Zelada, Jorge, 182-3, 188, 250
Zucco, Cesar, 152

1ª EDIÇÃO [2018] 1 reimpressão

ESTA OBRA FOI COMPOSTA POR OSMANE GARCIA FILHO EM MINION
E IMPRESSA PELA GRÁFICA BARTIRA EM OFSETE SOBRE PAPEL PÓLEN SOFT DA
SUZANO PAPEL E CELULOSE PARA A EDITORA SCHWARCZ EM ABRIL DE 2019

A marca FSC® é a garantia de que a madeira utilizada na fabricação do papel deste livro provém de florestas que foram gerenciadas de maneira ambientalmente correta, socialmente justa e economicamente viável, além de outras fontes de origem controlada.